T0245674

Nicanor Parra, rey y mendigo

Nicanor Parra, rey y mendigo

RAFAEL GUMUCIO

LITERATURA RANDOM HOUSE

Papel certificado por el Forest Stewardship Council®

Primera edición: octubre de 2020

© 2018, 2020, Rafael Gumucio
© 2020, Penguin Random House Grupo Editorial, S.A.U.
Travessera de Gràcia, 47-49. 08021 Barcelona

Printed in Spain – Impreso en España

ISBN: 978-84-397-3742-1
Depósito legal: B-11.589-2020

Compuesto en La Nueva Edimac, S.L.
Impreso en Egedsa (Sabadell, Barcelona)

R H 3 7 4 2 1

Penguin
Random House
Grupo Editorial

ÍNDICE

Éste es el hombre
que derrotó
al suspiro
y es muy capaz
de encabezar
la decapitación
del suspirante.

PABLO NERUDA

1

PERMISO PARA DECIR YO

VIAJE DE IDA Y VUELTA

En octubre de 2002 visité por primera vez a Nicanor Parra. Yo tenía treinta y dos años. Él, ochenta y siete. «Asmático a tiempo completo», como le gustaba definirse, vivía por entonces en Las Cruces, frente al mar, a ciento doce kilómetros de Santiago. Un día de sol bajamos, la editora Isabel Buzeta, que manejaba, y el escritor Germán Marín, que daba las órdenes, por la Carretera Norte-Sur, viramos a la altura de la gran mole de vidrio que iba a ser el Centro de Justicia hasta la Carretera del Sol y sus peladeros infinitos, suburbios de suburbios, montículos de hojas ahumándose, plantaciones de maíz, viñedos y más viñedos hasta que empezaban los eucaliptos, las vulcanizaciones −como llaman a las reparadoras de neumáticos en Chile−, las panificadoras, los condominios abandonados y el mar.

Subimos por la cuesta junto al supermercado Malloco, por la calle Lincoln, que en su último tramo abandona el asfalto y se hace de tierra, hasta la casa de rejas de madera blanca y la puerta donde los mochileros aún no habían pintado con espray la palabra ANTIPOETA.

No sé si esa primera vez abrió el propio Parra, o si fue la Rosita Avendaño, su cuidadora y empleada doméstica de entonces. Solo sé que de pronto estaba frente a él: completamente despeinado, su piel tostada casi del mismo color que su chaleco marrón, sus pantalones de pana, un ojo guiñándome, las cejas levantadas, entre desafiante y circense.

−Tú, por favor, nada de usted. Si no, no podemos hablar… −dijo.

Tampoco soportaba el «don Nicanor». Lo más lejos a lo que llegó el poeta Adán Méndez, sesenta años más joven que Nicanor pero uno de sus amigos más cercanos en los últimos tiempos, fue a decirle «don Nica», hasta que el «tú» se instauró naturalmente. Le importaba dejar en claro desde el primer minuto esa horizontalidad sin la que nada entre nosotros, a quienes nos separaban entre otras cosas cinco décadas, era posible.

Isabel Buzeta fumaba en la terraza, mirando a prudente distancia el espectáculo. Había en el salón esa mañana una mezcla rara de tensión y naturalidad. Como si fuese un escenario sin butacas ni más espectadores que nosotros mismos. El frío, las rocas, el mar, la bahía abierta hacia Cartagena, todo eso entraba por el ventanal. Parra parecía entregarse entero, pero había siempre una vigilancia. La casa era de muros blancos, con chimeneas falsas, botellas de vino vacías de las que salían ramas de arbustos sin hojas ni flores. Vigas de madera, vidrios sucios, un sillón cubierto con una sábana, diarios viejos, fotos de archivo, carpetas escolares, papeles sueltos. No había nada que fuera cómodo, ni el menor cuidado por los detalles.

Quizá la fragilidad del piso y de la casa se me hizo más evidente por la presencia del novelista Germán Marín, que parecía un elefante en una cristalería. Completamente ajeno al humor y la liviandad del dueño de casa, refunfuñaba en su rincón algunas de sus frases interminables. Hasta que de pronto Parra empezó a hablar de Marín sin nombrarlo, como si no estuviera ahí, para dejar en claro sus méritos, la razón por la que lo dejaba entrar sin preguntarle nada. A los dieciocho años, cuando Parra cumplía cuarenta y cinco, Marín, recién salido de la Escuela Militar, decía frases que sonaban como juicios perentorios. Se conocieron entonces, por intermedio del también adolescente Enrique Lihn que miraba con sorna la escena. Parra, impaciente, quiso darle una lección al imberbe: «La juventud es una enfermedad que se cura con el tiempo», le dijo. «Pero la vejez no, viejo concha tu madre», le respondió Marín.

—Gol de media cancha, nooooo.

Las manos sobre la cabeza, cincuenta años después, Nicanor Parra seguía celebrando esa respuesta.

—Ahí nos ganó a todos. No, no, nooooo, se las mandó ahí el joven aquí presente.

Una frase bastaba para que Parra justificara tu entrada en su reino. Como otros coleccionan pedazos de asteroides o conchas marinas, él coleccionaba respuestas, insolencias.

—Noooo, chuta ese poema tuyo —se dio de pronto vuelta hacia mí—, noooo, ese poema que escribiste, te las mandaste con ese poema, compadre.

—¿Qué poema? —le pregunté.

—¿Cómo que qué poema? La carta a monseñor Medina. ¿No escribiste tú la carta a monseñor Medina?

—No es un poema, es una columna de opinión —cometí la imprudencia de interrumpir mi sonrojo para corregirlo.

—Así son los poemas ahora. Chile, país de columnistas, dicen por ahí. Opinólogos, les dicen ahora también. Todos somos opinólogos. La poesía en verso, antigualla del siglo xx. Como el teléfono fijo.

Supe en ese instante que no le importaban mis libros ni mi prosa, que yo pensaba ingenuamente me habían llevado hasta aquí. Le gustaba una columna de entre las miles que había escrito. «Con eso basta y sobra.»

En la columna le recordaba al más conservador de los cardenales chilenos que yo era, como él, hijo de padres divorciados, que eso me hacía entender su desconcierto, su orfandad, su soledad misma, pero que comprender me hacía despreciar su gesto de negarle la comunión a mi madre separada, de perseguir el sexo para borrar el error que lo había hecho nacer. A Parra no le importaba ni siquiera mi indignación, o la de monseñor Medina, le interesaba el gesto de comprender que para matar a monseñor Medina o a Allende, a Pinochet o a Fidel Castro mejor hay que acercarse o perdonarlo primero.

—Yo ese poema lo he repetido muchas veces, a mucha gente. Claro que parece que puse algunas cosas de mi cosecha entremedio.

Y sonrió coqueto, como para hacerse perdonar la apropiación. Después se puso a recitar, o a inventar ahí mismo, una versión de mi poema, o sea de mi columna, que cometí la estupidez de no anotar ni mentalmente, ocupado por entero en seguir la mímica perfectamente exagerada de sus gestos, mientras llamaba «compadre» al cardenal.

—¿Cómo era, cómo era…? —Y sus brazos nunca en calma empezaron a hacer la mímica del supuesto poema—. Ven para acá, ven para acá, somos hermanos, ven para acá… Y ahí justo la estaca. No, compadre, no, eso no se hace… Parece que hay hambre —decretó, después de completar la actuación, y aseguró que conocía un lugar, El Kaleuche con K, entre El Tabo e Isla Negra, un restaurante.

EL KALEUCHE CON K

Nos subimos al auto de la Isabel. En el camino, no me acuerdo a propósito de qué, dije la palabra «culear», intentando impresionarlo con mi chilenidad.

—¿Tú puedes usar esa palabra? —Se llevó las manos a la cabeza, levantando las cejas al mismo tiempo—. ¿Tú puedes? Chuta la payasada. Yo hasta ahora solo llegaba hasta la palabra «planchar». Por dios, por dios, culeaaaar.

Aprovechó la digresión para contar cómo, a su edad, se podía llegar a algo parecido al acceso carnal gracias a los artefactos.

—Me salvaron los artefactos.

Como casi todo lo que decía, era también una referencia a su propia obra, que había partido de los versos y pasado, en 1972, a las tarjetas ilustradas que llamó *Artefactos*. Pero el artefacto al que se refería ahora estaba en un altar junto a su cama y era un vibrador de tamaño familiar que usaba con las Muñoces, dos hermanas que venían a visitarlo cada cierto tiempo, contaba, tapándose la cara de sobreactuada vergüenza.

—Así con la palabra «culear». Se puede usar, parece. Hay permiso, parece. Eso cambia todo.

Pasaban los gigantescos eucaliptus negros, los muros perimetrales de los condominios, los balnearios, los galpones desvencijados de las gasolineras abandonadas, hasta llegar al roquerío de El Tabo en que se había instalado El Kaleuche, un restaurante con aspiraciones contemporáneas, ventanales sobre el mar, mascarones de proa y cuadros expresionistas abstractos.

—¿Qué les parece la vistita que se gastan aquí?

Mostró con orgullo de propietario las olas panorámicas, mientras buscaba una mesa al medio del salón vacío. Peinado, dueño del lugar, perfectamente erguido, delgado pero fibroso, como el señorito de campo que también era.

—Aquí —decidió, y los tres nos sentamos donde dijo.

Un mozo vino a atendernos. Parra pidió «lo mismo de siempre» para que el menú no lo distrajera ni un segundo de sus especulaciones concéntricas.

—¿Se ubican con Diego Portales? ¿Y Hamlet, y su hermano Roberto, y a Marcial Cortés-Monroy lo ubican, y Roberto Bolaño, y el Pato Fernández, el *Clinic*? Parece que con el *Clinic* se acabó la huevada, parece que no se puede ir más allá del *Clinic*, qué tremendo.

Germán Marín, cansado de verse excluido de la conversación, lanzó al ruedo alguna insolencia sobre Enrique Lihn, que había sido su amigo y lo más parecido que había tenido Parra a un discípulo. Algo de la Adriana Valdés, exnovia de Lihn y actual crítica cultural. Algún pelambre, una sugerencia, un chiste interno que Nicanor trató de no escuchar, concentrado en perfecto silencio en filetear su pescado.

«Este viejo odia el pasado», concluí. No odiaba el pasado, supe después, que lo vivía como presente continuo: Diego Portales como el *Clinic*, el *Clinic* como el *Quebrantahuesos* (el diario mural hecho de recortes con que escandalizó a Santiago en 1952), Pato Fernández como Vicente Huidobro, la Universidad Diego Portales como la Universidad de Chile de los años cuarenta del siglo pasado.

—Pablito, no hay día en que no piense al menos una vez en Pablito —me dijo cuando salimos del restaurant a la pequeña playa que servía de estacionamiento del Kaleuche.

Sentado en una de las rocas de la playa se puso a recitar un poema de *Crepusculario*: «La mariposa volotea / con el sol / y arde a veces».

—Se las mandó Pablito. Hay gente que dice que no hizo nada bueno después de eso. Noooo. Yo no me atrevo a ir tan lejos, pero hay gente…

Marín, a lo lejos, iba con las manos en los bolsillos, como un niño al que sus padres han obligado a ir a la playa.

VUELVAN CUANDO QUIERAN

Bajó el sol, la brisa se hizo helada y volvimos a Las Cruces.

—Pero es tarde, Nicanor. Tenemos que volver a Santiago, Nicanor —dijo Isabel Buzeta cuando él ofreció un té en su casa.

No pareció escucharnos. Se hundió con una agilidad adolescente en la vivienda, llamándonos con la mano para que lo siguiéramos.

—Rositaaa, Rositaaa.

Germán Marín disimulaba ya muy poco su incomodidad y refunfuñaba, mirando sus zapatos, en el umbral de la puerta.

«Nicanor, Nicanor, nos vamos, Nicanor», decíamos a coro mientras lo seguíamos por el pasillo: una araña de plástico entre el *Mein Kampf*, *El Capital* y *Así habló Zaratustra*, una silla rota con una bacinica encima, una colección de máquinas de escribir, diarios viejos anotados, una pequeña foto de sus hijos menores, la Colombina y Juan de Dios, de adolescentes, casi niños, sus pelos rubios brillando en el último sol de la tarde, una foto de Violeta sirviéndole vino navegado a un señor en poncho y sombrero que parecía el padre o el abuelo de Parra, quien a su vez nos instalaba de vuelta en su living, instándonos a sentarnos mientras subía el volumen de las cuecas en el minicomponente a medio armar o desarmar.

—Siéntense. Rosita, un té —nos invitó, aunque se mantuvo de pie.

Isabel Buzeta insistió en que teníamos que volver a Santiago.

—Vamos a volver luego, no se preocupe, vamos a volver.

Yo, tembloroso, le entregué un ejemplar de mi libro *Memorias prematuras*. Parra, inmutable, seguía ofreciendo las sillas, el sillón, saltando de un tema al otro, como una pantera salta sobre un antílope, para que no nos fuéramos. Hasta que de pronto algo parecido al orgullo, o al pudor, lo hizo rendirse a la evidencia:

–Si tienen que irse, váyanse, no los retengo más.

Y con ensayada caballerosidad nos llevó hasta la puerta del antejardín.

–El saludo cubano –exigió, e hizo algo parecido a un abrazo que terminaba con guiño de ojo–. Vuelvan cuando quieran. A su casa no más llegan.

Volvimos a despedirnos mientras nos subíamos al auto. Él se quedó parado en la entrada de su casa, diciendo adiós con la mano.

LOS PERROS DE LA CALLE CHILE

Han pasado casi trece años de esa primera visita. Es el 12 de febrero de 2015. Son las tres de la mañana. Me rasco desesperadamente hasta que la piel no da más, en la calle Chile de Las Cruces, a cinco cuadras de donde sigue viviendo a los cien años Nicanor Parra Sandoval. Mis hermanos, mi madre, mis hijas, mi esposa, duermen en este sitio que le arrendamos a un oficial antinarcóticos de Carabineros. Me quedo mirando las fotos del dueño de casa, posando en jockey y chaleco antibalas con las manos en la cintura, parado en un techo frente al Palacio de La Moneda. Diplomas, encuentros con la DEA, intercambios con la policía antinarcóticos de Bolivia, las naturalezas muertas de la esposa, que trabaja en Falabella y que mandó a pintar los muros color terracota y rosa. Las puertas, castaño oscuro.

Hasta la pieza del fondo, donde me refugié para no molestar a nadie con mi insomnio y mis rasquidos, no ha llegado el toque mágico de la señora: está pintada de ese color crema amarillo con que pintaban las salas de castigo en los colegios de antes. Ahí termino de leer en nada una novela de Murakami, donde un viejo amor imposible se derrite literalmente de pura ansia pasada. No sé si quepo o no en el colchón doblado de humedad donde no intento siquiera fingir que duermo. Desde la quebrada sobre la que está construida la vivienda sube la voz del locutor del Bingo que repite en distintos tonos:

—Treinta y tres... treinta y tres... treinta y tres.

Se escuchan las risas en los toboganes, llega hasta aquí el reflejo de las luces del stand. Camino hacia el living sobre el suelo de ladrillo vitrificado. Evito los muebles. Prendo el televisor. Termina *Rocky II* con la victoria de Rocky Balboa sobre Apollo Creed. Hubiera sido tanto mejor que perdiera, como en la primera película; tanto mejor que fuera la épica perfecta de alguien que perdió y es recordado por todos como si hubiese ganado. Pero tenía que ganar, tenía que ir de victoria en victoria, cada vez más tristes, más derrotadas.

Escucho un ruido raro. Avanzo hacia la ventana. Los perros sin dueño, que llenan la calle Chile, arrastran las bolsas de basura. Me quedo mirando el jardín. ¿Qué estará haciendo Parra a esta misma hora en este mismo balneario? Las veces que he pasado de noche por su casa, por la ventana de su pieza siempre se ve la luz encendida.

¿Dormirá alguna vez ese viejo vampiro? ¿Es capaz de dormir, cerrar los ojos, dejarse ir sin diagnosticar, saber, preguntar, rendirse al cansancio del que a los cien años que acaba de cumplir puede no tener vuelta? Duerme hasta las doce del día, se acuesta a las tres, dicen.

¿Cómo escribir su vida a escondidas a seis cuadras de su ventana encendida? ¿Cómo resumir todo lo que sé sobre Parra y todo lo que no sé, lo que nadie sabe, lo que él mismo ya olvidó? Para escribir este libro tengo que entrar a la cabeza de Nicanor. Parece fácil, porque él no esconde nada de lo que piensa. Él piensa en vivo, cuenta todo, o aparenta contarlo todo. Y sin embargo sé, ahora que lo visito todos los días, que en su cabeza hay sacrificios tribales, fuego sobre páramos de arcilla, siluetas sin cara ni nombre. Una angustia tan gigantesca y total, tan permanente y antigua, que ha aprendido a no quejarse de ella, a vivir como si nada, como esos campesinos que siguen con una costilla rota, con la astilla de una madera pudriéndose en una mano.

LA IDEA FIJA

Vive en el infierno, pienso, o en el purgatorio, ese señor que hace chistes todo el tiempo, que camina como si bailara y odia el patetismo existencial o cualquier tipo de gravedad. No descansa nunca, aunque esté tranquilamente sentado frente al ventanal que da al mar.

—«La mer, la mer, toujours recommencée!» —recita, en francés, los versos del *Cementerio marino* de Paul Valéry, traducido con más entusiasmo que pericia por su profesor de colegio Óscar Vera:

> *¡El mar, el mar que siempre recomienza!*
> *¡Recompensa después de un pensamiento*
> *es contemplar la calma de los dioses!*

Paul Valéry, del que leo justo ahora *La idea fija*, el diálogo entre un doctor y un pescador, lleno de frases citables, de pensamientos perfectos que aumentan mi angustia. Esa sobredosis de ingenio, ese desprecio por la acción dramática, por los descansos que permiten llegar a alguna parte, es justamente la gracia y la desgracia de hablar con Parra. Una cita cualquiera de Valéry en una página cualquiera:

—Un método… Pero ¿y si esta manera es la buena? ¿Y si es el umbral, el límite, al que han conducido y debían conducir siglos de tanteos?

—Seguramente… Pero ¡cuidado con el automatismo!

—¿Cómo…? Usted persigue a los otros, empuja a la precisión y después ¡chaquetea!

—No. Por lo demás, no existe una mente que esté de acuerdo

consigo misma. Dejaría de ser mente. Pero atienda un momento. Permita que me extravíe en la maraña de la moral.

—¡Vamos! Señor…

La obsesiva idea fija de tener ideas siempre. Pienso que podría empezar por ahí, o más bien seguir por ahí, enumerar, después del primer encuentro, todos los que siguieron, que eran en el fondo prolongaciones del mismo. La misma primera entrevista a la vez íntima y distante, prueba y complicidad, todo el tiempo esa energía implacable de espadachines que se miran antes de cruzar las espadas, siempre la vigilancia, siempre el juego. Pienso que podría escribir de forma concéntrica acerca de cómo habla, cómo te obliga Nicanor Parra a hablar cuando entras en el círculo del que no se sale nunca. Pienso que podría contar la visita de esta misma tarde, la visita de ese pariente vago, constructor civil, «hijo de un primo que es primo de un primo, tío Nicanor», que le trajo desde Australia un sombrero de piel de canguro y unas fotos en las que se veía al pariente lejano navegando en lancha, por un lago, con la Violeta Parra.

—Sobrino del tío Blas que es primo segundo suyo. Perdone que no lo llamé antes, tío. Vengo manejando de Chillán, donde me estoy construyendo una casa. Mi mujer dijo: «Llama antes, mándale una carta». Yo le dije: «Tengo que ver al tío. El tío tiene cien años, le tengo que entregar la foto al tío».

—¿De Australia? —se limitó a preguntar el tío—. ¿Sabes inglés, no es cierto? —Y se puso a recitar más para mí que para el nuevo sobrino—: «Death, be not proud…». ¿Te ubicas con John Donne, no cierto? Es cosa seria John Donne. ¿Corre eso en Australia? «Death, be not proud, though some have called thee… Mighty and dreadful, for thou art no so…» Chuta la payasada…

Y la sonrisa incómoda, y el sudor frío del pariente lejano, y la nerviosa forma en que empezó a despedirse, con el mismo apuro y entusiasmo con que se había instalado sin avisar en la terraza de la casa de Las Cruces.

Las artimañas de Parra, las armas, sus estrategias. ¿Eso es lo que tengo que contar? Los perros de la calle Chile siguen destrozando la bolsa de basura. Los juegos al fondo del barranco se apagan. Mi familia duerme tranquilamente mientras leo, o más bien finjo que leo, *La idea fija* de Paul Valéry. Me rasco salvajemente sin saber qué me pica. No puedo concentrarme en nada. O más bien, me concentro en demasiadas cosas al mismo tiempo.

¿SE PUEDE?

Escribir en primera persona es la única posibilidad, pero es justamente lo que Nicanor Parra no se permite. «Que zapateen otros», decía siempre. La mayor parte de lo que escribía lo ponía en boca de distintos personajes —«hablantes líricos», los llamaba— que había inventado para protegerse de la desprotección del yo. Junto a sus frases, en los *Artefactos*, dibujaba un corazón con dos piernas y dos brazos, que llamaba «Inocencio de Conchalí».

«Yo pensé que ya no se podía decir yo, pero parece que se puede.» Así comentó a la pasada mi libro *Memorias prematuras* la segunda vez que lo fui a ver. La palabra clave es el verbo «poder», que marca la necesidad de pedir permiso para decir yo, o tú, o nosotros. Así, los libros no eran para Nicanor Parra buenos o malos. Los dividía entre los que se «pueden» leer y los que «ya no se pueden leer». El «ya» también era importante, porque Parra creía sin creer en el progreso, el tiempo que corrige, el hoy que sabe más que ayer, y el mañana que es lo único que existe, como dice en uno de sus poemas.

¿Poema o antipoema? ¿Se puede decir poema hoy? ¿Llamarlo poema no será una forma de ofender a mi vecino de Las Cruces, a Parra, que vigila, aunque yo no lo vea, desde la calle Lincoln el mar, la bahía y también la calle Chile? Voy a terminar sacándome sangre si me sigo rascando de esta forma. Si sigo pensando en qué pensará Parra sobre lo que escribo. Voy a quedar paralizado de ideas eléctricas, como el pelo de Parra, que les pregunta a los recién llegados con tanta angustia como alegría:

—¿Se puede decir yo ahora? ¿Ahora sí se puede decir yo?

¿A quién le está pidiendo permiso? ¿Quién le da o le quita la posibilidad de decir yo? Esos signos de interrogación, convertidos en signos de exclamación, son quizá la marca del estilo de Parra.

PERMISO PARA DECIR YO

Poder hablar, permitirse el derecho a hablar, fue su único combate. Preguntas que a fines de los años cuarenta pasaron de su cabeza a su garganta, de ahí a sus pulmones, impidiéndole, a comienzos de 1952, pronunciar palabras de más de dos sílabas. «Cuando niño, yo me asustaba mucho con las caras, con los trajes y con las voces de los interlocutores, y quedaba prácticamente inhibido para comunicarme –les decía Parra a los estudiantes de la Universidad de Chicago en 1987, invitado a dar un seminario sobre su poesía por el catedrático americano René de Costa–. Quedaba pegado, por ejemplo, en un par de anteojos; si alguien me miraba con unos anteojos chiquititos así, entonces yo me quedaba pegado en los anteojos, o en si la nariz era demasiado gruesa. De eso se trataría, de encontrar un método que le permita a uno efectivamente llegar al interlocutor, sin enredarse, sin quedarse pegado en el mar de sargazos. De a poco empecé a perder la voz. Podía decir palabras aisladas: "árbol", "árabe", "sombra", "tinta china". Pero juntar las cosas no podía. Por ejemplo: podía yo decir "qué", "hora", "es", pero "¿qué hora es?" no me podía salir. No podía hablar, no era una simple especulación.»
Tenía treinta y ocho años. Trabajaba como profesor de mecánica teórica, una rama de la física en la Facultad de Física y Matemáticas de la Universidad de Chile. Su incapacidad de hablar lo obligó a desplazarse de la docencia a las labores administrativas. Se convirtió en subdirector de la escuela. Ni joven ni viejo, era entonces un hombre delgado, moreno, casi siempre impecablemente trajeado de tweed y corbata, casi siempre serio, alerta, aun cuando lograba salir de los monosílabos usaba el tono altisonante e irrisorio de los payasos de circo pobre. Eso eran sus hermanos, rumoreaban sus colegas y alumnos en tono de burla.

Los habían visto alguna vez en bares, carpas desvencijadas, cantando en prostíbulos, Roberto, Eduardo, Lautaro y Óscar (alias Tony Canarito).

La vergüenza era aún la moneda más corriente en su intercambio con el resto de los colegas y alumnos que sabían sin saber del todo una serie de rumores sobre el subdirector de la carrera, un señor formal y puntualísimo que medio había abandonado a tres hijos por ahí, tirados junto a su madre Ana Troncoso, reemplazada por una misteriosa sueca igualita a Ingrid Bergman en *Stromboli*, de Roberto Rosellini, una película en la que una sueca, por desesperación económica, se casa con un pescador siciliano que la lleva a una miserable isla volcánica donde nadie intenta entenderla.

Sin aire a veces, el profesor repasaba su vida larga y angosta, una serie de logros que eran fracaso, un libro que le daba vergüenza y que había ganado el Premio Municipal de Literatura de Santiago, una beca en Oxford en la que se había dedicado a no estudiar nada, y la impresión de comprender todo y no poder decírselo a nadie.

Ganas de mear sobre los muros y escribir con su orina consignas terribles. Ganas de encabezar rebeliones de mendigos, ganas de morir y matar.

«Yo estaba tartamudeando —explicaba Parra a los alumnos de Chicago— para conquistar un discurso plausible. Entonces, como los discursos no me parecían plausibles, no podía hablar. Me parecía una mentira, una comedia, hablar como habla un profesor, por ejemplo, o como habla cualquier sujeto, o como habla un poeta establecido.»

—Un terror al significado, un horror al significado, una conquista, un discurso plausible —se diagnosticaba a sí mismo en la consulta del siquiatra que le hizo ver que llevaba ya tres sesiones hablando perfectamente.

—Si quiere seguir viniendo, venga, pero ya no es necesario —le dijo.

Aunque hablaba, sentía que seguía mudo.

Cuento eso como un hecho después de otro. La historia de un hombre de clase media atormentado por su pasado y aterrorizado por su futuro. El silencio, la carga académica, los permisos sin sueldos, los exámenes finales. Rumiando versos mientras tanto, inventando defensas para no publicarlos, para terminar de terminar esas frases oídas de pasada en la calle. Hasta que sin aviso previo Pablo Neruda lo retó a duelo.

—A ver, Parrita, léenos algo si te atreves, lee esos esquinazos tan graciosos…

UN DUELO AL ANOCHECER

—«El poeta» —abría los ojos y las manos Nicanor Parra en Las Cruces para señalarte la importancia del momento—, así se decía entonces, «el poeta», y todo su círculo, todos esperando ahí para destruirte. No se le podía decir que no así no más al poeta. Eso sí que no.

Y sus cejas y sus uñas amarillas crispadas para que supieras que venía el salto mortal. «Qué se hace en esos casos me pregunto yo», se seguía preguntando como si se tratara de una película del oeste o de unas coplas del *Martín Fierro*. Neruda quería unos «Esquinazos», unos poemas semifolclóricos que le habían gustado cuando conoció a Parra en Chillán en 1938. Parra sabía que si le daba eso estaría encerrado para siempre en el personaje que Neruda le había inventado. Tenía que hablar, tenía que lanzar su voz o morir para siempre. Así que, agitado, buscó entre las hojas fusiladas por la máquina de escribir. Las vacas sagradas a su alrededor sostenían el silencio. Hacía frío, como siempre de noche en La Reina, Los Guindos, Michoacán, como llamaban a la casa que compartía Neruda con la Hormiguita, Delia del Carril, «Tú te ubicas con la Hormiguita, la mujer del Pablo». Todos eran redondos, gordos, imponentes. Solo Parra se sostenía en sus huesos como un pararrayos al que se colgara una cresta de indomable pelo negro.

Carraspeó. Su garganta atravesó varias capas de hielo hasta encontrar la voz rotunda y falsa de sus hermanos en el circo. Esa voz que habla directamente desde los pulmones. Fingió leer el poema que sabía de memoria, porque llevaba años y años redondeando cada palabra, cada exabrupto:

Los delincuentes modernos
están autorizados para concurrir diariamente a parques y jardines.
Provistos de poderosos anteojos y de relojes de bolsillo...

La cara redonda de Acario Cotapos, del expolicía Diego Mu-
ñoz, la complicada cara de bandido rural de Tomás Lago, la Hor-
miguita y las ojeras anfibias de Pablo Neruda que no entiende:
¿Dónde va Parrita? ¿Qué pretende este cabro ahora? Parra sintió
la obligación de seguir aunque el frío le hiciera doblar las rodillas
y bajo sus zapatos de cuero, cubiertos de una delgada capa de
polvo, se abriera un vacío.

... entran a saco en los kioskos favorecidos por la muerte
e instalan sus laboratorios entre los rosales en flor.
Desde allí controlan a fotógrafos y mendigos que
deambulan por los alrededores
procurando levantar un pequeño templo a la miseria
y si se presenta la oportunidad llegan a poseer a un
lustrabotas melancólico.

—Cáspitas, recórcholis, sorpresa general, escándalo, silencio
totaaaaal. ¿Qué es eso? ¿Qué pasó aquí? —contaba Nicanor Parra
cincuenta años después de aquel día en casa de Neruda que,
asombrado, le quitó las hojas de las manos buscando el truco:
    —¿Cómo hiciste eso, Parra? ¿De dónde sacaste eso?
    El resto del círculo no se atrevía a pronunciarse antes de que
lo hiciera el propio Neruda, que dejó pasar varios segundos para
luego levantar las cejas, el pecho gigantesco, la voz nasal, y de-
cretar que lo aprobaba total y parcialmente, que incluso lo iba a
prologar.
    El poema era parte de un libro, *Poemas y antipoemas*, que con
más temor que ganas estaba a punto de publicar el ya no tan
joven profesor de mecánica racional. Era 1954. Cumplía cuaren-
ta, había recuperado su propia voz, y fue el año en que, de una
forma, eligió nacer.

LA ANGUSTIA DEL SIGNIFICADO

—¿Cómo se llamaba el siquiatra de Parra? —le pregunto a Adán Méndez, saliendo de su departamento en la calle Vergara, en Santiago.

—No creo que haya ido al siquiatra nunca el Nicanor. Esa huevada de que no podía hablar es muy dudosa también. Daba entrevistas en esos años que dice que no podía hablar, daba recitales enteros.

Le cito un artículo de 1970, de Héctor Fuenzalida, miembro del círculo de Neruda, que en una vieja revista de la Universidad de Chile habla de la afonía de Parra para explicar su abandono de las aulas y su dedicación a asuntos administrativos.

—Tú no cachai al Nicanor. Él cambia el cuento según a quién le está hablando. No hay que creerle todo lo que dice. No miente, pero no dice la verdad tampoco —me dice.

Sé que tiene razón. He visto mil veces el mismo cuento adecuarse, variar, cambiar de dirección a lo largo de los años y dependiendo del auditorio.

Esa misma historia, la de la lectura de poesía en la casa de Neruda en La Reina, la he visto trasladarse a Isla Negra donde se encerraron Neruda, el ahora desconocido y entonces consagrado poeta Juvencio Valle, y Nicanor Parra.

—¿Cómo era eso? ¿Cómo era? Esta historia tiene un comienzo de novela de detectives, cuidadoooo —advertía Parra jugando a recordar lo que nunca había olvidado.

Una novela de detectives porque, camino a Isla Negra, la maleta con el único manuscrito de los *Poemas y antipoemas* se había extraviado en un restaurante donde Neruda los obligó a una pausa culinaria. Parra, desesperado, vio cómo su oportunidad de cambiar de un día para otro la poesía en español se evaporaba en una fonda de mala muerte. Hasta que Neruda hizo un par de llamados a los responsables del Partido Comunista y la maleta apareció.

–Cuidado, esto resucita a Neruda como padrino y salvador de la antipoesía, de alguna forma –decretaba Parra–. Eso lo vuelve a situar a Pablito en la órbita de la antipoesía nada menos.

–¿Viste? –sonríe Adán–. Tiene cuentos para cada situación, el Nicanor. No le podís andar creyendo todo lo que dice.

Nadie ha escuchado más tiempo a Nicanor Parra que Adán Méndez, que habla en el mismo idioma del sur de Chile, donde se mezclan con la naturalidad más inesperada datos de energía atómica, biología, literatura y costumbres chilotas. Adán Méndez es la única persona que, fuera de la familia, puede ver televisión o leer el diario con Nicanor Parra al lado. Una afinidad anterior incluso a conocerse. Una vecindad de alma y de cuerpo, porque Adán es como el Parra joven, delgado, rizado, buen mozo de una manera española.

«Solo para morir hemos nacido», decía un verso de Adán que Nicanor Parra incorporó inmediatamente a las bandejas de pasteles de sus propios *Artefactos*.

Solo para nacer hemos nacido
sin el consuelo de dejar rastro en el mundo
porque no habrá mundo en que dejarlo.

El poema empieza con esa especie de brusca audacia, completamente sabia y totalmente adolescente, que es todo Adán y es todo Nicanor, el Nicanor que dirigía en 1992 el jurado del Premio «Revista de Libros» de *El Mercurio* y que le entregó el galardón a Adán Méndez, un desconocido estudiante de filosofía de la Universidad Católica.

Después de ese ruidoso comienzo, de ese libro prometedor que produjo la suspicacia y la envidia del resto de los poetas, sobrevino el silencio completo, casi total: un poema en una revista, otro en una antología, y luego Adán se dedicó a leer y publicar los libros de otros en su propia editorial, Tácitas, mientras perfeccionaba formas nuevas de desapego y coleccionaba pipas y tabacos, en Chiloé primero, en París después, en el centro de Santiago finalmente. Una especie de eterna juventud prematuramente envejecida, como si ese fuese su combate, vivir sin edad para, como Nicanor Parra, no morir nunca.

¿No es este el sello común de todos los escritores que se acercaron demasiado a Nicanor Parra, la angustia del significado que los hace, como a Lihn, como a Huneeus, como a Adán, preguntarse por qué escriben mientras escriben? Pienso en particular en Cristián Huneeus, que comenzó tres veces su *Autobiografía por encargo* para terminarla bruscamente cada vez que empezaba a avanzar. Pienso en Diego Maquieira, que después de dos libros que prometían todo, y donde usaba la voz de *La Tirana* y los *Sea Harrier* –unos aviones de caza ingleses–, publicó muy de tarde en tarde. O en Juan Luis Martínez, que publicó en vida apenas dos libros con ganchos de pesca, páginas en blanco y en negro, transparentes, fotos al revés y al derecho, banderas chilenas, preguntándose una y otra vez sobre la posibilidad de escribir poesía normal en un país anormal.

Se reconoce a un parriano por eso, por su angustia a la hora de escribir. Menos por los chistes, que por los espacios en blanco, las páginas que se preguntan si pueden ser escritas. Una angustia que Violeta y Roberto Parra, sus hermanos menores, trasladaron tal vez a su vida, empezando sus respectivas obras lo suficientemente tarde como para que quedaran inconclusas, para esquivar el deber de preguntarse, como se preguntaba todo el tiempo Nicanor, ¿se puede decir esto, se puede no decir esto?

Nicanor Parra, maestro terrible del siglo XX, que llevó a un Chile atrasado el surrealismo, la física cuántica, Marcel Duchamp cubierto en la versión de Parra de romances de la Edad Media, de guitarras campesinas. Esa es quizá la historia que quiero contar, la angustia del significado que caracteriza al siglo XX en un país que de muchas maneras nunca se movió del siglo XVI, el siglo en que llegaron unos aventureros extremeños de apellido Parra o Sandoval, sin más destino que este fin de mundo donde no había ya ni oro ni imperio por conquistar.

EL FIN DEL MUNDO

El fin del mundo, ahí nació Nicanor Parra Sandoval el 5 de septiembre de 1914. En San Fabián de Alico, dice el certificado de nacimiento. ¿Qué era San Fabián de Alico en 1914? Ahora es un pueblo, una aldea, quince cuadras que se desperdigan en casas aisladas que bajan y suben las abruptas quebradas a la orilla de los cerros y volcanes que encajonan el poblado, el último antes de las montañas blancas de nieves eternas y las centrales hidroeléctricas y sus lagunas artificiales. Una amplia acequia, que corre con la furia de un río, pasa por la plaza donde se levanta ahora, en este siglo, la estatua de Nicanor Parra.

Tallada en madera nativa de color castaño claro, el escultor prefirió el realismo al simbolismo. Tiene la estatura del modelo, su chaleco, su impecable camisa: el traje y la apostura con que visitó San Fabián en el verano de 1996, viajando desde su casa de La Reina, en Santiago, a cuatrocientos kilómetros de aquí. Hay algo en la cara de la estatua, algo delicado que busca evitar justamente lo que torna atractiva la cara de Parra, ese mentón definitivo, las cejas desconfiadas, la nariz de boxeador mulato, como diría él mismo en su epitafio de 1954:

> *Con un rostro cuadrado*
> *En que los ojos se abren apenas*
> *Y una nariz de boxeador mulato*
> *Baja a la boca de ídolo azteca*
> *—Todo esto bañado*
> *Por una luz entre irónica y pérfida—*...

Eso le falta a la estatua de madera, esa «luz entre irónica y pérfida». Una mirada que asusta y al mismo tiempo te hace sentir en confianza o en familia, que te llama, te busca, pero deja en claro que está muy lejos, inaccesible en su centenaria memoria, en su milenario olvido.

«San Fabián × 100 pre», reza el plinto. Hoy, a mediados de febrero de 2015, termina la Semana de la Montaña, algo así como la semana sanfabiana, en la plaza. Los Machos de la Cumbia van a cantar mañana en el escenario que instaló la municipalidad. Los niños juegan en los balancines, hasta que la oscuridad de la montaña caiga sobre el pueblo y sus padres los obliguen a dejarlos. Un payaso vestido de naranja, con una maleta de plástico del mismo color, habla con una señora acerca de sus estudios de bioquímica. Los puestos de miel y helados artesanales van abriendo de a poco, un grupo de gente espera a la entrada de una carnicería. Un huaso arrienda sus caballos para que los turistas paseen a sus hijos.

Subo a mis hijas Beatrice y Carlota sobre el lomo desanimado de un caballo negro y doy vueltas por la calle desierta, escuchando el eco de las pezuñas delante de la escuela pintarrajeada con un mural de flores inmensas y símbolos mapuche. Todas las voces, todos los portazos, todas las risas de los niños, los gritos de las madres, los ladridos de los perros expulsados de los almacenes, rebotan entre los cerros. Todo vuelve convertido en eco, pienso. El sol se hunde detrás del cerro Malalcura. Eso es San Fabián, un pueblo a la sombra de un cerro. La presencia sin fin de ese muro sobre los cuerpos que se achaparran, que agachan la cabeza, que hablan cuando parece que van a callar, que callan cuando parece que van a empezar a hablar, que esperan.

Se acaba el pavimento, empiezan las calles de tierra. Los obreros de la central hidroeléctrica La Punilla vuelven en un bus de la empresa, todos con sus casacas naranjas fosforescentes. Se despiden haciéndose bromas antes de hundirse en sus casas prefabricadas. El humo de las cocinerías desciende hacia la calle. La noche baja por las rocas y los coihues. El caballo se apura, para desesperación de mis hijas, por volver al potrero abandonado donde su dueño espanta a patadas unas gallinas. Los lugareños más antiguos bajan hacia el Club de Rodeo, el bar más antiguo, y toman ahí «Terremotos» (vino blanco con helado de piña y fernet o ron), y «Tsunamis» (lo mismo, más cerveza y pisco), mientras hablan del último terremoto que casi deja a todo el pueblo derruido, a finales de febrero de 2010.

La municipalidad acaba de cambiar el diseño de la señalización de las calles para incorporar al fondo azul una línea aerodinámica que sugiere las montañas, hacia las que se quiere orientar el turismo local. La preocupación por el turismo, que es lo único que podría salvar el pueblo del olvido, hace que San Fabián lleve décadas disputándose con San Carlos (cuarenta kilómetros más al oeste) el título de ser el lugar de nacimiento de Violeta Parra. La fundación que preserva los derechos de la cantante dirimió la pelea al bautizar una de las pocas casas de adobe que quedan en San Carlos como el lugar de nacimiento de Violeta Parra, aunque en *El libro grande de Violeta Parra*, una recopilación de textos y entrevistas de la folclorista, su hija Isabel vuelve a situarlo en San Fabián de Alico.

El sitio del nacimiento de Hilda Parra, la hermana que estaba entre Nicanor y Violeta, también cantante, no parece interesarle a municipalidad alguna. Pero es probable que ella también haya nacido en este cuadrado de tierra negra, pegado a la quebrada, de espaldas a la cadena de volcanes. Un cerco sin casa ni monumento, pura tierra, tiene un cartel, como si estuviera a la venta, que dice en letra manuscrita: «Cuna del poeta Nicanor Parra».

LA FRONTERA

Qué lejos nacer aquí, pienso, qué alejado de todo y de todos debió ser esto en 1914. No hay nada hoy. Es difícil pensar que haya habido algo antes. El eco de los pájaros atravesando las nubes. La lava seca del volcán sobre la que crecen desesperados los árboles, el camino estrecho que cualquier lluvia o derrumbe vuelve impracticable. El aire tan limpio que duele en los pulmones. El río Ñuble tan frío que hierve.

Pero había algo. Algo más de lo que hay hoy que explica que este nacimiento no fuera un puro azar de la geografía.

«En las primeras décadas del siglo xx −cuenta el periodista Víctor Herrero en su biografía de Violeta Parra, *Después de vivir un siglo*, de 2017−, San Fabián era una próspera comunidad de más de seis mil habitantes, el doble de los que tiene hoy por hoy. Además de contar con dos escuelas públicas, el pueblo también tenía un periódico propio, *La Voz de San Fabián de Alico*, que fue fundado en 1894 y que circulaba una vez a la semana. San Fabián de Alico se había convertido en un importante centro de intercambio trasandino.

»Dos veces al año se celebraba una gran feria comercial entre Chile y Argentina, la mayor del Ñuble. Los "cuyanos", como se denominaba en esa época a los habitantes del otro lado de los Andes, traían ganado, cuchillería y cuero, en tanto que los campesinos chilenos aportaban con verduras, frutos, hierbas medicinales y tejidos. Desde San Fabián los productos cuyanos se repartían por todos los grandes poblados de la región del Ñuble, como Chillán, Parral y San Carlos, mientras que esas localidades se aseguraban de llevar sus productos a las ferias binacionales de ese poblado. El comercio llegó a ser tan significativo que el Estado de Chile decidió instalar allí una aduana fiscal.»

En esa próspera frontera se instalaron, a comienzos de 1913, Nicanor Parra Parra y su esposa Clarisa Sandoval, a la que había conocido en el mismo colegio donde hacía clases como profesor primario y al que iba a buscar a sus primeras dos hijas la viuda joven. Porque Clarisa, que prefería que la llamaran Clara, llevaba consigo ya dos niñas, Marta y Olga, una muy rubia y otra pelirroja. Clarisa, hija de Ricardo Sandoval, el administrador de un fundo en Huape, nacida según la leyenda familiar al borde de un río, debajo de unos arbustos, mientras el padre huía del reclutamiento forzado en las tropas del gobierno. Unas tropas que combatían a las del Congreso en la guerra civil de 1891. Una sangrienta guerra que terminó con el suicidio del presidente Balmaceda y los plenos poderes de las fortunas bancarias y mineras que combatieron el intento de nacionalizar la creciente riqueza del país.

De otra guerra venía Nicanor Parra Parra, hijo de Calixto José Parra Hernández, letrado de Chillán, que había peleado en la guerra del Pacífico, una guerra contra Bolivia y Perú que le permitió a Chile (y a sus socios ingleses y americanos) quedarse con el salitre y el guano del desierto de Atacama.

¿Aprendió ahí Calixto José a leer el Código Civil que le servía para hacer de árbitro en todas las contiendas? Otros soldados de la guerra del Pacífico siguieron más al sur, combatiendo a los indios para civilizarlos. Mataron a miles e instalaron el ferrocarril, y entregaron títulos de dominios a los colonos alemanes y belgas, les legaron el odio a los curas.

«El abuelo Calixto José Parra, don Calixto, es el origen —le contó Nicanor hijo a la periodista Ana María Larraín—. Más discurre un hambriento que cien letrados, decía él. Y como filosofía general, también yo debería utilizar aquí, en esta entrevista, la filosofía del huaso macuco. Pasa un delincuente y le preguntan a un hombrecito en una esquina: ¿Tú has visto pasar a alguien por aquí? Y él contesta: Creo que sí, pero me parece que no.»

Nicanor Parra Parra heredó de su padre la fe en algo parecido a la idea de la república: la escuela, el liceo, los libros, Schubert, Mozart, y también las cuecas y las tonadas del campo, donde era conocido por su canto y sus chistes.

No lo sabían, o no lo repetían, pero José Calixto y su hijo Nicanor Parra Parra eran parte de un proyecto histórico. La idea de un Chile liberal, anticlerical, racional y legalista, todo eso mezclado con vino, cantos, bromas y leyendas mapuche de pájaros que beben sangre y muertos que toman su última copa con los vivos.

El profesor de la escuela número 10 de niñas, Nicanor Parra Parra, y su esposa, Clarisa Sandoval Navarrete, eran relativamente jóvenes (él veintiséis años, ella veinticuatro), una edad en la que eres feliz lejos de todo, hasta que ella quedó embarazada en otoño al final del pueblo, en ese rincón de tierra negra que limita con el bosque y las cascadas del Ñuble. Esperó todo el invierno y parió en primavera un niño.

Un niño, un niño, igual al padre, les dicen a las visitas. Lo llamaron Nicanor Segundo Parra Sandoval.

ALGUNAS DUDAS

Martes 6 de agosto de 2014. Matías Rivas, editor de Nicanor Parra en Ediciones Universidad Diego Portales, con el que hablo a diario dos horas o más, me cuenta que a Parra le ha dado por decir que no cumple cien años sino ciento dos o ciento cuatro.

«En esa época la gente se demoraba meses e incluso años en inscribir a los recién nacidos», decía Parra y levantaba las cejas malévolamente, orgulloso de desmentir a todas las universidades, diarios y revistas que preparaban desde hacía meses su centenario.

Era quizá su manera de evitar la angustia del centenario. La fecha de su nacimiento, el 5 de septiembre de 1914, bien podía ser solo la fecha en que el padre se había dignado a acercarse al registro civil e inscribir al recién nacido. Nicanor Parra padre no era un hombre puntual ni puntilloso. Sucede en 1914, pero para imaginar el nacimiento de Parra tengo que volver a los murales del Giotto, Fra Angélico o Piero della Francesca, misteriosamente parecidos a los tapices que elaboraba la Violeta: raíces de árboles saliendo de la calavera de un muerto, guitarras que acaban en flores, pájaros, rocas, vertientes, arbustos, burros, gallos, gente que se mueve como si estuviera completamente inmóvil en un universo en el que la perspectiva no ha aparecido todavía.

¿Qué día? El 5 de septiembre seguramente no. Da lo mismo. Que lo hayan inscrito a comienzos de la primavera es simbólico. En el largo invierno de la montaña todo debió quedar pospuesto. Mientras espera para bajar al valle y hacer de una sola vez todos los trámites, el profesor Parra, el padre de Nicanor, ocupa su tiempo en tocar el violín para llamar a los niños y hacerlos entrar a la escuela.

«… el violín no era simplemente un peso muerto, como en general lo es con los profesores primarios, sino un arma de combate», le cuenta a Leonidas Morales en sus *Conversaciones con Nicanor Parra*. Clara Sandoval teje, cocina y espera. «Ella era una especie de roca inamovible allí», le explica Parra a Morales:

«Una mujer sumamente práctica, que no ha ido casi a la escuela y que apenas garabatea un poco, prácticamente analfabeta, pero de gran intuición, de un gran sentido de la naturaleza y de un gran sentido de los objetos y de los quehaceres domésticos».

En torno a ella, comenta Parra, se organizan los hijos, la casa, las gallinas, los perros, los patos que los rodean, viviendo como si el marido, el hombre de la casa, no existiera. Después de Nicanor Segundo nace la Hilda, y bajan a San Carlos, la cabecera del departamento.

¿Es el abuelo Calixto José el que provee la casa en pleno centro de San Carlos? Nace otra niña más, la Violeta. ¿O ya nació en San Fabián, como ahora dicen sus herederos? ¿Sigue siendo el padre profesor rural o es «empleado», como señala el certificado de nacimiento de la cantautora Violeta Parra? En San Carlos hay colegios grandes y la necesidad del profesor rural no es tan urgente como en San Fabián. ¿El padre ha vuelto a ser el heredero de don Calixto José, que parece no querer aceptar la carga de niños y más niños? ¿Qué los expulsó de San Fabián y del sueño de la escuela rural, la vida de pionero entre los cerros para la que parecía haber nacido?

No se sabe.

UNA VOZ AL FONDO DE LA CASA

De pronto, en 1919, Clara Sandoval se va a Santiago a tentar suerte como costurera. Su marido la sigue unos meses después, dejando los niños a cargo de su padre. ¿En San Carlos? ¿En San Fabián? ¿En Chillán? Da lo mismo.

«Voy y vuelvo», les dice a los niños. A Nicanor y sus dos hermanas mayores que son las únicas que pueden entender más o menos lo que sucede. ¿Por cuánto tiempo se va el padre? Los niños sospechan que podría ser para siempre. No se atreven a comentarlo en voz alta. El abuelo y la abuela Parra los instalan en la pieza común en que duermen todos, junto a los primos Parra Cares, hijos del tío Adrián, dejados ellos también en consignación. Ahí los Parra Sandoval, que ya son cuatro (Nicanor, Hilda, Violeta y Eduardo), y a quienes se suman sus medias hermanas Olga y Marta, empiezan a ser una sola entidad que lucha por una lonja más de pan o de queso contra sus primos: Adrián (futuro autor del himno de la escuela normal de Chillán) y Blas (futuro autor del testimonio penitenciario *Cárcel sin redención*).

El abuelo Calixto José parece fomentar esa competencia que establecen entre primos para robarle del cinturón las llaves de la despensa, audacia que asusta a los Parra Sandoval y divierte a los Parra Cares.

«Y lo que más recuerdo yo son las risotadas de Adrián, que era un pequeño energúmeno, un demonio, de una vitalidad extraordinaria, que tenía tres, cuatro, cinco años más que yo.» Pero los Parra Sandoval no son del todo una unidad inamovible. Eduardo, que no tiene un año, es el favorito de los abuelos, que lo adoptan como si fuera un hijo propio. El resto camina fantasmalmente por la casa, se cuida de no dejar caer vasijas, espejos, muebles que pesan toneladas. Juegan con una carretita de ruedas de fierro. «La rotación de la rueda fue algo que me atrajo mucho desde niño: era un misterio indescifrable.» Los Parra Cares, en cambio, gritan, ríen, saltan de los árboles y de las ventanas abiertas. «Estos demonios arrastraban la carreta, corriendo, y la carreta algunas veces nos pasaba encima de las piernas y quedábamos gritando. Pero nadie nos podía favorecer porque nuestros padres no estaban.»

Nicanor Segundo se aparta a veces de todos esos hermanos y primos. Se pierde con Olga, su hermana rubia, al fondo del patio. Se acostumbra a no esperar nada. Se acostumbra a ser un extraño en casa ajena. «Me dedicaba por ejemplo a mirar, examinar los chorros de luz que entraban por una ventana. Cerraban perfectamente todo, pero siempre se cuela un rayo de luz, o un haz luminoso, que se llama en términos científicos. Me entretenía en mirar las partículas de polvo.» Todo esto lo cuenta en sus conversaciones con Leonidas Morales.

Una noche escuchó una voz que los llamaba: «Tito, Viola, Hilda, Chepe». «Aparece esa voz, pero esa voz… —sigue contándole a Leonidas Morales—. Yo no sé si podré llevar alguna vez esa voz a la poesía, o ese momento, la impresión que yo tuve cuando oí esa voz, la voz de la madre después de haber desaparecido, y en la noche. […] Una alegría indescifrable, que se puede comparar… Ah, en la música yo he encontrado momentos así, en la *Novena Sinfonía*, al final, cuando llegan los coros, o sea el momento de la glorificación. Llegó ella y venía con una guagua. Venía con Roberto.»

En torno a esa voz, la voz de la madre que regresa, se rearma la tribu. Los llama, uno por uno, para que salgan, y salen de la oscuridad al antejardín. Suben a una carreta que los lleva a tomar un tren hacia Santiago, donde van a empezar de nuevo.

NIÑOS SOLO

En esta familia que se dedicó a contar su vida en décimas, entrevistas, cuadros, testimonios, poemas, hay otra versión. Roberto, el hermano nacido en Santiago, autor de *La negra Ester*, el mayor éxito del teatro chileno de los años noventa, intentó los últimos años de su vida escribir una y otra vez la *Vida pasión y muerte de Violeta Parra*. En su versión de la leyenda familiar, Nicanor se queda en Chillán mientras el resto de la familia viaja a Santiago. Esta despedida, cree Roberto, es central en la vocación de su hermana que, por primera vez, se ve separada de su otra mitad, su hermano mayor Nicanor. En su extraña ortografía escribe:

> *Con sentimiento y dolor*
> *Van arre montar el guelo*
> *Lo despiden los aguelo*
> *Se prepara el profesor*
> *Asantiago el moscardon*
> *La mamita con sus hijos*
> *Llorando mi hermano Tito*
> *Sedespide en el anden*
> *Pitiando ya llego el tren*
> *Atrás se quedo mi hijo.*

Y luego le presta la voz a la Violeta.

Violeta: mama.cuanto tiempo llevamos aqui en san santiago. quisiera ver al tito parese que nunca mas lo voy aver.
Pero cuando nos juntemos otra ves voy ajugar los dias estero con el.

Esta separación que Nicanor olvida, o que no cuenta, explica tantas cosas. Apartado de sus hermanos, solo con sus abuelos, no le quedó más opción que ser otro. Ser el otro. En esos meses, el hermano de muchos niños aprendió a ser el hijo único que era cuando lo conocí. Solo y único, padre, hermano, cuñado, hermano, marido, completamente solo entre los armarios y las monturas del abuelo. Separado casi al nacer de los suyos aprendió a estar solo en medio de parientes.

¿Cuál versión es la verdadera, Nicanor sin sus hermanos, o Nicanor liderando a sus hermanos en la casa del abuelo? ¿El tren que lo deja solo o la voz en el fondo de la casa que lo llama a él y a sus hermanos al redil? No quiero ni puedo ser objetivo, de modo que debo quedarme con Nicanor y esa voz al fondo de la casa que los salvó de los abuelos para irse a vivir a Santiago.

CAFÉ CON AJÍ

¿Cuánto tiempo? ¿Cuándo se fue a Santiago el niño Nicanor Parra?, le pregunta Leonidas Morales a Nicanor en 1969:

«A ver, yo nací el 14. Tal vez debemos haber llegado a Santiago el año 19, una cosa así».

En 1919, Santiago se esparce en conventillos y pasajes ciegos alrededor de la Estación Central. Joaquín Edwards Bello la describe en su novela *El roto*, de 1920, como un pantano purulento:

«Sus calles se ven polvorientas en verano, cenagosas en invierno, cubiertas de harapos, desperdicios de comida, chancletas y ratas podridas. Mujeres de la vida airadas rondan por las esquinas al caer la tarde; temerosas, embozadas en sus mantos de color indeciso, evitando el encuentro con la policía… Son miserables busconas, desgraciadas del último grado, que se hacen acompañar por obreros astrosos al burdel chino de la calle Maipú al otro lado de la Alameda. La mole gris de la Estación Central, grande y férrea estructura, es el astro alrededor del cual ha crecido y se ha desarrollado ese rumoroso barrial».

Los Parra atraviesan en un carro los conventillos ruinosos, y las calles desiguales donde amanecen muertos cada tanto los transeúntes, hasta llegar a la calle San Pablo con Manuel Rodríguez: la casa del tío Ramón Parra, que lleva ya años en la capital. El tío Ramón es funcionario de la compañía de electricidad, dueño de una vivienda de ladrillo con mampara, pasillo al centro, una galería interior y un patiecito a la derecha. Una casa donde Nicanor Parra pasará muchas horas de su vida más tarde, cuando su hermana Violeta se aloje en ella al llegar a Santiago sola, ya más que adolescente, pero en la que apenas tuvo tiempo de instalarse entonces.

«El desayuno –le cuenta a Leonidas Morales– fue café con ají… Yo acabo de poner eso en un poema. "El café con ají no convence." Entonces yo reclamé y le dije a mi mamá: "Mire este café, que yo no me lo puedo tomar". "Tómate ese café", me decía. "No, está picante." "Cómo va a estar picante." Gran escándalo, y de aquí nos fuimos muy ofendidos. El tío Ramón no hallaba qué hacer.»

Indignados se fueron a un cité, unos pasajes ciegos llenos de casas de una sola pieza, en la calle San Pablo con Manuel Rodríguez. Arrendaron una habitación en una de estas residencias que se compartían con otras familias.

DIARIOS EN LA PARED

«¿Cuáles son los primeros recuerdos de la capital?», le pregunta Morales. «Tengo recuerdos de baratas... Yo vi baratas. Tengo también recuerdos de tablas que no se juntaban bien en el piso, de rendijas por las que se caían objetos. Se perdían peinetas y cuchillos que después aparecían cuando uno metía la mano por ahí.»

La madre trabaja de costurera en La Casa Francesa. Arregla vestidos de «señoras bien», entre ellas Ester Rodríguez, la esposa de Arturo Alessandri Palma, el candidato liberal a las elecciones de 1920. El padre, que ha llegado desde Chillán para reunirse con ellos, es vigilante de la cárcel. En el barrio de La Chimba, a un par de piezas apenas amobladas donde terminaron por trasladarse cuando ya no pudieron pagar la pieza del cité, Nicanor Parra aprendió a leer en la pared.

Los propietarios habían empapelado los muros con recortes de diarios. Indistinguibles bajo la luz de petróleo, en el resplandor de braceros, las palabras sueltas iban creando frases raras que no pegaban con las imágenes. Recetas, ungüentos, panfletos de un partido, noticias alarmantes que se pegoteaban unas sobre otras formando frases nuevas. Es 1920. Arturo Alessandri, una especie de tribuno que habla de mi «adorada chusma» cuando habla del pueblo, y de la «canalla dorada» cuando habla de sus primos y amigos oligarcas, le gana las elecciones al candidato conservador, Luis Barros Borgoño. Hay en el aire algo parecido a la revolución. Los rusos la hicieron en 1917. Chile, que con el salitre había conseguido la ilusión de la riqueza, la acaba de perder al desarrollar el alemán Fritz Haber el salitre sintético. Hay en las calles a veces peleas entre partidarios de un candidato y otro.

Para la fiesta de la primavera de 1920, sus padres lo disfrazan de Pierrot y se van a escuchar a los recitadores y ver a los magos. No sabe cómo, pero de pronto se queda solo en el puente Manuel Rodríguez, sin saber cómo regresar a casa. Ve a un policía al final del puente y le dice que se perdió, que no sabe su dirección, que no conoce Santiago. Todo pintado de blanco, en su traje lleno de vuelos y botones, espera pacientemente en la comisaría más cercana a que vaya su madre a buscarlo. Clara lo encuentra tranquilo y callado en el calabozo.

Nicanor juega con sus hermanos a peinar un canario y aprisionar unos gatos en las latas vacías que encuentran en la calle.

EL DIARIO

«Me invitaron a una comida —les contó a los alumnos de la Universidad de Chicago a finales de los años ochenta—, en Chile, en la casa de un médico chileno, investigador, que tenía como invitado de honor a un premio Nobel de Química. [...] La esposa del invitado de honor me dirigió la palabra y me dijo que alguien le había dicho que yo era escritor, y me preguntó qué libros leía yo de preferencia. [...] Le dije: "Señora, a mí no me gusta leer libros". Y ella dio un brinco. Yo no sabía qué iba a decir a continuación; entonces me dijo: "¿Y qué lee, entonces?". Yo automáticamente le dije: "El diario".»

Nicanor Parra es el único poeta que conozco que pasó su vida tratando de convertirse en periodista. Esa es quizá la obsesión de su poesía, convertirla en noticia. En *Quebrantahuesos* de 1952 —que era un muro de recortes—, en los *Artefactos* de 1972 —donde parecían anuncios de diarios viejos— y en tantos poemas que tienen por título cosas como «Mil novecientos treinta» (1979) o «Noticiario 1957» (1962).

A mediados de los vigilados años setenta, le propuso al diario *El Mercurio*, el más oficialista de los diarios de la dictadura, encargarse de una sección a la que propuso llamar «El averiguador particular».

> *Huelga de farmacéuticos*
> *algo que no había ocurrido nunca*
> *¿no le parece el colmo de los colmos?*
> *—Ojalá que se alargue lo más posible*
> *para que se mejoren los pacientes.*

¿Era una forma de subvertir el diario, o de no desaparecer del ojo público? En esa sección quería escribir un poema a la semana. Aunque no pudo soportar los horarios de cierre, ni la obligación de ser ingenioso cada siete días, no dejó de obsesionarlo nunca la posibilidad del periódico como el espacio supremo en que la poesía debía terminar. Su tumba y también su resurrección, el lugar donde todas las palabras se reciclan.

«Yo creo que hay una razón muy sencilla –explicaba a los alumnos de la Universidad de Chicago en 1987 hablando del periodismo– para que alguien se interese por esta literatura: esta literatura está muy bien hecha; si no está bien hecha no la pagan, no la compran; de manera, entonces, ¿por qué no aprovechar ese primer impulso? Creo que no aprovechar eso es simplemente derrochar una cantidad de energía que está ahí a disposición de cualquiera.»

Recién ahora entiendo por qué la primera vez que lo vi, Parra me trató no con amabilidad o simpatía, sino con algo parecido al respeto o –resulta ridículo decirlo ahora– la admiración. Yo era un periodista que quería ser poeta (o peor aún, novelista) y él un poeta que quería ser periodista. Su trato, horizontal, sencillo, curioso, no era el de un abuelo, un profesor o un amigo, sino el de un colega.

UN COLEGA

Ese había sido, incluso antes de conocernos, el vínculo que nos unía. En medio de una de las primeras borracheras de mi vida (en 1998, cuando tenía veintiocho años), se me ocurrió que Nicanor Parra podía hacer titulares para *The Clinic*, el pasquín de noticias falsas y columnas incendiarias que con Patricio Fernández y un grupo de colaboradores, más o menos anónimos, tratábamos de celebrar el arresto de Pinochet en Londres. «Que haga chistes Nicanor Parra», se me ocurrió, porque en medio de copas y más copas de Hemingway (coctel a base de ron y coco), el trago con el que trataba de iniciarme de modo diabético al alcoholismo, me había topado en el baño del restaurante Azul Profundo con algunos *Artefactos*, las tarjetas postales con collage que empezó a publicar en 1972:

«Son iguales a los chistes del *Clinic*, estas huevadas», pensé mientras descargaba la vejiga, sorprendido de ese hielo que subía por mis vértebras. El alcohol, esa sensación de estar ladeado en el tiempo, de estar vacío y lleno de cosas, de sentir que el baño del restaurant me iba dejando solo, abandonado en medio de una tranquilidad tan rara, tan nueva, en la que el tiempo dejaba de existir y existía como nunca antes.

—Pídele a Parra que haga chistes —le dije a Pato, que me advertía de que no siguiera con el Hemingway porque era más humillante morir de diabetes que de cirrosis.

—Vamos de a poco, huevón. De a poco.

—Te apuesto que hace feliz los chistes. ¿Qué tiene mejor que hacer ese viejo? Que venga a la oficina el martes y hacemos los chistes y la portada ahí mismo.

No sabía si Parra vivía o no en Santiago. No sabía tampoco que uno de los creadores del *Clinic*, Juan Guillermo Tejeda, había diseñado los *Artefactos* originales. Me salvó esa inconsciencia, pienso ahora. Sin conocerlo, al conocerlo lo traté de la única manera en que consentía ser tratado, como un contemporáneo.

Borracho por primera vez, salí a la luz del sol de verano espantado de ver cómo giraba todo a mi alrededor. «Eres el diablo», le reproché a Pato por tentarme, o más bien amenazarme con que si seguía sin tomar, y hablando maravillas de la novela realista del siglo xix, me iba a suicidar como acababa de suicidarse su amigo el escritor Adolfo Couve. Tan abstemio como yo, tan realista como yo, tan neurótico como yo.

TRABUCO

Me olvidé de Parra mientras vomitaba en mi baño. Pato, no sé por qué, se acordó y lo llamó por teléfono después de mandarle unos ejemplares del pasquín:

—No. ¿El *Clinic*? Lo que hacen en el *Clinic* es muy peligroso, nooooooo, eso noooo por favooooor —respondió Parra al otro lado del teléfono—. Tienen que andar con trabuco ustedes, hay que parar eso, esto no puede ser. Yo no quiero tener nada que ver con eso. Pero llámeme la próxima semana, quizá tenga algo para usted.

Y a la siguiente semana repetía por teléfono la misma sorpresa, el mismo espanto, pero con más detalles, había leído entero el pasquín, tenía opiniones sobre todas las columnas, «pero tendríamos que hablar la próxima semana, porque yo renuncié a todo, tú sabe, yo soy jubilado de la Universidad de Chile, monje taoísta para más señas. Llámeme la próxima semana, pero llámeme sin falta».

Hasta que comenzó a hablar en plural cuando se refería al *Clinic*, y empezó a considerar el pasquín —en el que colaboró una vez, en el especial que le dedicó por sus noventa años— como suyo. Ese especial era para Nicanor Parra su último libro, un libro aún más suyo que los otros, porque lo habían escrito en un gran porcentaje otros: periodistas, críticos, modelos, pintores, caricaturistas.

—Noooo... ¿el *Clinic*? ¿Qué se hace después del *Clinic*?, me pregunto yo. ¿Qué se hace, qué se hace?

Luego se tomaba la cabeza como si estuviera completamente horrorizado por los garabatos y las mujeres desnudas en distintas posiciones infamantes que publicaba el *Clinic*.

—¿Cómo le dijo Lemebel a Lafourcade? ¿Por qué no me empujas el mojón, eso dijo? Nooo, qué horror, eso no se hace —se reía, queriendo más guerra–. Tú sabes que yo soy muy amigo de Lemebel y muy amigo de Lafourcade.

Muy luego se le ocurrían unas injurias peores e insistía en que lo mejor de la revista era la columna anónima que Pato Fernández le consagraba a la caca (que reemplazó por otra que hablaba de la paja).

«Parece que Mellado es el que la lleva ahora.»

«Parece que Bertoni cacha la huevada.»

Y me preguntaba, cuando lo iba a visitar esperando un comentario sobre mis libros, si tal y cual de los jóvenes y no tan jóvenes que lo visitaban estaban o no «matriculados con el *Clinic*».

Cristián Huneeus dice que «hoy» es la palabra clave de Nicanor Parra. Pero ¿no era esa la mayor antigualla del siglo XX, la palabra «hoy»? El siglo XXI había acabado con Marx, Freud, la URSS, Cuba, Hitler y hasta Heidegger. Quedaron en pie Nietzsche, Lao Tse y el *Código de Manú*. «Y el *Clinic*», decía Parra, levantando un ejemplar dibujado, subrayado. El *Clinic* era también todo lo que Nicanor Parra había dejado atrás: Marx, Freud, Hitler, Ricardo Lagos, Pinochet, Allende. Los diarios en la pared, los panfletos en las calles de 1920, cuando por primera vez la gente como él o su papá caminaban hacia los balcones de La Moneda a saludar a su presidente Arturo Alessandri, un hombre con el pelo rabiosamente negro que hablaba de la clase media, de la canalla dorada, de la educación de los más pobres ante la masa enfervorizada.

2

HIJOS DEL CEMENTERIO

PROYECTO DE TREN INSTANTÁNEO
(SANTIAGO-PUERTO MONTT)

Les muestro a mis hijas, Beatrice y Carlota, las locomotoras en el museo ferroviario. El museo no es sino un pedazo de la Quinta Normal, en Santiago, concesionado a unos privados que las compraron a precio de chatarra. Lo administra un grupo de fanáticos de los trenes antiguos que se reúnen los sábados a hablar de calderas y silbatos, y que cada tanto compran una locomotora o un tranvía que yace sin ruedas junto a una estación que algún terremoto o temporal dejó a medio destruir.

El carro presidencial de los años veinte está rodeado de alambres y trancas. Por las ventanas, el polvo que se cuela entre las cortinas tejidas a crochet le da un cierto resplandor de película rusa. Bajamos a saltos, como si los trenes estuvieran en movimiento. Mis hijas experimentan el placer de su pequeñez entre las poleas, las ruedas, el metal impecablemente negro, los infinitos ganchos con la nada. Esos son durmientes, les explico.

—¿Por qué durmientes, papá? —pregunta Beatrice, que nació en 2009 en un país que se transporta casi por completo en buses y automóviles.

—Porque duermen en la vía.

—Son lindos los trenes —me dice la Carlota, que se ve minúscula trepando hacia la campana de una locomotora de 1850.

Caminamos hacia el centro del parque, hacia un enorme círculo de cemento donde una locomotora gigante quedó atrapada en su riel cuando estaba a punto de cambiar de dirección. Les explico que los trenes no elegían dónde iban, ni a qué velocidad. Hombres invisibles cambiaban las vías de dirección, montaban las locomotoras en esos infinitos andamiajes para dirigirlos de sur a norte, siempre el mismo camino, sin apurarse, por entre las montañas y los ríos, trayendo ejércitos, profesores, cantantes callejeros, mercancía fresca, cambiando a veces vagones que se desenganchaban y volvían a enganchar con esa lentitud sagrada de los apareamientos de rinocerontes. Mis hijas caminan ahora entre las locomotoras con respeto religioso, como los turistas de hoy caminan por las ruinas de Pompeya o los muros de Machu Picchu. Unos carteles borroneados explican que esta, la locomotora Roger, fue la más grande de América Latina. Que otra atravesaba los Andes de Mendoza a Santiago. Y están las figuras pioneras de William Wheelwright y de Enrique Meiggs, los primeros en traer los trenes a Chile, antes que a cualquier país latinoamericano.

—¿Cuál es el tren más rápido del mundo, niñitas? —les pregunto a mis hijas para sorprenderlas—. El tren instantáneo de Santiago-Puerto Montt —respondo ante su silencio sorprendido.

El tren instantáneo que inventó Nicanor Parra para su libro *Hojas de Parra*, de 1983, donde la locomotora está en Puerto Montt y el último carro en Santiago:

> *la gran ventaja que presenta este tipo de tren*
> *consiste en que el viajero llega*
> *instantáneamente a Puerto Montt en el*
> *momento mismo de abordar el último carro*
> *en Santiago.*

—O sea, ¿no avanza el tren? —me pregunta mi hija Beatrice.

—Avanza y no avanza, esa es la gracia —le explico—. No necesita avanzar, llega al mismo tiempo que parte. Es el tren perfecto, el único que no llega nunca tarde.

Observación, les advierto a mis hijas, como advierte Nicanor Parra a los lectores en el poema: el tren instantáneo sirve para viajes de ida. Para volver los pasajeros arrastran como pueden sus bultos y maletas. Por la ventana inmóvil, las estaciones de Rancagua, Talca, Linares, los llantos de los niños en los brazos de sus madres, el cargamento de cebollas, los caballos nerviosos encerrados en sus cajas de tablones verdes, corcoveando asustados. El trayecto Puerto Montt-Santiago que mandó a construir José Manuel Balmaceda, el presidente liberal que por culpa de su ambicioso programa de obras públicas y su desafiante actitud ante las empresas inglesas y americanas, que explotaban el salitre y el guano chileno, tuvo que renunciar y se suicidó en la legación argentina, atrapado en una guerra civil que ganó para siempre el congreso, la nueva aristocracia del salitre unida a la antigua del campo.

El tren no se detuvo, sin embargo, con el suicidio del presidente que lo diseñó. Siguió bajando por el valle central hasta atravesar el Biobío, la frontera que los indígenas habían acordado con los españoles, atravesar los bosques inexplotados de la Araucanía, conectar con el resto del país a los alemanes del sur y sus lagos para terminar en Puerto Montt, donde el mar no lo dejaba avanzar más.

LA LÍNEA FÉRREA

Los Parra, que cantaron a la tierra y los orígenes, eran los hijos de esa máquina que arrasó campos y tribus, que ganó la guerra contra los mapuche y trajo con ella escopetas, banderas y silabarios.

No hay folclore sin ferrocarril, porque solo existe la canción perdida en el campo cuando se la canta en otro pueblo perdido, unidos como una cicatriz irreparable por la línea del ferrocarril. No en vano se casó la Violeta con un maquinista de tren. No en vano cantaron sus hermanos y ella por años y años en los boliches más cercanos a la Estación Central de Santiago. Es quizás eso lo que explica esa mezcla entre lo medieval, lo ancestral, lo campesino y lo moderno, la pasión por todo lo nuevo que caracteriza a los Parra, tan modernos como esas locomotoras varadas en la Quinta Normal.

La estación de San Fernando, Curicó, Talca, Linares, Parral, San Carlos, Chillán, Los Ángeles, Gorbea, Victoria, Lautaro, donde la familia se baja finalmente. Y el viaducto del Malleco y los ríos que te duelen en los ojos cuando el sol se refleja, los árboles negros a los dos lados de la vía, los vendedores de tortilla con chicharrones, las casas grises, los niños que corren entre los arbustos de maqui. Hasta que en pleno viaje, Violeta padece los primeros síntomas de la varicela. Una enfermedad que lleva con ella desde Santiago, que transporta con ella en el tren, dejando a su paso un rastro de muerte que en sus *Décimas* suena casi a fiesta, como si esos muertos en el camino supieran que esa niña puede matar, que es mortalmente importante:

> *No se escapó ni el vacuno*
> *de la terrible lanceta*
> *que la pequeña Violeta*
> *clavó sin querer ninguno.*

Cayeron grandes y chicos
con la terribl' epidemia
más grande que la leucemia;
murieron pobres y ricos.

La enfermedad le descubre su vocación: contagiar fiebre, canciones, ideas, versos desiguales, portar el virus, el síndrome, la lanceta, aguantar toda la fiebre del mundo mientras los otros se mueren a su alrededor.

La muerte como una fiesta, el contagio como un destino, todo eso que es tan de la Violeta también es de Nicanor y de Roberto y del tío Lalo. Gente que cuando llora parece estar burlándose de su propio llanto, y cuando ríe respira por la herida.

PUROS RECUERDOS FELICES

La familia baja del tren en Chillán para conseguir una curandera que sane a la niña. Lo logran a medias y siguen al sur, hasta Lautaro, el nuevo destino del padre que ha sido nombrado profesor en el regimiento del pueblo sureño.

La estación de Lautaro no había cambiado casi nada cuando volvió Nicanor Parra a visitar el pueblo en 1958. Más chica, porque él era más grande, cercada de cables eléctricos porque los trenes ya no eran de vapor.

Nicanor Parra Sandoval, ya profesor, acababa de dar clases en una escuela de verano en Concepción y caprichosamente decidió parar en el pueblo. Caprichosamente y no tanto, porque los poemas que estaba escribiendo evocaban fogonazos de imágenes de infancia, álamos, domingos interminables, tías y pensiones de mala muerte. Así caminó hacia el hotel Lautaro, donde pidió una pieza. Salió de ahí hacia la calle del Comercio. Avanzó por ella despacio, como si alguien lo siguiera. Río Cautín, Lautaro, 1927, flores amarillas, camino a la escuela. Siguió pegado a las panderetas por las que él y sus hermanos solían ablandar los membrillos a golpes. Y los chochos, esas flores amarillas a un lado y otro del río Cautín, rojo por las curtiembres ubicadas un poco más arriba, en el que se bañaban y aprendían a hablar mapudungún.

Los árboles de los que subían y bajaban la Violeta y los otros hermanos lanzando frutos, flores, guatapiques a las visitas. Y las trenzas de la Violeta amarradas a las de la Hilda mientras dormían, para convertirlas, cuando se despertaran, en siamesas chillonas que llamaban desesperadas para que las liberaran.

—¡Ya, pues, Tito! ¡Suéltanos, Tito!

La máquina de coser de la mamá, y las gallinas de las hermanas, y los corderos colgados del canelo en fiestas patrias, el cuello abierto del que sale la sangre tibia a borbotones, y las cebollas y el cilantro.

El profesor de Física y Matemáticas Nicanor Parra reconoce todo eso aquel día de 1958, no solo con la mirada sino también con el olfato, los pies, los hombros, las rodillas. Se reconoce en ese espacio, del que suele hablar con sus hermanos como el único paraíso posible. El único lugar donde jugaban por jugar. Dobla en una esquina igual a la anterior, y otra más, muros grises, celestes, tejas de alerce, tablas rotas de roble carcomidas por el musgo, carretas de bueyes. Un almacén oscuro del que cuelgan longanizas. Los perros duermen siesta en el suelo de tierra.

No ha cambiado nada, y todo ha cambiado un poco. Era un niño de once años, doce, cuando vivió aquí y el padre de Nicanor era el profesor del regimiento. Nicanor recuerda las clases de balística, los soldados fingiendo ataques contra nadie, los cerros y los bosques, la pulpería donde él empezó, no se sabe por qué, a encargar navajas que el padre pagó sin chistar. Los conscriptos, los congrios como los llamaban, admiraban a su padre. Por primera vez los Parra no tenían que pedirle nada a nadie. Por primera vez tenían su casa, con sus cicutas hediondas y sus membrillos en flor. Y la noria y la rana, y las habas, y los pescados en el río, y el papá tocando la guitarra debajo de un árbol, rodeado de la huerta que Nicanor sembró y que cuidó su padre.

—Lautaro, puros recuerdos felices —me decía Parra, cuando trataba en Las Cruces, a comienzos de 2000, de volver a esos años.

A Leonidas Morales le habla, como si acabara de dejarla, de la casa al borde del río:

«... y mi padre se instalaba a la orilla con un gran palo, con un gran gancho en un extremo, a pescar toda clase de maravillas. Pescaba chanchos, gallinas, troncos, palos, todo lo imaginable. Una vez este caballero creo que trató de pescar una casa y entonces se cayó al agua. Aquí terminaron las pescas. Pero él ya había llenado una bodega con toda clase de objetos.

»Había una noria muy linda, con helechos y una rana. Se dice que ella, la rana, es la que produce el agua. Es una especie de hada de las fuentes. Inclinarse a la boca de ese pozo era muy lindo. Y además mi padre cultivó, plantó habas y las cuidó muy bien, magníficamente bien, y lechugas. Estas habas empezaron a nacer y yo seguí el crecimiento de la planta. En seguida aparecen las flores, blancas y negras, mágicas, y después los capis. Entonces se sacan los primeros capis y se preparan unos guisos deliciosos. Y chacras también. Y mi padre, caminando y regando todo esto. En el fondo de un patio enorme, un sitio enorme, casi una hectárea, unos árboles gigantes donde nos íbamos algunas veces en la tarde, y él aquí tocaba su guitarra».

Ahí descubrió la injusticia, encarnada en la pelea de un pájaro y una culebra:

«La impresión mía era de algo inaudito. Es decir, el matrimonio del cielo con el infierno. O sea, la intersección de dos mundos completamente contradictorios. Y yo me puse inmediatamente de parte del pájaro. Yo dije, claro, este es mi mundo. Pero no había manera que este pájaro derrotara a la culebra que se le envolvía por todas partes».

En Lautaro también descubrió la dimensión espacial, mientras sus hermanos dormían la siesta: «Me entretenía en mirar partículas de polvo —le sigue contando a Leonidas Morales—. En esa especie de pantalla de televisión me ponía a fantasear. Hacía pequeñas especulaciones referentes también a la naturaleza del espacio, muy primarias recién, pero tenía intuiciones de tipo espacial».

ESQUINAS ENCONTRADAS

A eso vuelve Nicanor en 1958, al paraíso perdido. Se detiene delante de una casa en la esquina encontrada —«¿Te ubicas con el concepto de esquina encontrada?»—, la que fue suya. Se acerca tímidamente. Recuerda que en el sur hay que andar erguido siempre, no rogar jamás, mirar directo a los ojos. Toca la puerta, levanta más la cabeza. Abre una mujer redonda y pecosa que, adormilada, no da el menor indicio de reconocerlo.

—Ando buscando a don Abel Juárez.

—¿A mi papá, quiere decir? —responde la mujer—. Está en cama, hace mucho tiempo que no recibe a nadie. ¿Quién sería?

—Ah, no recibe a nadie. ¿Y usted es la Olguita Juárez? —porque, aunque lo sabe, necesita confirmar que la mujer redonda y un poco dormida es la niña vestida de hada cuyos ojos sombreados le quitaban el sueño en 1927.

«Unas ojeras grandotas —le cuenta al escritor Carlos Ruiz-Tagle en 1982—. O quizá yo le ponía esas ojeras. Pienso que la vi por primera vez un día de primavera. Ella andaba vestida de sílfide. ¡Creerá usted! Yo la admiraba metida en su envoltorio de gasa. Un traje de libélula.»

—Yo estuve aquí un tiempo hace mucho —le explica al fantasma de ese amor que no lo dejaba dormir a los once años—. Mi padre se llamaba Nicanor Parra Parra y era amigo de su padre treinta años atrás. Yo quisiera hablar con don Abel.

—Déjeme ver qué puedo hacer, Nicanor —se hunde la Olguita en la penumbra del zaguán lleno de colgajos, de aperos y sombreros.

Se escuchan las gallinas en el patio, unos patos, los gruñidos de un cerdo en el campo vecino. Parra quiere retroceder, pero sabe que sería un desaire imposible, una de esas ofensas que aquí pueden costar años infinitos de venganzas. Vuelve la mujer, ahora con un anciano grueso y lento, muy alto, mal afeitado. No da señales de saber quién es ese joven ni qué quiere. No le importa. Se sienta frente al profesor Parra de cuarenta y cuatro años recién cumplidos que está de regreso en la inseguridad de la infancia seria y circunspecta que le tocó vivir. Empieza un largo intercambio de cumplidos, de frases hechas en las que nunca se roza el recuerdo del padre muerto ni la razón del viaje. Conversación circular del campo, campeonato de cortesía, dichos, una especie de prueba de resistencia, un protocolo sordo. Hasta que el viejo pide volver a su cama al fondo de la casa.

—¿No se irá a ir ahora, Nicanor? –dice la hija–. ¿Cuánto tiempo que no venía por aquí? ¿Así que vive en Santiago? ¿Así que estudió usted? Siempre se le veía letrado a usted. ¿Qué lo trae por aquí?

Nicanor lanza vaguedades, frases por si acaso mientras la Olguita sirve el té. Ella le habla de la escuela vocacional en que hace clases, del matrimonio que fracasó y los hijos que cría sola y la tierra que heredó de su taita y que cuida también sola porque todos se van de aquí, porque solo se quedan, y apenas los años que les toca, los oficiales en el regimiento. Sus manos, sus brazos gruesos, su sonrisa: no hay nada del hada del colegio, nada de los ojos sombreados, una mujer de provincia que no conoce ni quiere conocer nada más allá de la plaza y el campo y quizás otra ciudad igual que esta, Victoria, Gorbea, Collipulli, Temuco, donde va a comprar las despensas una vez cada dos meses.

«Yo buscaba la manera de encontrarla en alguna parte –le cuenta a Carlos Ruiz-Tagle–. Pero ahora que lo pienso, creo que la vi una vez acostada en su cama. ¡Y eso sí que fue inquietante!»

Aunque no sabe qué cosa vio y qué cosa soñó. «Los sueños han sido muy determinantes para mí en el amor, y no paraba de soñar con Olguita Juárez. Incluso mucho después, que, con mi familia, nos trasladamos a Chillán.»

El sol alarga las sombras en el patio. El día se acaba. Olguita habla sin parar, sin detenerse, sorprendida de que alguien de Santiago la oiga con tanta paciencia. Con tanto silencio. Nicanor no la escucha, concentrado en la niña con alas de ángel a la espalda que vio hace mil años. ¿Si se hubiera casado con ella? ¿Si se hubiera quedado en Lautaro, río Cautín, 1927, puros recuerdos felices? Más té, pan con queso y jamón, un perro expulsado a patadas. Hasta que el profesor Parra logra despedirse y volver a la plaza oscura y a la avenida recta y sola, hasta el hotel junto a la estación donde espera que la noche se acabe para volver a Santiago unos días después.

«Le pregunto a Nicanor Parra para terminar [...] si le gustaría ver de nuevo a la Olguita Juárez», le dice Carlos Ruiz-Tagle en una entrevista de julio de 1982, preguntándole por su primer amor.

«¿Cree usted que sería estrictamente necesario?», responde Nicanor Parra.

EL SUBCONSCIENTE DE LA CONVERSACIÓN

«Esas son las cosas que se pueden contar –le dice a Leonidas Morales–. Hay otras experiencias que no me atrevo a contar, que están bloqueadas y que son muy complejas, muy difíciles. No las he superado totalmente y tienen que quedar en el subconsciente de la conversación. Algunas cuestiones muy graves en que participa la justicia, los carabineros, y hay detenciones y hay gritos y hay alaridos. Cosas muy delicadas, en relación con una hermana, con una hija del matrimonio anterior de mi madre.»

¿La Olga o la Marta? Seguro que la Olga. La niña más rubia, de ojos terriblemente azules, que era, como Nicanor, callada y ordenada, no como el resto de los hermanos, ruidosos y morenos, siempre inventando barrabasadas. ¿Qué hizo la Olga para obligar a intervenir a los carabineros? ¿Qué hizo para que llegara la abuela materna desde el valle de Malloa, cerca de Chillán, con todas sus polleras negras a buscarla?

«… medias negras –le cuenta a Morales–, zapatos negros y envuelta desde la cabeza en un manto negro. La anciana iba a buscar a mi hermana, porque mi madre la condenó, la expatrió y no podía seguir en la casa.»

¿«Los problemas» son los castigos corporales a los que los sometía la madre y de los que habla a la pasada en la misma entrevista? No hay más claridad que la que sugiere allí a la pasada.

–La Kurura –exclama Nicanor Parra cuando insisto en volver a esos años. Kurura, que significa «ratón» en mapudungún.

La Kurura era Elba Brunilda Parra Sandoval, nacida en Lautaro en 1921 que, en medio de una pelea entre el padre y la madre, recibe el golpe de un plato en el cráneo aún blando de recién nacida. La cabeza abierta, la sangre por toda la habitación.

Los gritos. La cara de Nicanor Parra se crispa como su mano, como si tuviera los once años que debió tener cuando el plato cayó en la cabeza de su hermana. Levanta las cejas, esperando la sorpresa de quien lo escucha, manejando el suspenso del relato.

LA YUQUITA

Según Víctor Herrero, biógrafo concienzudo de la Violeta Parra, el accidente es distinto al que relata Nicanor. En medio de la pelea entre marido y esposa, la niña se cayó al brasero y quedó a medias quemada. En las fotos que hay de ella, sin embargo, no se ven huellas de quemadura sino más bien una sonrisa impenetrablemente feliz detrás de unos anteojos inesperados en una familia que se resistió hasta el fin a usar gafas.

—Fuimos a eso, ¿cómo se llamaba entonces? Dispensario. Esta niña no va a vivir, le dijeron a la mamá, se le perdió el instinto de comer.

Y hace una mueca de horror tan exagerada, tan helada, que no sé si tomarlo en serio o no.

Clara Sandoval empezó a alimentar a la Elba por la nariz. La Elba, la Yuca, la Kurura creció así, gateando hasta los ocho años.

«En uno de esos juegos que se suelen hacer —le contó a Patricio Fernández en abril de 2016—, de quién es el *top one* de la familia, yo antes contestaba que la Violeta. Y de repente me di cuenta de que no. Después pasé a la Clara Sandoval. Después a Roberto. He vuelto a Roberto también, porque se pasa y se vuelve. Y después pasé a la Kurura. Es que hay una escena que no sé si te puedo contar. Con esa escena lo único que se puede hacer es "guantanamera" no más. Guajira guantanameeeera… Todo queda pálido al lado de esta historia. Sucedió en los suburbios de Chillán, después de la muerte del abuelo. Hacía rato que no veía a la Kurura. Haría un par de horas, por lo menos. ¿Alguien ha visto a la Kurura? Y en eso, un desconocido que oyó este diálogo por la calle, dijo: Tiene que ser la que escuché gritar. ¿De dónde venían los gritos?, le preguntamos. De por ahí, contestó, indicando con el dedo. Así que me fui para allá, y lo que vi: la cabeza de la Kurura llena de caca. Se había caído al pozo negro y estaba llena de caca y de gusanos. Tendría ella doce o trece años. Yo ya era viejo. Yo nací viejo, como Zhuang Zhou. Pucha con la Yuca, la Yuquita.»

La Yuquita siguió sentada en El Toro, el restaurante que Clara instaló cuando se fue para Santiago en los años cincuenta, hasta que quedó misteriosamente embarazada de una hija, la Torito, llamada así por el restaurante en que fue engendrada.

—Vino el otro día la Torito —me dice Nicanor.

—¿Cómo es?

—Nos trata como una hermana más —dice Nicanor, con cierta incomodidad.

La Yuca crece sentada en la entrada del restaurante, con sus anteojos. No tiene novios ni puede tenerlos, se mantiene sentada ahí, protegida por sus hermanos, que le hacen bromas.

—¿Cómo te llamas? —bromea Roberto.

—Elba Brunilda Parra Sandoval —responde siempre.

—Tan lindo el nombre y tan feo el animal —rima Roberto.

—Kurura, Kurura. ¿Para qué sirven los enfermos? —la entrevistaba Nicanor.

—Para morirse —respondía ella.

—¿Para qué sirven los muertos?

—Para enterrarse. Tito, no seas huevón.

Y la cara de Nicanor Parra era una máscara sin capacidad para la tragedia o para el drama, solo para la comedia trágica o la tragedia cómica.

Matías Rivas le preguntó una vez si descansaba del personaje de Nicanor Parra, si alguna vez era totalmente él mismo, sin competencia de ingenio.

—No puedo —le contestó—, sería terrible. Nooo. ¿Para qué?

Quizá la Kurura explica esa incapacidad. Si tuviera que sentir el verdadero horror de esa noche en Lautaro, cuando la Kurura fue alcanzada por el golpe del plato o se quemó, quizá no podría vivir cien años. Entonces se inventa una forma de lamento sin lamento para contar lo que importa, que es siempre lo que viene a continuación.

HOTEL LA GLORIA

«Vamos, Tito», le dice el padre. Se despide de la madre y toman el tren. Van más al sur de Lautaro, hacia los bosques, los lagos con sus iglesias en las laderas de los cerros, al sur, siempre más al sur, a Ancud, en la isla de Chiloé, donde el padre acaba de conseguir un puesto como profesor.

Nicanor hijo tiene doce años. Come, en el asiento duro del tren, queso y tortilla de rescoldo. Ve pasar los nombres de las estaciones, que deletrea con dificultad. Loncoche, Lanco, Río Bueno, La Unión. Los memoriza hasta que no le quedan fuerzas y busca un rincón para quedarse quieto y escuchar con los ojos cerrados el chirrido de los vagones. Las piernas contra el pecho. El cuerpo cubierto por la chaqueta del padre. Hasta que de pronto lo despiertan: «No te preocupes, estamos llegando –le dice el padre–. Mira, el mar».

El niño despierta en medio de la noche como puede, oliendo una mezcla de metal, orina, cansancio, viento. Caminan sobre las conchas rotas y la gravilla negra hasta una especie de lago que no termina nunca. Bajo la luz de la luna se queda mirando las olas. Camina un poco mareado y asustado por el olor a sal y mugre. Pisa unas algas blancas que le dan un asco profundo, pero sigue avanzando hasta que toca con las manos el agua fría.

> *Cuánto tiempo duró nuestro saludo*
> *No podrían decirlo las palabras.*
> *Sólo debo agregar que en aquel día*
> *Nació en mi mente la inquietud y el ansia*
> *De hacer en verso lo que en ola y ola*
> *Dios a mi vista sin cesar creaba*

escribirá treinta años después en «Se canta al mar», uno de sus poemas que se enseñan y se recitan en los colegios. Huele el mar, lo toca, sabe que allí hay un enemigo y un enigma. El padre lo llama. Suben a un transbordador, avanzan hacia la isla. Llegan. Después, andan varios kilómetros zarandeados sobre una carreta de bueyes.

—Mira eso —le señala el padre el reloj del campanario de tejas de alerce de la iglesia de Ancud—. ¿Qué hora es, a ver?

—Las tres y media —adivina el hijo.

Junto a la iglesia, fuma un grupo de hombres de largos ponchos grises. El padre y el niño se acercan a preguntar dónde queda el hotel La Gloria.

—Chuta, usted está buscando la Gloria —dice uno, riendo de su propio chiste.

—No sabe qué Gloria hay en el hotel La Gloria —dice otro.

El padre sigue los juegos de palabras, que el niño trata de entender. Palabras como guiños, como empujones. De pronto un silencio en el que parece que va a pasar algo malo. Hasta que de repente una risa, otro dicho, una adivinanza, un chiste. Aparecen de la nada unas botellas de chicha de manzana y una guitarra, que el padre toma con seguridad y suficiencia para cantar boleros y tonadillas españolas a los desconocidos.

«El papá tocaba muy bien la guitarra —les dirá Nicanor Parra a los alumnos de Chicago sesenta años después—, tocaba y cantaba muy bien y siempre lo estaban invitando para que animara algunas reuniones. Esto a mí, niño de diez, once años, no me parecía bien, porque es muy rara la reunión chilena donde no se bebe un poco. Y entonces yo percibía una diferencia entre el papá que llegaba a estas sesiones y el papá que salía. Yo prefería al que llegaba. Entonces lo que yo hacía cuando él tomaba la guitarra, ya para empezar a cantar (no me parecía bien a mí eso, tampoco me gustaba que cantara, me parecía indigno, no sé, quizá porque estaba con algunos grados de alcohol en la cabeza), yo iba por detrás, que no me viera nadie, y mientras él cantaba yo le desafinaba las cuerdas, le torcía al revés las clavijas. Era un juego difícil, pero es un juego antipoético evidentemente, un pequeño *happening*.»

Todas las anécdotas personales van y vuelven a la antipoesía. Toda su vida es una explicación de su obra, que es lo único que le interesa.

GRABADORA

Pero no es aquel juego el origen de la antipoesía, sino la reacción del padre. Porque no se enoja con el niño que le desafina la guitarra, porque no lo reta, sino que sigue tocando mientras cambia la afinación, se adapta a esa nueva clave mientras ríen los contertulios. Es lo que el antipoeta hace ante la interrupción del que desafina su guitarra: cambia el tono, adapta las letras, acepta la interrupción como parte del show.

El padre se cansa y le dice al niño que se vaya al hotel, que queda donde termina la calle principal.

–Voy para allá luego. Espérame en el hotel, Tito.

El niño obedece. Camina por el pueblo desconocido hasta el hotel. Sube hasta la habitación. Espera, se queda dormido en una silla, despierta solo en la pieza de La Gloria. Ese día el padre ya no lleva la corbata y camina con dificultad. Todos lo conocen y lo saludan. Saben quién es el nuevo profesor, pero las autoridades del colegio no están ya tan seguras de querer contratarlo. Les cae demasiado bien. Canta demasiado, y ¿por qué lo echaron de Lautaro? Trabajaba con los milicos, fueron ellos los que lo echaron, seguro que nos les va a gustar que lo contratemos. No está el horno para bollos, están vigilando a todo el mundo. Este señor Parra trae puros problemas parece. ¿Será comunista, radical, algo raro?

No nos conviene quedar mal con el coronel Ibáñez, que dirige el país después de haber conseguido mediante intrigas cortesanas que el presidente Figueroa le entregara los plenos poderes. Un dictador plenamente chileno, callado, taimado, mussoliniano en el fondo pero incapaz de dar discursos, burócrata autoritario, rodeado de aventureros, oportunistas medio locos o locos completos.

—Alcanzamos a comprar una casa al lado del mar —dice Nicanor Parra en Las Cruces en el ¿2003, 2004, 2010?

No anoté la fecha. Sabía que escribiría este libro tarde o temprano pero no tuve la decencia de anotar la fecha como lo hacen los biógrafos de verdad.

—Pero se la llevó… ¿cómo se llama eso? ¿Cómo se llama, a ver…? ¿Un temporal? ¿Un volcán?

—¿Un incendio? —cometo el error de tratar de ayudarlo a encontrar la palabra que quiere encontrar solo.

—Un tsunami —dice Nicanor, a quien le encanta incorporar palabras de moda a relatos de comienzo del siglo pasado.

Pienso entonces que la conversación debió ser en 2011 o 2012 o 2013, después del terremoto de 2010 al que siguió un tsunami que arrasó con la costa chilena, de Valparaíso al sur.

«No hubo ningún tsunami en esa fecha en Chiloé —precisa Adán Méndez, que vivió diez años en Chiloé—. Son mentiras del viejo. Tampoco creo que haya alcanzado a tener casa en Chiloé. Estuvo unos días, no más.»

—La casa se la llevó un tsunami —insiste Nicanor—. El mar entró a la casa y se llevó todos los muebles. Ahí se acabó Chiloé. Tuvimos que volver con el rabo entre las piernas, como se decía entonces, a Temuco.

—¿Por qué Temuco?

—Porque ahí nos estaban esperando los demás —le parece evidente, aunque nunca ha mencionado Temuco antes.

—¿Por qué Temuco y no Chillán? No hay parientes que yo sepa en Temuco, ni trabajo.

—¿Andas con grabadora? —me pregunta, tan amenazante como amenazado por la posibilidad de que yo estuviera grabándolo.

—No —contesto.

No miento. Mi memoria no es, en sentido estricto, una grabadora.

—Es que yo con grabadora me cohíbo.

Eso lo sabía yo desde el primer minuto: la cosa era sin grabadora. Eso, y que tenía que renunciar a que explicara, a que completara los huecos. Tenía que fingir que esto era lo que era, una conversación entre dos amigos en una tarde que no termina nunca, una visita de cortesía, una clase sin salón.

Me quedo sin saber. ¿Qué pasó esa semana en que el padre y

el hijo volvieron derrotados de Ancud a buscar al resto que estaba en Temuco? ¿En la casa de quién? ¿Viviendo de qué? ¿No será Lautaro? ¿Un error de Nicanor, que tiene cien años? Pero no se permite esos errores.

¿Por qué Temuco? ¿Cuándo Temuco? ¿Cuál Temuco? Quedan el hueco, el silencio, mi timidez, mi cobardía. Y al final no importa, porque vuelven, los hijos, los gatos, las ollas y cazuelas, todos a Chillán, como si no pudieran salir de esa maldición, la casa del abuelo, su suburbio, su cementerio.

PAPÁ HAMLET

¿Por qué escribo esto? ¿Por qué yo y no Adán o Patricio Fernández o Federico Schopf, o Matías Rivas, o Alejandro Zambra, toda gente que lo conoce mejor que yo? ¿Por qué yo y no Niall Binns o Ignacio Echevarría, Iván Carrasco, Leonidas Morales, Manuel Alcides Jofré, César Cuadra, José Miguel Ibáñez Langlois, que llevan años estudiándolo?

Colecciono razones, cercanías, coincidencias que me justifiquen, que me acerquen a ese mundo, el sur de Chile en los años veinte, la pequeña burguesía del campo arruinada por una mezcla de golpes de Estado y tragos de más. Viví, como él, cambiándome de casa y de país. Por razones distintas, nos quedamos, como los Parra, sin clase social. Exiliado por la dictadura de Pinochet a los tres años, conocí, como Nicanor, la gloria de perderlo todo. La fiesta de quedarse afuera. Viví de la ropa prestada y la solidaridad internacional, pero en mi casa sabíamos que éramos príncipes, dioses de la izquierda mundial.

De niño, Chaplin era mi único ídolo. Es el ídolo de Nicanor y de todos los Parra, que son una versión cantada del humor de Charlot. Esos artistas sin arte que eran mis padres, de carpa y casa rodante, de espectáculo secreto, que es para mí lo más parecido a un hogar. ¿Le invento a Parra dudas y certezas que son mías? La biografía es el más ficticio de todos los géneros literarios. Imaginar que entiendo su vida sin ver las nubes que él vio, sin ver la consistencia exacta del barro que sus botas viejas atravesaron, es imposible. Y sin embargo sigo.

¿Por qué cuento la vida de Nicanor Parra?

El puro gusto de meterme en camisa de once varas, como diría él. O quizás algo más simple: mi mamá me llama Tito, como llamaban a Nicanor. Me llamo Rafael Gumucio, como mi padre.

Nicanor Parra es hijo de Nicanor Parra. Y tiene que ser Nicanor Parra como yo tengo que ser Rafael Gumucio, por mi padre y contra mi padre. Como el príncipe Hamlet tiene y no tiene que ser el rey Hamlet, el fantasma de su padre que lo obliga a vengarlo hasta la muerte.

Cuando lo conocí, a Nicanor Parra le obsesionaba traducir el *Hamlet* de Shakespeare porque era su historia. La historia de un hijo que le inventa a su padre, que lleva su nombre, un lugar en su propia leyenda dorada.

«Él andaba conmigo por todas partes, me llevaba y me traía de la mano —le cuenta a Leonidas Morales sobre su padre—. Hay una época en que las relaciones fueron extraordinariamente correctas, de un amor recíproco muy equilibrado. Lo que pasa es que con posterioridad a esas primeras experiencias infantiles, el sujeto, yo en este caso, se transforma en un crítico de su padre, y entonces ya en mí empieza a luchar el espíritu crítico con el afecto.»

«El problema es que el papá además se las daba de pije —le explica a la periodista Ana María Larraín— y yo, como el mayor, tuve choques con él, claro… ¿Habré sido mayor muy joven? Yo tenía la impresión opuesta: de que soy un niño retrasado. ¡Piense usted que publiqué un primer libro que llamó la atención a los cuarenta años!»

Avanzados los años y las borracheras del padre, el cariño de la primera infancia se fue apagando para dejar solo el juicio terminante y final: «A medida que yo iba teniendo más años —conversa con Morales— me iba situando frente a él, y al final, yo tendría catorce, quince o dieciséis años cuando él murió, ya éramos enemigos irreconciliables».

NICANOR SEGUNDO

Nicanor Parra Parra, el padre de Nicanor Parra, nunca se fue de su casa, nunca abandonó a sus hijos, pero nunca parece haber estado del todo ahí. No grita, no se enoja, se ríe, canta, hace cantar a los niños, no juega a ser la autoridad, aguanta los gritos de la esposa, los llantos de las criaturas. Hasta que no aguanta más y se pierde como si no tuviera seis hijos, como si no tuviera casa, deberes, deudas.

«Bueno, después yo mismo en mi calidad de padre –le dice Nicanor Parra, a los cincuenta y seis años, a Leonidas Morales– me he hecho acreedor tal vez a una crítica similar por parte de mis hijos. Es muy posible. Pero no cabe duda que, en este momento, por ejemplo, yo lo único que tengo hacia él es un amor infinito y creo sinceramente que las líneas principales de la antipoesía están dadas en el carácter de él: él vivía la antipoesía a diario: esto lo veo por primera vez ahora. [...] De la mañana a la noche estaba siempre jugando y bromeando. Yo creo que él es muy responsable del humor en la antipoesía. [...] Él decía esta cosa que es digna de un Quevedo: "El que va a mear y no se pee, es como el que va a la escuela y no lee". ¡Hay que ver, ah...!»

Nicanor Segundo Parra Sandoval era el mayor de los hijos y también el tercero, después de dos hermanas por parte de madre: Marta y Olga. Era la puerta y el puente, era el medio y el comienzo, era leal a un mundo anterior y rubio, y debía ser al mismo tiempo el líder de un mundo huérfano y moreno. Se avergonzaba, pero tomaba nota de todo como si supiera que tendría que escribir sobre eso un día.

Su padre tenía bigote, era delgado. No hay testimonios escritos, no hay noticias en el diario. Su único esfuerzo parece haber consistido en desaparecer.

«Para mí él ha sido un enigma que he ido descifrando dificultosamente a lo largo de los años. En un comienzo, cuando yo era un adolescente, él se me aparecía más bien como un pequeño monstruo —le dice a Leonidas Morales—. Porque él bebía mucho. Entonces lo que más veía yo en él era la parte referente a la dipsomanía. [...] Pero a medida que han ido pasando los años, yo he ido entendiendo mejor la silueta de este hombre, que murió prematuramente a los cuarenta y cuatro años a consecuencia de un resfrío mal cuidado, debido a su bohemia también.»

Le queda poco tiempo a Nicanor Parra Parra cuando lo expulsan del regimiento de Lautaro y no consigue el nombramiento en Chiloé. No tiene cuarenta años, pero sabe que ya terminó su vida útil. Vuelve sin nombramiento alguno, los muebles llevados por el mar en Ancud, a Chillán, la ciudad de su padre. Le pide la herencia por adelantado. Y su padre se la da. Con el dinero compra tierras a unos amigos de bar, que lo estafan. No se suicida, como lo hará su hija Violeta, como lo intentarán casi todos sus hijos, pero se mata a golpes de chicha. Sabe que es demasiado culto para perderse en el campo en que su esposa se siente en casa, y demasiado poco empeñoso para triunfar en Santiago. Por eso no busca trabajo, por eso no endereza su vida como le exigen todos.

No se enoja con la ruina, por lo menos no delante de los niños. Asume su derrota con entereza. Decide que no tiene nada más que decir. Se encierra en la casa de Chillán, enfermo de algo parecido a la tuberculosis, aunque ningún médico le ha diagnosticado ese mal. Lo aíslan en una cama en la única pieza que no ocupan los niños. Lo friccionan con parafina para que no contagie a nadie y lo dejan morir en calma, en paz, apartado de sus hijos y sus amigos. Las deudas, los pagarés, las tierras vendidas lo sobreviven.

Eso y siete hijos, sumando a Óscar René, el último, aún en el vientre de Clara mientras él se hunde en una tumba del cementerio contiguo a la casa.

MY MOTHER IS IN THE ALLEY
LOOKING FOR FOOD

Jueves 13 de octubre de 2016. La Academia sueca acaba de anunciar que Bob Dylan es el nuevo Premio Nobel de Literatura. Escándalo.

¿Puede un cantautor que casi no ha escrito libros ser Premio Nobel de Literatura? Solo ha cantado viejos blues, nuevo folk, canciones de protesta. Solo ha convertido en formas populares versos raros, imágenes propias, retorcidos laberintos del idioma susurrados ante un micrófono.

«Hace 16 años Nicanor Parra dijo que Bob Dylan merecía el Nobel», titula *El Mercurio* digital y reproduce a continuación un extracto de una entrevista del año 2000, cuando Nicanor Parra todavía aceptaba las grabadoras: «My father is in the factory and he has no shoes / my mother is in the alley looking for food / and I'm in the kitchen with the thumb stone blues», recitó en aquel entonces el hermano de Violeta Parra. La traducción de aquellos versos sería «Mi padre está en la fábrica y no tiene zapatos / mi madre está en el callejón buscando comida / y yo estoy en la cocina, con el blues de los cementerios».

Imagino el juego de sus cejas, esa sintaxis paralela que ejercita con perfección. «Con esos tres versos [Dylan] se hace acreedor a todo», subrayó, aunque admitió que aún no había leído el libro de Dylan, *Tarántula*, pero insistió que si había sido capaz de crear esos tres versos, «también podrá escribir un cuarto y seguramente un quinto». Agregó que esos tres versos le atraían profundamente, «por su falta de pretensión artística. Es realismo real, con la fábrica, el callejón y la cocina, donde está el niño solo con los *thumbs blues*».

Los versos de Dylan son, en realidad, estos:

Mama's in the fact'ry
She ain't got no shoes
Daddy's in the alley
He's lookin' for the fuse
I'm in the streets
With the tombstone blues.

Como siempre que Parra cita a otro, se cita a sí mismo. O más bien encuentra en los otros los versos que a él le faltaron y que no necesita escribir porque otros los han escrito para él. Completa su obra con la de Dylan (o Juan Rulfo o Macedonio Fernández o Pablo Neruda o William Shakespeare). Todo, lo leído o lo intuido, termina por ser autobiográfico. Porque ¿no eran él y sus hermanos ese niño en la cocina que canta los blues de la lápida?

«Bueno, tú sabes que el cementerio es para mí un tema favorito, tal vez por el hecho de que yo prácticamente me crie en un cementerio –le cuenta a René de Costa–. En Chillán vivíamos a unos pocos metros del cementerio y era un lugar fundamental para todos los niños del barrio. Todo lo que ocurría a su alrededor, los funerales pomposos, con bandas de músicos.»

Las tumbas eran el patio de juego de los Parra Sandoval que habían terminado por mudarse al barrio de Villa Alegre de Chillán, justo al costado del cementerio. Así salían y entraban cuando querían de los huertos y los patios. Se empujaban, sacaban frutas de los mercados cercanos, se vestían con retazos de ropa que la mamá inventaba con lo que le sobraba de los trajes de los clientes. Juntos casi siempre, dirigidos por la Violeta y la Hilda, que pegaba más fuerte que cualquier hombre. Seguían a los deudos, esperando que les pidieran cantar un responso al angelito, o limpiar las tumbas o expulsar los gatos de entre las coronas de flores. La muerte, siempre la muerte. El funeral del padre y del abuelo José Calixto, que murió poco después de que su hijo gastara toda su herencia jugando cartas. Y el hermano que le siguió a Elba, Caupolicán, alias Polito, que murió a los pocos meses de nacer y que Clara llevó colgando de sus senos llenos por semanas, pensando que podía resucitarlo a golpe de leche.

LA OTRA VEREDA

«Algunas veces, cuando mis hermanos más chicos estaban enfermos –le cuenta Parra al profesor Iván Carrasco en Isla Negra a comienzo de los años ochenta–, con fiebre o con otra cosa, se reían y lloraban simultáneamente, la risa y el llanto juntos. Esto para mí simplemente fue un escándalo, y dije yo: "¡Por favor, qué es eso!". Me pareció que había una gran cantidad de energía acumulada en eso, en ese momento, en que el niño llora y ríe simultáneamente. Yo creo que todo viene de ahí.»

Nicanor era el único de los Parra que no lloraba para reír ni reía para llorar. El único que no cantaba ni actuaba para vivir, el único al que se le perdonaba no traer una moneda a casa. El poema que empezó a escribir entonces era un largo poema sobre la conquista dividido en tres partes, «Los españoles», «Los araucanos» y «Los chilenos». Más que un desahogo poético, más que un descubrimiento del poder de las palabras, era una forma de ganar otro premio más de todos los que ganaba el alumno Nicanor Parra a final de año. Le importaba ser respetable porque la otra alternativa, la vida que le esperaba si sus notas de colegio empezaban a ser bajas, lo espantaba. Cuando veía a sus hermanos cargando la guitarra del padre muerto y los baldes de agua para lavar las tumbas, bajaba la cabeza. Más vergüenza sentía cuando arrastraban lustrines para lustrar botas en la plaza o cuando tocaban los timbres para mostrar sus harapos y recibir unas monedas o cuando se mezclaban con los gitanos del sitio eriazo vecino a la población Medina donde vivían, bailaban y cantaban.

–¿Por qué no vas a la casa? ¿Por qué siempre andas alojado en otras casas? –le preguntaban sus hermanos.

–Una boca menos que alimentar –respondía agachando los hombros y seguía de largo, pensando en encontrar alguna casa donde un compañero de colegio le diera un plato de cazuela o chuchoca a cambio de que él le terminara la tarea, y viendo cómo sus hermanos se iban a cantar, a acomodar flores, a hacer de recaderos entre bares y casas de putas, o de lazarillos de una cantante ciega, como le tocó a Roberto durante algunos meses.

En el centro de la antipoesía está esa distancia con que se cambia a la vereda de enfrente para no ser uno de sus hermanos. De eso va a hablar su obra entera, de esa doble orfandad de perder, con su padre, a sus hermanos; de quedar desnudo y a la deriva, abrazado a los cuadernos y los libros de clase como único flotador. Esa distancia insalvable entre la vida de sus hermanos y la suya hará que juegue el papel más ingrato del circo: el del equilibrista siempre a punto de caer, que atraviesa la cuerda floja de un lado a otro del techo de la carpa.

LA VIRGEN DEL PUÑO

En el año 2004 entrevisté a su hermano Eduardo en una población de Cerrillos, para *Las Últimas Noticias*. Calle de tierra seca, mercado de pulgas, viviendas sociales, geranios en el antejardín, perros y más perros. Entraban y salían de la casa de Eduardo Parra Sandoval, tío Lalo, como lo llamaban por entonces (o el Chepe, como lo llamaban sus hermanos), sombras desconocidas, parientes.

El tío Lalo presidía, o reinaba más bien, en el salón de su casa casi sin ventanas. Chaqueta y pantalones de lino blanco. Corbata roja furiosa, la piel morena como un pergamino ahumado y vuelto a quemar con saña. Arrugas y más arrugas que eran mucho más que años, las cejas rabiosamente inyectadas sobre los ojos flamígeros. Como la de sus hermanos y sus sobrinos, su cara en reposo daba miedo. Apenas empezaba a hablar, aparecía el tono payasesco de los Parra.

Eso y una amabilidad inesperada, su forma de dejar entrar siempre al interlocutor en su entrecortado monólogo, indispensable para ejercer el único arte que conocían, el del contrapunto. Se notaba una lucha exitosa por vencer el mal humor, o la violencia de un carácter indómito, que lo llevó no a tratar de suicidarse en la Argentina, sino a convencer con demasiado éxito a su hijo pequeño, Francisco, de hacerlo, despertando de la muerte fallida en una cárcel, acusado de asesinato. De esa historia no queda ninguna huella en su risa, sus gestos, la sencillez llena de protocolo con que hablaba en 2004 a los ochenta y cinco años.

Eduardo no tenía la ligereza visible de Roberto, el hermano con que había tocado a dúo toda la vida. Compartía con Nicanor la manía de buscar en el aire la palabra exacta, y al mismo tiempo más cómica. Insistía en que era, despeés de la muerte de la Violeta y de Roberto, el más auténtico de los Parra, el que vivía entre los pobres y seguía siendo comunista, aunque grababa comerciales de Tapsin y tocaba con jóvenes rockeros el repertorio de cuecas pícaras que solía cantar con su hermano Roberto.

−Nicanor, Nicanor −dijo, y me mostró varias bandejas con *Artefactos* escritos por su hermano, colgados al azar en la pared de ladrillos blancos−. Tiene harto talento, Nicanor. Harto talento y hartas propiedades, parece, Nicanor. −Y apretó el puño, mirando hacia los lados por si lo estuvieran espiando, para representar la avaricia de su hermano−. Devoto de la virgen del puño dicen, parece... Vivimos juntos con él y la Violeta y todos nuestros hijos. Se portó siempre bien conmigo. No sé con los otros. Nada que decir de Nicanor. Lo respeta todo el mundo. Se enojó harto conmigo cuando perdí la beca. Yo era buen alumno, tenía condiciones, me tenían becado en el Internado Barros Arana, pero yo no quería estudiar. Yo quería cantar con mis hermanos. Ahí se le ocurrió a la Violeta que me pusiera a tener malas notas y me iban a echar. A Nicanor no le gustó nada: «Si es así, hasta aquí no más llegamos». Me retiró todo el apoyo. Cuando nos veía cantar delante de la Estación Central de Santiago, él bajaba el sombrero y seguía de largo como si no nos conociera. Nada que decir de Nicanor, está en otra categoría el Nicanor.

En la décima de Eduardo, «Mi hermana Violeta Parra», Nicanor apenas aparece, pero aparece un personaje que tanto Roberto, Violeta como Nicanor pasan por alto, el expolicía Miguel Ortiz que se casó con Clara Sandoval después de que enviudara, y se hizo cargo como pudo de los ocho hijos en estado salvaje.

Gracia'a don Miguel Ortiz
falta menos la comida
padrastro para la vida
elegante y muy feliz.
Era de mi gran país
muy letria'o jubila'o
nos inventa un buen as'o
la Violeta muy contenta,
ya no somos despreca'o.

A la pasada, la décima también descubre el papel que cumplía Nicanor en el circo de la familia:

> De payaso ensuciarmos,
> hicimos función de circo;
> de tony se puso Mirco,
> Nicanor sería el amo
> o mejor era el galán,
> Roberto de sacristán...

EL CAPITÁN MENTIRAS

«No le gusta nada el Lalo al viejo», me dice Patricio Fernández. Tampoco le gustaban, a Nicanor, Lautaro y Óscar, los dos hermanos que seguían vivos después del año 2000. Reconocía como propia solo a la Violeta: «No hay Violeta sin Nicanor», recordaba cada vez que podía la frase de su hermana. La Violeta lo llamaba hermano-padre. Lo mismo hacía Roberto, que aparecía y desaparecía por largas temporadas de la casa y terminó siendo poeta por derecho propio. Hablaba también con cariño de la Elba, por su rareza, y de la Hilda, que era capaz de agarrarse a combos con cualquiera por su hermano mayor. Y la Olga y la Marta, que eran otra cosa: «Nooo, la Marta, nooo, la Olgaaaa, pucha, la Olga, noooo…», y levantaba las cejas y las manos para recordarte la rubiedad de una, el pelo colorado de la otra.

De los otros tres inventaba hazañas a regañadientes: «Parece que es Lautaro el que cachó la huevada», o «Parece que el Tony Canarito nos dio cancha, tiro y lado a todos», pero intentaba cambiar de tema lo antes posible.

El sexto de los Parra Sandoval, Lautaro, alias Capitán Mentiras, como le decían sus sobrinos, «el mejor guitarrista del mundo» como insistía en llamarlo Nicanor, vivía en Suecia cuando Sabine Drysdale y Marcela Escobar lo llamaron por teléfono para entrevistarlo para el libro que estaban escribiendo sobre Parra, *Nicanor Parra: la vida de un poeta*, de 2014.

«–No creo ni en el comunismo ni en el fascismo –se define políticamente en la entrevista telefónica exclusiva para ese libro–. No, en ninguna de las dos cosas. En lo que creo sí, a ciencia cierta, es en la mujer. Me han gustado a morir.

»–Igual que a su hermano Nicanor.

»–Pero yo soy uno que sé querer», responde Lautaro, el más

resueltamente moreno de los Parra. Cejas, pelo negro, un carácter de los mil demonios, decía Nicanor, capaz de domesticar un caballo solo, casado con una sueca (Birgitta Broström), que según Nicanor había sido su novia antes. Birgitta que, con Lautaro a su lado, se hizo cantante folclórica chilena, presente junto a su esposo en todos los shows de fiestas patrias de la numerosa comunidad chilena en Suecia.

«–¿Qué influencia tuvo Nicanor Parra en usted?», le preguntan las periodistas a boca de jarro.

«–¿En mí? Ninguna, pues. Ya le conté que somos todos independientes. Unos de una manera, otros de otra. A unos les gusta tirar piedra para arriba del techo, a mí me gusta tirarla al suelo, para no pegarle a nadie. ¿Qué influencia tuvo su familia? Ninguna con usted. Usted vive su vida, vive su propia vida que ha logrado hacer.

»–Pero sabe que Nicanor tuvo mucha influencia en Violeta, por ejemplo.

»–No. Nunca tuvo ninguna influencia. Jamás. Lo que sí la Violeta se dejó guiar por algunos consejos de Nicanor. Pero al que está entrevistando usted es a Lautaro Parra, no. A mí que no me vengan con un cuarto de metro ni medio metro. A mí me gustan los metros enteros. Así es, pues…»

Y le recomienda a la periodista que vaya a hablar con Canarito, su hermano Óscar:

«–… dígale que habló conmigo. Le dice que lo quiero muchísimo, que estoy muriéndome, pero que no tengo miedo, porque no tengo ni una pizca de miedo, mijita. Si me muero después de conversar con usted, seguiré el camino a seguir y no voy a interponerme, ni hacer malos pasos para evitar la pelá».

PAYASO JUBILADO

Las periodistas encuentran a Óscar René retirado del circo y gravemente enfermo en una casa de los suburbios de la suburbana comuna de Puente Alto. Pálido y redondo, tan pálido que sus hermanos bromeaban diciendo que no era hijo del profesor Parra sino del padrastro Miguel Ortiz, Óscar René les cuenta uno de sus últimos encuentros con su hermano Nicanor: Lautaro, enfermo de cáncer, fue con Óscar a sondear si su hermano estaba dispuesto a financiar parte de sus complejos tratamientos. ¿Qué consiguió?

«–Nada –subraya con la cabeza Óscar–. Le dijo: "Cada uno se rasca con sus propias uñas". Lo atendió muy bien, pero no hay *money*. Cuando le dieron el Premio Juan Rulfo [1991], creo que eran cien mil dólares. Yo estaba actuando en el circo y me vestí de huaso y partí a su casa de La Reina a ver si agarraba una colita.

»–¿Y? –preguntan las periodistas.

»–Estaba toda la prensa, todos los canales. Yo entré de los últimos a conversar con él. Se fue la prensa y me atendió. Me atendió muy bien, pero hasta ahí no más. Y cuando le dije: "Ya me voy, Tito", él me dice: "Toma". Me estiró la mano, me despedí y no abrí la mano. Me fui a pie hasta el paradero y pasé a la picada, en ese tiempo yo estaba tomando mucho. Pido un cañón, saco la mano del bolsillo y eran cinco lucas. Las miré y me tomé las cinco lucas.»

En la última visita no consiguieron ni eso:

«Nicanor nos dijo a los dos, con mi hermano: "Yo los voy a enterrar primero y después me voy a morir". Y parece que le está saliendo cierto, ya murió uno, el Lautaro, así que me tocaría a mí después. Le tengo miedo a la muerte, le tengo julepe. Ay. Y eso que es dama, femenina».

Hasta al entierro de su adorado hermano Roberto, dice Óscar, faltó Nicanor.

«No hay que hacer visitas inspectivas», decía Nicanor sobre los funerales.

PASCUAL COÑA

Nicanor no era uno más de los Parra Sandoval. No cantaba, no actuaba, tomaba apenas lo justo y suficiente. Siempre vivió esta distancia con la mendicidad de sus hermanos a la vez como una bendición y como una herida. Prefirió rodearse de gente educada, pudiente, mujeres y hombres de buena situación y apellidos vinosos o bancarios a los que de pronto les gustaba lanzarles su origen a la cara.

—Parece que Shakespeare también es discurso cuico... Eso es literatura, basura grecolatina. Lenguaje. Poesía de futre, patrón, jefe. —Y sus dedos reproducían los cachos del diablo en persona.

Cuando lo conocí ya no disimulaba su anticomunismo, pero subrayaba cada cierto tiempo que estaba con el pueblo y solo con el pueblo, aunque por razones estrictamente literarias.

—Muchos problemas, una única solución, economía mapuche de subsistencia —recitaba de memoria su propio «artefacto»—. ¿Has leído el Pascual Coña? Noooooo, sin el Pascual Coña no vamos a ninguna parte. Noooo, con el Pascual Coña estamos cien por ciento.

Pascual Coña era un cacique del lago Budi que dictó sus memorias al sacerdote capuchino Ernest de Moesbach durante los largos inviernos de comienzo de los años veinte, cuando Nicanor Parra era un niño que crecía en Lautaro, en la recién conquistada región de la Araucanía.

«Una cosa diré: Estoy viejo ya —empieza el libro de Pascual Coña—, creo que tengo más de ochenta años. Durante esta larga vida llegué a conocer bien a los modales de la gente de antaño; todas las diversas fases de su vida tengo presentes; tenían buenas costumbres, pero también malas.

»De todo esto voy a hablar; ahora: contarle el desarrollo de mi propia existencia y también el modo de vivir de los antepasados. En nuestros días la vida ha cambiado; la generación nueva se ha chilenizado mucho; poco a poco ha ido olvidándose del designio y de la índole de nuestra raza; que pasen unos cuantos años y casi ni sabrán ya hablar su lengua nativa.»

LA PERICONA

15 de mayo de 2015. Adán Méndez va a comprar empanadas a la esquina, dejándome solo con Nicanor en Las Cruces. Nos ahoga un mismo rayo de sol matinal. Una visita como tantas, aunque he adquirido con el paso del tiempo una especie de respeto literario, una noción de quién es Parra y quién soy yo frente a él, que aplasta la espontaneidad, la horizontalidad de la que era capaz hace doce años, cuando lo conocí.

Sé mucho más de lo que debería saber, y sé también que ese hombre, que ha luchado para que lo respeten, detesta, aunque la exige, la adhesión ciega. Soy parte de esta contradicción. Está sordo, además, y yo no hablo claro ni para los que tienen buen oído. Balbuceo algo que Nicanor Parra, de cien años recién cumplidos, no entiende. Trata de acercar la oreja buena. Pierde la paciencia y prefiere ponerse a cantar o recitar una canción de su hermana Violeta, buscando el ritmo con los pies:

> *La pericona se ha muerto,*
> *no pudo ver a la meica;*
> *le faltaban cuatro reales,*
> *por eso se cayó muertaaaaa.*

Abre las manos en la última sílaba, como si la dejara escapar. No sé si va a seguir o no, si se va a acordar de toda la canción. Levanta el dedo índice para indicar que sigue:

> *Asómate a la rinconá*

Y mueve todo el cuerpo, como si en vez de cantar estuviera escuchando a otro que canta.

con la cruz y la coroná
que ha muerto la periconá,
¡ay, ay, ay!

La pericona se ha muerto,
no pudo ver a la meica;
le faltaba su milcao,
por eso se cayó muertaaaa.

—¿Sabes lo que es milcao? —me pregunta.

Le contesto que sí, que sé. No me escucha, se responde a sí mismo:

—Pan de papa. No tenía ni siquiera su pan de papa. ¿Eso quiere decir?

Nicanor no espera respuesta y sigue:

La pericona se ha muerto,
no pudo ver a la meicaaa;
le faltaban los tamangos,
por eso se cayó muertaaaa.

—Los tamangos son los zapatos —me aclara—. No tenía ni sus zapatos. Ni sus zapatos, chuta la payasada grande. Es para llorar —dice, con los ojos mojados de un extraño gris de llanto—. ¿Qué más se puede escuchar después de esto? ¿Por qué no escuchamos eso todo el tiempo? ¿Qué vamos a hacer con «La pericona», dime tú? La Violeta, noooo. ¿Qué vamos a hacer con la Violeta?

—Era buena poeta, la Violeta —tartamudeo yo—. La mejor poeta chilena, tengo la impresión.

—Eso sería lo de menos. Pucha la Violeta. Mátate, Tito, me dice siempre. «No seas tonto, Tito, mátate», me dice la Violeta. Su voz en mis oídos, clara como tú y yo. ¿Por qué no se mata uno? Chancho burgués, me dice. ¿Mátate? ¿Por qué no le hace caso uno?

—Quería hablarle de eso. Tengo un problema con la muerte últimamente —le digo, cambiando de tema, quizá porque sé que no me oye del todo—. No quiero morir, estoy desesperado por no morir últimamente.

—Es como cuando tenía nueve años. Me pregunto todo el día ¿por qué estoy vivo?, me pregunto todo el tiempo ¿por qué yo, por qué ahora? Me angustia de verdad, no la idea. Me despierto a las tres de la mañana todas las noches y no puedo dormir después. Tengo tantas ganas de no morir que me mataría para terminar con la angustia. Me parece tan raro estar vivo, me miro desde fuera y no entiendo. ¿Por qué yo? ¿Por qué ahora? ¿Hasta cuándo, cómo estoy vivo?

—Pero, muchacho, estamos muy mal. Parece que vamos a tener que empezar por el principio, muchacho. —Y sus cejas se arquean, su mueca se vuelve severa, su máscara es la de un brujo africano, calibrada por siglos de hogueras, a punto de maldecir al loco de la tribu.

—Yo sé que es una tontera —retrocedo como puedo—. No estoy orgulloso de mi angustia. Sé que no tiene sentido, pero no puedo dejar de sentirla.

Y veo con asombro cómo desaparece todo rastro de sordera, cómo se concentra entero en pulverizar mi duda que se arrastra sin palabras.

—Lo que pasa es que te ha ido demasiado bien en la vida, a ti, muchacho. Eso es lo que te pasa. Por eso te angustias. Si tuvieras problemas de verdad, no estarías tan angustiado.

Tenía razón. Horriblemente razón: cuarenta y cinco años, dos hijas, una esposa, diez libros publicados, éxito local, cariño de propios y algunos extraños. Eso y el permiso casi sin límite para cumplir mis caprichos en un país que siempre sentí que me necesitaba. Pero ¿cómo cuidar eso, cómo no perderlo? ¿Cómo no morir cuando estoy tan vivo, Nicanor? ¿Cómo vivir sin perder algo de todo eso que me marea hasta el asco, el miedo, el horror infinito, Nicanor?

Por suerte, justo llega Adán con las empanadas fritas, rellenas de queso y mariscos, que devoro sin piedad como para no tener que seguir hablando. Cambio de tema: Cuba, la Casa de las Américas, Enrique Lihn sufriendo en La Habana por una «mulata de fuego», y mujeres cubanas, rusas, americanas, chilenas.

LOS FUEGUINOS

No sé cómo llegamos a los yaganes, los últimos habitantes originales de Tierra del Fuego, extintos a escopetazos por los inmigrantes croatas y a brotes de gripe.

—Los recortes, Rosita —pide, y la Rosita, ayudante y empleada con un ligero atraso mental y de mal humor casi permanente, llega con una página del suplemento «Artes y Letras» de *El Mercurio*.

Es un reportaje a dos planas de un nuevo libro sobre los indios de Tierra del Fuego. Fotos de Pierre Petit, que en el siglo XIX los documentaba, como si fueran animales extintos, para exhibir en el jardín de aclimatación de París. Una fotografía biológica, sin asomo de compasión o de arte, acentúa justamente toda la belleza, toda la piedad, toda la humanidad de eso que se retrata.

—Mira la cara de ella. Mira cómo mira. Nooooo, después de eso no hay nadaaaa. Yo después de los fueguinos puedo morir tranquiloooo —dice con un recorte de unos niños yaganes pegado al pecho como si los abrigara.

Acaricia la foto de los niños con el dedo, como si pudiera consolarlos o absorberlos con las yemas. Me muestra otra, de otros niños en una barca de piel de orca, desnudos o casi, asustados ante el aparato de foto de cajón.

—Un brasero —dice, mostrándome un rincón desenfocado al centro de la embarcación.

Miro las cenizas y pienso en las llamas en el mar, el fuego navegando entre los ventisqueros. Solo los niños, sin un adulto que maneje la chalupa, de isla en isla, de ventisquero en ventisquero, llevando al mar una llama para no morir de frío.

—Nos vamos, Nicanor —decide Adán Méndez.

Me levanto de la silla mirando de reojo los cuadros al óleo de la Violeta Parra, rostros morados sobre fondo azul, siluetas sin cara en una hoguera de llamas púrpura.

Antes de despedirse, Nicanor Parra me da un minúsculo empujón con la mano en la frente. El primer gesto de abuelo, el primer gesto familiar que recibo de él después de quince años de frecuentarlo.

EL ANTI-LÁZARO

—¿Cómo se te ocurre hablarle de tu muerte a un huevón de cien años? —se ríe de mí Adán Méndez en el camino de vuelta a Santiago.

Pero por eso mismo le pregunté, porque tenía cien años, porque llevaba cincuenta negándose a morir.

¿Quién sabe más de muerte que Nicanor Parra Sandoval, el autor del «El anti-Lázaro»?

> *Muerto no te levantes de la tumba*
> *qué ganarías con resucitar*
> *una hazaña*
> *   y después*
> *   la rutina de siempre*
> *no te conviene viejo no te conviene.*

¿Cómo no iba a hablarle de la muerte a un señor que cuenta que su hermana, la suicida más famosa de la historia de Chile, lo interrumpe en el jardín de su casa de La Reina para susurrarle que no sea cobarde y se mate ya, chancho burgués, no seas maricón, Tito, mátate? Y no se mata, aunque el sueño lo acosa desde los años setenta, aunque la voz viene repitiendo el consejo, la orden, la sugerencia desde que la propia Violeta se disparó una bala en la cabeza en el verano de 1967.

«La muerte no existe», decía cuando los periodistas le preguntaban cómo había logrado vivir tantos años.

«La muerte es un hábito colectivo», había escrito en un «artefacto» (un epigrama que le había robado al ensayista chileno Luis Sánchez Latorre). La muerte siempre obsesionó a Nicanor

Parra, pero no la muerte de cuarentón confundido de la que le
hablé esa tarde. La otra muerte, su enemiga, su amada, su vecina.

«La muerte es una puta caliente», decía en otro «artefacto».
Nicanor no creía en los muertos porque los conocía demasiado.
Los hijos del cementerio no tenían cómo tomar en serio la muer-
te, su patio de recreo. ¿Eso quería contarme al cubrir su chaleco
con el viejo recorte de los yaganes? ¿Cómo podía tener compa-
sión por mi miedo a la muerte si él era uno de esos niños que
navegan solos, calentándose como pueden con un brasero? Su
miseria, la de los Parra, era menos fotogénica que la de los yaga-
nes pero, como ella, también era una forma de libertad. Náufra-
gos sin padres alrededor de un fogón, vestidos con restos, nadie
vigilaba sus juegos, y el hambre o el frío también podían ser un
juego de ellos.

–Los fueguinos, nooooo, después de los fueguinos no hay
nada, se puede morir así, después de eso se puede morir tranquilo.

ULTRAESTACIÓN

«¡Cuidado, eso habría que situarlo en Villa Alegre! –advertía–. No es cualquier cosa. Chuta Villa Alegre, suburbio de Chillán. No se comprende nada si no se comprende eso.» Villa Alegre, que no hay que confundir con un pueblo del mismo nombre, un poco más al norte, cerca de Linares.

«El nombre de este barrio –explica el periodista Víctor Herrero– se debía a los varios burdeles instalados por ahí junto a la estación central de trenes. No obstante su fama, era un barrio tranquilo, con casas hechas de adobe o de piedra, casas bajas, pegadas unas a otras, casi todas de un piso y con la entrada principal que daba a la calle. La mayoría de esos inmuebles tenían amplios jardines en la parte interior, donde podían cultivarse hortalizas y frutas. Los vecinos inclusive mantenían animales domésticos en sus patios.»

«... por ahí entraban también los productores agropecuarios –le cuenta a Leonidas Morales–, los animales iban a la feria. Un barrio muy movido, muy dinámico, lleno de cáscaras de sandía, de pipas de vino que venía de las bodegas.»

«La Villa Alegre –sigue explicando Herrero– correspondía a un antiguo sector agrícola, loteado y urbanizado en los años veinte para sostener la expansión urbana. Anticipándose a ello, Calixto José había comenzado a vender los numerosos terrenos adquiridos con anterioridad, de manera que el patriarca Parra era uno de los grandes propietarios del nuevo barrio.»

El barrio se llama ahora justamente Ultraestación. El barrio ideal para alojar a un antipoeta. ULTRA y ANTI, esas formas de negar o exagerar. El terremoto de 1939 ha borrado casi todas las quintas y casas de adobes, que ahora fueron reemplazadas por minimarkets, bares, casas de latones y chapas, inmigrantes haitianos buscando trabajo, bodegas. Un barrio olvidado y olvidable en una ciudad intermedia, entre el sur de madera y techos de zinc y el valle central de adobes coloniales.

«Villa Alegre, Chillán», resaltaba Nicanor. Chillán, donde casi todo lo importante empezó, se enorgullece de ser invisible. «Bienvenido a Chillán» y unos metros más allá «Gracias por su visita» fue lo primero que vi de Chillán la primera vez que recorrí el sur en auto. Chillán, de donde vienen el libertador del país Bernardo O'Higgins, Claudio Arrau, el mayor pianista nacional, y Ramón Vinay, el mejor tenor. Dividida en dos ciudades hermanas, Chillán Viejo (en el que tampoco hay rastro de antigüedad) y Chillán normal, que no se diferencia más que por la estrechez de las calles y las variaciones del descuido con que el pueblo sigue viviendo de cosechas de trigo que ya nadie cultiva y de viñedos que se instalaron más al norte.

Fértil provincia llena de historia pero sin rastro visible de ella. Una catedral de hormigón, una municipalidad de cemento armado, álamos, plátanos orientales, camionetas desvencijadas. Solo en el aire esa especie de orgullo, de violencia que los habitantes de ese pueblo llaman a la «chillaneja», de decir la verdad de la manera más brutal posible.

PANTALÓN LARGO

En Villa Alegre, Chillán, Nicanor Segundo Parra Sandoval, cumple quince años. Ha vivido en muchas partes, pero Chillán es el sitio al que siempre vuelve, de donde nunca saldrá del todo. Los quince años implican por entonces dejar los pantalones cortos para usar los primeros pantalones largos. No tiene dinero para mandar a hacerlos, así que con unos trapos viejos se los hace la hermana menor de Andrés Boabilla, otro de sus compañeros de curso del Liceo de Hombres de Chillán, que estudia corte y confección.

Levanta la barbilla en la foto que le saca el papá de su compañero de curso Víctor Aravena. Zapatos brillantes, calcetines a rayas, pelo engominado de tanto ganar todos los premios a fin de año en el liceo. Un niño que trata de ser un señor. Moreno e impecable, serio, demorará sesenta años en darse permiso para reír en alguna foto. Alumno modelo, es también el pintor más famoso del barrio.

«Había hecho "un fresco" en la carnicería —le cuenta a Leonidas Morales—. Arriba de la puerta había pintado un indio a caballo. Yo había inventado no se sabía cómo el arte del fresco, con unos tarros de pintura y un pincel. Me costaba mucho pintar porque era muy áspero el enlucido de esas casas de adobe, y no pescaba la pintura. De todas maneras me las arreglé y pinté un indio desnudo a caballo, con colores. Y esto lo pinté, más ridículo todavía, más cómico, un día de Todos los Santos. Todo Chillán iba al cementerio, y yo estaba ahí, en la escalera, pintando, y la gente se quedaba mirando.»

Juan Astudillo, otro compañero, consigue que Nicanor le enseñe a leer y escribir a su hermana Elizabeth a cambio de alojarlo. La casa de los Astudillo es al mismo tiempo un restaurant, una cecinería y una hospedería de huasos que aprovechan sus visitas a la ciudad para vender mercancía y emborracharse.

En su libro *Hojas de Parra*, de 1985, Nicanor Parra recuerda algunos de los nombres que circulaban por allí:

> *El Perejil sin Hojas*
> *El Culebrón*
> *El Cebollino sin Huano*
> *La Huacha Torres.*

> *El Chorizo*
> *La Tuerca*
> *El Acabo de Mundo.*

EL PERRO NEGRO

«Algunos armaban ahí sus camastros. En los grandes sitios inte-
riores soltaban los bueyes, que comían cañas de maíz –le descri-
be Nicanor Parra a Leonidas Morales el interior de la casa de
Juan Astudillo–. [...] Era una institución muy extraña, pero muy
completa y muy movida. Ahí circulaba una serie de funciona-
rios menores, cocineras, tipos que partían leña y que eran espe-
cies de mendigos o medios locos.»

En aquella casa, le asignan el rincón de las niñas para dormir.
Le da miedo el exceso de curvas de Elizabeth. Mira de reojo a
la hermana menor, Tina, de la que se enamora de forma plató-
nica al principio. Una noche, en casa de su compañero, «... me
doy cuenta de que alguien se mete en mi cama, y era una niña
desnuda, la Tina. Lo que más me llamó la atención fue que venía
ella sofocada, completamente extraviada de sí misma, y el cuer-
po ardiendo, en llamas –le cuenta a Leonidas Morales–. Yo jamás
había tenido una mujer, así, al lado. Entonces había que actuar y,
claro, empezamos esta cosa. Algo divino, esos primeros contac-
tos, inexpresable, no se pueden decir. Por cierto que no se pudo
realizar plenamente el acto por la falta de conocimiento y de
presencia de ánimo».

Eso, y un perro que estaba debajo de la cama, que empezó a
ladrar y despertó al dueño de casa.

–Ándate, por favor, ándate mejor –le rogó a la Tina, aterrado
con la sola idea de verse azotado por el gigantesco carnicero que
era el dueño de casa.

Tina se cubrió con un cobertor y empezó a caminar agacha-
da, pegada a la pared, hacia su cama.

«... apenas ella salió al corredor, apareció el padre por el vano
de la puerta, furioso con estos perros, porque ahora ya se había

armado pelea de perros debajo de la cama donde nosotros estábamos, y este hombre se enfureció y empezó a disparar debajo del catre, y mató a un perro.»

Leonidas Morales, que recogió en Estados Unidos esos recuerdos, le pregunta si ese episodio no determina las escenas siempre trágicas y cómicas de las mujeres en sus versos.

«Me imagino que quedé marcado con eso —accede Nicanor Parra, pero agrega que la escena fue en último término positiva y grandiosa—: No nos pillaron y se alcanzó a consumar lo que se podía consumar. Mataron a un perro negro. Salió cojeando y murió afuera.»

3

DULCE ESPARTA

LA IGLESIA CATÓLICA

Una tarde en Las Cruces le dije que era católico.

–Noooo, ¿qué haríamos sin los católicos? Si se lo debemos todo a los católicos –exclamó Nicanor–. Cero problemas con la Iglesia católica. No, los católicoooosss, nunca se la va a agradecer lo suficiente a los católicos.

Porque fue un estudiante católico, Gonzalo Latorre Salamanca, que inspeccionaba para el Ministerio de Educación los liceos de provincia, el que lo salvó de Chillán. Impresionado por sus facilidades como alumno estrella del Liceo de Hombres de Chillán, Latorre lo instó a ir a Santiago, donde hacía clases en el Liceo Juan Luis Sanfuentes. «Cuando vayas a Santiago, habla conmigo.» Fue una de esas cosas que se dicen por decir, pero Nicanor Parra entendió que lo invitaba a la casa. Anotó la dirección, Matucana 618, y sin avisarle tomó el tren una mañana de enero de 1932.

Tenía diecisiete años cuando se bajó en la estación de esa ciudad que recordaba apenas de su última visita en 1920.

En el poema «Estación Central», de *Hojas de Parra*, recuerda la impresión que la estación le produjo esa mañana:

> *el Hotel Alameda*
> *con sus balcones de fierro forjado*
> *la plazoleta de los carros eléctricos*
> *a la izquierda la Avenida Ecuador*
> *atestada de comerciantes minoristas*
> *–huele intensamente a amoníaco–*
> *una hilera de álamos andrajosos*

Llevaba una maleta con un par de trajes, las notas del Liceo de Chillán, el deseo profundo de hacerse carabinero.

—Llegué ahí y me recibió la mamá del Gonzalo Latorre. Me dijo: «Gonzalo no está. No sé a qué hora va a llegar».

Para incomodidad de los dos, Gonzalo no llegó hasta la noche, cuando Nicanor y la mujer estaban cansados de intercambiar silencios.

—¿Tú eres...? ¿Tú vienes de...? ¿Tú eres amigo de...? —se extrañó el profesor Latorre cuando vio a ese niño lampiño de pómulos salientes, pelo rizado insolentemente negro y ojos quemantes—. Ah, claro, Chillán, claro. Por cierto, ¿qué vamos a hacer? ¿No me dijiste que tenías una hermana aquí en Santiago?

—Sí, la Olga. Hermana por parte de madre —aclaró con la poca voz que le salía.

—Vamos a buscar a esa hermana, entonces. ¿Sabes dónde vive? ¿La dirección? ¿Más o menos el barrio?

«Fuimos con la maleta, dimos unas vueltas por ahí, por el barrio Matucana, y a esta hermana no la pudimos encontrar», le cuenta a Leonidas Morales.

—Bueno —le dijo Latorre—, te puedes quedar en mi casa mientras no encuentras a tu hermana. Pero vas a tener que dormir en el sofá.

«Cuando oí eso, respiré. Me dije: Ya tengo dónde dormir. Rápidamente pasé a ser un miembro de la familia.»

UNA NOVELA

Pero a los pocos días, Nicanor encontró a la hermana perdida.

–Ahí empieza otro capítulo, o una novela entera más bien... –levanta las cejas en Las Cruces a comienzo de 2000.

Desinhibido por la vejez, ese verdugo de cualquier pudor, baja la voz, como si existiera la posibilidad de que lo estuviera espiando algún enemigo.

–Lo que pasó con la Olga... lo que pasó con la Olga, oye... –Se toma la cabeza, y baja los ojos como si buscara un dibujo en una alfombra–. Dormíamos juntos, con la Olga. Hacía mucho frío ese invierno, teníamos que dormir juntos apretando los huesos para no morirnos de frío.

La Olga era rubia y menuda, distinta a su hermana Marta, cuadrada y colorina. Estaba casada, aunque Nicanor nada se atreve a decir del marido. Las cejas, las manos sugieren algo parecido a una tragedia en la que Nicanor no profundiza. Ese es mi deber, para algo soy periodista, debería ser capaz de llenar las piezas que faltan. ¿Cuál fue esa tragedia en Lautaro que llevó a la abuela a ir a buscar a la Olga; fue el frío infinito en Santiago lo que los obligó a dormir demasiado cerca? ¿Y qué hay del invisible marido de apellido Contreras y la hija que la Olga habría tenido con él?

Un biógrafo consciente debería morirse por dilucidar, yo lo esquivo, prefiero dejarlo en la bruma, la bruma en que prefiere Nicanor que quede. Dos o tres imágenes me guían en medio de esos recuerdos que no son míos: los dos hermanos solos en la ciudad, a la altura de la gruta de Lourdes, en la calle Catedral abajo. Un invierno muy frío en que tuvieron que unir sus huesos para no congelarse. ¿Un solo invierno, dos o tres? ¿Un verano? ¿Qué pasó con la hermana después? Linda y triste Olga

Contreras, igual al telegrafista de Malloa, el pueblo de donde venía Clara Sandoval. Las cejas y las manos de Nicanor rellenan la parte de la historia que falta. Clara Sandoval, santa patrona de la familia, quizá tuvo a la Olga con el telegrafista judío y no con el primo aburrido y un poco borracho con el que se casó en primeras nupcias.

—O sea, yo vendría a ser doblemente pariente de la Lina Paya.
—Su nieta, hija de una rubia de apellido judío a la que Nicanor se empeña en relacionar con el telegrafista de Malloa—. ¿Cómo llegamos aquí? —se pregunta, me pregunta en el frágil salón de su casa de Las Cruces—. Dios —recuerda—. Claro, Dios. ¿Qué pasa con Dios? ¿Qué le puede decir uno a la religión católica? Tenemos un pequeño problema con el cristianismo, parece… Un problema de alojamiento —me aclara.

UNA CUESTIÓN DE FE

«Sostuve yo dos conversaciones clave –le explica al profesor Iván Carrasco–. Una con don Ramón Salas Edwards (decano de la Facultad de Física y Matemáticas de la Universidad Católica) en su palacio de la Alameda.»

Edwards le ofrecía la posibilidad de conseguirle alojamiento en un pensionado especial para niños católicos. «"Usted me ha dicho todo lo que va a hacer", me dijo él, "todos sus planes. Quiere ser ingeniero, ingresar a la escuela de ingeniería, pero hay un gran vacío en su planteamiento. Usted no ha dicho qué espacio, qué lugar ocupa la religión en su proyecto".» No precisó Nicanor el punto, pero parece que mostró la suficiente buena voluntad para que don Ramón Salas Edwards convenciera al cura que administraba el pensionado católico, del que él era benefactor, de que le diera una llave de su habitación.

–Ahí está la llave, este es su departamento. Imagínate esoooo. Un departamento propio –seguía sorprendiéndose setenta años después.

«Devuelva la llave, Parrita –le dijo don Amador Alcayaga, el rector del Internado Barros Arana cuando Nicanor Parra le contó la historia–. Usted no tiene ningún problema que resolver, está resuelto aquí en el internado; usted se queda a vivir aquí en el internado. Usted tiene aquí casa, comida, se puede ganar unos pesos haciendo clases particulares; de modo que, si usted quiere, no vea más a esa gente.»

–Entonces, ahí me quedé definitivamente en el internado.

Don Ramón Salas Edwards le había dado una llave del pensionado católico, una pieza para él solo, con la condición de que pusiera a Dios en alguna parte de su plan profesional. Don Amador le había ofrecido una cama más incómoda, sin llave, pero sin la obligación de rezar ni de creer en nada más que en sus propias fuerzas. Don Amador resolvía así, junto con la vivienda y la subsistencia, un problema que había atormentado a Nicanor Parra por años: ¿En qué creer, en qué no creer?

—Se supone que por el lado de la mamá tenía que ser católico y por el lado del papá tenía que ser comefrailes, masón. Y en cierta forma fui las dos cosas: fui católico, cumplí con todas las de la ley: primera comunión, confesiones, catecismo, pensé en ingresar en el seminario en Chillán, y después en Santiago caí en un nido de masones, una mafia de masones, que es el Internado Barros Arana.

DULCE ESPARTA

En uno de sus *Discursos de sobremesa* dedicado al ensayista Luis Oyarzún Peña, el representante más puro de la educación del Internado Barros Arana, Nicanor lo describe así:

Sto. Domingo 3535

Década del 30
Costado norte de la Quinta Normal
Edificio grandote de 2 y 3 pisos
Matucana
   Mapocho
      todo eso...
Será posible hoy tanta belleza?

—Los del Internado Barros Arana no le tienen miedo a la provincia. Harvard es tan importante como Valdivia para la gente del INBA —me dice en Valdivia el poeta Yanko González, que estudió en el internado en los años ochenta, y ahora es decano de la Facultad de Filosofía y Humanidades de la Austral, la universidad donde fueron a morir Jorge Millas y Luis Oyarzún, los alumnos estrella del INBA en la época de Nicanor Parra.

Yanko es de esa misma especie. La cara larga de conquistador en su yelmo, algo en sus huesos, para siempre adolescente. Es poeta, uno de los mejores de su generación.

—Al INBA se entra llorando y se sale llorando —me explica Yanko González—. Se llora al entrar por dejar la familia y dormir entre quinientos desconocidos dispuestos a destrozarte los dientes a golpes de almohadones. Y se sale llorando porque esos quinientos soldados son ahora tu familia, la única que nunca te abandona del todo.

»Yo alcancé a ser de la última generación que vivió el INBA de antes —me explica Yanko González en Valdivia—. Después del terremoto de 1985 todo se fue cagando de a poco. Los milicos dejaron que el colegio se pudriera lentamente. Ahora tiene el puro nombre nomás, la mayoría no aloja ahí. De hecho, con la gente que aloja apenas pueden cubrir los gastos de la calefacción.

Lo que los militares no pudieron destruir lo destruyeron los estudiantes de ultraizquierda, luchando por recuperar la educación pública de las manos del mercado, que en el invierno de 2016 se tomaron el instituto, quemaron sillas, camas, destrozaron cuadros, muros y canchas de fútbol, y rayaron la calva de la estatua del historiador Diego Barros Arana en la entrada del liceo, terminando de arruinar las ruinas de ese lugar imposible, de encuentro entre la provincia y Santiago, entre la élite y la pobreza, entre los amantes de las letras y los del deporte, los futuros ministros y los subsecretarios de todo tipo de gobiernos.

Parra vivió ese servicio militar permanente con total intensidad. No tenía cómo ni con quién quejarse. Aprendió a competir en ese círculo en que se vivía para lanzarle al otro citas de Schelling, Goethe, Breton o Freud. Seguía, cuando lo conocí, tratándote como a un compañero de internado, leyéndoles a sus compañeros ateos argumentos a favor de la existencia de Dios para molestar, y amenazando a las autoridades escolares con plantar un árbol en el centro de la cancha de tenis.

«No, no se trata aquí de hacer frases —le dijo el profesor de Historia del Barros Arana cuando Parra le entregó una prueba, el tipo de prueba que en Chillán lo hacía ganar todas las medallas—. Aquí se trata de al pan, pan, al vino, vino. El máximo de contenido con el mínimo de palabras.»

Y lo mismo en Castellano, en Física y Química. En un informe de fin de año, un profesor dejó anotado: «Este niño manifiesta un ansia morbosa por sobresalir». Otro año, en otro informe, otro profesor anotó: «El alumno Parra se ha curado de sus delirios de grandeza».

«El internado no era, ¡quién lo duda!, la Academia Platónica —escribe Luis Oyarzún, uno de los estudiantes a quienes Parra después, como "serrucho", guardián del patio del internado, debía cuidar, y que luego se convertiría en decano de la Facultad de Arte de la Universidad de Chile—. En él se cultivaban mejor los ejercicios espartanos que las dialécticas atenienses, y no pocas veces fue especialmente reconfortante para Nicanor Parra, Jorge Millas, Jorge Cáceres o yo ser aceptados en algunos de esos cenáculos consagrados al básquetbol o al ping-pong con un respeto un tanto piadoso que algo tenía que ver con nuestras pretensiones literarias.»

—Espartanooooossss —insistía Nicanor Parra, mostrándote la foto de sus compañeros de curso, todos en corbata o humitas, de medio lado, perfectamente serios, disimulando su irritante juventud. Una foto a la que Parra le había agregado la leyenda: «Todos íbamos a ser reinas». Infamante cita de Gabriela Mistral para ese grupo de machos correctos y corteses del que no se escapaba más que un corbatín o una sonrisa esquiva.

«Nos comprendíamos, nos tolerábamos —dice Jorge Millas en una entrevista que le hizo Alfonso Calderón para la revista *Ercilla* en septiembre de 1970—. Éramos un poco iconoclastas, celosos de nuestra independencia personal, izquierdistas sin dogmatismo, todos un poco "mateos". Admirábamos sin beatería a la Mistral, a Neruda, a Valéry, comenzábamos a aburrirnos del surrealismo y, en fin, abominábamos de la vulgaridad y la pedantería, aunque en el fondo nos creíamos la muerte.»

En el INBA aprendieron Jorge Millas y Nicanor Parra a «llorar en seco», como decía el poeta Gonzalo Rojas, que trabajaba ahí de inspector, y con quien discutían acerca del surrealismo: Rojas fanáticamente a favor, Parra ligeramente en contra.

«Entonces, un día, discutiendo, discutiendo —contó Gonzalo Rojas—, defendía una poesía para mí menor, como lo era la de Magallanes Moure y la de Víctor Domingo Silva, cuando yo estaba *mandragorizándome*... Entonces, claro, la querella en esos días fue áspera. Nos reímos el uno del otro, y yo más de él que él de mí, y yo aparecía como terco y él se me dio como un señor bastante menor.»

Mientras discutían de esto y de lo otro, pasaban del Patio de los Suizos, llamado así en honor a los profesores suizos que el gobierno de Chile contrató para enseñar allí a finales del siglo XIX, a la Siberia, el patio más frío del internado, y a las canchas de tenis, la piscina climatizada, los teatros con butacas de madera recién lustradas, los auditorios impecables.

«Nicanor —cuenta Luis Oyarzún—, como ayudante de Física, tenía en el colegio todo un gabinete lleno de variados aparatos que estaban a nuestra disposición. Ahí encontramos un telescopio de alcance considerable que había pertenecido a don Diego Barros Arana y que nos proporcionó el medio de conocer algo más de los contrastes del mundo. Nos pasábamos las noches recorriendo la luna y localizando estrellas, y los domingos en la tarde, viciosa y ociosamente, seguíamos los movimientos de los amantes, que se creían solos, en los faldeos del cerro San Cristóbal, o bien, como el Diablo Cojuelo, entrábamos a las casas de pensión y presenciábamos escenas conmovedoras. Transformó su calle en un abismo —sigue Oyarzún— y su casa en un mirador sobre las profundidades.»

Usar un telescopio calibrado para mirar estrellas para ver lo que hacen los vecinos es otro resumen posible de la antipoesía.

SALTO MORTAL EN UN ACTO

−«Gato en el camino.» Ese es el título de partida −se puso a alabar en Las Cruces su propio cuento de 1935, que quería que fuese el centro del especial de *The Clinic* que preparábamos para celebrar sus noventa años−. No «Un gato en el camino» −nos advertía agitando el índice como un profesor a punto de lanzar castigos−. No «El gato en el camino». «Gato en el camino» solamente. Y empieza más o menos así: «Este era un gato. Una vez se extravió… Punto… Venía por un camino, cerca de unos cuantos bosques… Punto… Por los alrededores abundaban los prados… Punto… En el camino estaban abandonadas unas cucharitas de té revueltas con trompos… Punto». Y así hasta el final del cuento.

Para Nicanor Parra este era el comienzo de todo. No solo de su guerra con los Inmortales, como se hacían llamar el grupo de intelectuales que intentaban vivir de un modo ateniense en el centro de la Esparta del internado, sino de todo lo que escribió después para probar que la inmortalidad era suya, suya, por haber sido el primero de ellos en asumir su mortalidad.

−¿Qué es eso, Parra? ¿Qué significa esto? Tú lo haces para reírte de la revista −blandía horrorizado, a mediados de 1935, Jorge Millas las hojas manuscritas del cuento que Nicanor Parra quería publicar en *Revista Nueva*, dirigida por Millas, donde colaboraban todos los artistas del internado−. Esto no sirve, Nicanor. Eso es un mamarracho sin pies ni cabeza, por favor. Esta es una revista de verdad, no sé si te has dado cuenta. Una revista de pensamiento y creación. ¿Has leído el resto de las colaboraciones? Vamos a conseguir gente grande, de afuera, de Argentina, de México, de Europa incluso, puede ser… Tienes que escribir algo serio tú para estar a la altura… Yo sé que tú eres capaz, no te hagas el chistosito, yo sé que puedes ser profundo cuando quieres.

—¿De qué seriedad me hablas, Jorge? ¿De las filosofías tuyas? Esas son pamplinas, Jorge. Ortega y Gasset es un palabrero español no más. Olvídate de toda tu filosofía, Jorge —dice que dijo Nicanor Parra, aunque dudo que el tono haya sido tan decidido y decisivo como nos lo contaba a comienzos de los años 2000.

—Ya basta, huevón, basta. Te estás poniendo demasiado insolente, Parra. Me cabrié. No solo no se publica «Gato en el camino», sino que no se publica *Sensaciones* también. Es tu culpa, huevón, tú te pusiste fuera. ¿Qué te costaba hacer lo que se te pide?

Sensaciones era una serie de poemas, sentimentales y evanescentes, que Parra había presentado antes a la *Revista Nueva*, donde temblaba todo el lirismo adolescente del que «Gato en el camino» se burlaba.

—Muy bien, vamos a ver si no se va a publicar.

Parra fue a hablar con el pintor Pedraza, que leyó sorprendido las cuartillas de una sola vez.

—Esto es una maravilla, compadre. Una maravilla, Nicanor. No puede ser, no puede ser… Vamos a hablar con Millas al tiro, para arreglar esta huevada de una vez.

Y sin apurar su natural lentitud, el pintor Pedraza movió su traje azul eléctrico hacia el rincón de la inspectoría que vigilaba Jorge Millas.

—Oye, Millas, estuve leyendo el cuento de Parra. Es un trabajo macanudo.

—No digas huevadas, Pedraza, es un mamarracho de pies a cabeza —le contestó Millas—. Lo hace para hacerse el chistoso, esta es una revista de verdad, ¿qué se cree Parra? ¿Qué piensa que somos aquí? Sobre mi cadáver se publica esa porquería.

—Si no se publica, yo retiro mis dibujos también.

—No se publica nada si siguen jodiendo los dos —respondió Millas, cada vez más indignado.

Orgullosos de su independencia, volvieron Parra y Pedraza, portadores de una especie de misión, a su propio rincón de la inspectoría.

—Ya es tiempo que lo sepas, Nicanor, tú eres mil veces más poeta que Millas —le dijo Pedraza a Parra, mientras pensaban la forma de publicar el cuento y los dibujos en una revista propia para la que se pasaron la tarde inventando nombres.

Jorge Millas, asustado porque en el Barros Arana todo se sabía, terminó por mandar un embajador, otro inspector de apellido Oporto, que se encargó de decir a los rebeldes que estaba dispuesto a publicar el cuento, pero que no se hacía responsable de las consecuencias.

—Yo me lavo las manos. Si quieres ser el hazmerreír de todo Chile, es cosa tuya, Parra. Cosa tuya, yo no me voy a meter.

—Perfecto, le dije yo —nos decía Nicanor Parra sesenta años después, reconstituyendo en su casa de Las Cruces cada detalle del episodio—, me hago cargo de lo que escribo. Pasé de un viaje a ser el loco Parra.

El loco Parra era ya por entonces «serrucho», inspector sin honorarios encargado de vigilar el patio a cambio de comida y cama en el Internado Barros Arana. Era una especie de autoridad, la más discutida del Patio de los Suizos.

—Imagínate tú. Ahí va el que escribió «Gato en el camino». Yo era inspector, imagínate, yo era la autoridad y había escrito «Gato en el camino», imagínate no más lo que era eso. Me dicen que hay todavía gente del INBA que se acuerda del episodio.

SURREALISMO AGRARIO

Leído setenta años después de su publicación, «Gato en el camino» parece una versión traducida a la rápida del surrealismo francés más libre (el de Benjamin Péret). Eso y también lo contrario porque, en medio del cuento, aparecen el intendente a caballo y las tías viejas y los trompos y los volantines, las gallinas, los mercados de animales de Villa Alegre, suburbio de Chillán:

«Desenvolvieron el gato pero lo hallaron cojo. Por eso el Intendente se arrepintió de comprarlo. Subió a su caballo y se alejó al trote.

»En esos mismos días la mujer del dueño dio a luz dos mellizos. La comadrona admiró mucho al gato. El dueño cerraba bien la puerta para que no le entrara frío a la parturienta. Afuera caía granizo sobre los pollos nuevos. El pasto no se alcanzaba a secar durante el día. Como hacía frío, el gato sintió deseos de acostarse en la manta del dueño. Pero la halló con demasiado olor a sudor...».

No era surrealismo, aunque casi nada tuviera sentido en el cuento, sino realismo puro. La picardía plena del circo pobre de sus hermanos del que Nicanor no terminaba nunca de arrancarse para no parar tampoco de volver. Reemplazaba su nombre por el del gato, apuraba unos pocos detalles desconcertantes y podía, sin que nadie se diera cuenta, contar su infancia sin mancharla de la horrible palabra «yo».

Surrealismo agrario, adolescente y al mismo tiempo tan medieval como el zorro Renart y el lobo Ysengrin, parodia popular de las canciones de gesta que recitaban en los pueblos de Francia por el siglo XIII. «Gato en el camino» no tiene casi metáforas, ni reflexiones, de alto o bajo calado. Es un cuento para niños que no existen. No está ni bien, ni mal escrito. En todos los sentidos es lo contrario de la *Revista Nueva* que quiere ser moderna, seria, consistente, inmortal.

En el Parra que conocí, convivía ese doble apetito, ser parte de una mafia, un grupo, una secta, y ser distinto a todos. Pensar con los demás y contra los demás. Escribir de gatos en el camino cuando los otros hablaban de la decadencia de Occidente y la guerra de España, hacer chistes cuando todos buscaban ser serios, hablar de Dios en el corazón mismo de la masonería chilena. Estudiar matemáticas cuando todos sus amigos Inmortales estudiaban filosofía, letras, bellas artes, derecho.

LA INDIA

—¿Has ido a la India alguna vez? —me preguntó en Las Cruces una mañana de verano—. Tienes razón, mejor no vayas, lo más lejos posible por favor… pucha la payasada con la India. Es lo más peligroso que hay. China, Rusia, es distinto, pero es más o menos igual que aquí. La India es otra cosa. ¿Tú sabes qué fue lo primero que me preguntaron la vez que fui?

—No, ¿qué?

—«Usted es profesor de Matemáticas y es poeta, ¿qué tiene que ver una cosa con la otra?», eso me preguntaron. Yo pensé ¡cuidado! Ahí hay gato encerrado. A ver, a ver… ¿Cómo salgo de esta? Si respondo mal, no salgo vivo de ahí. La India, nada menos que la India, pucha la payasada… —Y dejaba pasar los segundos para dar la impresión de que estaba ahora mismo encontrando la respuesta—. Muy fácil, les dije, un poema es como una ecuación, se trata de decir lo máximo con lo mínimo… Chuta, la respuesta, la respuesta, lo que pasó después… qué no pasó habría que preguntarse quizá tal vez… Espectacular, bombástico, increíble. Al otro día en todos los diarios de la India en letras grandes: «Primer poeta cínico en el encuentro de poesía».

Nicanor Parra creía de verdad que los poemas eran ecuaciones. Una ecuación imposible porque la mayor parte de sus variables no son ocultadas. «Cuidado con las variables ocultaaaasss», advertía siempre. Para él, los escritores son como los físicos que buscan fórmulas que anulan las fórmulas de los físicos anteriores. La idea de que la tradición va, como las hojas muertas, integrándose a la tierra fértil, le resultaba incomprensible. Quería, como cuando tenía veinte años, la fórmula a la que ninguno de los otros Inmortales podía acceder.

Apartado del resto, el laboratorio de física era su territorio en esa fortaleza inexpugnable de la meritocracia chilena que era el Internado Barros Arana. La guerra de España, el fascismo, el surrealismo: todo eso le interesaba pero, al mismo tiempo, le costaba sentir el interés que sentían por esas cosas sus compañeros de colegio. El equilibrista seguía en la cuerda floja, refugiado en algunos conocimientos que los otros no podían compartir. Pero quizá buscaba otra cosa, un orden, una ley, un método para que el misterio de esas variables ocultas que hacía imposible descifrar en ecuaciones (y metáforas) la realidad se revelara a él y solo a él.

EL DISCURSO DEL MÉTODO

Luis Oyarzún recuerda al inspector Parra, siempre delgado, siempre fibroso, siempre una novia y otra, un dandi menos que pobre pero siempre impecablemente vestido, tirándose vestido a la piscina por puro joder, tocando ukelele y leyendo a Descartes, sobre el que escribiría su tesis de grado en 1941. La tesis se llama simplemente «Descartes».

Cuando Adán Méndez le mostró a Nicanor las fotocopias anilladas de esa tesis (que había logrado rescatar gracias a la curiosidad del joven y sagaz escritor Diego Zúñiga), Nicanor Parra la miró con extrañeza. No recordaba haberla escrito. No es difícil adivinar que lo había hecho a la rápida para cumplir con alguna beca, o conseguir algún título que lo ayudara a subir el sueldo dentro del escalafón académico:

«Lo que va repitiéndose época a época —escribe en ella— es la tonalidad general de los problemas, como cuando va en tren y se da cuenta que de la pradera sigue el bosque y del bosque sigue el río y de que del río la pradera nuevamente para volver a iniciar el mismo círculo. El conjunto pradera, río, bosque es un eslabón que, como tal, ha de ir repitiéndose durante todo el viaje. Pero yo estoy seguro que el río que vi cuando el convoy se aprestaba a la partida no es el mismo que veo ahora que voy llegando a una provincia lejana. El que vea cuando esté bajándome del tren, será otro».

Quizás es justamente ese apuro lo que permite que se escapen, entre el estudio bibliográfico, de a jirones, no el tono sino el espíritu entero de la antipoesía:

«Así como cuando uno va al correo —empieza la tesis— y en la calle y se va con él a dar vuelta por la plaza, resulta que me he quedado yo a mitad del camino de esta empresa. Como el muchacho que quiere levantar cien kilos y no puede ni con la mitad. Así me ha sucedido al acometer este trabajo que primitivamente se iba a llamar LA MATEMÁTICA CARTESIANA, o algo por el estilo, título que obedecía a la primera intención con que lo inicié».

Un poco más allá, dice: «Este punto seguido debería considerarse un punto aparte». Escribe con la misma letra manuscrita con que escribiría cincuenta años después las bandejas de pasteles.

Esa podría ser quizás otra definición de la antipoesía.

PE(S)CADO DE JUVENTUD

Nicanor Parra se había reservado el derecho a nacer cuando quisiera. Se dedicaba, con el mismo esfuerzo con que había borrado y anotado frases en el pizarrón de los Inmortales, a inscribir y borronear su obra. Por eso mismo ningún contrato fue más difícil de firmar que el de sus obras completas. La idea misma de las obras completas le producía profundos resquemores. A él, que llevaba décadas renunciando a los libros y a las literaturas, le parecía que era traición aparecer en papel biblia y lomo de cuero. Aunque al mismo tiempo la idea de competir con las obras completas de Pablo Neruda, publicadas en la misma editorial (Galaxia Gutenberg), con el mismo editor (Ignacio Echevarría), lo excitaba más de lo que estaba dispuesto a confesar.

–¿Quería eso el Roberto? –preguntaba con el contrato en la mano.

Era 2003, y el Roberto era el recién fallecido Roberto Bolaño, al que se le había ocurrido la idea de que alguien debía encarar la imposible empresa de publicar las obras completas de un poeta que huía como de la peste de cualquier cosa más o menos completa. Obligaba una y otra vez a Ignacio Echevarría a que le contara palabra por palabra lo que había dicho Bolaño, antes de morir.

–Le debemos todo al Roberto, noooo. Yo por el Roberto hago lo que sea. «Goodnight, sweet prince. And flights of angels sing thee to thy rest.» Horacio sobre Hamlet. Hamlet, todo sea por Hamlet –se aprontaba a firmar.

Pero antes de firmar preguntaba por el prólogo.

–¿Está matriculado con esto el gordo Bloom? –que era el crítico y ensayista americano Harold Bloom–. Para el gordo Bloom yo estoy en el *top five* de la poesía en castellano. Antes que Neruda, justo después de Vallejo que es *top one*, parece —se tapaba la cara avergonzado ante Ignacio, que no sabía cómo volver al contrato que seguía intacto sobre la mesa de la casa de Las Cruces.

Bloom, decía Ignacio, se mostraba dispuesto a escribir, si no un prólogo, algunas frases elogiosas. El anuncio no emocionaba ni decepcionaba a Parra que ya estaba obsesionado por otro nombre.

—Piglia podría hacer el otro prólogo, me pone en la estratosfera el Piglia. ¿Has leído *La ciudad ausente*? Noooo, *La ciudad ausente*, esas son palabras mayores. Eso parece que se puede leer todavía, parece que es lo único que se puede leer ahora. —E Ignacio prometía hablar con Piglia, aunque por supuesto no bastaba—. ¿Hablaste con el Schopf? Él fue de los primeros que puso en órbita la antipoesía. Muy dedicado a Huidobro, Federico últimamente. Hay que llamar al orden al Federico, parece… ¿Y los calcetines huachos? ¿Qué hacemos con los calcetines huachos…? ¿Pe(s)cado de juventud, le ponemos mejor? Ese es un problema cototudo, el problema de los problemas, ¿qué hacer con los pe(s)cados de juventud? —pensaba en voz alta acerca de cómo llamar la sección donde integraría todos los poemas que había publicado antes de *Poemas y antipoemas*, el poemario de 1954.

Porque esa era condición innegociable: que sus obras completas empezaran con su segundo libro, pasando por alto ojalá completamente a *Cancionero sin nombre*, de 1937. Parra tomaba como una ofensa personal, la única que no perdonaba, a cualquiera que se le ocurriera alabar o antologar algún poema de ese libro publicado por Editorial Nascimiento, premiado nada menos que con el Premio Municipal de Literatura, el más prestigioso que podía conseguir el poeta de veintitrés años que era entonces.

Echevarría podía ceder en todo, menos en no publicar ese primer y revelador libro que no parecía tener más pecado que ser el de un joven debutante con mucho talento. Un eslabón más en la cadena, le intentaba explicar a Parra que, viendo que sus obras completas dependían de permitir que se resucitara ese libro, intentaba buscarle un nombre conveniente a la sección en la cual ponerlo.

—¿Trapos sucios? Los trapos sucios se lavan en casa.

—Eso podría ser —se impacientaba Ignacio Echevarría, guardando el contrato que sabía no se firmaría hasta resolver el crucial problema de qué hacer con *Cancionero sin nombre*.

EL INGENIERO

Una vez, en el bar El Kaleuche, entre Isla Negra y Las Cruces, mientras Ignacio Echevarría intentaba que Nicanor firmara finalmente el contrato de las obras completas, se nos acercó un borracho de una mesa vecina.

—Tú eres Gumucio, ¿no? ¿Tú salías en la tele? —Y me dio la mano hinchada y estrecha, mientras acomodaba el pantalón sobre su barriga.

—Sí, gracias, estoy conversando con unos amigos —balbuceé confusamente, escrutando la perfecta calma con que Nicanor aguantaba el espectáculo.

—Me caís bien, huevón —siguió el borracho—. Decí las cosas por su nombre, erís libre, tú. Soy ingeniero. Estoy construyendo el puente en San Antonio. Esta cagada de ciudad es una mierda. Erí bien sarcástico tú. Sarcástico es la palabra, ¿no…?

Y miró hacia Nicanor e Ignacio para ver si había acertado con el adjetivo.

—Nicanor Parra —le señalé, para que entendiera cuán fuera de lugar resultaba su intervención—. Estoy hablando con unos amigos, por favor, ¿podrías…?

—¿Nicanor Parra? ¿El hermano de la Violeta? Me cae bien la Violeta a mí. Yo soy de izquierda igual. Son todos ladrones los políticos, pero igual yo era de izquierda en la universidad, ahora estoy totalmente metalizado. Canta lindo la Violeta. La voz no es muy buena, con todas las excusas del caso ya que usted es pariente y no quiero ofender, pero las canciones son lindas.

—Gustavo, deja a los caballeros tranquilos —se apiadó de mí uno de los amigos del ingeniero que lo vino a buscar a nuestra mesa para reincorporarlo a la suya

—Que se quede —ordenó de pronto Nicanor—. Siéntese, por favor, a la cabecera, por favor. Esta es su casa, por favor, háganos el honor de acompañarnos. Aquí. Aquí. No faltaba más…

Sorprendido de su éxito, el ingeniero se sentó en la mesa.

—La voz del pueblo —apuntó Nicanor con el dedo índice al recién llegado.

—Me cae bien este viejo… ¿Qué estaba diciendo? Son todos unos ladrones en la municipalidad…

Yo miraba de reojo a Nicanor Parra disfrutar intensamente de mi tartamudeo, mi sudor, los segundos eternos que duró la exposición del ingeniero de todas las corruptelas municipales, y sus «me cae bien, y me gusta la literatura a mí pero ya no leo nada, mi mujer leía pero era una perra que se metió con todos mis amigos».

—Señorita Z. El tema de los celos, el tema de los temas, chuta la payasada, los celos —tomó la palabra Nicanor—. Que no se formen parejas. Primera medida del nuevo gobierno, amnistía total para los delitos de amor. ¿Te ubicas tú con el *Código de Manú*, amigo? ¿El *Tao*, te ubicas con el *Tao*, amigo?

Todas esas referencias lograron indignar al ingeniero, que empezó a sospechar que alguien allí se estaba riendo de él.

—*Thai way do?* ¿Karate Kid? Huevada rara, no. ¿Escribís poesía también? ¿Te sabís alguna? ¿Por qué no nos leí un poema, viejito?

—Ya pues, Gustavo, ven a la mesa, deja a los caballeros hablar —vino a nuestro rescate su amigo de la otra mesa.

—Es choro este viejo. Me está agarrando para el fideo, pero es choro el viejo.

—Ya pues, Gustavo.

—«Gracias a la vidaaaa, que me ha dado tantooooo» —se puso a cantar desafinado el ingeniero.

Por fin el amigo logró, con la ayuda de un mozo, devolver al ingeniero a la mesa.

—Insoportable —suspiré yo, mientras Ignacio Echevarría no podía aguantar la risa.

—Sabio —dijo Nicanor—. Sabio, pero no tanto, parece. Discurso cuico también.

LA MADRE PATRIA

—¿Parece que a Ignacio le podemos perdonar que sea español? —me preguntaba de vuelta del Kaleuche y la interrupción del ingeniero.

Yo le contestaba que Ignacio Echevarría era en el fondo filipino, porque sus abuelos vivían allí y a pesar de ser vasco habían preferido de Manila volver a Barcelona.

—Ah, entonces sí —se consolaba.

»España, vamos, hombreeee, ¿qué se hace con España? —apretaba los dientes, sugiriendo sin afirmar una incompatibilidad física con la «madre patria», que era quizás el mismo tipo de incompatibilidad que sentía con su madre.

Toda la obra de Parra se basaba en la idea de deshacerse de la lengua materna para pensar en inglés y escribir en chileno, sin el intermediario de la RAE, o sea, el imperio. El diseñador Marcial Cortés-Monroy me cuenta, en Madrid, que cuando Parra estuvo allí para recibir el Premio Reina Sofía en 2001 solo comía en un restaurant chino, evitando como la peste cualquier cena entre españoles.

España en el corazón, escribía Pablo Neruda en esos mismos años treinta en que César Vallejo escribía *España, aparta de mí este cáliz*. España, de donde venía el catedrático José María Souvirón, autor de *Antología de poetas españoles contemporáneos (1900-1933)*, que Parra devoró en el internado hasta aprender de memoria cada verso de ese surrealismo andaluz, madrileño o valenciano del que no terminaría nunca de deshacerse. «Lorqueano», resumía el propio Parra el espíritu de ese pe(s)cado de juventud.

¿Hay algo, sin embargo, más parriano que ponerle a un libro *Cancionero sin nombre* por culpa de un almacén vecino al INBA, que se llamaba el Almacén Sin Nombre?

Déjame pasar, señora,
que voy a comerme un ángel,
con una rama de bronce
yo lo mataré en la calle.

Desde los primeros versos del libro aparecen la violencia y la calle, que serán una constante en el resto de la poesía y la anti-poesía de Nicanor Parra, el más grande comedor de ángeles de la lengua española. Aunque, en un gesto que no se le parece en nada, se disculpa enseguida.

No se asuste usted, señora,
que yo no he matado a nadie.

Es lo que sorprende e incomoda al lector de Parra, sus obsesiones, sus requiebros, sus lugares y personajes están ahí, pero con colores e imágenes prístinas y felices que no le son propias:

Me muero por mi corbata de rosa de sombra
ardiendo si quieres que te lo diga,
me muero porque te quiero.

España, que era también y sobre todo la guerra civil, el acontecimiento que definiría para siempre el tono de esa generación, la generación de los niños serios, la del compromiso ineludible:

«Para los jóvenes como nosotros —recuerda Luis Oyarzún—, borrachos de literatura y de dicha, aquello [la guerra civil española] fue un despertar cruel. No se trataba, por cierto, de imponerse el deber de escribir obras políticas… cosa que, por lo demás, todos hicimos en mayor o menor medida en esos años. No. No todos podíamos tener vocación o capacidad para tal literatura. […] La guerra de España, que después se convertiría en la guerra del mundo, nos hizo vivir concretamente el hecho de la solidaridad humana y nos reveló los deberes civiles que pesan sobre el artista».

España, que salió gracias a la República y la guerra de su aislamiento secular para convertirse en el lugar donde Hemingway, Malraux o Auden probaban su valentía, se ofrecía en los patios del INBA como un espejo. ¿No vivió Lorca, como Parra, en un internado para genios de provincia? ¿No se sentía obligado por sus compañeros, Buñuel y Dalí, a ser completamente moderno sin traicionar a la aldea? Antes de convertirse en la chilena más chilena del mundo, Violeta Parra fue una cantante sevillana bajo el nombre de Violeta de Mayo. Fue Nicanor el que le aconsejó hacerlo. Los Parra, partidarios de los mapuche, inconquistables chilenos puros y duros, escribían y cantaban folclore y literatura española. Tan española que los españoles no podían más que apreciarla de soslayo, quizá porque los Parra estaban conectados, de un modo que los españoles modernos no pueden conseguir, con la España del siglo XVI y XVIII. Con la versión popular y secreta de Góngora, Quevedo o san Juan de la Cruz.

Quizá Nicanor quería borrar las huellas de su primera poesía para borrar los rastros de un robo. Como sus antepasados del siglo XVII, sentía que España lo había abandonado en este fin del mundo. No tenía nada que agradecer. No tenía cómo aguantar la nostalgia por un país al que no podía regresar, pero que en el fondo era su país.

DEDICATORIAS

Pero debe haber algo más personal, más íntimo, pienso, en la aversión casi física que siente Nicanor por su primer libro, un bastante digno borrador juvenil de su poesía futura:

> *Me gusta que no me entiendan*
> *y que tampoco me entiendan,*
> *camisa de seda tengo,*
> *pero también tengo espuelas.*

Versos que podrían ser una presentación a toda la antipoesía, que solo peca de un entusiasmo, de una sonrisa de huaso de tarjeta postal que le resultaba, cuando lo conocí, imperdonable, pero que le consiguió lo que quería lograr: un premio, felicitaciones de amigos y enemigos que esperaron por diez, quince años una segunda parte tan divertida, tan chilena, tan refrescante como la primera.

Hay una foto en la que Nicanor Parra posa entre sus compañeros del internado, delante de una tela pintada que finge ser el cerro Santa Lucía. Forman como si fueran un equipo de fútbol. Están todos esos personajes en la dedicatoria de su libro.

> *A Omar Cerda*
> *Carlos Pedraza*
> *Jorge Millas*
> *Jorge Cáceres*
> *Victorino Vicario*
> *Luis Oyarzún y Carlos Guzmán*

El problema del *Cancionero sin nombre* es quizá que está lleno de nombres. Dedicatorias, chistes internos, guiños y morisquetas para sus compañeros de curso los Inmortales:

Carlos Pedraza se muere
porque la niña no llega
pinta cuecas imposibles
y puentes de pura niebla.

Cuando el libro ganó el Premio Municipal, sus amigos pudieron destapar en su honor vinos y mistela. Probó el éxito justo y temprano. Demostró tener facilidades. Es difícil perdonarle a un libro su fracaso. Pero quizás es más difícil perdonarle su éxito. Durante años, Neruda le pidió a Nicanor que recitara algunos de sus «Esquinazos», versiones de esos poemas folclóricos y surreales con que el joven profesor de Matemáticas había a los veinticuatro años conseguido un lugar en la poesía chilena. Eso era lo que le molestaba: lo que le dolía cuando lo conocí no era el recuerdo de haber sido ese poeta florido y vital, lleno de ángeles y novias de pueblo y metáforas cereales, sino los años que le costó dejar de serlo, el combate a solas contra el lugar en la segunda fila en que posó para la foto de los Inmortales.

LO BUSCAN

–Lo buscan en la entrada –dice un inspector mayor que Nicanor Parra, con cara de alarma.

¿Quién? ¿Pasó algo?, se preocupa el inspector. Atraviesa un patio y otro, los corredores llenos de eco, la estatua de bronce de Barros Arana con esa barba que le traga la cara entera. Reconoce a contraluz la silueta de su hermana, la Violeta, con el pelo recogido en un moño, una falda coqueta, ni una maleta y una guitarra bajo el brazo.

–¿Cómo estás, Tito? Vine a Santiago como dijiste tú. Llegué hoy en el tren. Ayer más bien. Me perdí. Me desesperé. Alojé en una comisaría con unos policías buenas personas que me alojaron. No te preocupes por mí, tengo todo resuelto, Tito, aquí tengo yo mi guitarra. Yo puedo mantenerme sola.

Nicanor la saluda, confundido. Le cuesta pensar en Chillán aquí en el internado. Un beso en la mejilla que le devuelve la evidencia de la viruela que marcó la cara redonda, perfectamente niña de la Violeta Parra. Liviana, feliz, le cuenta de la mamá que se queja de que «no le escribe nunca». Y cuentos de la Latigona (Hilda), del Chepe (Eduardo), de la Yuca (Elba), del Rua (Lautaro), el recién nacido Nene (Óscar René). Y el circo argentino de Juan Báez y la Marta, y el rosario de enfermedades infinitas de las que siempre se salvan al final, más y más romances, bromas, perros, gatos, vecinos, entierros y matrimonios. Todo como una fiesta, incluso las epidemias, incluso las estafas, incluso los carabineros esposando amigos y conocidos en Villa Alegre, Chillán, tan lejos y aquí mismo.

Nicanor, que agacha los hombros y la cabeza para caber en la silueta del Tito de allá. Escucha sin decir nada las noticias del sur mezcladas con los planes para quedarse en Santiago que le lanza su hermana a toda velocidad, hasta que siente el deber de interrumpirla.

—Como me dijiste, Tito. Me dijiste ven y vine, ya pues no pongai esa cara, alégrate.

—Podrías haber avisado —se defiende con el hilo de voz que le queda, el hermano mayor.

—Para qué. Junté la plata del pasaje y tomé el tren y vine a verte —le sonríe perfumada, maquillada como una gitana, coqueteando con los porteros y los alumnos que se acumulan detrás de la estatua para contemplar cualquier cosa que se parezca a una falda.

—Vámonos de aquí, ven a la oficina. ¿Cuáles son tus planes, Viola? ¿Quieres estudiar? —dice el hermano mayor—. En la Escuela Normal puedes ser profesora. Yo te puedo ayudar a preparar el examen. Vamos donde el tío Ramón, quizás él te pueda alojar. Yo puedo hablar con él. Vamos, si quieres.

Salen de la portería del internado hacia la calle Santo Domingo, los tranvías, las montañas de aserrín, las peluquerías, los conventillos donde las señoras hierven la ropa piojosa. Todo parece tragarlo con los ojos la recién llegada, todo parece al mismo tiempo asustarla y gustarle. Llegan a la avenida Cummings, donde vive el tío Ramón, pagador de la compañía de teléfonos. Conversan de la familia hasta que en un aparte Nicanor logra preguntarle a su tío:

—¿Qué hacemos con la Violeta…? ¿Puedes alojarla un tiempo hasta que consiga una beca, algún internado?

El tío Ramón no se niega a nadie. El plan del hermano mayor se cumple punto por punto.

En sus *Décimas*, Violeta Parra recuerda:

> *Al otro día temprano*
> *llegó com' un profesor,*
> *con libros un gran montón*
> *y un mapamundi en la mano.*
> *Con aire de soberano*
> *m'entreg' un libro de inglés,*
> *un cuaderno de francés,*
> *debo embarcarm' en las lenguas.*
> *Se vuelve, cuando me arenga,*
> *en pair' y maire a la vez.*

Hace caso a su hermano que es «paire y maire a la vez» y saca buenas notas y se enamora del chico Oyarzún y le da cita en el parque al anochecer. Oyarzún, que en secreto, un secreto a voces, prefiere los muchachos, no llega. Todo está en orden, piensa Nicanor. La Violeta comprendió que esa es la salida, la única salida para la gente de su clase y condición, el uniforme escolar, los libros. La Violeta estudia, él estudia. Se juntan los fines de semana a jugar a ser una familia cualquiera. Dos provincianos que tientan suerte en la capital y saben que si se esfuerzan de manera consistente y resignada van a tener una casa con jardín y mamparas de vidrio como la del tío Ramón.

LA POPULAR

Hasta que un día a la salida de la escuela Violeta se detiene en el restaurante La Popular y pregunta si necesitan alguien que cante. El patrón le dice que su sueldo va a ser las propinas. Los borrachos se apiadan de esa niña frágil a la que parece quedarle grande la guitarra. Algunos ya están dispuestos a silbarla de entrada. Su mano busca notas, su voz es metálica y repentinamente dulce, canta.

Juega a que es una gitana recién llegada de Andalucía. Solo a la hora de insultar a los que se ríen usa garabatos chilenos. Todo termina en risas, golpes, la propina, y el dueño que de malas pregunta si puede ir a cantar al día siguiente y también el sábado.

Llega tarde a la casa de su tío Ramón. No estudia para las pruebas de la Escuela Normal. Reprueba ramos sin que parezca preocuparle. Distrae a las otras estudiantes contando historias de acróbatas y mentalistas de los circos de Chillán. Le advierten que si sigue así la van a echar. No parece importarle. Les escribe a sus otros hermanos diciendo que hay trabajo en Santiago, que con una guitarra y tres canciones españolas se puede sobrevivir perfectamente.

«Vengan no más. Aquí los aloja el tío un rato. Hay bares, cafés, ferias libres donde cantar, parques donde instalar la carpa. Vengan no más, aquí nos arreglamos en Santiago no más.»

En el sur cierran los locales, no se venden las cosechas. La crisis del 29 golpea a Chile con inusitada fuerza. La inestabilidad política de esos años en que los gobiernos pueden durar doce días no ayuda a recuperar la economía. El campo, mal administrado por sus dueños, es el principal perjudicado por la crisis. Los Parra, como otros cientos de familias sureñas, cierran sin remordimiento la casa de Villa Alegre para subirse al tren y bajarse en

Santiago donde los esperan el hermano mayor y la hermana chica. Hilda, Roberto, Eduardo, Lautaro, la Elba y, en los brazos de Clara Sandoval, el recién nacido. Ortiz, el nuevo marido, está un poco más atrás.

—Yo no tengo casa aquí, mamá —explica Nicanor—. Soy serrucho no más.

—¿Qué es serrucho, Tito?

—Inspector de patio, sin sueldo, se llaman serrucho aquí. Me alojan, me dan comida en el INBA, puedo dar clases particulares, pero no muchas porque tengo que estudiar para la universidad. Santiago es muy grande, muy complicado, mamá. No es como Villa Alegre, todo el mundo grita, hace cosas, vive como puede…

Pero comprende que no debe razonar con su madre, que nunca ha entendido razones. El tío Ramón no tiene tanto espacio, dice Nicanor. Habría que poner al Lalo y el Roberto de internos. Yo no tengo sueldo, no tengo trabajo, estoy estudiando. Hay días enteros en que apenas como. Hay muchos libros que no puedo comprar porque son demasiado caros. Y agujeros en los zapatos, y la misma corbata todos los días. La mamá lo mira de arriba abajo en el andén de la estación, con esa seriedad terrible que Nicanor había olvidado por completo.

—No te preocupes, Tito. Aquí todos sabemos trabajar. Todos tenemos dos manos. Sigue estudiando, no te preocupes por nosotros —dice la madre antes de perderse con sus hijos, convertidos en una sola manada morena, hambrientos y felices, mientras en el techo de la estación rebota el eco de sus risas.

NAVEGACIÓN Y REGRESO

Nicanor aprovecha la llegada de su familia a Santiago para volver él solo al sur. Como si quisiera hacer visible la distancia que necesita entre él y los suyos, vuelve a la ciudad que ellos acaban de abandonar, Chillán, donde lo nombran profesor de Matemáticas del Liceo de Hombres, el mismo donde estudió.

No es el hijo pródigo ni el profeta en su tierra. A los veintitrés años ha conseguido ser lo que su padre no había logrado nunca del todo: profesor. El Premio Municipal que ganó en Santiago le permite ser «Poeta laureado» de la fiesta de la primavera de Chillán, donde proclama la belleza de la Reina María Eugenia Zurita Bower. La nota del diario *La Discusión* retrata en la prosa perfectamente florida de la provincia el acontecimiento:

«He aquí la primavera. María Eugenia Zurita Bower. Gracia, sencillez, distinción, belleza. Arrancada a una constelación, su corte de honor. El poeta supo ya, engastado en el diamante de su verso puro y cristalino, decirle su elogio. El elogio, a la altura de la juventud, del encanto y de la simpatía de la soberana de los jardines. Consagrado su trono por celeste presencia en la noche de su apoteosis de luz, de aroma y de alegría, María Eugenia I, por donde quiera que vaya, lleva el ensueño y la esperanza de todos los corazones».

Aprovechando su triunfo, el profesor Parra da una conferencia «Sobre la poesía nueva» en el salón de actos del liceo. Por un segundo todos parecen rendirse a su encanto. Por un segundo nada más. Parra sabe que en Chillán esos logros no bastan, o incluso sobran. Hay murmullos, cartas al director del colegio para que echen al autor de poesía tan absurda. Para impresionar a los padres de la Maruja Labbé, la joven de buena familia de la que se enamora, arrienda un carruaje, pero tres viejas paralíticas se suben misteriosamente al carro y llega Parra, acompañado de esas tías postizas, pálido y avergonzado, preparado para ser el hazmerreír de su amada.

De pronto llega al pueblo Gabriela Mistral, la gran abadesa de la poesía chilena, la gran profesora que vive de gira por México, Brasil, Nicaragua, predicando la buena nueva de sus versos secos y terribles. La reciben los notarios, las fuerzas vivas del pueblo, los ciudadanos ilustres. Fuera de programa, sin que nadie lo presente ni lo invite, el profesor Parra trepa al escenario y le lee a la poetisa su «Canto a la escuela»:

> *Este pueblo de niños, de naranjos y pájaros,*
> *este buque de hijos y campanas de incendio,*
> *esta gente que tiene la palabra de trigo,*
> *este pueblo de niños.*

Gabriela Mistral, la voz rocosa, se declara emocionada de ver renovada la poesía chilena.

«Si esta es la nueva poesía, yo estoy con la nueva poesía... Nicanor Parra no es un poeta que se está formando, es todo un poeta ya formado.»

Gabriela Mistral, llena a rabiar de flores y aplausos, toma el tren y se va.

Pero Nicanor Parra se queda.

El triunfo de su audacia ante Mistral será completo cuando unos días después un artículo conteste su recién adquirida gloria.

«Permítame la señorita Mistral –firma un misterioso L. Venegas en el diario *La Ley* de Chillán– diferir un tanto de su opinión con respecto al señor Parra. Posee este innegable talento, puesto que es profesor de Matemáticas. Por consiguiente, considero que aún puede reaccionar en su criterio literario y encaminarse por la senda que está obligado a señalar a la estudiosa juventud con quien se roza. La belleza es algo que sienta espíritu dondequiera que se halle y sin que nadie nos venga a enseñar y decir. Llámese Mistral, Petrarca o Perico de los Palotes.»

La insolencia, el orgullo, la violencia chillaneja que aparece en tantos antipoemas y *Artefactos*. El lenguaje guerrero del sur de Chile que sabe Parra que no hay que responder. Solo hay que esperar. Volver al ritmo de los exámenes, las borracheras de los profesores, los bailes en que los hombres miran a las mujeres y las mujeres miran el suelo. Invierno, verano, primavera.

De pronto, aparece Pablo Neruda acompañado de Tomás Lago, y va a buscarlo al patio del liceo de Chillán. No se conocen, pero Neruda se apura a mencionar los amigos en común que le dijeron que hablara con él. Neruda ya es famoso. Vuelve al país a ejercer su segunda vocación, la política. Está de gira en el sur, recogiendo votos para el Frente Popular. Se entienden casi sin hablar como si hubiesen sido amigos toda la vida. Reconocen en el otro esa manera de caminar sin mirar las esquinas en que doblan. Salen del liceo hacia la calle Libertad. Así son los poetas, piensa Parra, un poeta de verdad. El primer poeta más o menos de su edad que no hace otra cosa que ser poeta. Es diplomático, fue cónsul en Rangún, en Sri Lanka y ahora en Madrid, pero lo es porque escribe, porque los tigres de salón que administran la cancillería quieren premiarlo por sus poemas con algún puesto lejos de Chile. A los veinte años publicó *Veinte poemas de amor y una canción desesperada*, que todos los adolescentes aprenden de memoria. En ese encuentro, le dedica un ejemplar de *Residencia en la tierra*:

«A Nicanor Parra con una estrella para su destino».

Pero Neruda se va.

Parra sigue siendo el profesor de Matemáticas en el Liceo de Hombres. Pablo de Rokha, otro de los grandes de la poesía chilena, se aparece también en Chillán.

«Él pasó por allí con sus libros –le cuenta Nicanor Parra a Iván Carrasco– y entonces yo lo acogí, fui útil para él, le hice una fiesta, le armé un recital, le ayudé a vender sus libros, le di nombres de personas que podían comprarle, porque era un poeta que yo admiraba y sigo admirando. Pero creyó entonces que había llegado el momento en que el neófito se incorporara a la secta y me invitó abiertamente, me dijo que "eran muy pocos los privilegiados, muy pocos los elegidos y usted, compañero, usted es uno de ellos, así que usted deme unos textos para publicarlos en Multitud". Entonces le dije sobre la marcha: "Yo le agradezco mucho, Pablo, su invitación, pero quiero decirle inmediatamente que yo no voy a poder aceptar su invitación, porque yo soy amigo suyo pero también soy amigo de Neruda, y en su revista se ataca a mi amigo, de manera que yo quedaría muy mal ante él y ante mí mismo si le aceptara esta invitación". Me dio una mirada horrenda y se cerró entonces para mí.»

Como Gabriela Mistral, como Pablo Neruda, Pablo de Rokha sigue camino al sur.

Nicanor Parra se queda.

RUINAS CIRCULARES

Se queda. Para siempre, piensa. Siempre Chillán, siempre la misma cara, los mismos álamos, los mismos borrachos amigos de su padre. Una noche discute sobre la nueva poesía con la joven esperanza literaria local, Aliro Zumelzu. No pelean, pero casi. Apurado, Nicanor lo deja en la Plaza de Armas, donde la copa de los árboles se mueve al ritmo del viento de la noche. Atraviesa seis cuadras hasta la estación. Espera en el andén a Maruja Labbé, que lo ha citado allí con toda la ambigüedad del mundo. Quiere y no quiere que la vean con el extravagante profesor de Matemáticas. Él ve su silueta entre el vapor, como en las novelas rusas. Pero Maruja finge no verlo.

El profesor Parra vuelve cabizbajo por las calles del pueblo. Atraviesa las avenidas, Libertad, Bulnes, Gamero. Vuelve a su pieza del liceo. Se acuesta en la cama estrecha mirando el techo. ¿Duerme? Setenta años después no recuerda. A las once y media de la noche los muros empiezan a moverse. Se levanta sin encontrar en el piso apoyo suficiente para correr hacia la entrada. Los adornos vuelan, estallan, dentro de la jofaina el agua se menea. Suena la tierra. No hay salida. Los segundos se alargan hasta el infinito, y parece que nunca va a dejar de temblar cuando de pronto acaba todo.

Sobreviene un silencio eterno que de pronto quiebran gritos de mujeres, de hombres, ladridos de perros. Por la ventana ve que la esquina contraria ya no existe, ni la otra, ni la de más allá. El profesor Parra se pone de pie, se limpia el pantalón antes de salir a la calle en plena noche. Oye a las mujeres buscar a sus hijos, a sus maridos. Escucha las campanas de las iglesias que quedan. Llega hasta la plaza, a la sede del diario *La Ley*. Vislumbra entre los escombros la mano de Aliro Zumelzu, sus uñas pulidas, sus falanges frías, el traje que usaba en la plaza hace dos horas, las palabras llenas de polvo en la boca.

¿Se acabaron la ciudad, el mundo, la tierra? Está vivo de milagro, piensa. En el fondo sabe que no puede morir, que la muerte es algo que les pasa a los otros. No puede confesar esa sensación rara, esa especie de triunfo. Montañas de cuerpos van a parar a la fosa común. Los curas seguidos de un séquito de monjas y voluntarios buscan las caras de los muertos, sus nombres en los registros.

Es enero de 1939, más de 30.000 muertos informa la prensa, aunque la cifra oficial resultó ser mucho más baja, 5.648 muertos. Casi todo el centro de la ciudad en el suelo. La mayor parte de los que quedan vivos duermen en carpas o en el suelo, se juntan en los albergues, rezan, esperan, roban. Todo Villa Alegre, su barrio, irreconocible bajo el tráfico sin fin de los cadáveres buscando sepultura.

Parra no necesita quedarse. Es Chillán el que se va de Parra. Chillán, Villa Alegre, la población Medina, ya no existirá más que en sus versos.

4

EL METECO

PRONTUARIO NÚMERO: 04801594

Caminando entre los escombros de Chillán, el presidente Pedro Aguirre Cerda le preguntó al joven Nicanor Parra qué podía hacer por él.

–Mandarme para afuera, presidente –le respondió con brusca sinceridad el profesor de Matemáticas en medio de la ciudad derruida.

Fuera no solo de Chillán, de la que no quedaban más que maderos y fogatas ese comienzo del año 1939, sino fuera de Chile. El gobierno se demoró cuatro años en cumplir su promesa. Mientras tanto, el profesor Parra volvió al Barros Arana y a la Escuela de Arte y Oficios donde se dedica a dar extenuantes horas de clase para ayudar a su madre y sus hermanos.

Cuenta en su «Autorretrato»:

> *Por el exceso de trabajo, a veces*
> *veo formas extrañas en el aire,*
> *oigo carreras locas,*
> *risas, conversaciones criminales.*

Pero ya no está solo, aunque se sienta más aislado que nunca. Vive con Ana Troncoso, una de las tantas novias que solía cortejar con singular éxito.

«La raptó –me dice Raúl Zurita en un almuerzo en Las Vacas Gordas–. Eso decía la Catalina, su hija. Le encontró en el campo, linda, campesina y con ojos verdes y la raptó.»

Era una de las empleada de la casa de los Parra en Chillán, se enamoraron una noche y a la otra estaban en Santiago. Otro hijo, Alberto, confirma a la revista *Sábado* de *El Mercurio* la historia:

«Se la robó. Y se la trajo a Santiago. Ahí empezó la primera familia de Nicanor. En la cuestión del hogar, ella era la que llevaba todo. Las compras, el arreglo de esto, de lo otro, todas las cosas que había que hacer. Si había que arreglar un enchufe, ella lo hacía. Era una mujer *multiskill*. Mi papá no sé si sabía hacer un huevo frito».

Morena, menuda, sensual y bien hecha, en las fotos en una banca de la Quinta Normal, ella y Nicanor se parecen. Hay también una niña en la foto. Es Catalina, hija de ambos nacida en 1943, pero no fue argumento suficiente para que la pareja se casara ni por la iglesia ni por el civil. Su pasaporte de entonces lo declara soltero en el casillero del estado civil.

Profesión: Profesor

Prontuario número: 04801594

Serie: 4444

Sección: 22222

Certifico que la fotografía, impresión dígito pulgar derecho y firma que figuran en la página número 1 de este documento, pertenecen a Nicanor Parra Sandoval, que lo solicita para acreditar su identidad en el extranjero.

Se dirige a Estados Unidos

Por vía aérea

Nacido en Chillán, el 5 de septiembre de 1914.

La foto en blanco y negro muestra una cara de matarife resfriado que mira al objetivo con toda la desconfianza de la que es capaz. El pasaporte es su escapatoria, la única posible a una vida doméstica a la que se adapta apenas. Su hija, la mujer con que vive, pero también sus hermanos y su madre, que viven por épocas más que intermitentes con él.

«... fui a Brown University a estudiar mecánica –le explica a Manuel Alcides Jofré–, la escuela de Brown se llamaba Advanced Mechanics. Mecánica Superior. Ahí estuve dos años y pesqué alguna que otra cosa, porque la formación de la época en Chile, de los físicos teóricos, era prácticamente nula, de manera que lo que yo hice en esos años fue mucho, porque llegué allá como un analfabeto total, y logré un máster.»

ECUACIÓN SUBORDINADA

Einstein envejecía en Princeton, a doscientos kilómetros de donde estudiaba el profesor Parra ese invierno de 1943. Niels Bohr huía a Suecia primero, a Londres después y a Nueva York finalmente para ayudar en la bomba americana que se estaba probando ese mismo año, en los desiertos de Arizona. Heisenberg, otro de los grandes físicos de los que se hablaba en el campus de la universidad, trabajaba sin cesar en conseguir la bomba para Alemania. Todos habían ganado el Premio Nobel antes de los cuarenta años.

Imagino el vértigo, imagino el placer de Nicanor al ver, en los pizarrones de esas salas demasiado calefaccionadas de Nueva Inglaterra, desarrollarse esos versos en jeroglíficos: $\Delta\psi A=\sqrt{\langle A^2\psi\rangle - \langle A\rangle^2\psi}$, o sea la «incertidumbre» medida como desviación estándar del valor de una medida sobre el estado ψ.

$[A,B] = AB - BA$.

Un castigo, un refugio, una salvación, hablar de filosofía sin filosofar.

«Lo mío era la normalización de la mecánica clásica y de la relatividad restringida. Es decir, yo tenía que resolver el problema de la ecuación fundamental, y había poco tiempo para leer poesía», le explica al periodista Juan Andrés Piña en sus *Conversaciones con la poesía chilena*.

—Las variables ocultas —me decía Parra en Las Cruces, abriendo todos los dedos de las manos como un mago que quiere dejar en claro que no esconde ni un truco.

Pero las otras variables, evidentes, seguían allí: el dinero de la beca, el fin de mes, la familia que había dejado en Santiago.

Le escribe a Luis Oyarzún cartas y más cartas, desesperado, para que eleve por él solicitudes y le alarguen la beca y se la aumenten. Le dice que no tiene ni un peso para la Anita, su novia, y la Catalina, su hija, que se quedaron en Santiago.

«¿Por qué no me haces el favor de pasar por el ministerio una solicitud de prórroga hasta diciembre? Sé que es una tarea antipática la que te confío. Tendrás que recurrir a González Vera tal vez para pedirle el certificado de mi primer semestre, que le envié hace poco.»

«Mi papá me llevaba a un trencito —recuerda Catalina Parra su infancia en una entrevista de enero de 2017 que le dio a María Cristina Jurado en la revista *Ya*— que había ahí, que daba la vuelta. Me subía al trencito. Él estaba parado en una estación que decía: "Chillán". ¡Y a mí se me hacía un nudo en la garganta! Con dolor, porque mi papá estaba ahí, y yo seguía en el trencito hasta que llegaba a una estación. Y él ya estaba en la estación, porque me tenía que recoger. Yo tenía unos cinco o seis años. [...] Él me escribía unas cartas desde Estados Unidos, donde dibujaba un elefante. Teníamos muchas historias con elefantes. Porque, cuando yo era niña chica, tenía un elefante de goma y dormía en las noches con él. Yo me daba vueltas y sonaba el pito del "Sifante". Yo lo llamaba el Sifante. Entonces era famoso ese Sifante. Y cada vez que él me escribía desde Estados Unidos, me dibujaba un Sifante en el lado derecho. Era un elefante de goma que tenía un pito, de esos juguetes para los bebés.»

«Creo que él [González Vera] podrá extenderte también una declaración que certifique que mi beca es hasta fin de octubre —le escribe a Oyarzún desde Estados Unidos—. Otra cosa que tendrás que afrontar es la lectura del decreto que me comisiona a los Estados Unidos con goce de sueldo.»

Y luego ecuaciones, letras y cifras que giran y dan vueltas y que el becario Parra y su escaso inglés anotan en cuadernos y más cuadernos.

Se tiene un sistema S de coordenadas (x, y, z, t) y un sistema S' de coordenadas (x', y', z', t'), de aquí las ecuaciones que describen la transformación de un sistema a otro son:

$$t' = \gamma \left(t - \frac{vx}{c^2} \right), \qquad x' = \gamma \, (x - vt), \qquad y' = y, \qquad z' = z$$

donde

$$\gamma = \frac{1}{\sqrt{1 - v^2/c^2}}$$

«En el hecho de que la Anita en persona haya ido a entregarte este mensaje —le escribe en otra carta a Oyarzún—, no debes ver tú otra cosa que la urgencia del asunto. Ella no ha hecho economías y su montepío no debe atrasarse ni un solo segundo. Si eso llegara a pasar tú serías el único responsable, bestia indómita.»

«Olvídate de ti mismo por algunas horas —le insiste a Oyarzún desde Rhode Island— y piensa solo en la solicitud, en ese único objetivo de mi existencia. Todo el pasado de la humanidad no ha sido más que un preámbulo de este momento crucial. Eleva la solicitud mía, que si tú no lo haces, Lucho de mi alma, ella no podrá hacerlo por sí sola.»

Entre una ecuación y otra estaban las cartas a Oyarzún pidiendo montepío, y la esposa en Santiago y la hija recién nacida.

LA ECUACIÓN FUNDAMENTAL

Einstein había decretado que $E = mc^2$, lo que implica que la presencia de una cierta cantidad de masa conlleva una cierta cantidad de energía, aunque la primera se encuentre en reposo. Todo lo que escribió después: *Poemas y antipoemas*, *Artefactos*, *Ecopoemas*, *Cachureo*, *Trabajos prácticos* y *Obras Públicas*, iba a girar en torno a dos principios discutidos, probados, rebatidos hasta el cansancio en esas clases de mecánica avanzada de la Universidad de Brown: el principio de relatividad general y el principio de incertidumbre.

Estos dos principios probaban al mismo tiempo que todas las intuiciones de los surrealistas eran razonables, y que al ser razonables ya no tenían sentido. Esa era la intuición que lo separaba de los Inmortales cuando era inspector del INBA. Toda la nebulosa conversación en torno a la belleza o el mal, el arte y la poesía le resultaba inconducente porque aquí ganaba el que manejaba mejor el vocabulario, el que mentía mejor. La ciencia podía decir lo mismo que Rimbaud pero en cifras y letras, sin alquimia ni magia negra ni romanticismo sentimental.

Quizá por eso insistió en poner al final del primer tomo de sus obras completas un capítulo de su traducción de *Fundamentos de la física* de su profesor Robert Bruce Lindsay y de Henry Margenau (dos de los creadores de la bomba atómica). El libro, que no es más que un manual que Parra tuvo que traducir para justificar su carga académica en la Universidad de Chile, termina así:

«¿Cómo podemos saber que ese mundo nuestro es en último término explorable? ¿Hay un sistema único de explicación física? Si lo hubiera, y el físico lo estuviera aprendiendo lentamente, su ocupación sería la de un fotógrafo que toma un gran número de instantáneas en el estudio del objeto. Si, por otra parte, no hay certeza sobre estos puntos, su trabajo no es fotográfico, es creación artística. Pareciera que las experiencias pasadas favorecen esta última alternativa».

Es decir, la poesía en toda su radical inutilidad no intenta el inútil intento de resumir el universo en una ecuación fundamental. Si esta existiera sería tan subjetiva, tan imprecisa, tan gloriosa como una metáfora.

UN DÍA DE INVIERNO EN EL NORTE, CERCA DE CANADÁ

Desde la ventana de su dormitorio en Brown ve caer una lluvia que es como la del sur de Chile, pero no causa inundaciones. Hay nieve, y la nieve se queda por semanas y meses en los que Nicanor Parra sigue hundiéndose en libros que apenas comprende en la biblioteca perfectamente insonora de esta universidad donde todos parecen felices, donde solo él, no sabe muy bien por qué, no lo es.

«Nada más triste que un día de muerte», escribe como a escondidas en el margen de sus cuadernos llenos de ecuaciones, mientras espera una carta que le informe sobre el destino de sus solicitudes en Chile:

> *Un día de invierno en el norte, cerca de Canadá,*
> *En un cuarto solo, junto a una ventana*
> *Mirando caer la nieve durante largas horas.*

Los versos son parte de una serie de poemas sin título que numeró del I al XXI, que llamó *Ejercicios respiratorios*, quizá porque al asmático Parra tanto aire lo ahogaba. Acaba de descubrir a Walt Whitman, el hombre que se canta y se celebra a sí mismo o sea a todo el universo, el que inventó el yo moderno, el que hizo democrática la egolatría, el que prefirió cantar a susurrar:

«¿Que yo me contradigo?», canta, en sus *Hojas de hierba*, Whitman:

> *Pues sí, me contradigo. Y, ¿qué?*
> *(Yo soy inmenso, contengo multitudes.)*
> *Me dirijo a quienes tengo cerca y aguardo en el umbral:*
> *¿Quién ha acabado su trabajo del día? ¿Quién terminó su cena?*

¿Quién desea venirse a caminar conmigo?
¿Os vais a hablar después que me haya ido, cuando ya sea muy
[tarde para todo?

—¿Qué se hace después de eso? —me pregunta en Las Cruces rascándose la cabeza como si realmente buscara una solución—. ¿Cómo se responde a eso? Noooo. Después de Whitman, ¿qué queda?

«Estoy muy solo y muy angustiado», escribe Nicanor Parra en Rhode Island, las tierras de Walt Whitman, copiando con descaro el ritmo de los versos del americano:

Frente a una ventana a la hora del crepúsculo.
El cielo gris de Nueva Inglaterra,
Los fantasmas de la soledad,
A todos ellos asisto con lo mejor de mi alma y sufro.

No hay un yo más claro, sin énfasis ni máscara, que el que habla en esos «ejercicios respiratorios» que excluyó de su *Obra Gruesa* de 1969 y de todas las antologías que pudo, pero que no rechazó nunca con la violencia con que rechazó el *Cancionero sin nombre,* quizá porque esos versos ajenos eran lo más propio que escribió jamás:

Las perniciosas mujeres que recojo en las calles y arrastro a mi
guarida,
Los pequeños, pegajosos monstruos que pululan en las aguas
sagradas,
Las sangrientas ramas de los árboles que la tempestad
sacude…,

escribe el becario en su dormitorio de Nueva Inglaterra, vacilando entre sentirse nadie o sentirse dios. Culpable por no lograr ser totalmente fiel a la mujer que lo espera en Santiago, pero sintiendo que no puede negarse, no a la carne sino a la tempestad y los caballos degollados de su propio rito pagano.

Recibe una beca, espera una carta, es guapo, inteligente, prometedor, pero también tiene hambre, le cuesta seguir las clases y responde a la amabilidad gélida de los gringos. Es un chileno que mira con espanto el viento del norte abatirse sobre el campus de la Universidad de Brown. Escucha las voces de todos los que abandonó allá en Chile:

> *¡Somos nosotros! exclamáis llorando.*
> *Con fervor vivimos.*
> *Los mejores resultados nos deslumbran.*

«Los mejores resultados nos deslumbran.» Qué verso, pienso, qué definitivo y terrible y precioso verso. Qué resumen más total de quién era Nicanor Parra en 1943, un año antes de cumplir treinta años. Ni tan joven como para fundirse en el paisaje, ni tan viejo como para ser impermeable a él.

CARTA DE RECOMENDACIÓN

«Nunca salí del horroroso Chile», dice el más citado verso de Enrique Lihn, que escribió casi todo lo que importa de su poesía entre París y La Habana, como si la incomodidad de las mansardas y los hoteles fuera la condición de su poesía de paso, de su vida perpetua de estudiante enojado que necesita escribir para explicarse.

Tal vez lo mejor de la poesía chilena se ha escrito fuera de Chile. Pablo Neruda escribió *Residencia en la tierra* cuando era cónsul en Birmania y luego en Sri Lanka y después en Madrid, y *Canto general* cuando se fue clandestinamente de Chile. Vicente Huidobro lo escribió casi todo entre Madrid y París. Gabriela Mistral en Brasil, Estados Unidos, México y Barcelona. Nicanor Parra también escribió casi todos sus poemas de amor en esas piezas comunes de estudiantes becarios en Oxford, La Habana, Baton Rouge, Moscú, Pekín, Praga, San Francisco, Nueva York, Madrid, Bombay, regresando siempre a Chile con la idea de un libro o, más importante, el título de un libro: *Ejercicios respiratorios* en Rhode Island. *Poemas y antipoemas* en Oxford. *Canciones rusas* en Moscú. *Artefactos* en California y Nueva York, donde se le ocurrió también *Emergency Poems*.

Salir de Chile es la obsesión común a la mayor parte de los escritores chilenos. Lo era más antes de que existiera internet. Se solía atribuir el éxito de José Donoso y Jorge Edwards a los años que pasaron Donoso en Barcelona y Estados Unidos, y Edwards en los más diversos países. Bolaño, el escritor chileno más famoso actualmente, apenas pasó unos años de infancia y algunos meses de juventud en Chile. No hay lectores suficientes (17 millones de chilenos, la mayor parte poco entusiasta). El prestigio en este fin de mundo está en el mundo, es decir, en Europa o

Estados Unidos o México. Ahí están también las traducciones y los premios, es decir, la supervivencia. De modo que hacerse escritor en Chile es condenarse a ser extranjero. Una forma de exiliarse.

Siguiendo la consigna en 2004 traté de conseguir una beca en Alemania. La beca consistía en pasar un año en un departamento muy bien calefaccionado de Berlín. Le pedí una carta de recomendación a Antonio Skármeta y otra a Jorge Edwards. Se me ocurrió hacer lo propio con Nicanor Parra.

—Ningún problema, don Rafa, escríbela tú y yo la firmo —dijo por teléfono.

Extrañado por mi suerte, hice lo que me dijo. Escribí una carta elogiosa pero no demasiado. Viajé a Las Cruces, con la hoja doblada en el fondo del bolsillo de mi abrigo. Para mi desgracia, otro auto, además del polvoriento escarabajo beige de Nicanor, estaba estacionado en la entrada de la casa. Federico Schopf, profesor de la Universidad de Chile y prologuista de sus obras completas, le estaba presentando a un profesor de California gordo, callado, con barba de oso. Me senté en un rincón temiendo la sorna instintiva de Schopf, que había sido amigo de mi abuela y compartía con ella su falta total de respeto por mí. Conocía él a Nicanor Parra desde los años cincuenta y no lo trataba con ninguna reverencia, riéndose antes de que Parra terminara los chistes e interrumpiéndolo sin piedad.

Mi desconcierto era compartido por el gringo gordo en poncho mapuche, que parecía a punto de reventar de tanto retener el aire para no manchar con su respiración el sacrosanto templo de la antipoesía.

Para mi consuelo y sorpresa, Nicanor terminó por interrumpir él mismo su infinito concurso televisivo de conocimientos parrianos y propuso ir a comer a un lugar que solo él conocía.

—No dice nada el gringo —le comenté a Parra cuando nos subimos a su Volkswagen beige.

—Es como Polonio, es sabio. Los sabios no hablan.

—Quizá no tiene nada que decir, quizás es tonto no más. La mayor parte de la gente que conozco que no habla, no habla porque no tiene nada que decir.

—Es una variable que uno no puede descartar de entrada —concedió Nicanor.

En caravana fuimos al Entrepoetas, boliche que compensaba su distancia de la playa con recuerdos de Pablo Neruda y Vicente Huidobro colgados de sus paredes de material prefabricado.

—¿Y tú, Nicanor, dónde estás tú aquí? Parece que el único poeta que no está aquí eres tú —empezó Schopf.

Nicanor señaló distraídamente una de sus bandejas de pasteles con el corazón con patas dibujado entre un retrato de Huidobro y otro de Neruda.

—Cazuela de vacuno —ordenó al mozo mientras se sentaba.

—No hay, Nicanor —repetí lo que acababa de decir la moza—. Sirven pescado en este local.

—Espera.

Levantó una mano de apache de western. No me atreví a agregar nada. Los mozos se acercaron, escucharon y salieron corriendo calle abajo hacia el restaurante del frente, de donde volvieron con una humeante cazuela de vacuno.

—¿Viste? —levantó las cejas.

Empezó a comer en silencio mientras Schopf lanzaba chismes de Santiago que no se tomaba la molestia de traducirle al gringo, que seguía mirando fijo y sin pestañar a Parra.

—¿Se acuerda de la carta, Nicanor…? —aproveché para decirle en un momento de distracción del resto de la mesa—. Alemania… le dije por teléfono… Berlín… Usted me dijo que la escribiera… Yo escribí una cosa, si usted quiere cambiar algo me dice no más…

Miró la hoja de reojo como si se tratara de un coleóptero.

—Berlín, Alemania…

Temí que se lanzara en algún monólogo sobre Nietzsche, pero saltó por encima del tema para concentrarse en el texto de la carta, que abrió como si se tratara de un mapa del tesoro.

—Nooo, eso no es esto, noooo es así, faltan muchas cosas aquí. No, esto es muy vago. Noooo, ahí falta mucho. ¿Tienes un lápiz, Federico?

—¿Qué es eso? —preguntó Schopf.

—Nada, una carta… —tartamudeé yo, mientras Nicanor tachaba palabras, agregaba en mayúsculas otras y las ponía en boca del corazón con patas, que dibujó en una esquina de la hoja.

—¿Una carta para qué? —siguió torturándome Schopf que, descendiente de alemán, se había exiliado además en Alemania y sabía seguro de qué beca estaba hablando.

—Una carta no más… Una carta que tengo que mandar no más…

La llegada de los pescados fritos me salvó del sarcasmo total de Federico que, pienso ahora, debió ver muchas veces esa ejecución programada de cada frase bajo el cedazo de Nicanor convertido en profesor de arquitectura corrigiendo un plan, su cabeza aprobando o reprobando las palabras que sus labios iban repitiendo, sin sonido. Hasta en silencio, Parra escribía hablando, ensayando diálogos, dibujando, contando con los dedos las sílabas, apretando las cejas, aprobando y reprobando como si lo que sucedía en el papel sucediera en algún escenario.

Mi nombre, su nombre, las pocas frases que explicaban mi objetivo, despedazadas, envueltas en círculos, rodeadas de exclamaciones y puntos de interrogación, como los pescados fritos que Federico y el profesor americano despedazaban ahora. Hasta que la carta estuvo lista. La escondí lo más rápido que pude de la mirada de los curiosos. La tarde siguió sin una palabra del gringo y con toda suerte de chismes de Federico.

Finalmente, no obtuve la beca. Ganó un cubano que arrancaba de la dictadura castrista. Me consolé pensando que la necesitaba más que yo. Ahora lo dudo. Estoy convencido de que la carta llena de dibujos y rayones firmada por un poeta que el jurado alemán debía creer muerto o senil debió haber facilitado la decisión de excluirme. El proyecto de ser un escritor en residencia quedó enterrado. Me dediqué a buscar trabajo, sueldo fijo, colaboraciones habituales, y usé las vacaciones y los fines de semana para jugar a ser escritor chileno en Chile. Me abracé a mi suerte y cerré de a poco la puerta de salida para tratar de vivir hasta las últimas consecuencias el país de donde no me dejaron salir. «Nunca salí del horroroso Chile», dice Lihn, pero yo decidí que no era horroroso, que era un electrón periférico, alejado del centro del átomo, que lo explica mejor que nadie.

Busco ahora desesperadamente la carta en los archivos de mi computador. No la encuentro. Casi todos los amigos tienen alguna bandeja de Parra, alguna dedicatoria, una señal de pertenencia, un corazón con patas. Yo cometí el crimen de creer que la carta de recomendación que despedazó ante mis ojos era eso, una carta de recomendación que debía mandar a los alemanes para que me dieran una beca que nunca obtuve. Es el único objeto que me queda de Parra, una carta que no tengo, enviada a ninguna parte.

LES BELLES ÉTRANGERES

«Siempre he sufrido en los viajes –le cuenta Nicanor Parra a Luis Oyarzún–, sufría en Providence (Rhode Island), en Oxford. Por París me arrastraba como un fantasma.»

Sin embargo insistirá durante los siguientes treinta años en pasar temporadas enteras fuera de Chile: después del año en Rhode Island, 1943, pasará dos en Oxford, del 48 al 50; un semestre en Baton Rouge, Luisiana, a comienzo de los sesenta; un año en Rusia, en 1963; varios meses en Cuba entre el 66 y el 68; un año en Nueva York en el 91; más toda suerte de congresos y encuentros en la India, China, excursiones largas por Praga, Estocolmo (varios meses) y París, de ida o de vuelta a otros lugares de Europa. ¿Qué buscaba, qué encontraba, qué perdía?

–Rhode Island. Louise no sé qué… –recuerda cuando le pregunto por ese invierno interminable de la Universidad de Brown–. Louise Nosequé, una belleza de ese tiempo. Nooo. Linda, eso es poco. Más que linda. Nooo, Louise Nosequé con departamento propio. Eso era todo en esa época. No sé qué más se podría decir de esa Louise Nosequé. Yo tuve una oportunidad una vez ahí… Una sola –levanta el dedo en señal de advertencia–. Una sola vez. Fui a su departamento. Después de la conversación. Ella se va a la pieza. –Nicanor frota sus manos lúbricamente–. Yo me preparo. Yo no podía creerlo. Imagínate, ¿Louise Nosequé, departamento propio? Llego a la pieza, la encuentro completamente desnuda en la cámara nupcial, como se decía en ese entonces. Lecho nupcial también se decía. Es una palabra de ese tiempo, cámara nupcial… Un perrito –indica con la mano la pequeñez del animal–. Pero no cualquier perrito, nooooo. Un perrito que no para de ladrar todo el rato… Perdona, no soporta a los extraños, me dice ella. No le he podido enseñar nada. Nadie ha podido, le ladra a todos los que conoce. También muerde. —Y Parra levanta las cejas con la última frase, tan propia de su poesía, donde un último verso se separa del resto de la estrofa para sobrevolarla malvadamente. «También muerde.»

—¿Qué hizo usted?

—Escapé. ¿Qué más se puede hacer en esos casos? Por favor… Noooo, cuando pasa eso hay que arrancar no más, arrancar a perderse, por favor, muchas gracias por todo, no faltaba más, gracias, adiós.

Parra casi nunca habla de las mujeres con las que tuvo hijos o relaciones más o menos estables. Anita Troncoso, con quien tuvo tres hijos (Catalina, Alberto y Francisca); Inga Palmer, con la que se casó y vivió más o menos una década; Rosa Muñoz, con quien tuvo otro hijo (Ricardo Nicanor); y Nury Tuca, con quien tuvo los últimos dos: Colombina y Juan de Dios. Hubo, además, algunas otras parejas estables, que incluso duraron algunos años, pero no hablaba de ellas. Las que lo abismaban eran las otras historias, los «porno romances», que hacían que se agarrara la cabeza con espanto y gozo. Porno romances que casi siempre tenían que ver con viajes, becas, congresos, invitaciones y que raramente terminaban en sexo o si lo hacían lo conseguían de forma furtiva y adolescente.

—La foto. Pásame la foto de la Bella. Se pronuncia B-e-l-l-a. Una de las mujeres más lindas de Rusia —dice, mientras ordena que le acerque la antología de poesía rusa que tradujo sin saber del todo el idioma a mediados de los años sesenta, becado por la Unión de Escritores Soviéticos.

Una foto borrosa. La poetisa soviética Bella Ajmadúlina, una cara redonda y blanca, perfectamente rusa, adornada por los ojos verdes, herencia de una madre italiana.

—Pucha la Bella. Los *perevodchik* no querían que me acercara a ella. ¿Te ubicas tú con los *perevodchik*? ¿Cómo se podría decir eso en castellano…? Intérpretes, sería la palabra. Intérpretes, eso es… Pero eran más que eso, eran guías también, conectados directamente al partido. —Y con la mano hace un saludo marcial recordando—. Ella me los mostró, los señores del partido, en el edificio de ella. Un edificio grande, de esos edificios grandes de Moscú. ¿Te ubicas? No puede entrar nadie, me dijo. El que entra aquí no sale vivo. En tu hotel tampoco se puede. Los *perevodchick*, chuta los *perevodchik*. Pero hay otro lugar. Espérame. Ven conmigo. ¿Y qué iba a hacer yo? Seguirla hasta el fin del mundo. Cuál sería mi sorpresa cuando me encuentro frente a frente nada menos que con el Eugenio Evtushenko, el exmarido de la Bella, que era amigo mío en Santiago. «Para que sepai», le dijo la Bella, «yo me voy a acostar con este gallo chileno esta noche misma. Te quería avisar, ya que fuiste mi marido. Estás avisado.»

Evtushenko, según Nicanor, lo miró con más resignación que sorpresa.

—Tú me preguntabas el otro día por qué uno deja una belleza como esa. Por eso.

Todo eso en español, porque él sabía español y había estado en Chile, donde lo conocí yo en la casa de Pablito, de Neruda, «el poeta».

¿Y qué pasó con la Bella?, pregunto. ¿Cumplió su promesa? ¿Dónde fueron? ¿Cómo fueron?

—Desapareció. A no ser que haya desaparecido yo…

Y sugiere que fue advertido por Margarita Aliguier, su anfitriona, de que eso, en el partido, no estaba cayendo nada bien.

—¿Qué será de la Bella? ¿Sabes algo tú de ella?

Muerta, le respondo, porque acababa de leer en su Wikipedia que la habían enterrado con honores de Estado en noviembre de 2010. No le interesa demasiado. Pasa de Moscú a Praga en 1968, donde no pudo consumar otro porno romance por exceso de clítoris de la dama.

—No, así no se puede. Tuve que excusarme. Una rubia preciosa que conocí en el café famoso… ¿cómo se llama el café? Slavia, creo que se llamaba. ¿Conoces el Slavia? ¿Has estado en Praga? Nooo, Praga. La tumba de Kafka… El niño Jesús de Praga. ¿Te ubicas con el niño Jesús de Praga? ¿Conoces a la Kitty Duane?

Kitty Duane, repite, como si fuese sinónimo mismo de Manhattan. Figurante de películas de vanguardia de comienzo de los setenta en Nueva York, donde después de unos videos del chileno Juan Downey su rastro se pierde en la nada. Y las dos suecas, la Inga Palmer, de la que hablaba apenas, y la Sun Axelsson, de la que hablaba mucho porque cuando la conoció le contó que se había acostado con la mitad de Estocolmo y que esperaba ahora acostarse con la otra mitad.

Ese empeño en acostarse con extranjeras, rubias casi siempre aunque no exclusivamente, usando el arma que tanto le servía cuando le fallaban las palabras, su rostro regular y exótico, su porte distinguido, su pelo tan salvaje como sus ojos de felino en perpetua caza. Exótico estudiante, o poeta en residencia, que seguía siendo en Santiago de Chile un profesor de corbata y chaqueta de cotelé y chaleco de tweed, padre de familia, hermano mayor, marido o casi de mujeres que, no sabía por qué, tarde o temprano se volvían locas o se iban lejos de puro cuerdas.

Rusia, China, la costa este y oeste de Estados Unidos, el sur del mismo país, Francia, Cuba, Checoslovaquia, Inglaterra, Nicanor Parra vivió en todas partes pero nunca fue un cosmopolita. Louise Nosequé, las suecas, Bella, la checa de clítoris enorme, la mulata de fuego de La Habana, Kitty Duane eran también una forma de no irse del todo. Romances inconclusos o casi, fracasos parciales, mujeres tan imposibles como las ciudades donde Nicanor intentaba de vez en cuando instalarse para ser un éxito mundial.

En todas partes la necesidad de una mujer para compensar el frío en los huesos y el idioma ajeno. Para eso uno viaja después de todo, para aprender en todas las latitudes distintas formas de estar solo.

NORUEGA

Solo una vez recuerdo haber visto a Parra callado más allá de los segundos que suele demorarse en recordar con exactitud milimétrica cada parte de la frase que quiere reproducir. Almorzábamos en Los Sauces, un restaurante que solo servía variantes de cerdo, a la entrada del valle de Lo Abarca. Nicanor cortaba con aplicación un costillar interminable. Comían con nosotros, Catalina, la mayor de sus hijos, que acababa de volver de Buenos Aires, y Alberto, alias el Paiullo, que venía llegando de Noruega, adonde había partido a los diecisiete años cuando decidió huir de su casa sin avisar a nadie.

—Millonario del petróleo. Plataformas petroleras —susurró Nicanor Parra, mostrándome el reloj Rolex que usaba el hijo en su muñeca.

Alberto no daba ninguna señal de ser millonario, ni de venir de Noruega, ni de ser hijo de Nicanor. Era más bien un señor grande y moreno, que hablaba de cosas normales en un tono normal, que daba señales de venir de lejos por el cuidado con que intentaba expresarse en un chileno neutro y ligeramente pasado de moda. A ratos parecía que se esforzaba justamente en no hablar como su padre, que ni lo escuchaba ni dejaba de escucharlo. Comía a su lado completamente ausente, con esa cara severa de sospecha y distancia que era natural en él cuando nadie lo estaba mirando. Su cara en descanso se parecía a la que tantos profesores deben forzar para imponer respeto en sus alumnos.

La Catalina, artista plástica de vanguardia, por muchos años cómplice de su padre, tampoco hablaba. Alberto preguntaba. ¿Qué es de fulano, papá? ¿Qué pasó con don mengano, papá? Nicanor no perdió tiempo contestando las preguntas del hijo, y siguió comiendo como si escuchara llover. Alberto empezó a preguntar por sus padrinos. ¿Qué es de mi padrino, papá? Un padrino que luego eran muchos padrinos, porque en una sola frase mencionó a caballeros de apellidos vinosos o bancarios, Echeverría, Larraín. Le sorprendía eso al Paiullo, que en su infancia más bien pobre hubiera tanta gente de apellidos importantes cerca. Vecinos de La Reina, se respondía él mismo las preguntas que el papá no contestaba. No de La Reina agreste y verde en que vivió despúes Nicanor, sino de la parte más gris y suburbana de la comuna. Lejos del centro, incómodo para cualquier trámite, pero cerca de Neruda.

La Reina, calle Paula Jaraquemada, donde intentó Nicanor ser el patriarca de su familia y alojar en la misma casa a la Violeta, su marido y sus hijos, a Eduardo, el tío Lalo, su mujer y sus hijos, y a la Clarisa Sandoval. Una pandilla de primos, contaba el Paiullo para sí mismo. El Ángel, el Lalo chico, desorden, barro, gritos y el papá en su escritorio, al que no hay que molestar. Una avalancha de pasado que Nicanor aguantaba como quien aguantaba un chaparrón, concentrado en masticar su comida.

Viendo que no avanzaría mucho con los recuerdos, Alberto empezó a hablar del esmog, de la falta de cultura de la gente de Santiago. A la pasada, contó el momento en que Catalina decidió irse a vivir con Nicanor al departamento que él tenía en Mac Iver 22 cuando se separó de su mamá y se fue a vivir con una sueca.

Alberto no dijo nada de su propia huida a Noruega, siendo todavía menor de edad, lejos, lo más lejos posible, donde nadie podía ir a buscarlo, donde al parecer tampoco nadie se apuró en ir a buscarlo. No mencionó a su madre, Anita Troncoso, y apenas a su hermana Francisca, que aún vivía con Anita en la casa de La Reina, que era de Nicanor. En realidad, en una casucha que estaba al lado —«Entre los arbustos, como un animalito», le escuché una vez decir a Nicanor—, y que le había cedido Nicanor antes de abandonar la casa e irse a Las Cruces.

Aunque ya pensaba en escribir este libro no me atreví a preguntar ningún detalle sobre esos años, los cuarenta, los menos documentados de la vida de Parra, los más esenciales quizá por eso mismo. El profesor en su casa llena de familiares a los que no sabe cómo alimentar. Los libros inéditos que promete en cada antología a la que se digna regalar dos o tres poemas. La vida conyugal con Ana Troncoso que, como todo lo que Parra toca, sigue ahí en su congelada órbita. Los hijos hablaban de un pasado que el padre, comiendo en silencio, no se dedicaba ni a corregir ni a aumentar. Hasta que de pronto alguien dijo Rimbaud.

—Rimbaud, chuta ese nombre, Rimbaud...

Los ojos de Nicanor se iluminaron con un brillo que parecía haberlo abandonado por completo. Acababa de terminar su plato. Rimbaud, dijo, y recitó en francés algunos versos.

—«Comme je descendais des Fleuves impassibles», Rimbaud era lo máximo por ahí por el año mil novecientos no sé cuánto. Nooo, Rimbaud, «Un soir, j'ai assis la Beauté sur mes genoux. Et je l'ai trouvée amère...», chúpate esta mandarina —pronunció con un francés perfectamente entendible que no quería sin embargo, ni por un segundo, parecer francés—. Y luego Verlaine, ¿te ubicas con Verlaine?, «La musique avant toute chose».

Alberto no intentó ni por un segundo interrumpir a su padre, que hablaba conmigo. La poesía, la versificación, la antipoesía, la obsesión por algunos problemas técnicos, la traducción de *Hamlet* y Diego Portales.

EL HIJO PRÓDIGO

A mediado del 2018 el periodista de la revista *Sábado* de *El Mercurio* Arturo Galarce viajó a Noruega a hablar con Alberto Parra Troncoso, el más misterioso y desconocido de los hijos de Nicanor. Lo encontró callado, tímido, rotundo.

«Me hacía así [se acaricia la cabeza] –le contó Alberto–. Eso era lo más cercano. Nada de venir, que me sentara con él, que me dijera mi niñito, como yo lo he hecho con todos mis hijos. […] El mundo de él era una necesidad de aprender y aprender, aprender más de todo. Entonces, con los hijos podía llegar hasta cierto punto. Pero con la gente nueva, inteligente y que venía con sus cosas, ahí él devoraba eso. A él le gustaba una conversación interesante y fructífera. Hablar por hablar, no. Eso es pérdida de tiempo.

»Consigo mismo había mucha más exigencia. No creo que haya tenido tanto ojo para mi educación. […] Mi padre nunca me dijo nada. A mi madre sí y a mi hermana. De cierta manera hay una razón en eso, pero un patriarca es algo más que solamente "yo". Un patriarca es alguien que se preocupa de toda la familia. Posiblemente sí tenía esa preocupación con los tíos, con las hermanas, no había tiempo para todos. Además, yo era rebelde desde el comienzo.»

Alberto, queriendo más y más aventura, falsificó la firma de su padre y se fue al Callao y de ahí a Noruega, donde hizo una vida completamente aparte de su familia. Treinta años después recibió de su padre una llamada:

«Dije: "Perdón, ¿me podría decir quién es usted?". Y me contestan: "Sí. Soy el marido de la Anita Troncoso". No dijo: "Soy tu papá, soy Nicanor", no. "Soy el marido de la Anita Troncoso."»

Al otro día, aprovechando un viaje a un congreso de escritores en Suecia, Nicanor Parra llegó al aeropuerto de Stavanger. Alberto fue a buscarlo con su familia. Apenas lo vio, cuenta, se le abalanzó encima para abrazarlo y besarlo. Su padre, recuerda Alberto, estaba petrificado. De cierta forma era como si lo abrazara un desconocido.

«"Pensé que eras narcotraficante", me dijo. Era una broma, pero significaba algo. Claro, tiene que haber pensado cómo este ratón, que hacía la cimarra y se arrancaba de la iglesia, que era un desobediente, cómo era posible que hubiera llegado a una situación así. Además que tenía un buen trabajo, un buen sueldo y la familia feliz.»

Esa vez en Noruega, le cuenta Alberto al periodista Galarce, fue el único momento en que lo sintió como a un padre. Por eso no podía más que sorprenderle el resumen que su padre hizo de la visita en una entrevista publicada en la revista *Paula*.

«—Una vez que yo estaba en Estocolmo, pasé a Noruega, donde vive [Alberto]. Habían pasado veinte años sin que nos viéramos. Fue un poco enigmático el reencuentro. Él está bastante escandinavo, con mujer e hijos noruegos. Cuál no sería mi sorpresa al descubrir que el mochilero de hacía veinte años era un hombre que me había ido a recoger al aeropuerto en Mercedes-Benz, que vivía en una mansión en un barrio muy elegante.

»—¿Es un hombre rico, entonces?

»—No, porque recién llegado descubrí que su mansión no tiene biblioteca.»

Vuelve entonces de Estados Unidos en 1943 el tiempo suficiente de tener dos hijos, Alberto y la aún más silenciosa Francisca. Apenas paridos se vuelve a ir, esta vez a Oxford.

—Los únicos cuadernos que quisiera leer son los de Oxford —me dice Niall Binns en la Casa de América de Madrid–. Me los mostró una vez que nos emborrachamos pero después los escondió. Es esa cosa típica de Nicanor, de esconder y mostrar las cosas al mismo tiempo.

¿Eran el mismo libro que se llamó alguna vez *Nebulosa 1950*, en honor a la niebla constante de esa primavera de después de la guerra, pero también de la perpetua angustia del becario Parra?

—Nunca se va a saber. Tú sabes, Nicanor y sus misterios. Yo sé que poemas, lo que se dice poemas, escribió pocos en Oxford. Los que traía de Santiago no los corrigió mayormente. Pero algo debió escribir, quizás ese cuaderno. ¿Por qué no lo publicó? ¿Dónde está? Yo creo que ni él lo sabe.

Binns parece cualquier cosa menos un académico. Es alto, rubio, usa coleta, sonríe mucho. Es escocés aunque vive en Madrid desde hace quince años. Llegó allí por un error geográfico. Con unos compañeros de borrachera de Oxford decidieron ir a Italia a pasar un fin de semana de juerga. Tomaron pasaje para Gerona. El nombre no podía sonarles más italiano. Una mezcla perfecta de Génova y Verona. Pero Gerona queda en España, en Cataluña. Por este simple error quedó para siempre atado al español y su literatura.

Aunque ese vuelo tenía algunos precedentes que lo hicieron irreversible, me cuenta Niall Binns. En Oxford se volvió loco con «Te recuerdo, Amanda», de Víctor Jara en versión de Robert

Wyatt, genio en silla de ruedas del rock progresivo y líder solitario del comunismo británico. Sus amigos empezaron a burlarse de ese castellano aproximado en que imitaba el aproximado castellano de Robert Wyatt. Leyó después acerca de la canción de Víctor Jara, que en sus comienzos había cantado en la peña de los hermanos Parra. Eso lo llevó a la Violeta, y eso lo llevó a una antología de poesía chilena. Estudiando ya Letras en la Universidad Católica de Chile, se encontró con los «Vicios del mundo moderno», «La víbora» y «Manifiesto», los más antológicos antipoemas de Nicanor Parra. Se decidió a hacer su tesis sobre su autor, y convertirse de a poco en uno de los mayores expertos en la materia.

Chesterton cuenta la historia del marinero que emprende un interminable viaje para conquistar una playa que resulta ser la playa vecina a su casa. Niall fue lo más lejos que pudo de Oxford para encontrarse con un exalumno de Oxford. Por los motivos más inesperados, o menos británicos, tuvo que investigar sobre su propia universidad. Con paciencia, logró reconstruir ese invierno de 1948 en que Parra llegó a Oxford, después de una interminable travesía en barco desde Buenos Aires, donde lo adoptó una pareja de millonarios argentinos que lo invitaron a alojar unos días en su hotel en Londres.

La guerra acababa de terminar, me cuenta ahora por Skype (yo en Londres y Binns en Madrid), pero no había ninguna sensación de triunfo alrededor de la cúpula de Radcliffe, en el corazón del corazón de Oxford. Todo era al mismo tiempo majestuoso y pequeño, universal y provinciano, tan cerrado como un planeta muerto abrazado a las fábricas y los obreros en overol azul que miraban con desconfianza a los estudiantes en los pubs. La India acababa de independizarse. Inglaterra ya no era un imperio. El racionamiento aún afectaba a la mantequilla, reemplazada por la margarina, y a la carne, reemplazada por las papas y el repollo. Bajo la eterna niebla del carbón, las iglesias blancas se disolvían en la nada. La luz funcionaba a veces. El más aparentemente chileno de los antipoemas «Preguntas a la hora del té», me explica Niall, es una descripción bastante exacta, bastante más exacta de lo que aparenta, de la Inglaterra en que vivió Nicanor:

Se respira una atmósfera cansada
De ceniza, de humo, de tristeza:
Lo que se vio una vez ya no se vuelve
A ver igual, dicen las hojas secas.
Hora del té, tostadas, margarina.
Todo envuelto en una especie de niebla

Gobernaba el laborista Clement Attlee, que aprovechaba el desconcierto de la élite bombardeada para crear las bases del sistema de educación y salud pública mientras nacionalizaba la banca, el gas y la electricidad. El tutor de Nicanor Parra, Edward Arthur Milne, uno de los pocos astrofísicos que se había atrevido a contestar la teoría de la relatividad de Einstein y sostener que el universo se estaba creando en todas partes y al mismo tiempo, acababa de ver morir a su esposa y sufría los primeros síntomas de Parkinson. Pocos años después de la llegada de Nicanor Parra a estudiar en su curso, moriría en Dublín de un ataque al corazón mientras se aprontaba para hablar del lugar de Cristo en la cosmología moderna.

—Esa es la explicación oficial —dice Parra, dejando entrever que pudo haberse suicidado.

BRITISH COUNCIL

Nicanor Parra no era el mismo que se había ido a Brown cinco
años antes. Tenía tres hijos con la misma Anita Troncoso: Catalina
de cuatro, Alberto de dos y Francisca de uno. Había abandonado
su ilusión de ser el Walt Whitman del instituto pedagógico donde
hacía clases. También había dejado de lado la ilusión de escribir
sonetos y poemas melancólicamente campesinos. Un libro de
Kafka cayó en sus manos y cambió todo.

—Un médico rural, un médico rural —se jalaba los pelos cin-
cuenta años después.

La metamorfosis era, sin la sonrisa feliz de la adolescencia, su
gato en el camino. Era también las horas suplementarias, los exá-
menes de fin de curso, su hermano despertando en zanjas desco-
nocidas después de hacer de payaso triste en algún circo pulgoso.

De Kafka en adelante escribió cuentos que eran poemas, don-
de se veía casi siempre aplastado por mujeres, tías, madres, casas,
útiles de escritorio. Poemas sin rima donde todo parecía normal
hasta que aparecía un ángel, dios, el diablo. Humor inglés, pensa-
ba él, y quizá por eso postuló a la beca en Oxford antes que otras
universidades americanas mucho más avanzadas en ciencias:

«Aquellas escenas fotográficas afectaban mi espíritu», dice en
su poema «Notas de viaje»:

> *Me obligaban a encerrarme en mi camarote;*
> *Comía a la fuerza, me rebelaba contra mí mismo,*
> *Constituía un peligro permanente a bordo*
> *Puesto que en cualquier momento podía salir con un contrasentido.*

Ese miedo a los contrasentidos tenía quizá que ver con el
encargado del British Council, que le recomendó que usara

chaqueta de tweed y no faltara sin avisar a ninguna de las invitaciones que recibiera. Adoptó los usos en la vestimenta de los ingleses, su manera de opinar a la vez una cosa y la contraria. Pero así y todo, no le permitían olvidar que era un extranjero.

–Un meteco –pronuncia con cuidado todas las sílabas Nicanor Parra sesenta años después.

Quizás esa obsesión por medir las palabras debió nacer allí, donde saber inglés no bastaba: en Oxford, un profesor lo miró con espanto cuando llegó al té de los becarios con una argentina de ojos encendidos que no estaba invitada; una inglesa que quiso arrastrar después de un baile a su pieza puso cara de horror aclarando que eso no se hacía así. Faltó al té del decano. Dejó de ir a las tutorías con su profesor. Preocupados, dos funcionarios del British Council le preguntaron qué progreso había hecho.

–Les dije que había tenido que elegir entre Newton y Shakespeare. Fui a la tumba de los dos, les dije, y ganó Shakespeare. Les recité el monólogo:

To be, or not to be, Ay there's the point,
To Die, to sleep, is that all? Aye all:
No, to sleep, to dream, aye marry there it goes,
For in that dream of death, when we awake,
And borne before an everlasting Judge...

»Y ahí quedaron patidifusos y me alargaron la beca.

Pero no hay rastro de Shakespeare en Parra hasta los años ochenta, cuando publicó la traducción del monólogo de Hamlet al castellano en *Hojas de Parra*. De seguro que su conversión a Shakespeare debió pesar menos a la hora de alargarle la beca que el informe del profesor Milne, su profesor de astrofísica:

«Él no es un estudiante serio de matemáticas. Ha estado asistiendo a mis clases y seminarios, pero pareciera no tomar notas. A mediados del semestre me dijo que estaba usando el tiempo para escribir poesía porque Oxford lo inspira [...], él no está tomando parte en las discusiones de mis seminarios y no creo que pretenda terminar la tesis. [...] Sugiero que él haga lo pertinente para aprovechar las oportunidades de Oxford, y que no sea presionado para seguir los cursos».

SAINT CATHERINE

Saint Catherine, el *college* de Nicanor Parra, no tiene nada de medieval, de solemne o de histórico, nada de inglés en suma. Es un edificio de los años setenta. El comedor parece sacado de un cuento de Ray Bradbury. Almuerzo ahí con el profesor Benjamin Bollig. Tiene ocho años menos que yo y habla español con un ligero acento argentino, porque se ha especializado en literatura contestataria de ese país. El profesor Bollig me explica que el *college* como tal no existía en la época de Parra, que en esa época era un club deportivo que reunía a todos los extranjeros que no tenían lugar en ninguna residencia tradicional.

No tener *college* en Oxford es no tener casa, fiestas, almuerzo en la semana y *high table* los viernes. Asisto a uno de ellos en Brasenose, fundado en 1509, que carga con la reputación secreta de obligar a sus alumnos más ilustres a hacerle el amor a la cabeza de un cerdo para ser aceptados. Hay un video de David Cameron, el primer ministro en ejercicio, haciéndolo dicen que dicen, nadie lo ha visto pero del que todos hablan, me cuentan mis anfitriones, profesores chilenos de derecho envueltos en sus túnicas negras mientras yo me protejo como puedo detrás de mi corbata. El principal, John Bowers, recita unos versos en latín antes que el maître, con su gran cordón dorado, someta a nuestros juicios el vino blanco del primer plato. Los alumnos se sientan en cuatro mesas largas.

Hablo con una guapa física nuclear italiana que me tocó al lado, pero mi inglés se atraganta y no me atrevo a pedirle que hable en italiano y yo en español, porque algo podríamos entender en lenguas vecinas. La conversación es general, la comida refinada pero sin estridencia, una cerveza en la sala de profesores, pequeñas reverencias, infinitas despedidas y cada profesor a su celda, una habitación donde nada sobra ni falta.

Oxford vive hoy de los estudiantes chilenos, indonesios o sauditas que son los únicos que pagan la colegiatura entera, según me explican mis anfitriones chilenos. Estudiantes de toda Europa aprovechan las sustanciosas rebajas en la colegiatura para pasar un semestre de cerveza y bicicleta. Pero a finales de los años cuarenta Oxford no era ni intentaba ser una universidad internacional. Tenía más bien como misión hacer más ingleses a los estudiantes de todos los rincones del Reino Unido que concurrían a sus aulas y jardines.

Imagino la fascinación que debió sentir Parra, que venía de lejos, ante los rituales centenarios, la pompa sencilla y efectiva del lugar, la perfecta impermeabilidad a las modas y los tiempos. Imagino también lo ajeno, lo lejano que debió sentirse, relegado a Saint Catherine, donde no había *high table*, donde no había casi ingleses, y los que estaban permanecían porque no tenían el dinero ni las notas para entrar a los *college* de verdad, Balliol, Christ Church, Corpus Christi, Trinity, o el mítico All Souls, el *college* que ya no necesita alumnos, el *college* donde todos son profesores.

PEMBROKE STREET

Lo imagino solo, solo en la universidad más gregaria del mundo, una universidad que paradójicamente creía en el individuo como centro de la sociedad. En 1949 renuncia a estudiar física pero sigue en Oxford, dedicado a leer a Chaucer y Aristófanes, comer mal en el comedor de extranjeros y ver pasar rubias en bicicleta entre los arcos medievales. Está solo en su habitación demasiado cara en Pembroke Street, una pequeña calle cerca del Christ Church, en Oxford, haciendo tiempo mientras espera a una sueca, una sueca que no es su futura esposa Inga Palmer, cuando empieza a escribir a mano en el primer cuaderno que encuentra:

> *Primero viví en una roca*
> *(Allí grabé algunas figuras).*
> *Luego busqué un lugar más apropiado.*
> *Yo soy el Individuo.*

Repite el verso «Yo soy el Individuo», como quien lanza un guijarro en la arena para saber hacia dónde caminar. No hay metáfora, el poema dice lo que dice. Es raro porque no es raro. No reconoce su voz sino la de la especie.

> *Mejor es tal vez que vuelva a ese valle,*
> *A esa roca que me sirvió de hogar,*
> *Y empiece a grabar de nuevo,*
> *De atrás para adelante grabar*
> *El mundo al revés.*
> *Pero no: la vida no tiene sentido.*

Al terminar el último verso siente que tiene que quemar todo lo que escribió antes. Que debe escribir una serie de poemas en este mismo tono, ni serio ni humorístico, sino claro, evidente, indestructible. Piensa que quizá podía escribir un libro entero así, pero justo entonces llega su sueca y pierde en la noche el impulso, la fuerza o solo el coraje de escribir otro poema como ese.

9 GRADOS CENTÍGRADOS

12 de enero de 2016. Escribo esto en Londres. Mi mujer acaba de irse a cumplir con las obligaciones de su beca de posgrado. Yo estoy esperando que la máquina de lavar acabe sus rondas para colgar la ropa. Lavo las tazas de té escuchando la BBC, mientras mis hijas ven interminables videos de señoras haciendo tortas. Acaba de morir David Bowie. Siento su muerte como un asunto personal. Me alegra vivir aquí, donde empezó todo eso.

Los días son invariablemente nublados en Hackney, al norte de la ciudad. Siempre hace 9 grados y llovizna suavemente. Le digo a mi hija que me acompañe y me ayude con mi inglés cuando tengo que ir a la farmacia de Stoke Newington Church Street por una crema para que mi piel no se enrojezca demasiado. Me dice que no la necesito, que me doy a entender en mi mezcla dispareja de acento francés y castellano. No es mi inglés lo que falla, es la timidez. La voz se me aprieta en la garganta, mis manos sudan. Para no molestar termino por armar enredos innecesarios, confundir instrucciones, caminar el doble para comprar lo mismo.

En Santiago no pienso en lo que soy. Entro en los almacenes y las peluquerías, como diría Neruda, sin preguntar nada, masticando mis propias palabras a solas, pensando en otra cosa, en la llamada por hacer, el artículo por escribir. En Santiago sé quién soy. O no me lo pregunto. Sé que si se me olvida quién soy alguien me lo va a recordar. Aquí no sé nada. Como muchos. La mitad de los que veo son extranjeros que chapurrean en un inglés aproximativo detrás de sus velos y burkas. La otra mitad son ingleses atormentados por hacer y decir lo correcto.

Gracias a un extraño aparato negro hablo para el programa de radio que hago con el Pato Fernández y Claudia Álamo, desde el living de esa casa suburbana de Londres como si estuviera en Santiago. No sé nada de lo que pasa en esta ciudad. Vivo en Santiago a miles de kilómetros de Santiago. Por suerte tengo a mis hijas que me obligan a ser casi adulto. No puedo irme del todo por ese desaguadero del yo, ese pequeño ciclón de agua servida que limpia mi ropa. Para ellas soy alguien, soy papá. ¿Me basta con eso? Debería bastar, pero no me basta, por eso escribo la vida de otro que no se me parece, pero que también soy yo.

Esta no es una biografía de Parra, le explico a toda la gente a la que le explico el libro. Miento cuando digo eso, y digo la verdad. Esta no es una biografía de Parra. Esta es una biografía con Parra. Es una biografía contra Parra. Parra es en este libro apenas un abrigo, una máscara más. La llovizna, los 9 grados, los buses de dos pisos de la línea 73 donde no termina nunca de llorar una guagua, la timidez de la que solo se puede salir de un salto, de un solo gruñido, la sensación aplastante y benéfica de disolverse en los siglos, de ser un recién venido que no es lo mismo que un recién llegado. El raro placer de ser incomprensible, de ser a mil kilómetros de donde sigo siendo el fantasma de mí mismo.

Se escribe para vivir el doble, pero también se escribe para vivir a medias, pienso. Se escribe solo para no estar solo. Es lo que sé desesperadamente cada minuto más: que no quiero estar solo. Que no tengo ya esa valentía. Desesperado, escribo mails, invento amigos, conocidos, consigo que el escritor costarricense Carlos Fonseca, que apenas vi en la despedida de Alejandro Zambra, en Santiago, cuando Zambra se fue a Nueva York, me invite a su casa en Londres. Ansioso porque la semana sea más corta, confundo los días y pienso que es miércoles cuando recién es martes, y obligo a toda mi familia a atravesar Londres para una comida que tendrá lugar mañana. Mi esposa me ve tan confundido en mi equívoco que me perdona. Volvemos por Hyde Park de noche bajo una violenta lluvia, obligados por las niñas a compensarles el sacrificio jugando a todos los juegos del Winter Wonderland.

YORKSHIRE

En esa comida, finalmente, no conozco a nadie. Una pareja de sociólogos chilenos, una mexicana americana.

—¿Te acuerdas cuando nos conocimos por lo del PEN Club en la casa de Skármeta? —me dice después James Tennant, el único inglés de la comida—. Al otro día nos llevó Skármeta a hablar con Parra.

Su cara perfecta rubicunda sonríe al recordar la escena de Parra cabizbajo, mirando el piso como un niño castigado, mientras le explicaban la importancia de que se hiciera parte del PEN Club, donde Tennant trabaja.

—Hasta que de pronto alguien le dijo que yo era inglés. «¿De dónde?», levantó bruscamente la mirada Parra. Le respondí que era de Yorkshire. Golpeó su bastón contra el suelo, se le avivaron los ojos y agarró mi rodilla con la mano: «Yo estuve una vez en Bradford...».

Tennant ríe al recordar la escena. Parra empezó a pasar lista a sus profesores de la época en que estudiaba cosmología en Oxford, a finales de los años cuarenta.

—Me preguntó si yo había estudiado en Oxford y antes de que pudiese contestar recitó de memoria la ecuación de la ley de Hubble mientras golpeaba su bastón pidiendo a gritos que le trajeran vino y té. «¿Tomamos té o nos acribillamos a tiros? ¡NADA de azúcar en mi té, Rosita! Soy inglés.»

«No sugar in my tea, Rosita! I'm English», imagino a la perfección al actor poseído de su personaje. Nicanor Parra, el inglés que trata de serlo doblemente para Tennant y también para la Rosita Avendaño, la empleada malhumorada que lo cuida, su espectador favorito, esa mujer a la que no ha logrado impresionar nunca.

—Ninguno de nosotros consiguió decir nada —sigue James—, mientras él comparaba su posición como padre de familia con la de *El Rey Lear* y citaba a voleo a Hamlet, Polonio y largas secciones de *El judío de Malta* y *Las alegres comadres de Windsor*, con el dedo índice levantado y temblando en el aire.

APOEMAS

«Yo estaba en ese tiempo en la Universidad de Oxford, en Inglaterra, en el año 1950-51 –les explicó a las alumnas del Liceo de Niñas Gabriela Mistral de Temuco en 1982–, escribiendo, puliendo libros: un mamotreto. Un buen día pasé frente a una librería; me llamó mucho la atención un libro que se exponía en ese tiempo, que estaba en la vitrina. El libro se llamaba *Apoemas*; autor, un poeta francés, creo que Henri Pichette.»

No hay prueba alguna de que Nicanor Parra haya entrado a la librería, que seguramente es la librería Blackwell's de Broad Street, piensa Niall Binns, y haya comprado el libro. Retuvo el título porque generalmente era lo único que le interesaba de los libros ajenos y de los propios.

«Me llamó mucho la atención a mí esta palabra, "apoemas". Pero, simultáneamente, me pareció –a pesar del acierto– una palabra que estaba a medio camino. Me dije: "¿Por qué no le pondría directamente antipoemas en vez de apoemas?". Me pareció la palabra antipoema más fuerte, más expresiva, que la palabra apoema.»

La fórmula le pareció novedosa entonces. Le seguía pareciendo novedosa cincuenta años después, cuando lo conocí. Gran parte de su conversación se basaba en subrayar justamente esa novedad. Los otros escribían poemas, él escribía antipoemas. Definir qué significaba y qué no la antipoesía era su obsesión más persistente. Reclamar el registro intelectual, la autoría del concepto, lo obsesionaba. No tenía paciencia para los que le recordaban que ya antes Vicente Huidobro se había calificado a sí mismo como antipoeta y mago, o que Wallace Stevens también había llamado, décadas antes, antipoeta a su colega William Carlos Williams.

¿Sabía todo eso cuando se le ocurrió el nombre delante de la vitrina de la librería Blackwell's? Nicanor Parra era una mezcla de cultura infinita con inesperadas lagunas literarias. Ocupado en tratar de entender las fórmulas de física cuántica, no leyó a Nietzsche hasta los años setenta, la misma década en que leyó por primera vez a Heidegger. Nunca lo escuché hablar ni bien ni mal de *En busca del tiempo perdido* de Proust, ni de Flaubert, ni de Balzac, ni de Thomas Mann, Lampedusa o Pasolini. No le interesaban las novelas. Hablaba de Dostoievski, de Tolstói o Chéjov de manera general, como quien habla de marcas de autos. Profesor de Física, le bastaba el *abstract* del libro, la tesis resumida del escritor sin tener que pasar por los laberintos de su prosa, la materialidad del estilo que él prefería lo más neutro posible. Leía libros que explicaran o refutaran sus propias ideas de lo que era la escritura. Cuando se dejaba arrastrar por el ritmo de las palabras, por el brillo de las imágenes, buscaba la falla interna, la contradicción insalvable que le permitiera salvarse de ese pantano de sensaciones en que no podía dejar de esperar una trampa.

Es más que posible que no supiera en 1950 nada de William Carlos Williams y Wallace Stevens, poetas todavía poco conocidos fuera del circuito norteamericano. «En Oxford, Eliot era Dios», me decía en Las Cruces mostrándome con igual cantidad de desprecio una página de *El Mercurio* consagrada a su centenario. Leer a William Carlos Williams, que era de alguna manera un contra-Eliot, habría sido quizás un alivio para Parra, que revivía en Eliot la pugna que lo enfrentaba con Neruda.

¿Leyó a Auden en Oxford, que también era una respuesta a Eliot? Muchos años después, en 1962, lo citó justamente en un homenaje a Neruda. En un homenaje contra Neruda. Pero Parra suele citar lo que acaba de descubrir y no lo que conoce desde hace muchos años, lo cual quizá sea un indicio de que Auden le empezó a interesar muchos años después de que en Oxford descubriera que él no iba a ser poeta sino antipoeta. Antipoeta en un país, Chile, donde vive y reina «el poeta».

En ese título descubrió una manera de posicionarse ante Pablo Neruda, el infinito poeta que juega a veces a ser la poesía misma. ¿Hay lugar para otro poeta cuando se vive a cuatro cuadras y media de Pablo Neruda? Becario en Oxford se le ocurre una salida, la única salida: convertirse en otra cosa. Antipoeta en vez de poeta, como la antimateria explica y refuta la materia.

Seguramente ese concepto de la física cuántica que intentaba estudiar influyó en el descubrimiento del nombre.

En cuanto a Vicente Huidobro, es imposible que en los años cincuenta no haya sabido Nicanor Parra que el gran poeta de vanguardia chilena se hizo llamar antipoeta y mago. Así pidió que quedara escrito en su epitafio, en la cima de un cerro del balneario de Cartagena, donde llevaba a muchos de los mejores amigos de Parra a cometer maratones de lectura de poesía donde siempre ganaba él:

> *Ni dadaísta, ni surrealista, ni futurista, ni mundonovista,*
> *ni masoquista, ni social revisionista*
> *¡Creacionista, mujer por Dios!*
> *El poeta es un pequeño Dios, un pequeño Demonio es la misma cosa,*

describe Parra a Huidobro en un discurso pronunciado para su centenario, el 23 de septiembre de 1993, en la plaza de Lo Abarca, el pueblo viñatero donde Nicanor solía almorzar costillar de cerdo. En ese mismo discurso se declara tardíamente discípulo del maestro que en vida evitó para no ofender a «el poeta», su vecino Pablo Neruda.

¿Es posible que no haya tenido en cuenta a Huidobro a la hora de inventar en Oxford la idea de la antipoesía? Es probable que lejos de Chile, y de los amigos que pudieran recordarle que su invento no era tal, su subconsciente haya llevado hasta la superficie una palabra que ya conocía. Pero ¿por qué, cuando se dio cuenta, no se corrigió?

«¿Antipoeta Vicente Huidobro? No», escribe en el «Discurso de Cartagena»:

> *Yo tenía entendido que el inventor de la antipoesía era otro.*
> *Me desayuno con esa noticia que me parece bien escandalosa*
> *para decírselo con palabras suaves.*

El discurso entero es una aclaración del equívoco. Huidobro se enfrenta a Neruda, «el poeta», no desde la humildad arrabalera de Nicanor Parra sino desde el ego infinito del que se sabe un pequeño dios. La poesía de Neruda es llanto de hijo de ferroviario, descendiente del Cid que puede permitirse ser poeta y antipoeta. Huidobro es antipoeta porque es más poeta que «el poeta» mismo. Parra no compite en las alturas con esos dos espléndidos hechiceros sino que se sitúa en la vereda contraria. La antipoesía no es lo contrario de la poesía, sino lo contrario de la magia. El divorcio de esa pareja infernal que Huidobro llevó a máximo grado, la de los versos y la brujería, la magia y la palabra, la alquimia y el verbo.

5

JUAN NADIE

SINDICATO DE ESCRITORES

Volvió a Chile a comienzos de 1951 sin el doctorado que había partido a estudiar, del brazo de una sueca grande y bonita con la que se casó a pesar de esperarlo en Santiago una chilena madre de tres hijos suyos. No tenía cómo explicar todo, así es que no lo explicó. Se quedó mudo, decía, incapaz de articular más de tres o cuatro palabras en una frase coherente. Pasó de la docencia a la administración académica. Conoció a algunos jóvenes poetas furiosos y hambrientos. Creía que lo que lo salvaría del olvido no serían sus poemas sino un libro de anotaciones e ideas esparcidas que había escrito en Inglaterra.

Apurado por las deudas sentimentales, seleccionó los poemas que consideraba más o menos terminados. Los ordenó en tres posibles libros de tonos y formas distintos. A los más campesinos y nostálgicos los llamó *Canto a lo humano y lo divino*. A otros más simbólicos, pero no del todo cómicos, los llamó *Poemas*. Llamó *Antipoemas* a los últimos que había escrito, largos y narrativos, con historias absurdas y disquisiciones metafísicas en torno al ciudadano de a pie. Los mandó a concursar al Premio del Sindicato de Escritores bajo el nombre de Rodrigo Flores, un campeón de ajedrez e ingeniero amigo suyo, usando para más resguardo el seudónimo de Juan Nadie.

«Un buen día anuncian que los tres primeros premios los había obtenido Rodrigo Flores —le cuenta al periodista Juan Andrés Piña—, y todos empezaron a llamar como locos a Rodrigo para felicitarlo, quien por supuesto no entendía nada. Entonces rápidamente yo me presenté en la Biblioteca Nacional, donde operaba en ese tiempo el sindicato. Su presidente era Benedicto Chuaqui.

»—Cómo está usted, don Benedicto –le dije al presidente del sindicato–. Vengo a saludarlo y a agradecerle al sindicato este premio.

»—¿Qué premio? –preguntó–. ¿Acaso no es usted Nicanor Parra?

»—Sí –le contesté–. Yo soy el poeta premiado.

»—No, el poeta premiado es Flores.

»—Bueno –expliqué–, yo mandé mis poemas con el nombre de Rodrigo Flores. ¿Usted tiene por ahí los poemas? Si quiere empiezo a recitarle el libro.

»Lo hice mientras él iba mirando los papeles. Después de un rato me dijo:

»—Sí, en realidad usted es el autor. Pero lo que hizo está al margen de la legalidad y lo que nosotros podemos hacer es declarar desierto el concurso, porque usted no cumplió con las bases.

»—Muy bien –le contesté–, está en su derecho y, por favor, hágalo, pero devuélvame los originales, porque estos poemas todavía no son publicables. Yo todavía tengo que trabajar en ellos.

»Ahí él tomó la ofensiva y dijo:

»—Ah, no, se equivoca: este libro ya no le pertenece; de acuerdo con las bases del concurso, es propiedad del sindicato y este libro se publicará con o sin su beneplácito.

»Entonces le propuse que en esa circunstancia hiciéramos un solo volumen. Él accedió y ahí salió el título de *Poemas y antipoemas.*»

JUAN NADIE

¿Qué clase de temor llevó a Nicanor Parra a buscar la doble protección de un seudónimo y el nombre de un amigo? Y ese seudónimo, Juan Nadie. ¿Por qué Nicanor Parra quería ser nadie en 1953, a los treinta y nueve años? Parra describía la publicación de *Poemas y antipoemas* como una batalla contra enemigos poderosos, capaces de cualquier cosa con tal de acallar su voz. Los hechos lo contradecían. Ni resistido, ni abucheado, Parra consiguió desde el primer minuto el entusiasmo y el apoyo de todos sus supuestos enemigos. Neruda, que según Parra controlaba el jurado, saludó a Parra en la contratapa del libro, cuando al fin se publicó, como «este gran trovador que puede de un solo vuelo cruzar los más sombríos misterios o redondear como una vasija el canto con las sutiles líneas de la gracia». El crítico oficial Alone (seudónimo de Hernán Díaz Arrieta), del diario *El Mercurio*, dijo, después de una cascada de alabanzas:

«Parece que, además de talento, de ímpetu, de gracia, de frescor, de imágenes y ritmos impensados, este poeta tuviera buen gusto».

El terrible Teófilo Cid, exmandragorista que sentado en la mesa del café Sao Paolo solía encontrar todo mal, pensaba que *Poemas y antipoemas* era un libro que André Breton no desaprobaría, un libro que al mismo tiempo le había dado ganas de ser chileno:

«La visión de Chile está presente ahí, en sus *Poemas y antipoemas*, más que en ningún otro libro, del Chile que todos bebemos desde la hora del desayuno hasta la noche, sin que nos canse nunca su perfumada jalea. Porque Chile es un mal que yo, al menos, soporto alegremente».

Braulio Arenas, el otro líder de La Mandrágora, al cruzarse

sin escapatoria con Parra en la calle Nueva York del centro de Santiago, le dijo que era «un buen poeta mexicano». Solo Gonzalo Rojas, quien era por entonces algo así como el hermano siamés de Nicanor Parra, después de encontrar en el libro muchos motivos de regocijo, fue el único que se atrevió a plantear en su nota para el diario *La Patria* de Concepción:

«En los Antipoemas practica una técnica curiosa, llena de ingenio y de gracia, pero que encierra el peligro de la frivolidad, si se insiste mucho en ella».

Algunas líneas después, predecía la distancia que los separaría para siempre y que separaría a Parra del resto de la poesía poética, de la poesía para poetas:

«Pero acaso va demasiado lejos en este propósito de hacer poesía "a base de hechos", como ha dicho en cierta oportunidad. La poesía se hace, de más está repetirlo, con palabras».

Era justamente lo que Parra había dejado de creer: que la poesía se hiciera con palabras. Más bien creía que las palabras eran como los lápices que las escribían: objetos industriales a los que había que desviar de su utilidad para extraer su sentido. Creía, como Duchamp, al que aún no conocía en profundidad, que había que anular los sentidos para llegar «al sentido».

«La palabra arcoiris no aparece en él en ninguna parte», escribe en su «Advertencia al lector»:

> *Menos aún la palabra dolor,*
> *La palabra torcuato.*
> *Sillas y mesas sí que figuran a granel,*
> *¡Ataúdes!, ¡útiles de escritorio!*
> *Lo que me llena de orgullo*
> *Porque, a mi modo de ver,*
> *El cielo se está cayendo a pedazos.*

En los *Poemas y antipoemas* de 1954 (en los años ochenta cambiaría el título del libro por *Poemas & Antipoemas*) el lector tenía derecho a una inmersión lenta y progresiva en un mundo de símbolos desnudos, de absurdo sin salida. El yo susurrante y coqueto de los primeros poemas dejaba la confesión por los gritos, las órdenes, la declaración pública. Los poemas eran un puente hacia los antipoemas, un puente que se quemaba a espaldas del lector, porque después de «La víbora», donde el amante es humillado por una mujer infinita, llegan «Las tablas», donde es el amante el que humilla:

Soñé que me encontraba en un desierto y que hastiado de mí mismo
Comenzaba a golpear a una mujer.
Hacía un frío de los demonios; era necesario hacer algo...

En todas partes una angustia sonriente, un rechinar de dientes sincero. Un ansia salvaje de castigo, de desnudez, de blasfemia e insulto que no llora ni pide disculpas.

UN HOYO EN LA TIERRA

Pero ¿quién era ese Juan Nadie de 1954?

Su hija Catalina, de diez años, lo ve como un hombre serio, a pesar de que se ríe con sus bromas. A María Cristina Jurado, en aquella entrevista publicada en enero del 2018 en la revista *Ya*, le dice:

«Mi padre era un tipo totalmente organizado. Tú no te puedes imaginar la severidad de su trabajo, de sus horas de trabajo. Sin ruido, era como estar en una iglesia. Mi papá era de una austeridad enorme. Un tipo que se alimentaba bien. Por ejemplo, un día comía avena y, al día siguiente, comía huevos a la copa. Al tercer día, comía de nuevo avena y al otro, huevos a la copa. Él estaba muy consciente de su dieta, era un tipo muy estricto con respecto a sus rutinas de caminar. Muy preocupado, caminaba muchísimo».

El escritor Hernán Valdés retrata a Nicanor Parra como un perfecto funcionario colonial de una colonia inglesa, cubierto de tweed y buenas maneras que apenas disimulaban el aspecto mestizo de su rostro. El impecable profesor Parra acompaña a Ester Matte Alessandri, nieta de un expresidente y patrona de las letras. Un ser perfumado, abigarrado, expansivo y barroco:

«Parra, por el contrario —cuenta Valdés en su libro de memorias *Fantasmas literarios*—, es una persona reservada, incluso parece tímido. Pero a la vez algo en él evoca un personaje de lecturas o películas, piratas malayos, espías orientales. Puede deberse a su cara algo achatada, sus ojos pequeños, en cuya mirada, de una aparente aquiescencia, se sospecha un trasfondo de burla, de suspicacia y desconfianza. Su libro le ha convertido rápidamente en una voz nueva de la poesía latinoamericana. Pero se comporta con una enorme modestia, se excusa de ser objeto de elogios, y ahora conversá en voz baja con Teófilo [Cid], en una actitud de respeto que evidentemente lo halaga. Cuando han partido, Teófilo se siente obligado a una definición: "Después de todo, le guste a uno o no, es un saludable remozamiento"».

Por esos mismos años el poeta Armando Uribe recibe del traductor y editor chileno Jorge Eliott un recado de Nicanor Parra. Ha leído unos poemas suyos en una antología y quiere conocerlo.

—Le repito que era por iniciativa de Parra, yo soy contrario a las amistades con escritores, sobre todo si son mayores que uno —me dice Armando Uribe Arce en el segundo piso de un departamento del Parque Forestal, que la muerte de su esposa y el suicidio de un hijo de un pistolazo en la cocina dejaron desierto.

Gran poeta católico de izquierda, impecable profesor de derecho, siempre indignado, engominado, que rechaza usar dentadura postiza para dar alguna señal de pobreza y humildad evangélica, dice:

—Eliott me dio una dirección en La Reina, cerca del canal San Carlos. Un barrio indistinto, con casas hechas en planes de ministerio, Ley Pereira se llamaba, por la ley que las hacía construir, todas idénticas, pegadas una a la otra, todo bastante modesto en mi opinión, pero en fin… Toqué el timbre en la supuesta dirección de Parra pero no abría nadie. Así que caminé a la muralla y como era baja, pude asomarme al patio de tierra que había, porque no era un jardín. Y cuando me asomo, veo a una persona con una pala haciendo un hoyo en la tierra, en la pura tierra, a decir verdad. «¿Usted es Nicanor Parra?», le pregunté. «Sí, por supuesto», respondió él. «¿Qué está haciendo?» «Un hoyo. Cuando lo termine voy a tirarme de cabeza en él.»

Un hoyo en la tierra, una fosa común, una tumba propia era lo que proponía en su libro. Para su sorpresa y espanto, esa tumba solitaria que llevaba quince años cavando resultó ser un pozo de petróleo. Buscando el descrédito final se había encontrado con la inesperada admiración de sus mayores y de sus pares. En los años que siguieron no tuvo más finalidad que la de desmontar este malentendido.

¿EGOCÉNTRICO, YO?

En 2014, prologué la edición de los cincuenta años de *Poemas y antipoemas* para la editorial de la Universidad Diego Portales. Estudié para el prólogo como no lo había hecho en siglos. Sabía que el profesor Parra no perdonaría ni un solo error. Él celebraba feliz y agotado sus cien años, pero era el cincuentenario de ese libro lo que realmente le importaba.

—Cien años está bien, pero cien años y un día eso sí que nooooo —empezó a sonreír en su casa en Las Cruces, cuando fuimos con Adán a llevarle el libro—. No hay humillación más grande que existir, dijo alguien por ahí... ¿Quién dijo eso, a ver? —fingía olvidar—. El *Código de Manú*... —se sorprendía ritualmente—. Los hindúes que creen que el paraíso supremo es no ser nadie. No hay mayor humillación que existir. Chuta la payasada grande... ¿Qué se hace con eso?

—Le trajimos el libro —lo interrumpió Adán.

—¿El qué? —acercó su centenario oído ya casi completamente sordo.

—El libro, Nicanor —pronunció todas las letras Adán.

—El libro. Eso sí que es cosa seria. El libro, sí, claro, el libro —dijo al ver el paquete de papel kraft atado por una cuerda que cedió al cuchillo de cocina que trajo la Rosita.

Nicanor esperaba como un niño. Adán abrió la pitilla y arrancó el papel para liberar los libros. Le dio uno. Nicanor aprobó inmediatamente la foto de la portada: él mismo, con cincuenta y cinco años, leyendo el diario *La Segunda* en una calle de Santiago.

—Queco Larraín, la foto —dijo indicando con el dedo la foto de Sergio Larraín, el más mítico y místico de los fotógrafos chilenos, uno de los fundadores de la agencia Magnum—. Un sabio.

Se retiró, se fue al monte, el Queco. Eso hacen los sabios ahora, parece. No hay humillación más grande que existir…

Aleccionaba mientras seguía acariciando, como nunca lo había visto acariciar nada, el lomo plateado del libro. Para mi desesperación, no se dignaba abrir el ejemplar y descubrir mi prólogo. Prefirió darlo vuelta y leer la contraportada.

—Pero ¿quién habla aquí, por favor, quién?

—Tú, Nicanor —se atrevió Adán—. Es una cita tuya. Es buena la cita, Nicanor. Queda perfecta con el libro.

—¿Y el gordo Bloom, y Piglia?

—Pero todo eso está muy repetido, Nicanor.

—¿Un profesor, cuando hay tanta gente que podría hacerlo? Por favor…

—Tú eres más conocido que toda esa gente junta. No hay nada mejor que pueda explicar el libro —me miró con desesperación Adán, buscando algún refuerzo que no me atreví a proveer.

—Nooooo, eso sí que no. Cualquiera menos yooo… Cualquiera menos el autor. Van a creer que soy egocéntrico.

Y nos quedamos callados Adán y yo, pensando que el mundo no necesitaba pruebas del egocentrismo de Parra.

—Egocéntrico, eso no, eso sí que no… No, por eso me dejó de hablar el flaco Lihn.

EL FLACO LIHN

El flaco Lihn era Enrique Lihn, el autor de *La musiquilla de las pobres esferas*, el primer libro de poesía chileno que compré con mi mesada, una mañana de 1988, el mismo año de su muerte, como para homenajearlo.

«Puede que sea cosa de ir tocando», leí, caminado contra el viento entre los edificios de hormigón armado de las torres San Borja:

> *la musiquilla de las pobres esferas.*
> *Me cae mal esa Alquimia del Verbo,*
> *poesía, volvamos a la tierra.*
> *Aquí en París se vive de silencio*
> *lo que tú dices claro es cosa muerta.*
> *Bien si hablas por hablar, «a lo divino»,*
> *mal si no pasas todas las fronteras.*

Recuerdo esa sensación rara de haber encontrado al fin mi poeta chileno, uno que se ajustaba a la perfección a mi timidez y mi orgullo, a mi infancia en París, voluntaristamente surrealista, y mi adolescencia santiaguina, obligatoriamente de izquierda. Un poeta que no me pedía renunciar a mi vida de ciudad y libros y folletos y discos de vinilo y casetes, todo eso en la explanada de las torres San Borja, el olor a orina, los restos de comida, los carros abandonados del Unimarc en la esquina de la avenida Portugal.

Y la mueca del propio Lihn dudosa y terrible que entreví atravesando el puente Pío Nono del brazo de Guadalupe Santa Cruz, una amiga de mi mamá. Denso y solo en su chaleco de cuello en V. Lihn muerto de frío en Cuba, en plena revolución, solo en una mansarda de París mientras se desarrollaba la revolución chilena, viviendo en Chile en plena dictadura, cuando convenía exiliarse. «No dio puntada con hilo Enrique», decía siempre que podía Jorge Edwards. Pero ese hilo tan invisible ligó las partes más esparcidas de mi generación de poetas (y novelistas), que empezábamos a escribir y a pensar mientras él se moría. Por Lihn, los de mi generación leímos a Parra. Porque fue Parra el que convirtió a este joven casi surrealista en un poeta crítico, un poeta que duda de la posibilidad, de la necesidad, del valor de escribir poesía.

—Pucha así con el flaco Lihn. «No es lo mismo estar solo que estar sin ti» —recitaba Parra en Las Cruces—. «No es lo mismo estar solo que estar sin ti.» Chúpate esa mandarina. ¿Qué se hace después de eso?

¿Qué se hace? Se vive, se sobrevive, pienso.

—Vino para acá el flaco Lihn —sigue en Las Cruces Nicanor Parra—. Me tomó de los brazos y me dijo: ¿Cuándo me vas a dejar pasar, huevón?

¿CUÁNDO ME VAS A DEJAR PASAR, HUEVÓN?

¿Cuándo me vas a dejar pasar, huevón?, imagino que sigue diciendo Lihn desde el fondo de la tumba. ¿Cuándo cresta me vas a dejar un lugar en el Olimpo del que nos bajaste a todos para subirte tú solo, viejo egoísta, huevón mala persona que no quieres a nadie más que a ti mismo? ¿Cuándo me vas a dejar ser viejo y canónico como tú y joven e irresponsable como tú? ¿Cuándo me vas a dejar madurar antes de morir de cáncer en ese hospital donde te instalaste día y noche como si se tratara del salón de tu casa? No ves que me muero de pelear por un lugar que no existe, no ves que muero de ver cómo copias versos e ideas sin pudor y proteges hasta el infinito la propiedad de las tuyas. Me muero de tu perfecta manera de escabullir el bulto, Nicanor, y no meterte en ninguna de las guerras que yo no pude evitar, como si mi vida hubiese sido una lucha desigual contra el malentendido, el subentendido, el sobrentendido, todos los comercios y falsificaciones del significado, mi único patrimonio, lo único que dejo en esa pieza de hospital donde con tu imprudencia habitual te viniste a instalar a recibir a los poetas jóvenes y no tanto que llevas años aleccionando, cultivando. Me muero, Nicanor, no paro de morir. Me muero de haberte tenido de padre y de hijo, de hermano mayor y menor. Llevo desde los veinte años escribiendo textos, prólogos, presentaciones, exposiciones sobre ti. Fui el primero en pedir que te dieran el Nobel, exigiendo que se lo dieran antes a Borges porque se lo merecía más que tú, guardemos las proporciones, Nicanor. Llevo años saludando la aparición de tus libros, presentando tus *Artefactos*, hablando de ti en el mundo entero, defendiéndote entre tus detractores (todos los exiliados chilenos, por de pronto). ¿Y tú qué, Nicanor? ¿Y tú qué a cambio? Algún verso en una bandeja, un verso en tu «Noticiario 1957»:

Enrique Lihn define posiciones.
Perico Müller pacta con el diablo.
Médicos abandonan hospitales.
Se despeja la incógnita del trigo.

«Enrique Lihn define posiciones.» ¿Ese es el resumen de mi obra, de mi vida para ti? Nada te interesa de mí que no sea mi posición ante tus libros. ¿Eso soy para ti? ¿Un soldado de tu bandera, un luchador de tu causa, un alumno que nunca fue a tu clase? Ahora hay algo que por fin sé antes que tú, Nicanor: qué es la muerte. ¿Quieres que te cuente cómo es? ¿Quieres que sea por fin tu profesor? ¿O prefieres más ediciones, más premios, más cáncer a la próstata, más alergia de primavera, más asma de invierno, más vida, como si no tuvieras suficiente? ¡Cuándo me vas a dejar pasar!

LA POSTERIDAD

—¿Entonces la posteridad estaría por empezar? —le pregunta Parra a Lihn en una película inédita de Carlos Flores Delpino de la que queda solo el sonido de esta conversación, parte del cincuentenario de Lihn.

—Para otros —responde Lihn.

—¿Cómo defines la posteridad en tu cincuentenario? —insiste Parra risueño.

—Como algo muy inmediato que trato de fijar en este momento. O sea, esto sería la posteridad.

Parra le recuerda que están filmando (aunque es una película hoy invisible), así que hay posteridad del todo posible.

—Trato —explica Lihn— de sustraerme a esa impresión de verme absorbido por la posteridad como por una bomba.

—¿Cómo por una bomba? —subraya Parra.

—Situándola en la inmediatez —sigue Lihn— y si es posible en el pasado. Pero en realidad esta película alguien la va a ver. Esta situación es un problema que tenemos que resolver.

Parra encuentra una solución y propone que hablen de Gerardo Pompier, un personaje kitsch creado por Lihn para denunciar las derivas de la cursilería literaria latinoamericana y el Cristo de Elqui, el profeta demente que creó Parra para denunciar a la dictadura. Elige Parra las máscaras para evitarse el peligro de los rostros. Pero Lihn se resiste y vuelve a lo biográfico.

—Me parece a mí que cuando te conocí y yo era un niño y tú un joven poeta maduro, ahí por la plaza Egaña, y cuando volviste de Londres el año… ¿52, sería?, y publicaste al poco tiempo los antipoemas, eso produjo un efecto perdurable en la poesía sin que signifique esto que estoy diciendo que quiera otorgarte una originalidad absoluta. Pero tú manejaste una situación, introdujiste el personaje y devolviste a la poesía el carácter de poema dramático, la posibilidad de una poesía en tercera persona.

«Con Jodorowsky –cuenta Enrique Lihn en un resumen de su propia vida en su biografía literaria de 1981– conocimos a Nicanor Parra, diecisiete o dieciséis años mayor que nosotros. [...] Parra fue seguramente el punto de referencia, y casi único, que adoptamos en el espacio cultural viviente (más acá de los libros) Jodorowsky y yo, para medir el alcance de nuestras respectivas, digamos, personalidades artísticas. Como éramos amigos suyos y no alumnos ni discípulos, nuestra relación con él incluyó la discusión y desechó la imitación. Muchas de las cosas que, por ese entonces, se hacían en Chile las dejamos injustamente de lado (pero es justo que así fuera) porque los jóvenes son excluyentes y facciosos.»

Sin decirlo claramente, Lihn sugiere que Parra lo hizo desechar demasiado pronto a Gonzalo Rojas, a quien conoce en la primavera de 1948 al mismo tiempo que a Parra en el jardín de la casa de La Reina, en la calle Paula Jaraquemada.

Lihn tiene veintidós años, acaba de publicar un libro, *Nada se escurre*, y estudia pintura en la escuela de Bellas Artes. Luis Oyarzún, decano de la escuela, se toma el tiempo de presentarle a Parra y Rojas, sus compañeros de internado, los dos poetas más prometedores de ese tiempo. Lihn llega sin sombra de timidez o cuidado. Se encuentra con dos profesores de corbata, Parra profesor en la Universidad de Chile, Rojas en el Liceo de Hombres de Valparaíso. Los dos rivalizan en rimas y chistes campesinos. Rojas es grande y rubicundo, redondo, ligeramente alemán aunque nacido en Lebu, en la costa de la octava región. Nicanor Parra es delgado, entre mulato y mestizo. Parra frecuenta el círculo nerudiano. Rojas, el de La Mandrágora, amigos de Huidobro. Miden sus fuerzas y, aunque casi inéditos, casi desconocidos, no le cabe duda a Lihn de que son los que siguen, después de que Neruda y Huidobro «los dejen pasar».

Rojas cita al conde de Lautréamont y los apocalípticos *Cantos de Maldoror*. Lihn nota cómo Parra cambia discretamente el tema para volver a la poesía de las matemáticas.

No lo dice abiertamente, pero deja entrever que no conoce casi nada de Lautréamont. Eso atrae inexplicablemente a Enrique Lihn, que como los poetas de su edad y condición conoce los *Cantos* de memoria. Parra viene de otra parte, es profesor de Física, en vez de ir a París está por irse a Oxford. En vez de estudiar las convulsiones de la Nadja de Breton está interesado en el folclore y en la crónica roja de los diarios.

Lihn sospecha esa tarde que Rojas podía ser un gran poeta, y el libro *Miseria del hombre* que acaba de publicar ese mismo año lo prueba, pero que Parra es otra cosa. Sorprendido de que exista alguien así en Santiago, Lihn aparece unos días después en la casa de La Reina, acompañado de Alejandro Jodorowsky, un joven aprendiz de mimo que usa un traje quemado en un incendio que casi se lleva la tienda de calzones de su padre. Parra no repara en el extraño atuendo, ni en su pálido rostro, ni en su pelo furioso. La conversación fluye como si hubieran sido compañeros de curso del Internado Barros Arana. El profesor Parra les habla de Wittgenstein, que dijo «de lo que no se puede hablar hay que callar». Habla de versificación, de rimas asonantes, de poesía goliardesca o de la genialidad de su hija Catalina, de seis años, autora del siguiente verso: «Un pez que nada en sus aguas propias». «¿Qué se hace con un verso así? ¿Qué se hace?» El mismo ritual de paso por el que pasé yo, por el que pasaron Pato, Matías, Adán, Alejandro Zambra.

En la película sin imagen Parra vuelve a hablar de la crisis del logo y Lihn insiste en preocuparse por el despojamiento del yo. El yo es otro. El final de significado.

Corte de cámara, otro plano en que Parra recuerda el motivo de la película.

—Yo creo que es necesario que se diga aquí también, que se informe al público acerca de la razón de ser de esta conversación. Esta es una conversación un poco forzada, en el buen sentido de la palabra. Estamos celebrando el cincuentenario de Enrique Lihn, un cincuentenario con toda la barba me parece a mí. Yo quisiera agregar mi granito de arena a esta celebración diciendo una, dos o tres palabras. Solamente decir que soy un lector devoto y un admirador incondicional de la poesía de Enrique y que lo que la poesía de Enrique significa para mí es más o menos lo siguiente: es el drama de la razón humillada y ofendida por la fuerza.

No hay una definición más precisa de la poesía de Lihn y la de Parra también.

LAS CARTAS SOBRE LA MESA

—Fue mi primer maestro —me confirma Alejandro Jodorowsky en el hotel Ritz de Barcelona.

Mercedes Casanova, una amiga mía y suya (y nuestra común agente literaria), me ha llevado hasta allí. Lo vi atender a varios fieles que lo escucharon casi sin respirar en una sala del Triangle de la avenida Diagonal. En una hora y media descubrió que la verruga de una persona era un feto no nato. Diez segundos después le dijo al hijo de un desaparecido argentino que tenía que conseguir que sus amigos lo secuestraran y cambiarse de nombre para empezar de cero en otra ciudad. En seguida le ordenó a una mujer enamorada de su padre italiano que se limpiara la vagina con el agua en la que hervían tallarines.

—Parra, mira, fue esencial... —Se da vuelta hacia mí con esa sonrisa de grandes dientes de roedor y esas cejas terribles de felino—. Yo tuve un padre aplastante, competitivo, entonces tuve que buscar arquetipos paternos que me llenaran ese hueco. Hay que encontrar el arquetipo paterno y lo encontramos en esa época en Parra, porque estábamos con Neruda hasta aquí. —Y su pequeña mano blanca sobrevuela su cabeza también blanca—. Estábamos locos de poesía en ese tiempo. «La poesía es un acto», leímos con Enrique Lihn en un libro. ¿Tú lo conoces...? Enrique Lihn, un poeta chileno que murió, un poeta fantástico. Él y yo decidimos un día caminar en línea recta, sin desviarnos nunca. Caminábamos por una avenida y llegábamos frente a un árbol. En vez de rodearlo, nos subíamos al árbol para proseguir nuestra conversación. Si un coche se cruzaba en nuestro camino, nos subíamos encima, caminábamos sobre su techo. Frente a una casa, tocábamos el timbre, entrábamos por la puerta y salíamos por donde pudiéramos, a veces por una ventana.

Las pequeñas manos de Jodorowsky giran en el aire y vuelven a mí, con su gestualidad de prestidigitador.

—En eso llegó Parra, que era inteligente, un poeta con humor, cómico, formidable. Entonces se convirtió en nuestro gurú, en nuestro guía en esa época. Nos dio a conocer a Wittgenstein, al Círculo de Viena, el diario íntimo de Kafka. Tenía una vida sexual muy sudamericana, además, que nos impresionaba mucho.

—¿Qué es una vida sexual sudamericana? —pregunta Mercedes, que acaba de separarse de un marido argentino.

—Los sudamericanos se vuelven locos con las rubias. De vez en cuando, Parra iba a Suecia y regresaba con una sueca. Nos fascinaba verlo junto a una rubia despampanante... Luego, se divorciaba. Volvía a Suecia y regresaba con una nueva criatura. ¿Quieres saber algo de ti? —Y me muestra el mazo de cartas del Tarot de Marsella que lleva consigo a todas partes—. Pregunta, pues, pregunta. Esto yo lo hago gratis todos los miércoles en un café de París. Hay cola de gente. La Violeta, Violeta Parra, la hermana de Nicanor, fue la que me enseñó que algunas cosas había que hacerlas gratis. Ella grababa a las tres de la mañana en París sus canciones por nada, solo para que quedaran. Una mujer extraordinaria, ella. La conocí en París cuando yo estudiaba mimo con Marcel Marceau, que me robó como cinco rutinas completas. Fuimos muy amigos con Violeta. Ella me pone en las décimas... ¿Tienes tu pregunta? —Me vuelve a mostrar el mazo de cartas—. ¿Eso quieres saber? ¿Si te vuelves a Chile o te quedas aquí? ¿Eso quieres preguntar? Chile, país pasillo. Mira la forma que tiene en el mapa. Todo en Chile es vertical. Tiene arriba y abajo, no tiene nada a los lados... A Nicanor Parra lo conocí antes de conocerlo. ¿Les conté la historia? Es bastante impresionante. Cuando leí «La víbora» quedé tan impresionado que hice un títere de Nicanor Parra. No tenía su foto, no sabía cómo era, lo hice como lo imaginaba, como lo contrario de Neruda. Estaba enamorado yo en esa época de Stella Díaz Varín. ¿Tú conoces a la Stella Díaz Varín?

—Sí, es amiga de una amiga mía, la Claudia Donoso, novia de Lihn, justamente —digo, y veo en un flash a Stella Díaz en un pasillo oscuro de un bar de Bellavista, blanca y gruesa, su melena roja domesticada por el sudor, mostrándome su gigantesco puño, advirtiéndome con su vozarrón incontestable: «Me quieres o te pego».

—Stella me hablaba de Nicanor siempre. Era su maestro. Yo estaba loco por ella. Un día decidí esperarla en el café Iris, trayendo escondido en el pecho el títere de Nicanor Parra para la Stella. Un títere de cómo me imaginaba a Nicanor Parra, porque no lo conocía todavía. La esperé. Pedí una cerveza. A las doce y media pedí otra. Ebrio y triste la vi entrar con un hombre más bajo que ella, con cara de boxeador y expresión de roto mal gestado, como decíamos en Chile por ese entonces. Ella y él, satisfechos, sonreían. Me puse furioso. Metí mi mano bajo el chaleco, saqué el muñeco y lo lancé en la mesa. «¿Cómo andas con ese roto de la Vega, Stella? Merecerías andar con un poeta de esa dimensión y no envilecerte con piojentos», y le lancé el muñeco de Nicanor Parra a la cara y me fui. Stella corrió detrás de mí y me devolvió a la mesa. Creí que el boxeador insultado iba a darme puñetazos, pero no. Con una sonrisa me tendió la mano y me dijo: «Te agradezco lo que has dicho. Soy Nicanor Parra y la mujer que me inspiró a escribir el poema "La víbora" es Stella». A ver tus cartas... a ver...

Termina de mezclar y posa con gestos delicados los arcanos, las copas, los mazos, las monedas de oro.

Levanto la vista hacia la cara del sicomago. El maestro que ha recorrido todas las religiones y sectas recolectando frases. El sabio, el actor, el payaso que salva vidas. Todo eso es también un poco Nicanor Parra. El lector del *Tao* y del *Código de Manú*. El que lee *Las enseñanzas de don Juan*, de Carlos Castaneda, y las toma en serio. El ecólogo, el de las variables ocultas que derrite a las mujeres semihippies que van a verlo. Jodorowsky es una posibilidad que el propio Parra aleja de él cuando se acerca demasiado, volviendo bruscamente a hablar de la versificación hispánica comparada con la inglesa, la traducción de *Hamlet*, la guerra contra Neruda, todo lo que Jodorowsky llamaría la neurosis literaria.

Miro las cartas sobre la mesa del hotel. Es como si Lihn y Jodorowsky, sus alumnos del año 51, se hubiesen dividido la herencia del maestro: Kafka para Lihn, el *Tao* para Jodorowsky. Wittgenstein para Lihn, las variables ocultas para Jodorowsky. La seducción del payaso para Jodorowsky, el incendio perpetuo, el circo en llamas para Lihn. Para Lihn la muerte temprana. Para Jodorowsky la vejez infinita y las novias cada vez más jóvenes.

En 1951 parecía que la cosa iba a ser al revés, que Parra le había encargado a Jodorowsky la muy seria y literaria labor de pasar en limpio y editar sus cuadernos de notas de Oxford y a Lihn la de ser su ayudante en el *Quebrantahuesos*, el diario mural a partir de recortes de prensa que colgaron en un muro del Naturista, un restaurant medio vegetariano de moda por entonces. El *Quebrantahuesos*, un nombre que seguro se le ocurrió a Nicanor Parra, el único que podía saber que se le atribuía a esa ave de carroña la muerte de Esquilo: el ave, que come los huesos que dejan las demás aves carroñeras, deja caer la carcasa de una tortuga sobre el poeta trágico, matándolo de manera cómica.

¿Cuándo y cómo se invirtieron los destinos? ¿Cuándo Lihn, que tenía todo para irse del «horroroso Chile», se quedó? ¿Cuándo Lihn, ese actor nato, se convirtió en un hombre de letras? ¿Cuándo Jodorowsky, ese neurótico de tiempo completo, se hizo terapeuta, vidente y dejó de lado las letras como arte?

MAPA DE MI DESTINO

—No voy a ir a ver más a Parra —dice de pronto Jodorowsky rebarajando las cartas de su Tarot de Marsella—. La última vez que fui, le dio con que los que no tienen sangre indígena no sirven para nada, que aquí hay que ser mapuche, que los mapuche son los únicos que saben la verdad. Le dio con eso, una y otra vez. Para eso yo no hago el viaje.

Parra estaba escribiendo su «Discurso sobre Juan Rulfo» en 1991 cuando Jodorowsky volvió a Chile después de muchos años de ausencia. Parra buscaba cómo convertir a Rulfo en una metáfora de Parra. Pensaba que en la sangre mestiza estaba la clave que podía unirlo con el autor de *Pedro Páramo*. Jodorowsky tuvo la mala suerte de topárselo en ese momento. No le importó a Parra que llevaran décadas sin verse. Enemigo de cualquier nostalgia, habló de lo mismo que hablaba con cualquiera de los que lo visitaron esa semana.

—Ahora sí —tira los arcanos, las copas, la lluvia de monedas sobre la mesa—, este es Chile, este es España. Posibilidades por aquí, lazos por acá. La luna, el ermitaño, las copas, mucho oro, mucho oro.

Miro ese mapa de mi destino sin poder seguirlo: ¿cuál mazo era Chile y cuál era Barcelona? No me atrevo a preguntarle a Jodorowsky que, satisfecho, devuelve los dos grupos de cartas a la misma baraja.

—¿Está claro? ¿Te ayudó? —me pregunta.

Sé lo mismo que sabía antes: que la decisión la tengo tomar yo, que sea la que sea va a estar equivocada.

En su película autobiográfica *Poesía sin fin* de 2016 (continuación de la también autobiográfica *Danza de la realidad*, de 2011), Jodorowsky filmó la escena de su primer encuentro con Parra:

En la película, el café Iris es una siniestra pompa fúnebre llena de funcionarios pálidos que se mueven apenas. Jodorowsky, actuado por su hijo Brontis, espera desesperado a Stella Díaz Varín, actuada por Pamela Flores, que hace también de la madre de Jodorowsky (y canta de modo operático cada vez que su hijo le desobedece). Felipe Ríos, el actor que encarna a Parra en la película, tiene el mentón y la nariz de boxeador de Parra, pero le falta su elegancia, su desapego, esa manera de manejar el espacio como si fuera un escenario que es tan propia de Nicanor.

En *Fantasmas literarios* de Hernán Valdés, se fija justamente en esa elegancia inesperada: «... Nicanor es ante todo una apariencia llena de alusiones británicas, como si a duras penas hubiera logrado imponerse esas formas y modos, y ahora ya no pudiera o no quisiera abandonarlos: esas variadas chaquetas de tweed, los pantalones grises, los pulóveres de cachemira, esas maneras medidas y circunspectas; la apariencia de un hombre tímido, inseguro de la impresión que causa en los demás, especialmente esta de la contradicción entre sus versos y el matrimonio pequeñoburgués moderno instalado en un perfecto orden doméstico. Después de un momento uno presiente, sin embargo, que esas apariencias vestimentarias y faciales no son otras cosas que disfraces, no tanto para confundir a los demás, sino para reírse de sí mismo».

Por entonces Parra habita un departamento moderno (moderno para el año 1958) «... en la Alameda esquina Mac Iver, en uno de los últimos pisos, sin vista a la calle. Me recibe en una sala que es a la vez comedor, provista de muebles modernos funcionales, sin carácter».

—Mac Iver 22, ¿te ubicas con Mac Iver 22? —me pregunta Nicanor en Las Cruces. Una pregunta que es una orden, la de ir apenas pueda a visitar ese «lugar sagrado».

Mac Iver 22, pleno centro de Santiago, justo al lado de la Biblioteca Nacional, casi al frente de la iglesia de San Francisco. Lo contrario de lo que solían ser las casas de Nicanor, generalmente en La Reina, donde podía permitirse jardines, eucaliptos gigantes. Un departamento en el centro tiene que ver con la presencia casi ausente de Inga Palmer, la sueca silenciosa y rotunda que «aparece brevemente [...] lo justo para saludar —cuenta Valdés—. Es alta, delgada, rubia, con una tez de lozanía todavía juvenil, una típica nórdica, bonita, pero sin ningún relieve particular. Debe ser unos quince años menor que él. "Nos conocimos en Oxford", dice Parra, como si se excusara de algo, y en seguida, quizá para evitar cualquier sospecha de sentimentalismo: "Me tomó por un príncipe armenio. Yo nunca la contradije"».

«A mí siempre me han gustado las mujeres altas —le explica Parra a José Donoso en el año 1960—, rubias, muy vistosas. Inga me pareció la muchacha más hermosa que jamás había visto. Y me casé con ella en Londres. Soy caótico sentimentalmente y, a pesar de eso, Inga ha estado junto a mí y me ha apoyado. Es la persona con la que cuento en la vida, que me comprende y sabe perdonarme.»

Parra había roto con Anita Troncoso, madre de sus tres hijos, para estar con Inga, visiblemente parecida a Ingrid Bergman y de la que no hay más testimonios que algunas fotos movidas.

CAZUELA

En aquel encuentro, Valdés y Parra almuerzan la tradicional ca-
zuela que seguía comiendo casi todos los días cuando lo conocí.
Pelan a Luis Oyarzún, «el pequeño Larousse ilustrado» lo llaman.
Después de comer, el anfitrión propone leerle algo al invitado:
«Enormemente», responde, halagado. Y él, con una hermosa voz
baja e íntima sin ningún énfasis, empieza a leerle fragmentos de
La cueca larga, como:

> *Voy a cantarme una cueca*
> *Más larga que sentimiento*
> *Para que mi negra vea*
> *Que a mí no me cuentan cuentos.*

«Cuando termina —escribe Valdés—, tratando de disimular mi
desconcierto, le felicito. Y no sé de dónde me viene una aver-
sión por lo folclórico, especialmente cuando está expresado en
versos.

»—No te ha gustado.

»—No es eso. No es lo que esperaba.

»—¿Y qué esperabas?

»Titubeo. ¿Cómo puedo atreverme a algo que no me plazca
a mí de Parra? Pero al fin me atrevo. "Esperaba algo en el estilo
de los *Antipoemas*. Otra vuelta en este estilo."

»Me mira sorprendido, casi asustado. "En esa forma se puede
escribir una sola vez. Porque esas experiencias" —es la única oca-
sión en que le veré mostrar una expresión dramática— "solo se
pueden vivir una vez." Quedamos en silencio.»

EL LORO DE SIETE LENGUAS

La cueca larga se publicó en 1958 (cuatro años después de *Poemas y antipoemas*), son cuatro poemas, tres cortos y uno largo, ilustrados en su edición original por grabados del pintor chileno Nemesio Antúnez. Es poesía campesina escrita por un profesor de Santiago. Tiene algo de Chaucer, de Villon y del Arcipreste de Hita. Podría ser también el comienzo de un *Martín Fierro*, que nunca llega a tener del todo personajes ni acontecimientos que relatar.

> *Yo no soy de Coihueco*
> *Soy de Niblinto*
> *Donde los huasos mascan*
> *El vino tinto.*

Para un provinciano, como Hernán Valdés, que llegó a Santiago para salvarse de la pequeñez de su lugar de origen, lleno de guitarreros y borrachos de fiestas nacionales, *La cueca larga* no puede haber sido más que una decepción. Lihn y Jodorowsky y los otros incendiarios del año 51, vieron en Parra un señor que podía arrancarse con las uñas el traje y quedar desnudo de una desnudez que desconcertaba a todos, incluido a él mismo. En *La cueca larga*, por el contrario, Parra quería que recordaran que él no era, como Jodorowsky, un emigrante sin país. Que no era, como Lihn, un desheredado sin clase social, sino parte de un mundo anterior: Chillán, Villa Alegre, donde los huasos son gallos, donde responden a los chistes con más chistes, donde nadie se niega a un vaso de vino ni a un brindis por lo humano y lo divino.

El vino es todo, es el mar
Las botas de veinte leguas
La alfombra mágica, el sol
El loro de siete lenguas.

Esa manía de ser impredecible, ese deber de no estar donde te esperan, era la esencia misma de Nicanor Parra. Demasiado urbano, demasiado filosófico, demasiado pedagógico en su libro anterior, reanuda en *La cueca larga* la relación con su padre muerto, el borracho que cantaba en las tabernas. Pero el poema se convierte también en un juego al borde del abismo en que se abordan las distintas maneras de no decir nada, o solo decir una y otra vez «salud». Todas las formas de un eterno y repetitivo brindis al sol y a la luna también.

Más y más estrofas que se cantan a sí mismas, reproduciendo el ambiente de esos concursos de payas y canto en que ganaba el que dejaba sin palabras al contrincante. Estrofa tras estrofa, jugando por jugar a no decir nada. Hasta que aparece una declaración de principios, toda un arte poética en una sola estrofa y apenas dos versos:

Estornudo no es risa
Risa no es llanto
El perejil es bueno
Pero no tanto.

Anda, risa con llanto
Se acabó el canto.

CIENTO UNO

Sábado 5 de septiembre de 2015. Nicanor Parra Sandoval cumple ciento un años. Está más lento. Más sordo. Pero se va animando mientras uno le habla. Las visitas lo resucitan, pero ya no le interesan mucho las noticias. Solo lee el diario *El Líder* de San Antonio. Está al tanto de puros cahuines regionales. Sigue obsesionado con la cueca y con el huacho José, personaje de varias de esas cuecas:

> *jamás conocí a mi madre*
> *mi padre no sé quién fue*
> *por eso todos me dicen*
> *que soy el huacho José.*

Tiene ciento un años, pienso. A los ciento un años uno tiene derecho a que le importe un pucho el mundo. Se cuida, sin embargo. Se queda más en casa, se preocupa de su dieta. Se refugia en la sordera para oír solo lo que necesita oír. Se dosifica. Después de la apoteosis del centenario, no le queda otra que volver al cuartel, refugiarse, protegerse para seguir cumpliendo años. ¿Cuántos más? Cien es una cifra redonda. Ciento uno es el infinito. ¿Cuánto más quiere cumplir?

—Ciento dieciséis —me susurró una vez cuando lo ayudé, para su impaciencia, a levantarse de la silla y alcanzar los dos bastones de madera con que esquivaba la artritis.

Ciento dieciséis. ¿Por qué no ciento veinte? ¿Por qué no ciento cincuenta y cinco? ¿Por qué no ciento tres? Leyó en *El Líder* de San Antonio que una mujer japonesa había vivido hasta los ciento dieciséis años. Yo sé que es perfectamente capaz si se lo propone. ¿Es mejor o peor para este libro que viva hasta los ciento dieciséis?, pienso con egoísmo. En quince años más voy a tener sesenta años. ¿Sabré algo más de Nicanor entonces? ¿Alcanzaré a leer todo lo que tengo que leer sobre él, a averiguar todos los datos que deja suspendidos en el aire para completar este libro imposible? ¿Podré llenar de detalles eso que él mismo deja vacío? ¿Quiero convertirme en biógrafo de verdad, documentar cada instante de esos ciento uno, ciento dos, ciento tres años de vida chilena, poesía, antipoesía, física cuántica, Universidad de Chile?

Todo eso y más: el Frente Popular, la Unidad ídem, la dictadura, la Concertación, el folclore, el suicidio, las mujeres, la izquierda y derecha unidas jamás serán vencidas.

Ese es el problema con Parra: está en todas partes y en ninguna. ¿Tengo otra posibilidad, además de la de traicionarlo? ¿No es eso lo que espera? La gente que vive muchos años vive también parte de su muerte.

LA ÚLTIMA CUECA

−Súbela −pide, señalando la radio que hay que poner al máximo volumen cuando empieza «la cueca apianáááá», la cueca con un piano que tocan de preferencia en los bares y los prostíbulos de Valparaíso y San Antonio, un piano que obliga a la voz y las guitarras a acelerarse a un ritmo inesperado que Nicanor sigue también con sus largas manos tamborileando la mesilla en que le sirven el té−. Sin la cueca no se vive cien años −dice y se pone instintivamente a zapatear el parquet sin lustrar de la casa de Las Cruces−. Por aniñaóóó, aniñaóóó, es la palabra, aniñaóóó...

Dice que, de volver a ser profesor en cualquier universidad, enseñaría cueca, porque es el único conocimiento que ha sobrevivido a la crisis terminal de todas las otras ciencias e ideologías: zapateado, escobillado, paseo, primer ocho, segundo ocho, segunda patita, no hay primera sin segunda, entre ponerle y no ponerle, mejor ponerle, mi alma...

A mí me cuesta seguir a Parra en su pasión por la cueca. Como para la mayoría de los chilenos de mi edad, la cueca, o zamacueca, como se llamaba originalmente esa mezcla de jota aragonesa con descaro africano, es un trauma: el pañuelo sobre la cabeza, adelante y atrás alrededor de la bella que revolotea y se niega, coquetea, dos a la izquierda, nos decía la profesora de la «escuela chilena» de París, una escuela autogestionada por nuestros padres y a la que los niños exiliados debíamos asistir los sábados que nos dejaba libres nuestra escuela francesa.

El triste folclore de los exiliados. El patriotismo forzado, el amor a un país que me había echado a patadas al que debía sacrificarle mis sábados en la mañana. Y esa sonrisa obligatoria de la cueca, esa felicidad nada feliz del que no puede equivocar los pasos, esa falsa timidez, esa falsa galantería siempre al borde de la violencia en que los hombres juegan a ser gallo y las mujeres gallina. En la cueca de la «escuela chilena» la música no importaba, ni importaban mi ligereza, mi astucia, mis ganas, sino solo seguir los pasos idénticos de la comedia del gallo. Todo eso al ritmo sin pausa de la guitarra, de un pandero llamado tormento, del cajón, el arpa y el guitarrón.

No recuerdo que ninguno de mis profesores exiliados se haya detenido en las letras de las cuecas. La cueca no se escuchaba, se bailaba. Una creo que hablaba de los lagos del sur de Chile, o de un tal guatón Loyola al que le daban unos combos hasta dejarlo como «cacerola».

> *Bajo la mesa sí,*
> *Como estropajo el guatón Loyola,*
> *El otro gallo encima*
> *Y el gordo abajo, comadre lola.*
> *Quedó como cacerola,*
> *Comadre lola, el guatón Loyola.*

La olvidada letra de la cueca era justamente lo que a Nicanor Parra más le interesaba. Veía en la cueca, ese baile cantado a gritos que nadie se detenía a escuchar, un género literario. En esa breve y apurada descarga de versos, cuatro estrofas de cuatro versos y una estrofa de dos, veía la posibilidad de contar una historia. Eso también se lo debía a Oxford, donde la tradición lo es todo. T.S. Eliot, el más moderno de los poetas de entonces, iba a buscar sin pedir permiso, en las canciones olvidadas del campo y los suburbios, los acentos y las imágenes de sus poemas. La mayor parte de los serios profesores de Brasenose, Christ Church o Merton College se dedicaban a estudiar canciones y ritos medievales. Chile no tenía Edad Media con la cual contribuir a la pelea, pero Nicanor Parra, leyendo con detención a Chaucer, descubrió que esos mendigos bajo la lluvia de Canterbury, esos peregrinos que cuentan en versos regulares anécdotas picarescas, eran los amigos de su papá, los habitantes del matadero y del cementerio de Villa Alegre, suburbio de Chillán.

En Chile, sin embargo, la cueca era secreta, episódica, ladina. No tenía héroes, apenas algún guatón ridículo recibiendo golpes por «aniñao». Falta un *Martín Fierro*, pensaba Nicanor

Parra. Es decir, una cueca alargada, una canción-novela. ¿Cómo hacer eso en Chile? ¿Cómo contar la historia del *Fausto* de Goethe en cueca, como lo hicieron los argentinos en versos gauchescos?

EL MULATO TAGUADA

El *Martín Fierro* y el *Fausto* los escribieron dos dueños de estancias, José Hernández y Estanislao del Campo, imitando la jerga, el ritmo, las voces de los gauchos que trabajaban para ellos. Ser dueños de fundo les permitió convertir el folclore en epopeya. ¿Dónde encontrar ese puente para que la cueca chilena tuviera su propio héroe, su propio Martín Fierro? Nicanor Parra llevaba años estudiando en distintos libros de antropólogos y lingüistas el famoso duelo en verso entre el mulato Taguada y el latifundista Javier de la Rosa, del que los estudiosos han rescatado fragmentos y comentarios de otros cantores.

«Quería yo hacer una edición –le cuenta a Leonidas Morales– de ese contrapunto y completarlo. [...] Con otras estrofas que metía yo, que iba produciendo sobre la marcha. Pensaba dejar constancia, desde un punto de vista del siglo XX, a ver si acaso se podía hacer algo, una obra literaria de más aliento a partir de este documento del siglo XIX. Proyecto que no cristalizó plenamente nunca. Esa era la idea de aquella época. Y apareció en estas condiciones la Violeta. [...] Nos veíamos poco –confiesa Nicanor Parra–. Yo estaba recién llegado aquí a Chile desde Inglaterra con la Inga. [...] Y la Violeta no le había caído muy bien a la Inga. Porque la Violeta es un poco desastrada. Su presentación personal, ¿ah? Pero esa vez estaba solo. Estaba trabajando, leyendo.»

La Violeta revoloteando por ahí, esperando que su hermano le preguntara por su vida, las peñas, los niños. Le dice:

«–¿Qué quieres, Violeta? ¿No ves que estoy trabajando?

»Yo tal vez no me saqué los anteojos y seguí sentado, le dije:

»–Estoy haciendo un trabajo aquí... muy difícil.

»–¿Y en qué consiste ese trabajo? –me dijo, un poco molesta.

»Entonces yo le expliqué y le leí algunas cuartetas del contrapunto, que ella no conocía.

»—¿Y esas cosas estudias tú? —me dijo.

»Yo creo que cuando dijo esa frase se produjo la iluminación.

»—Espérate —me dijo—, ya vuelvo.

»Salió por una hora o dos, y volvió con un alto de papeles y con cualquier cantidad de coplas.

»—Estudia esto —me dijo».

ESA TARDE

Esa tarde, de la que no hay fecha exacta ni más testigo que los dos hermanos, puede ser uno de los hitos capitales de la cultura chilena. Esa tarde el hermano mayor le enseña a la menor que a través de las canciones de borracho del papá puede hacerse un lugar en la cultura, postular a inmortal. Esa tarde el hermano que buscaba en los libros viejos una tradición a la que abrazarse supo que la tenía a su lado desde siempre. Esa tarde la hermana que cantaba para ganarse la vida fue desviada del camino para convertirse en el puente imposible entre las cuecas de borracho y el *Martín Fierro*.

La Violeta, sin más lecturas que la de su hermano, sin más preparación que las ganas ciegas de torcer su propia historia, se va con una grabadora al sur y al norte y a París, y a Ginebra y Varsovia. Sin casa a veces, sin comida por semanas, cubierta de polvo, quebrando su voz en más y más grabaciones para ser ella Chile contra el mundo en el centro del mundo.

MELIPILLA 1445

−Los lugares sagrados, los lugares sagrados.

En su casa de Las Cruces, Nicanor Parra me ordena visitar otro de esos lugares sagrados por los que él o la Violeta pasaron.

−Melipilla 1445. Habría que ir para allá. Habría que ver qué hay ahí ahora.

Obedezco.

Después de hacer clases en la universidad, bajo por Sazié hasta que se empieza a llamar Salvador Sanfuentes. Doblo por avenida España, entre importadoras de chucherías chinas. Bascuñán Guerrero, Toesca, cuadras y cuadras de casas bajas y asadores para camioneros. Y de pronto una iglesia gigante que no conocía, la calle Conferencia, donde la policía política de Pinochet mató en 1977 a toda la comisión política del clandestino Partido Comunista.

Almacenes y más almacenes que venden aceite a presión por litro, perros dormidos, árboles polvorientos, bloques de hormigón en la calle Antofagasta. Al fondo, como frontera, la línea del tren. Cambio de vereda. No tengo miedo, pero tampoco estoy tranquilo. Hasta que por fin diviso el cartel de la calle Melipilla, la única diagonal. Avanzo intimidado por un gigantesco rottweiler que me vigila desde la vereda estrecha y desierta, unos hangares que terminan en fábricas. No sé si la casa amarilla de dos pisos es la misma en la que vivió la Violeta con su madre, cuando abandonaron la calle Einstein de la Quinta Normal, a comienzos de los años cuarenta.

−¿Sabe quién vivió aquí? −me pregunta un hombre que me salva del perro que empieza a olfatearme los bajos del pantalón.

−Violeta Parra −respondo.

—Y no solo ella. En el barrio vivió también Yolito. ¿Usted cacha a Yolito? El de Yolito y su combo.

Yolito es el líder de una banda tropical y percusionista eximio que, gracias a su adhesión sin falla a Pinochet, aparecía cada semana de los años ochenta tocando en todo tipo de shows televisivos. El hombre enumera además una cantidad de futbolistas de varios equipos que empezaron en el de aquí, el Ferroviario. En este sitio el tren lo era todo, me dice. Los viejos, como llamaban a los maquinistas de los trenes, llegaban después de semanas a sus casas, se emborrachaban, montaban fiestas con todo lo que habían recogido camino al sur. Eran grandes, fuertes, morían jóvenes por respirar el hollín. Cada uno tenía su silbato particular, las mujeres los reconocían y corrían hacia la estación a recoger los víveres, bañar a sus maridos y preparar los pavos, los novillos, los corderos, los salmones ahumados y los quesos que traían con las garrafas de vino y chicha.

Luis Cereceda, alias el «Sombrero Verde», como le puso la Violeta, era uno de esos viejos de los que me hablaba el hombre. Violeta Parra, su esposa, era una más de las mujeres que distinguían el silbato de su marido para correr a la estación. El «Sombrero Verde» la había conocido en el Tordo Azul, uno de los locales de la avenida Matucana donde la Violeta cantaba con su hermana Hilda. Le dijo que era maquinista, pero era solo ayudante. Ella le creyó, se enamoró. Escapó de la casa de su madre. Se embarazó, y tuvo a la Isabel. Se fueron a Valparaíso, donde nació otro hijo, Ángel, y después todos volvieron a la calle Melipilla. A este barrio. La vida de los hermanos Parra, pienso, transcurre en un radio de dos kilómetros en torno a la Estación Central. El internado queda a algunas cuadras del Tordo Azul, la calle Melipilla a la misma distancia de la estación, pero en dirección contraria. Toda una vida, una casa, unos hijos, vecinos, comadres, compadres, hermanos, primos, sobrinos, vestidos de domingo, todo lo rompió la esposa del ferroviario para poder hablar la lengua de su hermano, para entregarse a él de un modo con el que no se podría entregar a ningún otro hombre más.

PESSOA

«… yo diría que se producía entre ella y yo una comunicación al estilo de los campos morfogenéticos de los que hablan los ecólogos –le dice Nicanor a Leonidas Morales–. […] Éramos prácticamente una sola persona. O sea, bastaba con que yo estudiara algo para que eso automáticamente pasara a propiedad de ella, sin necesidad de que yo se lo mencionara.»

No existía para Nicanor la idea del artista original y único que saca sus ideas de una especie de nube propia, quizás porque los Parra venían de un tiempo más antiguo, donde una voz necesitaba varias bocas para pronunciarse, donde una forma original era el fruto de generaciones de ensayo y error y que nadie tenía derecho a dar por propia.

–¡¡Con Homero empezó la decadencia!! –advierte siempre Nicanor.

¿Quién fue Homero? Un ciego del que no hay más registro que su poema recitado en voz alta por generaciones y generaciones, hasta que alguien sin nombre lo escribió. Un hombre o una familia entera, quizá como los Parra que son, en varios cuerpos, la misma persona. Cuando el hermano mayor no puede hablar, empieza a cantar la hermana menor. Cuando la hermana mayor se mata, empieza a cantar el otro hermano (Roberto). Cuando Roberto se muere, canta el otro (Lalo). Y los sobrinos Isabel, Ángel, la Catalina, la Colombina, Juan de Dios, la obra de uno termina en el otro, como si fuesen «el chiste» de los heterónimos de Fernando Pessoa que tanto desprecia Nicanor.

«Ya no corre –le dijo a la periodista argentina Leila Guerriero–. Ese tipo de chiste, de los heterónimos. Ya, compadre, ya. Hay gente que se lo toma en serio. Pero me lo explico. Me lo explico, eh. Sobre todo por un poema que es insuperable. Dice:

"Todas las cartas de amor son ridículas. Si no fueren ridículas no serían cartas de amor". […] "Yo también en mi tiempo escribí cartas de amor, como las otras, ridículas." Pero con el tiempo, dice, se ve que lo ridículo no eran las cartas de amor sino los que pensaban que las cartas de amor eran ridículas. Y después dice: "Ah, quién pudiera volver a ese tiempo en que escribía cartas de amor ridículas. Pero pensándolo bien, dice, las cartas de amor, como las palabras esdrújulas, son necesariamente ridículas". Mire usted las volteretas que se da. Saltos mortales para adelante y para atrás.»

Nicanor Parra no necesitó como Fernando Pessoa inventarse nombres ni personalidades para ser otro sin dejar de ser él mismo. No fue capaz de escribir el *Martín Fierro* chileno. Hizo algo mejor y peor: le dejó el encargo a su hermana Violeta. Y la aparente paz de la calle Melipilla quedó rota para siempre. Dueña de una misión, Violeta ya no fue dueña de su casa, ni madre ni esposa.

CUARENTA AÑOS SUFRIENDO

«En seguida yo le contesto a Nicanor –le explica Violeta al entrevistador Mario Césped, de la radio de la Universidad de Concepción, que la entrevista en el verano de 1960– que no me puedo poner a escribir y a cantar, porque tengo otras cosas que hacer, como mantener mi casa y batallar por el folclore.»

Conozco de memoria la voz de la Violeta Parra, banda sonora obligada de mi infancia en peñas y recitales de solidaridad con la resistencia chilena, y sin embargo es una sorpresa escucharla en esa entrevista porque cuando comenta sus propios versos, su voz abandona el tono plañidero de la campesina para convertirse en la profesora normalista, que tiene conciencia plena de los trucos y formas de las décimas.

«Pero después me decidí a cantar –sigue– y digo lo siguiente», y antes de seguir toma aire como para hundirse en su personaje que se traga las «s», que canturrea empujando las palabras como tarros de conservas oxidados:

> *Luego vine a comprender*
> *Que la escritura da calma*
> *Pa' los tormentos del alma*
> *Y en la mía ya hay sobrante*
> *Hoy cantaré lo bastante*
> *Para dar el grito al alma.*

«Al decir "el grito al alma" –vuelve a explicarle al entrevistador–, quiero dar a entender yo que esta va a ser la ocasión mía de lanzar mi queja y mi sufrimiento a través de esta labor folclórica que, tú sabes, he realizado sola, prácticamente sola. Fuera de la ayuda que me prestó la Universidad de Concepción hace dos años y de uno que otro recital que he dado en la Universidad de Chile, yo no he tenido ninguna otra ayuda al respecto. Bueno, después me pongo yo a contar ya mis primeros recuerdos. Te voy a presentar a mi abuelo en un par de estrofas:

> »*Aquí presento a mi abuelo, señores,*
> *demen permiso:*
> *él no era un ñato petizo,*
> *muy pronto van a saberlo.*
> *En esos tiempos del duelo*
> *versa'o fue en lo de leyes,*
> *hablaba lengua de reyes.*»

Y sigue recitando los versos como si estuviera inventándolos ahí mismo. Un monstruo, pienso, esa mujer que hace de su pobreza gala, de su torpeza oro, de su dolor instrumento.

«No en vano llevo cuarenta años sufriendo», dice en esa misma entrevista, y habla de *El gavilán*, el ballet atonal del que acaba de escribir la música, que está convencida que puede cantar ella:

«Porque el dolor no puede estar cantado por una voz académica, una voz de conservatorio. Tiene que ser una voz sufrida como lo es la mía, que lleva cuarenta años sufriendo. Entonces, hay que hacerlo lo más real posible, ¿ve? Entonces voy a tener que cantar yo esta, esperar a que mi garganta esté en condiciones y cantar yo este ballet. Pero secundada, afirmada por coros, por coros masculinos y femeninos».

«Llevo cuarenta años sufriendo.» Violeta Parra cree hasta el mareo en el personaje que inventó, que le inventó su hermano Nicanor. Es imparable y trágica. No duda ni un instante, no guarda nada, no se protege de nada. Ahora, en la entrevista, lee la conferencia que preparó para el seminario de la Universidad de Concepción.

LOS MAESTROS CANTORES DE PUENTE ALTO

«Yo voy a leerte brevemente el encabezamiento para que así la gente se forme una idea de este, mi primer trabajo, en este ciclo para el conocimiento de Chile. "Cantores a lo divino y a lo humano." Nicanor también le puso otro título a este trabajo, que sería "Los maestros cantores de Puente Alto".»

Un chiste wagneriano que Violeta no da indicios de entender. «Estábamos en el fundo Tocornal con Nicanor...» —empieza a leer y se distrae—. «Siempre mi hermano me acompaña en estos viajes que no significan mucha distancia, mucho... bueno...» —Y vuelve al texto—: «"Cualquiera canta en una mata de hojas", le respondió don Antonio Suárez a mi hermano cuando este le preguntó qué le parecía el canto de la Violeta Parra. "Cualquiera canta en una mata de hojas." Era la primera vez que visitábamos al cantor en el fundo Tocornal.»

Don Antonio, como la mayor parte de los viejos campesinos chilenos, desconfía del entusiasmo con que esta pequeña mujer picada de viruela y su hermano profesor de chaleco en V vienen a preguntarle por sus canciones. Sus canciones son suyas. No canta por cantar ni por tener buena voz sino para celebrar a la Virgen o llorar a un hijo muerto. No entiende por qué habría que grabar eso. Antonio está ahí para defender su silencio. Lo hace lanzando frases, dichos, juegos de palabras que la Violeta anota.

«Anoté en mi cuaderno, mientras él hablaba de su vida campesina, los díceres que pude, y menciono:

»"El burlesco no vale na".

»"Del formal se espera mucho."

»"La plata se gana al sol y se consume a la sombra."

»Al ofrecernos un vaso de vino durante el almuerzo, dijo:

»"Al medio de la sopa viene una copa".

»Más tarde, le oí decir:

»"Cuando el cristiano quiere quemarse, el diablo junta la leña".

»Más tarde, refiriéndose a los patrones, dijo:

»"Los gentiles no pueden quejarse de mí".»

«Cualquiera canta en una mata de hoja», decía Antonio Suárez, y quizá por eso ha rehuido Nicanor Parra publicar libros, e intenta que su sabiduría y su ingenio sean sobre todo orales.

Nicanor Parra se dedicaba, cuando lo conocí, a ser su propio Antonio Suárez del fundo Tocornal. Esos son los *Artefactos*, «las bandejas de pasteles», «las tablas de Isla Negra», «los ejercicios prácticos», «las obras públicas», todos esos chistes de una frase o dos que los estudiosos más tempranos de su poesía, los más serios, suelen despreciar, nacen de ese gesto: recopilar las frases con que los Maestros Cantores de Puente Alto se defendían de los invasores que querían grabar sus canciones.

Inocencio de Conchalí, o el corazón con patas, el personaje que empezó a dibujar hacia mediados de los años ochenta, era eso mismo: un huaso ladino, que leyó a Macedonio, a Valéry, a Shakespeare, a Diego Portales, a Rimbaud, a Bertrand Russell, que sabe todo de Duchamp, y que para no responder preguntas hace nuevas preguntas que dejan colgado al interlocutor.

Lo que la hermana hizo con el pueblo, los campesinos, los mineros, los mapuche y los chilotes, él lo ha hecho con la clase media y educada que, huérfana de recopiladores, inventa dichos, rimas, canciones que se pierden en la nada.

Nicanor le recuerda a esa clase media culta que tiene también derecho a decir sus frases hechas.

CEMENTERIO DE MONTPARNASSE

22 de octubre de 2000. Me encuentro con Ángel Parra, el hijo de la Violeta, en un café a la salida del metro Pernety, al lado de su casa de París. Sonríe como no sonreía en las portadas de los discos y los afiches en los que cantaba solo o con su hermana Isabel en los años setenta: Víctor Jara, los Inti y los Quilapayún, toda esa gente que se conoció en la peña de los Parra, el local en la calle Carmen de Santiago en que los hermanos reinventaron la canción chilena a comienzo de los años sesenta, cuando volvieron de Europa escapando como podían de la influencia urgente de su madre que bajaba de vez en cuando de La Reina y se tomaba el escenario sin pedir permiso y cantaba aleccionando a los parroquianos:

«Esto es el trotecillo norteño. Se canta en el interior de la provincia de Tarapacá. No hay que confundirlo con la cueca norteña. Este instrumento es un charango, no confundir con un cuatro venezolano…».

–Eso durante horas y horas, imagínate la escena –se ríe con las cejas y los bigotes en llamas Ángel, recordándolo.

Antes, mucho antes de Nicanor, Ángel fue el primer Parra con el que hice amistad. ¿1997, 1998? En una fiesta de la Carolina Rossetti, una amiga de mi tía Manuela, se me ocurrió sentarme a la mesa en la que estaban él y su esposa, Ruth Valentini, y decirle que quería suicidarme.

¿Qué tipo de extraña confianza me hizo hablarle de eso? ¿Cómo no se me ocurrió pensar que hablarle a él de suicidio no era hablarle de cualquier cosa? Él respondió con esta misma sonrisa de ahora. Razonó un rato conmigo hasta que vio que no podría avanzar mucho.

–Cuando tengas ganas de suicidarte de nuevo, toma un pasaje a París y anda a mi casa.

No tenía ya ninguna gana de suicidarme esa tarde en París cuando me junté con Ángel, pero habría tenido razones de más para hacerlo. Una mujer, de la que creía haberme enamorado, había viajado de Chile a Madrid, donde yo vivía por entonces, para descubrir que no podía acostarse conmigo en ningún país de la Comunidad Europea.

—No hay postes en Europa —me explicó, acostumbrada a los cables en el cielo de Santiago, espantada y al mismo tiempo extasiada por las impecables veredas de Madrid.

En vez de huir, como debía, decidí llevarla a Barcelona donde las veredas no son tan impecables y podía toparme en Poble Sec o la Barceloneta con algún poste que le recordara su promesa de sacarse la ropa en la misma cama que yo. Pero allí le insistió al hotelero en que nos consiguiera una pieza con dos camas gemelas. En París, en el departamento de mi tía Manuela, no había más que una cama en que no nos quedaba otra que dormir juntos. Aunque a ella esto no le pareció un argumento convincente para darme acceso a su cuerpo imperturbable. Borrachos los dos, la lancé a la cama. Sonriendo por adelantado me dijo:

—No va a ganar, Rafael. No siga, no va a ganar.

¿Le conté este cuento a Nicanor alguna vez? Le habría encantado. No: le habría gustado contarlo él, le hubiera gustado que le hubiera sucedido a él.

—Al tío no le gusta la gente que cuenta cuentos mejores que los suyos —me recuerda Ángel en París—. El tío Tito era el tío formal —me dice con indisimulada sorna anudando una corbata imaginaria en el aire, para dejar en claro que no se cree el hippismo ecológico de su tío Nicanor del que habla con impaciencia—. Había que estar de punta en blanco cuando llegaba él a inspeccionar la casa. No, si te contara, si yo empezara a hablar... pero no voy a hablar... No, para qué, compadre, no, mejor de lejito con el tío... Yo prefiero no pelarlo más para que me dé pena cuando se muera.

Muchas veces ha tratado de reconciliarse con el tío, me cuenta. Lo va a ver a Las Cruces, conversan largamente, intercambian libros y discos, una copa de vino, unas risas por ahí. Llegan a un acuerdo de no agresión que el tío rompe en el primer encuentro preguntándole al primer periodista: «¿Por qué llaman Ángel a ese niño? ¿No sería mejor llamarlo Demonio?».

Y aunque su temperamento no puede ser más angelical cuando quiere, es imposible no reconocer en el arqueo de sus cejas y el resplandor de sus ojos muy negros algo de demonio o de brujo.

–Nos acusa de todo tipo de cosas que se le ocurren a él solo. Es un genio el tío pero no es una buena persona. Alberto, su hijo, era íntimo amigo mío cuando vivíamos todos juntos en la calle Paula Jaraquemada, en La Reina, con el tío Lalo también... Si hablara, si hablara chuta, si yo hablara la embarradita que quedaría...

Después caminamos entre las tumbas del cementerio de Montparnasse sin mirarlas. Es un día blanco. Yo busco la tumba de Serge Gainsbourg. En el cementerio le pregunto sobre su madre, sorprendido de la nula resistencia que pone a mis preguntas cada vez más íntimas. Ángel habla de «la mamá», para después corregirse y decir «la Violeta». No hay ni tristeza ni rabia mientras me habla de los horrores de su infancia.

–A veces despierto sudando, pensando que está viva. Después me acuerdo, se murió, y vuelvo a dormir aliviado... Cuando ella estaba viva, la vida nuestra, de mis hermanas y mía, era trabajar desde las seis de la mañana barriendo el escenario o el bar, o la casa que era también un bar y un circo a veces... Era recibir sus retos porque sí y porque no. Era estar al servicio de la verdadera canción chilena, sin tener una madre. Era aguantar sus ataques de rabia y verla desaparecer por semanas y meses, de viaje por el sur, el norte, Bolivia, Suiza, Varsovia, París. Y ver morir de frío a la hermana chica, y llevarla al hospital y esperar cartas de la mamá en gira infinita por Europa.

No culpa a nadie Ángel, no llora, parece hasta cierto punto agradecido de ese terror. Es un Parra, evita como la peste el sentimentalismo. Impermeable a la culpa. En el clan Parra, si algo no te gusta, te vas. Él se fue lo más pronto que pudo. Su madre movió cielo y tierra, y todas las embajadas de Chile. Logró repatriarlo de Uruguay, donde había conseguido llegar buscando, sin un peso, alcanzar Europa, me cuenta Ángel, tratando, con doce o trece años, de tomar el primer barco e irse a París. La tiranía terminó de golpe, cuando se dio cuenta de que era más alto y más fuerte que ella.

–Dimos vueltas por la mesa, ella queriendo pegar, y yo arranco hasta que me planté y le di una sola cachetada y se acabó todo y me empezó a respetar de ahí en adelante.

Cuando Ángel volvió a irse, esta vez a París, la madre no trató de repatriarlo sino que se le apareció con un cuatro venezolano, una ínfima guitarra de sonido chispeante, y su infinito repertorio, a ocupar el escenario de La Candelaria, la peña de canto sudamericano que Ángel había instalado cerca del metro Odéon. Ahí se conocieron João Gilberto y Miucha, la hermana de Chico Buarque, y Paco Ibáñez musicalizó poemas clásicos y la canción latinoamericana nació del murmullo.

—¿Qué habría hecho en la Unidad Popular tu mamá? —le pregunto por preguntar.

—¿La UP? Por suerte se murió antes —dice y se pone la mano en la cabeza, con la sobreactuada comicidad de su tío—. Nooooo, habría ido al monte, a la guerrilla… ¿Mirista? Más a la izquierda. Se habría enloquecido. Era de armas tomar mi mamá. No conocía las medias tintas en nada la Violeta. No hacía nada a medias la mamá.

LA VIOLENTA PARRA

Reconocí todos los cuentos que Ángel me contó en el cementerio de Montparnasse en su libro *Violeta se fue a los cielos*. Pero ahí los castigos, las humillaciones, los golpes, los gritos, los llantos, los divorcios, las borracheras, las duchas con agua helada, son contados como lecciones, como regalos, como una fiesta. El libro quiere, a pesar de todo, que la madre vaya al cielo de los mártires, los místicos y los santos.

—¿*Violeta Parra se fue a los cielos?* ¿Quién es Violeta Parra? —exclamaba Nicanor cuando, en invierno de 2011, el libro se hizo película, dirigida por Andrés Wood—. Es «La» Violeta Parra, no Violeta Parra.

—¿La vio, Nicanor? —cometí la imprudencia de preguntar.

Nunca le había escuchado comentar una película, a no ser las de Chaplin y Buster Keaton, que había visto de niño en Chillán.

—No, ¿cómo la voy a ver, con ese título? Noooo. No, así no. LA VIOLENTA Parra. Así se debería llamar.

No la había visto, o al menos eso aseguraba, pero parecía adivinar que la película de Andrés Wood no escondía los ataques de rabia, los gritos, las guitarras rotas en la cabeza de los parroquianos. Nicanor también parecía adivinar que en la película, llena de elipsis, él apenas aparecía.

—Sin Nicanor no hay Violeta. Eso lo dijo ella. Sin Violeta no hay Nicanor, agregaría yo. Éramos la misma cosa. Yo no habría soñado en cerrarme ante ella, ni ella ante mí. Habría que revisar la última carta de la Violeta, parece. ¿Tú has leído la última carta de la Violeta? Noooo, chutaaa, ese es un capítulo aparte, la última carta de la Violeta. No se puede publicar eso. Esa es una bomba. No deja títere con cabeza, la Violeta.

Nicanor conservaba esa carta, que no era la original, manchada con la sangre de Violeta y que, según decía, había sido robada por una extraña conspiración que prefería no aclarar, de modo que tenía una copia transcrita de puño y letra por él mismo.

—Hay frases de ahí que se quedan grabadas en la cabeza. «No me mato por amor» es una de esas frases… «No vaya a creer nadie que me mato por amor.» Chuta la payasada grande… El Partido Comunista, los compañeros, todos pasan por ahí. A la Isabel y al Ángel no les deja hueso bueno. «Les gusta demasiado el piso encerado.» Esa es otra frase de la carta. No queda títere con cabeza. El único que se salva un poco soy yo. ¿Vamos a verla? Sería bueno leerla, parece.

Pero siempre que llegaba el momento de la carta, yo descubría que tenía que irme, que era tarde, que ya se estaba haciendo de noche.

¿Qué extraña lealtad me impedía leer la carta? ¿Era una forma de salvar a Ángel, que alguna vez se había ofrecido a salvarme del suicidio? Lo vi por última vez en febrero de 2016. Bebimos vino blanco y comimos moluscos del Sena. Le dije que estaba escribiendo este libro. «El tío, el tío», empezó a maldecir con esa fuerza salvaje que los que lo vieron borracho conocían demasiado bien. Prefirió luego una amabilidad aún mayor que la habitual. Me citó para ese mismo sábado en el parque del Luxemburgo para hablar del tío y ver los Guiñol con mis hijas. Pero ese sábado llovía salvajemente y una especie de estúpida timidez me llevó a disculparme y no ir.

—Mejor, que las niñas no se resfríen —me disculpé—. Ya nos veremos, en Santiago o en París, no te preocupes, Ángel.

En el verano de 2017 viajó a Santiago, porque publicó un libro sobre la nueva canción chilena e insistió en invitar a todos los amigos a comer. Yo no fui invitado. No lo vi. Le escribí el 5 de febrero, cuando se cumplieron cincuenta años del suicidio de su madre, porque estaba yo en Isla Negra, como estaba él cuando le dieron la noticia en febrero de 1967. No me respondió.

Ángel murió el 11 de marzo de 2017 de un cáncer en el pulmón. Yo sentí sorpresa: la sorpresa infinita de ver que algo de Nicanor, un enemigo, un testigo, alguien que portaba una semilla de su humor, podía morirse como se mueren el resto de los mortales. Morir por puro dejar de vivir, un día, una hora, un segundo y ya se acabó.

6

EL ENERGÚMENO

EL TIGRE MUNDANO

Versos de salón, de 1962, era el único libro de Nicanor Parra que había en mi casa de niño, en París. Era la primera edición de la editorial Nascimento. Debió ser de mi abuelo, el padre de mi madre, o quizá de algún chileno de paso, de esos que alojaban allí a veces. No tenía cubierta. Sin ser un libro prohibido, no era del todo un libro permitido, quizá porque no se parecía en nada al tipo de poesía que se leía en otros libros de poetas chilenos, llenos de olas y volcanes y presos y metáforas sobre los campos de concentración de la dictadura.

En el libro de Parra había en cambio versos como estos:

> *¿Saben lo que me dijo un capuchino?*
> *¡No comas nunca dulce de pepino!*
> *¿Saben lo que me dijo un franciscano?*
> *¡No te limpies el traste con la mano!*

Cada dos o tres poemas, amantes solitarios se encuentran en el cementerio; cada dos o tres poemas los muertos se quejan de la muerte y suicidas sonrientes lanzan, mientras caen de las alturas, frases como carteles de neón.

Antes de saber nada de Nicanor Parra supe que era chileno, que a mis padres les recordaba una parte de Chile que las canciones rugientes y llorosas de los quilapayunes no podían recordarles. Era imposible entender, sin ser chileno, qué tenía de profundamente cómico y de profundamente serio este tipo de apasionada arenga:

> *Tengo unas ganas locas de gritar*
> *Viva la Cordillera de los Andes*
> *Muera la Cordillera de la Costa.*
> *La razón ni siquiera la sospecho.*

¿Y ese título, *Versos de salón*? Tan poco telúrico, tan poco esencial, tan modesto y frívolo al mismo tiempo. ¿Me gustó? No estoy seguro. Ese libro que hacía reír me asustó la primera vez que lo leí como un niño lee la revista *Penthouse* de los padres. Hojeaba un poema y cerraba el libro como avergonzado. Lo dejaba en distintas piezas como para encontrármelo por azar.

¿Qué entendía de todo eso yo a los doce años en París? Conocía apenas Santiago, donde la mayoría de los poemas sucedían. Hablaba y leía casi solo en francés. La poesía era para mí Jacques Brel y Léo Ferré cantando a Louis Aragon: algo rimado y surreal, la alquimia del verbo o las confesiones de un enamorado, la belleza terrible de las flores del mal. Buscaba eso también en Parra, que daba a veces muestra de ser un surrealista francés perdido entre Huérfanos y Ahumada, en el centro de Santiago. Tan lejos de todo lo que conocía, tan cerca de todo lo que adivinaba.

¿Qué había mío en esos versos de salón que me obligaba a leer y releer a escondidas sus páginas sin que nadie me prohibiera leerlas?

UN TARRO DE BASURA

Estos versos provocaban en mí un desconcierto que, sé ahora, no era solo mío, como no era solo mía la viciosa manera de leer y releer el libro a pesar de estar seguro, cada vez que lo hacía, de no querer leer ni un poema más:

«Recientemente y por casualidad llegó a mis manos un tomito titulado *Versos de salón* −escribe el padre capuchino Prudencio Salvatierra en *El Diario Ilustrado* en 1962−. Según lo iba leyendo, la repugnancia me invadía hasta alcanzar el grado de náusea. −Y sigue por varios párrafos horrorizándose por el carácter satánico del volumen, del que no quiere dar ningún ejemplo por miedo a ensuciar las páginas del diario−: Me han preguntado si este librito es inmoral. Yo diría que no: es demasiado sucio para ser inmoral. Un tarro de basura no es moral o inmoral, por muchas vueltas que le demos para examinar su contenido.»

Cincuenta años después, Nicanor Parra seguía recitando, como si se tratara de uno de sus mejores poemas, las frases del padre Prudencio Salvatierra que pedía que se imprimieran en todas las contraportadas de sus poemas. Esa crítica era de alguna manera la fe de bautismo de la antipoesía. No vino sola. En *La Nación*, Hernán del Solar afirmaba:

«Esto no ha sido jamás poesía, ni lo será mientras el mundo no reviente y ya no importen ni un comino ni la poesía ni la prosa».

En *El Mercurio*, Nelly Correa decía: «Su intención clara es mofarse de los vates, degradando la poesía».

Nicanor vivía ese rechazo más o menos generalizado como una victoria. Para que el antipoeta haga su trabajo tiene que chocar contra el poeta. No había venido a ser una nueva voz en el parnaso nacional, ni a probar la diversidad de la poesía chilena, sino a romper con todos y con todo. Su cuerpo delgado, fibroso, su extremo sentido común, hacían lo posible para evitar la refriega que sabía que sus poemas, o más bien sus antipoemas, necesitaban.

Escribir cuecas, fomentar la obra de su hermana Violeta era otra manera de evitar el duelo que los *Versos de salón*, en toda su descuidada estridencia, en toda su falta de nostalgia provinciana, le reservaban. Entre los poetas todo es perdonable si no se deja de lado la mueca del dolor, el resplandor de la melancolía, la pátina de la derrota. La voz de *Versos de salón* no llora nunca, o lo hace como los payasos de circo pobre, sus hermanos Eduardo, Lautaro, Roberto y Óscar, el Tony Canarito.

Poemas y antipoemas le había ayudado a salir del silencio. ¿Qué tenía que decir, ahora que podía hablar? Eso mismo: el hecho terrible y risible de que no se puede ya decir nada:

> *Ya no me queda nada por decir*
> *Todo lo que tenía que decir*
> *Ha sido dicho no sé cuántas veces.*

Ha escrito tres libros cortos pero declara sin pudor alguno que ya lo ha dicho todo. No hay nada que decir por lo cual no queda más que mover las piernas y hacer ruidos con las manos.

En *Versos de salón* se declara el profeta elegido de esa desesperación, el que sabe cómo y cuándo termina la película. Todo eso en tecnicolor sicodélico, y mucho alcohol y gritos y sexo a destajo, mucho antes que todas esas cosas se hicieran rutinarias en los bares de Santiago. Así, Nicanor Parra encuentra su tercera juventud, que es quizá la primera.

EL ÁNGEL EXTERMINADOR

«Tengo orden de liquidar la poesía», decía uno de los titulares del *Quebrantahuesos* de 1952. Esa frase, surgida al azar después de recortar distintos titulares de diario, se había convertido en una orden para Parra.

> La poesía se ha portado bien
> Yo me he portado horriblemente mal
> La poesía terminó conmigo.

Pero ¿quién terminó con quién? ¿La poesía con Parra o Parra con la poesía? ¿Se despide el poeta de los versos, o dice que después de él ya no se puede escribir poesía? El poeta chileno Felipe Tupper me cuenta en febrero de 2016, en su departamento del Marais, en París, las largas conversaciones con el traductor francés Bernard Pautrat, que no sabe cómo llevar a su lengua ese matiz esencial que se escapa en el trasvase: «La poesía terminó conmigo». O sea, ¿se acabó conmigo o acabó conmigo? ¿Qué quiere decir Parra aquí? Las dos cosas, le dice Tupper a Pautrat, las dos cosas y ninguna de las dos. ¿La poesía terminó conmigo, con mi ser, con mi vida, y yo terminé con la poesía?

—*Ce n'est pas la même chose* —subraya Pautrat.

¿Cómo explicarle que es la misma cosa en Parra? Que al terminar con la poesía está condenado a terminar con él, hijo de la tradición modernista, bastardo de Rimbaud, Rubén Darío y Verlaine («la musique avant tout chose», solía recitar en su salón de Las Cruces). Nicanor Parra descendiente de Mallarmé y Baudelaire, Einstein y Duchamp, Martín Fierro y la Violeta Parra, dispuesto a liquidar todo eso como un peso muerto con ese placer infinito que sienten los niños al destruir a patadas los castillos de arena que acaban de construir. Una casa que Parra incendia solo para calentarse las manos, para iluminar la noche.

Pautrat es francés, alumno de Derrida y Althusser, especialista en Spinoza y Nietzsche, casado con una chilena y amigo de Raúl Ruiz, conoce y admira el lenguaje chileno. ¿La poesía terminó conmigo, con mi ser, con mi vida, y yo terminé con la poesía? Ese verso, ese solo verso, pone en tensión todo lo que Pautrat sabe de castellano y francés, de filosofía y de literatura. Su mente cartesiana, lo quiera o no, no puede tomar a la ligera a un poeta que diga, como si nada, que acabó con la poesía en general, toda la poesía, de los presocráticos en adelante. Eso es una bomba, eso cambia no solo la lectura del poema sino de toda la obra de Parra. Aunque lo que realmente le espanta es que lo diga con acento de humilde resignación, como una declaración de derrota. ¿Quién es ese pobre señor estresado de horas suplementarias que acabó con la poesía de un plumazo?

La poesía de Parra que no inventa palabras, que no complica en nada la sintaxis, que usa el mínimo de vocabulario, que es en casi todos los sentidos traducible, es ontológicamente intraducible.

Quizás eso explique que a pesar de reunirse personalmente con Gaston Gallimard a comienzos de 1964 para hablar de un inminente libro, Parra no haya sido traducido al francés hasta 2017, cuando Pautrat y Tupper se encargaron de una antología de su obra para Seuil.

PARNASO

En 1962, en su «Manifiesto», escribe:

Señoras y señores
Ésta es nuestra última palabra.
Los poetas bajaron del Olimpo.

–Debería decir Parnaso –me dice el poeta Diego Maquieira en una mesa del Tavelli donde se ha dedicado a leer el diario con una lupa gigantesca.

Le hago la misma pregunta que llevo años haciéndole a todo el mundo: «¿Conociste a Parra?». Lo conoció, claro. A los dieciocho años, cuando volvió a Chile desde Nueva York, donde eran diplomáticos sus padres, partió con un cuaderno lleno de poemas a Isla Negra, donde vivía Parra por entonces.

¿Cuándo?, le pregunto. No sé, comienzo de los setenta. ¿1972? No sé, estaba la cagada con la Unidad Popular. Parra era el único que hablaba de otra cosa. Yo era un cabro chico de colegio, dice Maquieira, pero me hablaba como si fuera su igual. Leía mis cosas y las suyas. Yo era prácticamente un gringo pero me entendía.

¿Lo quieres entonces?, le pregunto, porque todo lo que dice lo sugiere. Sí, pero ese endiosamiento que le ha dado últimamente, el ego del viejo, quiere bajar a todos del Olimpo para quedarse él solo.

–¿El Olimpo? –me aclara Maquieira–. Son los dioses los que están en el Olimpo, no los poetas. Los poetas están en el Parnaso.

Estoy casi seguro de que Parra no advirtió la diferencia, sus conocimientos de mitología griega eran eminentemente chilenos, pero de alguna forma el error era parte del acierto del poema. Lo que Parra detestaba de la poesía era el poder, la obsesión de los poetas por creerse dioses o candidato a la presidencia de la república como Pablo Neruda. Gente con poder real y efectivo, que daba discursos, dirigía grupos, o guardaba como reliquia, como Vicente Huidobro, un teléfono donde juraba que podía llamar directamente a Hitler. Poderes visibles, dioses del Olimpo, los premios nobeles, los educadores magistrales que conseguían que les pusieran su nombre a edificios, calles, parques, que su mito envolviera la sombra misma del mar al que sus casas vigilaban como si las olas fueran parte de su propiedad privada. Poetas a tiempo completo en un país apenas inventado que iban nombrando para que obedeciendo a los nombres que los poetas le ponían el país fuera apareciendo de la nada.

Era, creo, la razón por la que se había hecho poeta: el poder real del Olimpo y la rabia perfecta de un Prometeo más hábil que original que puede robar el fuego sin que lo pillen a la primera y lo amarren a una piedra, carcomido día a día por los pájaros por una eternidad o dos.

VERSOS SUELTOS

«El que se embarca en un violín naufraga…», escribe en el poema «Versos sueltos» de *Versos de salón*:

> *… Con el amor no se le ruega a nadie:*
> *En vez de leche le salía sangre*
> *Sólo por diversión cantan las aves*
> *Y la fucsia parece bailarina.*

—¿Sabes quién dijo eso? —me hace adivinar Nicanor Parra.

Me rindo, aunque sé que fue Jorge Palacio, joven promesa de los años cincuenta, que pasó del maoísmo al taoísmo para terminar esperando en Concón la llegada de los extraterrestres.

—Es el único que cachó la huevá, parece, Jorge Palacio. —Y menciona una larga conversación sobre excrementos que tuvieron la última vez que Palacio vino de Concón a visitarlo en Las Cruces—. Ese es el tema de los temas, parece. «Poco ππ pero bastante KK.»

Y cuenta cómo escribió lo de la fucsia que parece bailarina, en un paseo de verano en la isla Teja de Valdivia, en que el entonces joven Palacio solo dijo por decir:

—Mira la fucsia, parece bailarina.

¿No tienen los otros versos sueltos del poema de 1962 también autores?, pienso.

«El ruiseñor se ríe de sí mismo»: ¿Uno de los hallazgos de Luis Oyarzún? «La perfección es un tonel sin fondo»: ¿El poeta Molina, Santiago del Campo, Teófilo Cid, del Inmundo Tetas Negras, el Tigre Mundano?

«Todo lo transparente nos seduce»: ¿Spinoza, Kant, Heidegger?

«Estornudar es el placer mayor»: ¿Lihn, Jodorowsky?
«Y la fucsia parece bailarina»: Jorge Palacio de nuevo.

Leído así, el poema ya no es el resumen de una mente, la expresión de un alma atormentada, el canto de un individuo, sino el subconsciente de una época. Es quizá lo que diferencia a *Versos de salón* de *Poemas y antipoemas*. En *Poemas y antipoemas* el modelo es Charles Chaplin, el vagabundo mudo que lejos de todo y todos se inventa un destino al borde del abismo. En *Versos de salón* el modelo parecen ser los hermanos Marx, con Groucho a la cabeza dando discursos, cátedras, consejos, y Harpo intentando recuperar el cariño del público tocando arpa en medio de la tempestad.

«... un sujeto muy estrambótico –define el propio Parra ante Leonidas Morales al protagonista de la mayor parte de los poemas de *Versos de salón*–, muy extravagante, que en la jerga teológica del abate Bergier podría llamarse "energúmeno". Recupera el dominio de sí mismo y se lanza contra el mundo.»

Armando Uribe celebra, en medio de todas las dudas que le dejan los *Versos de salón*, el descubrimiento «del endecasílabo de la vida corriente, de las noticias periodísticas o de la publicidad cotidiana, de la conversación trivial».

El ritmo, la música, la clase media que Parra descubrió que hablaba en endecasílabo, la media exacta entre el romance popular de ocho pies y el alejandrino elegante de catorce.

«Plaga de motonetas en Santiago», escribe en «Noticiario 1957». Si se cuentan los pies:

Pla ga de mo to ne tas en San Tia go
1 2 3 4 5 6 7 8 9 10 11

El burgués gentilhombre de Molière descubrió para su sorpresa que hablaba en prosa sin esfuerzo. Parra desmonta ese mito y prueba que el burgués, gentilhombre o no, habla en verso sin saberlo.

Pero el que habla no es el gentilhombre sino su exacto reverso: el energúmeno de Santiago de Chile.

BASTÓN ESPADA

–Del tío –le mostraba, a Matías Rivas, un bastón que cubría un estoque que destacaba entre los otros bastones del paragüero.

Matías sabe que el tío era Mario Rivas González (en rigor más pariente mío que suyo), periodista energúmeno de los años cuarenta que no se despertaba nunca antes de las doce y usaba el bastón con estoque para defenderse de los maridos y comerciantes ofendidos por su columna diaria en *Las Noticias Gráficas*, diario de mala muerte donde se dedicaba a escribir la vida social:

«Se ha abierto una cátedra a cargo de Carmen Balmaceda, es un curso de estética... –escribía el tío Mario en el diario popular de crónica roja–. La profesora no predica con el ejemplo».

«En Botica Klein, "donde compra la gente decente" [uno de sus auspiciadores], se vio esta mañana a la señorita Clara Zañartu adquiriendo unos tremendos supositorios.»

O:

«El coto Soriano, en un acto de provocación inaudita a la población de Santiago, se fue ayer a una tienda muy bonita llamada Fletcher's, que queda en calle Huérfanos, y se compró la corbata más fea que he visto en mi vida. No sabía si la tiñeron con tintura o con vómito de borracho».

En la página de consejos de la Duquesa de Maine, ofrecía lo siguiente: «Hay una cierta etiqueta para andar por la calle. A las personas de respeto hay que dejarles la vereda. Como personas de respeto se consideran, lo sean o no, todas las mujeres en estado de cargar armas. Es decir, las que tienen entre dieciséis y cincuenta años. A las mocosas no hay por qué dejarles la vereda, y a las viejas, en lo posible empujarlas bajo las ruedas de un auto o un carro. Esto, que podría parecer una crueldad, es el mejor servicio que se les puede hacer, ya que de esa manera se apresura su tan ansiada entrevista con el Taita Dios».

¿No es, en todo su esplendor y violencia, el energúmeno de *Versos de salón*?

—Pucha con Mario Rivas. Pucha Mac Iver 22 —decía Parra porque habían vivido los dos en el mismo edificio gris, frente a la Biblioteca Nacional.

Y volvía a ese lugar sagrado donde por primera y única vez fue un ciudadano de a pie.

—Había dos problemas con Mario Rivas —me explica Nicanor Parra levantándose de la silla en el restaurante El Kaleuche—. Pretendía a la Inga y me decía Parrita. Esas cosas no se perdonan.

Su dedo profesoral amenaza en el aire con la testarudez de un parabrisas. El tono displicente con que el aristócrata arruinado lo llamaba Parrita, como se llama a los choferes, a los electricistas, era la única ofensa imperdonable. ¿No era gran parte de su vida y de su obra el intento, conseguido, de que ningún Mario Rivas lo volviera a llamar «Parrita»? Los posgrados, los títulos, las becas no impresionaban a la clase alta, desheredada y bohemia, a la que pertenecían los Mario Rivas. Lo único que se podía hacer con ellos era robarles la voz, igualar su violencia, usar el poder de su desesperación para hacer lo que ellos creían no poder hacer: poesía. Ellos, que eran justamente la prosa de la prosa misma, pura anécdota, pie de página, nota de relleno de un diario que borra sus letras envolviendo el sangrante lomo de un buey.

LOS ROSTROS DE LOS MINEROS DE LOTA

Parra, que siempre había buscado la salida de Chile –una beca, una esposa sueca, un traductor ocasional, un profesor gringo que hablara de sus libros–, la encontró sin moverse casi de su casa, cuando a partir de los años sesenta el mundo empezó misteriosamente a viajar hacia Chile como si oliera que iba a ser el próximo escenario de esa guerra perfecta que era la guerra fría, una guerra que las dos superpotencias no declaraban del todo mientras la ensayaban desesperadamente en las orillas más perdidas de sus respectivos imperios. El poeta y profeta Allen Ginsberg llegó al aeropuerto Los Cerrillos en 1960. Lo hizo junto con su editor y también poeta Lawrence Ferlinghetti, invitado por el profesor y novelista Fernando Alegría. Este último hacía clase en Berkeley, California. Tenía por misión, asignada por Gonzalo Rojas, invitar a cuatro beats a ir a Chile. Cuatro beats, cualesquiera, los que fueran.

Alegría fue así a la librería City Lights, de San Francisco, donde sabía que sesionaban los beatniks, y lanzó la invitación sin nombre ni apellido, cuatro beats para Concepción, Chile, fin del mundo, pasaje, hotel, todos los gastos pagados. Ginsberg, atraído por la idea de ir después a Perú a probar la ayahuasca, aceptó enseguida. Ferlinghetti decidió apoyarlo, más ilusionado con la revolución cubana que se había producido en la isla el año anterior, buscando autores nuevos en ese fermento revolucionario para su editorial (que se llamaba como la librería, City Lights).

Kerouac, encerrado en la casa de su madre, preso del *delirium tremens*, se excusó. El pasaje que quedaba lo ocupó la esposa de Ferlinghetti.

No del todo aseados, la ropa arrugada por el viaje interminable, llegaron al aeropuerto Los Cerrillos en enero de 1960. Era el primer viaje fuera de Estados Unidos de Ginsberg como poeta. La leyenda dice que al consultarle la prensa qué venía a hacer en Chile, dijo que venía a acostarse con todos los hombres que encontrara. No lo hizo. «No me enamoré de nadie, al menos particularmente, aunque le eché el ojo a un joven pintor que hacía unos dibujos muy buenos. No recuerdo su nombre», le contó al periodista Sergio Marras, que lo entrevistó en 1987. La leyenda urbana señala que el joven artista era el pintor realista Thomas Daskam, nacido y criado en Oklahoma pero residente en Santiago.

En su diario confirma su falta de éxitos sexuales:

«No me he acostado con nadie y me he masturbado dos veces».

Alejado por el idioma y las costumbres se quedó en su rincón:

«Bebí Vino Undurraga (blanco) y me senté en un sofá de cuero un poco entonado, aburrido, esperando a despegar de los techos planos que veo desde mi habitación de hotel con balcón».

«Me lo contaron –cuenta Gonzalo Rojas al suplemento "Zona de Contacto" de *El Mercurio*–, yo no lo vi, pero entró a El Bosco y gritó: "¡Vengo a buscar cocaína y maricones!". Entonces, uno de los de ahí lo tiró de la chaqueta y le dijo: "Ya, huevón, aquí está lleno de maricones y drogadictos, así que no venís a hacer ninguna cosa nueva".»

Ginsberg describe la escena cultural chilena en su diario sudamericano del siguiente modo:

«Enrico Lihn tímido en San Pablo – el día anterior con Theophilo Ced y Tellier & La Raka (Rachel) – los ojos grises de Cid – Braulio Arenas – jugando ajedrez en la parte de atrás del Café, la misma mesa todos los días –».

Ya en Concepción se unieron con el resto de los escritores del encuentro, «Los escritores de América», de la escuela de verano de la Universidad de Concepción: Margarita Aguirre, Enrique Anderson Imbert, Jorge Zalamea, Ernesto Sábato, Julián García Terrés, Joaquín Gutiérrez, Carlos Martínez Moreno, Guillermo Sánchez, Sebastián Salazar Bondy, Fernando Alegría, Miguel Arteche, Julio Barrenechea, Luis Oyarzún, Volodia Teitelboim y, claro, Nicanor Parra.

«A la salida de las sesiones, que terminaban como a las cinco de la tarde –cuenta Gonzalo Rojas–, me iba con todos a Lota. Salíamos volando para alcanzar a llegar a la salida de los turnos de los mineros que habían entrado a las cuatro de la mañana, y que venían todos tiznados desde el fondo. Entonces yo les dije: ¿Quiénes son los valientes que se atreven a bajar al pique?, y estos se atrevieron. Este era uno mucho más difícil y más profundo, había que meterse por las galerías. Me acuerdo que Ferlinghetti dijo que le recordaba cómo era la minería en Pennsylvania el siglo anterior.»

Ferlinghetti recuerda en sus diarios cómo fueron a la salida las preguntas de los periodistas:

«Las preguntas son de esta índole: ¿Cuál le parece a usted que es la literatura más importante de Sudamérica? (Mi respuesta: Los rostros de los mineros de Lota.) ¿Qué clase de futuro vislumbra para Sudamérica? (Los rostros de los mineros de Lota.) ¿Quiénes considera que son los más grandes poetas chilenos? (Los rostros de los mineros de Lota.) Me hicieron veinte preguntas como estas. Misma respuesta para todas – publicadas en un diario importante de Santiago».

Nicanor Parra tiene un recuerdo distinto y de alguna forma contrario de la visita a la mina:

–Después de que vimos a los mineros volver del fondo de la tierra (todos éramos en ese tiempo marxistoides), yo no sé quién le preguntó a Ginsberg qué era lo que pensaba de esto, la explotación capitalista, y él dijo: «El mundo se divide en ricos y pobres. Estos ñatos han elegido ser pobres, que se cambien al otro bando: que se hagan ricos». Ese fue el chiste que hizo. Pero ese chiste hay que leerlo por debajo y por el lado, es muy complejo.

Porque Ginsberg, en Concepción, provocó escándalo justamente por el candor con que proponía salidas para resolver los problemas de la dominación, el subdesarrollo y la alienación (los temas del congreso), plantando hectáreas y más hectáreas de marihuana y liberando el sexo de cualquier barrera.

«Era un congreso organizado por el Partido Comunista –resume Ferlinghetti–. No lo sabíamos cuando nos invitaron. Lo supe por Carlos Alegría, el hermano de Fernando, que nos invitó personalmente en San Francisco, que era funcionario del partido.»

Los beats estaban ahí para dejar en claro que en Estados Unidos también los jóvenes se rebelaban contra el *statu quo* capitalista. En ese congreso de Concepción, organizado por Gonzalo Rojas para reflexionar sobre la dependencia, el imperialismo y la reciente revolución cubana, hablar de marihuana y sexo libre era una completa novedad y extraña afrenta. La mayor parte de los intelectuales comprometidos del congreso no habían frecuentado nunca, o solo de refilón, a los marginales enloquecidos que Ginsberg y Ferlinghetti convertían en poetas. «Aullido», el poema de Ginsberg, estaba dedicado a Carl Solomon, un escritor inédito que se había internado voluntariamente en una clínica siquiátrica para probarle al mundo que podía conservar su lucidez en medio de las sesiones de electroshock. Ginsberg lo conoció mientras purgaba en el siquiátrico penas menores por robo. Dos de sus mejores amigos (Lucien Carr y Jack Kerouac) habían estado involucrados en el sórdido asesinato de un profesor de gimnasia, acuchillado después de hacer avances homosexuales demasiado explícitos a Carr. Uno de sus maestros (William Burroughs) había escapado de México después de matar a su mujer jugando al «Guillermo Tell». El resto de sus amigos eran prostitutos, ladrones rehabilitados que terminaban misteriosamente por escribir como respiraban y respirar como si escribieran.

¿Energúmenos? Del modo rotundo y extremo que los americanos prefieren, eran la traducción al inglés de esos alucinados de versos de salón que hacían versos en el transporte público, y escupían su pronta risa y su rabia sin fin en las salas de espera de un mundo aún en corbata y chaqueta.

EL ALOJADO

Luis Oyarzún invita a Ginsberg a un paseo por el zoológico para contemplar la misteriosa forma del oso hormiguero. Visita que inspira una especie de poema de Ginsberg que deja escrito en su diario de viaje:

> *Y los Marxistas son*
> *osos hormigueros*
> *Y los Capitalistas son osos*
> *hormigueros*
> *Y ustedes, Chilenos, sentados*
> *Toda la noche en El Bosco*
> *Discutiendo sobre Literatura*
> *Tan orgullosos de sí mismos–*
> *Recuerden su Oso hormiguero*
> *arriba en el Cerro San Cristóbal*

En ese mismo diario de su viaje sudamericano Ginsberg describe a Nicanor Parra como un poeta de más o menos cuarenta y cinco años quien siempre anda enamorándose de chicas suecas, y «escribe poesía inteligente y sincera y también es un gran profesor de Matemáticas que estudió en Inglaterra y Estados Unidos. También fue a China el año pasado y adscribe a la teoría literaria Yenan de Mao».

Parra que siempre detestó las drogas y nunca tuvo paciencia con los homosexuales siente, sin embargo, una secreta afinidad que lo llevó no a conversar interminablemente con ellos en Concepción, sino a alojar a Ginsberg por dos meses en su nueva casa de La Reina, en pleno cerro, al final del final de Santiago.

«Catalina, la hija con guagua —escribe Ginsberg en su diario—, está de visita, sentada en el porche delantero Violeta Parra está toqueteando su guitarra y canta, un gatito está tendido bajo sus pies… Nicanor se está relajando y tiene los ojos cerrados. Un niño de unos doce años semidesnudo en traje de baño, con una piel suave y morena, corre por la entrada. Yo en un sillón adentro frente a la puerta abierta, relajado observo todo con morfina. El viento cruje a través de los árboles de Chile.»

—Él estaba más bien en la onda gay, era lo que más le interesaba —resumía Nicanor Parra con cierto hastío cuando uno le preguntaba por Ginsberg.

Un gringo raro que Nicanor, cuando ya no tuvo paciencia, obligó a su hermana Violeta a aceptar como huésped. Ángel Parra, adolescente entonces, lo acompañó a la calle San Diego a comprarse un overol azul.

«De esos que tienen pantalón. Y nada más, ropa interior no. Evidentemente que eso llamaba la atención», le contó a «Zona de Contacto».

—Ahhh, yo tengo un regalo que me hizo el Ginsberg —le dijo Parra a la periodista Andrea Lagos en 2014—. Rosita, ¿quieres traer la campanita? Me la trajo de la India, ahí la van a ver. Se toca y queda vibrando hasta el infinito.

MALENTENDIDOS FÉRTILES

¿Cómo aguantó tanto tiempo Nicanor una visita tan vistosa, tan mal vestida, mal bañada, tan obsesivamente homosexual? A muchos de sus amigos de la vejez que eran cualquiera de esas cosas, hediondos, homosexuales o mal vestidos o drogadictos, los apartaba con más o menos elegancia. ¿Por qué Nicanor, que no soportaba la inocencia de ningún tipo, permitía que Ginsberg le invadiera la casa con su ansia por absorber «chamico», la droga de los mapuche?

Ante la disyuntiva entre el capitalismo y el socialismo, descubrió en Ginsberg y Ferlinghetti una tercera vía. Su enorme olfato le hizo intuir que esa tercera vía ganaría la guerra, porque Estados Unidos era revolucionario antes que la URSS, porque allá la píldora anticonceptiva, el LSD, la guitarra eléctrica estaban llamados a cambiar de plano la discusión. Eso era lo que buscaba también entre Huidobro y Neruda (o mejor aún entre Neruda y Eliot), una tercera vía que escapaba al dilema planteando en otro lugar las preguntas.

Ese lugar, los Estados Unidos que había ganado una guerra y que sufría la paz como si fuera una herida abierta, era justo uno en que la antipoesía era justo lo que en Chile no podía ser: una tradición.

«Mi maestro es el gran poeta William Carlos Williams –le dijo Ginsberg a Jorge Teillier, cuando este lo entrevistó a la entrada del hotel Panamericano de la Alameda–. Él renovó la poesía norteamericana, rompiendo con la retórica tradicional, al escribir versos medidos de acuerdo a la respiración y no al acento. Completó la revolución iniciada por Whitman, pues Williams escribe en versos cortos, al contrario de los versos de gran aliento de Whitman.»

William Carlos Williams, el mismo que a mitad de los años cincuenta tradujo «Solo de piano», de Parra, para una revista de Yale.

Since man's life is nothing but a bit of action at a distance,
A bit of foam shining inside a glass;
Since trees are nothing but moving trees;
Nothing but chairs and tables in perpetual motion;
Since we ourselves are nothing but beings.

Una traducción que contiene un error que detecta Ignacio Echeverría en *El Mercurio*, el 1 de septiembre de 2013:

«De madre portorriqueña, William Carlos Williams se jactaba de saber español, y en su juventud tradujo nada menos que a Francisco de Quevedo. Por los años cincuenta, muy interesado por la poesía latinoamericana, tradujo también poemas de Pablo Neruda, de Silvina Ocampo y de Octavio Paz, entre otros».

«Juan Antonio Montiel, a quien se deben estos datos, observa con razón el desliz que supone, por parte de Williams, traducir "los árboles no son sino muebles que se agitan" por "trees are nothing but moving trees", repitiendo "árboles" en lugar de "muebles". ¿Errata o fallo de comprensión? Como sea, el error permite vislumbrar las dificultades y malentendidos a que da pie la traducción de un poeta como Parra, cuya engañosa sencillez se brinda a todo tipo de malas interpretaciones.»

La traducción sin embargo nos permite otra pregunta: ¿por qué, en una antología de poesía hispanoamericana de la cual le dieron a elegir un solo poema para traducir, el consagrado William Carlos Williams eligió el de un desconocido de apellido Parra? ¿Le atrajo la palabra antipoesía que había usado antes para calificar la obra de Wallace Stevens? ¿O es verdad que más allá de toda espera el azar une a los que los kilómetros y las lenguas separan? El azar o simplemente esa afinidad electiva que solemos llamar literatura. Traducir a Parra, como luego haría Ginsberg para la editorial de Ferlinghetti, era entonces una forma de seguir la intuición del maestro William Carlos Williams. William Carlos Williams era doctor y su trato con las palabras tenía algo de terapéutico. Buscaba liberar a la poesía del peso muerto de la retórica. Así al menos parece entenderlo Ginsberg, que se dedicó con su generosidad habitual a presentar a Nicanor Parra por todas las universidades norteamericanas y festivales de poesía que pudo.

BOMBÁSTICO

Una afinidad que era también una competencia. Porque la claridad de William Carlos Williams era clara, y la oscuridad de Ginsberg también diáfana y los dos eran sinceros y en cierta medida ingenuos. Voluntariamente y militantemente ingenuos de un modo que Nicanor Parra no podía ni quería ser. Los dos aspiraban a ser comprendidos, queridos, cantando, a liberarse y liberar. Nicanor Parra quería otra cosa que como meteco, extranjero en el corazón del imperio, no podía del todo revelar.

«Hasta ese momento yo leía y todos los aplausos iban para Ginsberg, porque era mi traductor –le cuenta a la periodista Andrea Lagos en 2014–. O sea que yo leía ¡y los aplausos iban para él! Entonces pensé cómo dar vuelta a la tortilla. Y estuve pensando esto un tiempo largo, preparándome. Hasta que ese día del recital dije: no es necesario el traductor, yo mismo diré el poema en español y en inglés.»

Y se puso a imitar el canto gregoriano, recitando al mismo tiempo los versos que le había robado en el metro de Nueva York un mendigo esquizofrénico.

> *Dicho sea de paso tengo que juntar 17 dólareeees*
> *antes que me venga el ataque*
> *para pagar mi dosis de heroína*
> *a buen entendedor pocas palabraaaas*
> *si no me dan por la buena*
> *van a tener que darme por la malaaaa.*

–Aplauso cerrado, sensacional, bombástico –resume la *performance* que vuelve a intentar delante del público cautivo.

Lo veo centellante en el Bryant Park de Nueva York recitar, con los anteojos puestos, a comienzo de 1970. Este es su territorio, el que de manera imprevista le tocó conquistar, los árboles detrás de la Biblioteca de Nueva York. Niños de pelo largo y mujeres de abalorios y anchos vestidos de tela hindú. Una paz que sería perfecta si no supiera que acababa de excomulgarlo la Casa de las Américas de Cuba, si no pesara ya sobre él para siempre la acusación de ser un traidor demasiado flexible, un tonto útil de la CIA.

No hay nada más estrecho que el ancho camino del medio. Ese señor de canas y voz ágil que seduce a un público que ignora su idioma, sabe ahora que ha tomado sin querer el partido equivocado, el que estaba llamado a ganar la guerra fría acaba de perder la batalla más ardiente.

COMPAÑERO DE RUTA

—¿Es comunista, usted? —le pregunté una vez, mirando una instalación en que había puesto lado a lado el *Mein Kampf*, el *Manifiesto del Partido Comunista* y el *Manual de Carreño*, un libro de buenas maneras venezolano que tuvo inusitado éxito entre las señoras de sociedad de Santiago de comienzos del siglo xx.

—¿Comunista? Claro —levantó el puño izquierdo.

—¿Y de derecha?

—También.

Comunista y de derecha al mismo tiempo, a comienzo del siglo xxi Nicanor Parra había llegado a ser un anarquista independiente que votaba más o menos disciplinadamente por la centroizquierda chilena. A la hora de las entrevistas se confesaba víctima privilegiada del socialismo real, escéptico de cualquier utopía, incluida la ecológica, a la que a comienzos de los años ochenta y buena parte de los años noventa se esforzaba en adherir.

Calladamente, había devenido en un liberal anglosajón. Todo esto bajando la voz, cubriendo la boca para que los espías cubanos no pudieran leer sus labios.

—Hay que tener cuidado con los compañeros —nos advertía, como si la guerra fría siguiera, y bajaba más la voz para repetir la historia del poeta panameño que le confesó en un hotel, después de muchos tragos, que había recibido de La Habana la misión de eliminarlo pero que, borracho y divertido por la conversación, había decidido no cumplir su misión.

—La corbata de Borges. ¿Dónde está la corbata de Borges?

Amanecía cada cierto tiempo seguro de que tal o cual se la habían robado. Acusaba a Adán Méndez o César Soto, los únicos que según él podían adivinar con solo verla que era de Borges. La volvía a encontrar hundida en una pantufla para protegerla de los ladrones posibles. Enarbolándola como una victoria volvía a contar un cuento confuso sobre una conferencia de Borges en Nueva York, donde él había levantado la mano para hacer una pregunta:

–Señor Borges, en su conferencia hay una palabra que falta. La palabra imperialismo. No se puede hablar hoy, siglo XX, sin la palabra imperialismo.

Y con las manos estiradas intentaba reproducir el silencio de la sala. Borges le respondió modestamente que admiraba el imperio romano, que por parte de madre le debía todo al imperialismo inglés, que la idea de imperio le parecía mejor que la de pequeños países cantando a sus banderas y escupiendo las de los otros. Parra insistió en preguntarle por la guerra de Vietnam.

–Qué quiere que le diga –respondió Borges–, yo nunca he estado en Vietnam.

Y seguía un complejo cuento en que Borges mandaba a Norman Thomas di Giovanni, su traductor al inglés, a regalarle una corbata suya a cambio de la corbata de Parra.

No reparaba hasta qué punto esta anécdota recordaba a otro Nicanor Parra, distinto al que contaba el cuento en el sillón de Las Cruces. Un Parra revolucionario, invitado frecuente a la Casa de las Américas en Cuba, becario de la Unión de Escritores Soviéticos.

«Me declaro marxista –le dice a José Donoso a finales de los años cincuenta–, pero no soy comunista militante, y no lo soy porque estoy apoltronado. No sirvo para la lucha, para los mítines, ni para pegar carteles. Yo puedo pelear desde mi silla de intelectual. Pero mi amor está en el proletariado.»

Los comunistas de la casa de Neruda, Neruda mismo, eran marxistas por convención más que por doctrina. Parra había leído a Marx o, al menos –porque Parra podía no leer leyendo–, lo había comprendido:

«Totalmente al contrario de lo que ocurre en la filosofía alemana –dicen Marx y Engels en *La ideología alemana*–, que desciende del cielo sobre la tierra, aquí se asciende de la tierra al cielo. Es decir, no se parte de lo que los hombres dicen, se representan o se imaginan, ni tampoco del hombre predicado, pensado, representado o imaginado, para llegar, arrancando de aquí, al hombre de carne y hueso».

Es el reproche que le lanza Parra a Neruda en su «Manifiesto» de 1962:

Aceptemos que fueron comunistas
Pero la poesía fue un desastre
Surrealismo de segunda mano
Decadentismo de tercera mano,
Tablas viejas devueltas por el mar.

Acusa entonces a Neruda pero también a De Rokha de ser comunista sin ser marxista. Justo lo contrario de él mismo, imposibilitado de militar en el partido por ser demasiado marxista para ser leninista. Así se presenta en ese mismo «Manifiesto» como un redentor de una poesía que como el pensamiento del Marx va de la tierra al cielo:

Contra la poesía de las nubes
Nosotros oponemos
La poesía de la tierra firme
—Cabeza fría, corazón caliente
Somos tierrafirmistas decididos—
Contra la poesía de café
La poesía de la naturaleza
Contra la poesía de salón
La poesía de la plaza pública
La poesía de protesta social.

LA MOSCA EN LA CORBATA

Pensaba Nicanor liberarse con esas acrobacias argumentales de la obligación de elegir entre Nueva York y La Habana. Pero no podía escapar. La guerra fría no era una batalla de argumentos. Neruda no era comunista porque fuese marxista, ni De Rokha. Eran comunistas porque el comunismo era el otro poder, el otro país, el otro imperio. Estaba en juego quién sería dueño del mundo, un juego en que Chile, misteriosamente, se convertiría en cancha. En esa misma visita de comienzo de 1960, Allen Ginsberg, guiado por Carlos de Rokha, el hijo del poeta, le recomendó al gringo que no mencionara ni por un segundo su homosexualidad evidente. Ginsberg visitó a Pablo de Rokha en la comuna de El Salto.

«Hablábamos de elecciones —cuenta Ginsberg en *APSI*, una revista de oposición a Pinochet en los años ochenta de la dictadura—, de lo difícil que sería una elección en Chile si el Partido Comunista ganaba. Ellos decían entonces que, en ese caso, el Departamento de Estado intervendría, que Chile vivía a la sombra del imperialismo americano. En ese momento yo pensé que eran unos exagerados.»

A Ginsberg le tocará el privilegio de ser seguido, fichado, castigado por los dos bandos por la misma razón: su homosexualidad, su culto a las drogas, su total impudor de revelar en público todo lo que le agitaba en privado. Cuba lo expulsaría por eso. Su nombre y sus fotos ocuparán abultados ficheros del FBI y la CIA por más de dos décadas.

Parra pensó que usando toda la astucia de que era capaz podía liberarse de tener que dar exámenes finales. Los cubanos lo sorprendieron tomando té con la Pat Nixon en la Casa Blanca. Fue juzgado y condenado por la izquierda cultural justamente cuando esta alcanzó el poder en Chile con la Unidad Popular. Lejos de esa fiesta intentó seguir siendo, en plena revolución, el energúmeno al que nadie había invitado. No supo, a la hora del golpe de Estado del 11 de septiembre en Chile, condenar a tiempo a los militares. La izquierda, sus congresos, sus premios, sus afiches, sus canciones (muchas de ellas de la Violeta), lo fueron excluyendo del primer círculo. Lejos de La Habana, terminó por ser visto por la izquierda universitaria americana, y su corrección política galopante, como un sujeto incómodo. En su diario, Ferlinghetti recuerda un encuentro en Oaxaca, a finales de los años setenta. En la mitad de una calle cualquiera lo interrumpió un mendigo:

«Salido de Nicanor Parra: anteojos oscuros, un bastón, una bolsa de papel, barba gris. "¿Habla inglés? ¿Español?" ¡Trata de venderme un pedazo de lija! Hay una mosca que camina por su corbata, como en el poema de Parra».

Unos días después, Ferlinghetti se encuentra con el poeta mexicano Homero Aridjis, el director del encuentro: «Me dice que Parra fue enemigo de Allende y de Neruda, y que siempre estuvo a favor del actual régimen militar. Aridjis agrega que le informó de esto a Fred Martin, de New Directions, la editorial de Parra y mía. Me pregunto si él lo entendió. Esto ciertamente arroja una nueva luz sobre el versátil, agudo e irónico señor Parra (una mosca en su corbata)».

EL SÍNDROME DE ESTOCOLMO

Los desencuentros de Parra con el mundo, con el primer mundo para ser más exacto, habían empezado justo antes y no eran estrictamente ideológicos sino domésticos, románticos, eróticos.

«Las mujeres suecas –le explica Parra a José Donoso, sorprendido como tantos chilenos de su éxito con las bálticas– viven en una libertad erótica completa que para mí es imposible comprender vitalmente. […] Es como si el sexo no tuviera importancia para ellas y buscan el placer sin inhibiciones. […] La libertad sexual de los países nórdicos es algo… bueno, yo, que no soy ningún santo, me sentía allá un verdadero mojigato.»

Debía referirse no a la sueca oficial de aquel entonces, Inga Palmer, que alababa y criticaba por ser seria y poco aficionada a aventuras sexuales, sino a su nueva amante, Sun Axelsson, que le habría dicho: «Yo ya me tiré a la mitad de Estocolmo, y ahora me quiero cepillar a la otra mitad». Cuando contaba eso, Parra se tomaba la cabeza blanca, entre extasiado y espantado.

–¿Qué se dice después de eso? ¿Qué se dice?

Porque ese era, antes que la poesía, que las matemáticas, que la Violeta, que Neruda o que él mismo, su tema favorito: el insaciable deseo de las mujeres que lo llevaba a los más extraños viajes y extravíos. Eso lo supo con la Sun a los cuarenta y cinco años. En pleno coctel de un congreso de escritores, Nicanor clavó los ojos en la joven de pelo corto y rubio como la Juana de Arco de Jean Seberg.

«Empezamos a andar –le cuenta Sun Axelsson a mediados de 2003 al periodista Boris Bezama, que la fue a buscar al fondo de la isla de Leros en Grecia, donde la académica y poeta sueca pasó los cuarenta últimos veranos de su vida (murió en 2011)– y él se fue a vivir a mi departamento de estudiante. Se adaptaba a cualquier cosa: a la comida barata y horrible que podíamos comprar en ese tiempo. Yo lo mantenía, porque él me dijo que después en Chile se preocuparía de mí.»

—Las suecas, las suecas, ese es un capítulo aparte, toda una novela —dice Nicanor.

El sexo es, se supone, un lenguaje universal. Es, sin embargo, el lenguaje con el que más errores de traducción se cometen. Sun —«la Sunsita»— pensó que la entrega era total y convenció a su padre de que le diera su dote para seguir a Nicanor al sur del mundo.

«En Estocolmo —cuenta en su novela autobiográfica *La estación de la noche*, de 1989— decía que tenía una esposa a la que había abandonado: después agregaba que "casi" había abandonado, aunque permitía, por misericordia, que ella todavía viviera en su casa. Más tarde escribió que finalmente había hablado con ella sobre nosotros y que ella había entendido todo y lo había tomado de buena manera. Luego, un poco antes de que yo viajara, escribió que la esposa lo había abandonado en un ataque de ira y el día anterior se había llevado todo de la casa.»

Sun emprendió el viaje sin entender que la carta era una forma de alejarla de la tempestad que iba arrasando todo en la casa de La Reina, donde se había trasladado después de dejar Mac Iver 22 a finales de los años cincuenta.

«Estaba yo con mi maleta llena de sueños —cuenta en la novela Sun Axelsson—, en una escalera, a las puertas de una gran casa de piedra.»

Pero Nicanor la miró sobresaltado, tratando de fingir entusiasmo, tratando de instalar la maleta de la recién llegada en la casa, a su vez vaciada por la otra sueca, Inga, cuando supo de la llegada de su compatriota. Y Parra jurando que no pasa nada, que es una locura de la sueca 2, que la sueca 1 tiene que quedarse, que va a resolver no sabe cómo el entuerto. E Inga, toda dignidad, que se lleva todo lo suyo, es decir todo lo de los dos. Violento cambio de mando que se efectuó sin embargo con un silencio perfectamente nórdico. Hernán Valdés recuerda el momento exacto entre una sueca y la otra, cuando Nicanor Parra le abrió la puerta de La Reina, recién arrasada por el divorcio.

«Todos los funcionales muebles modernos han desaparecido. En un rincón, en el suelo, solo hay un cacharro de barro negro.

Ante mi mirada asombrada, se encoge de hombros y muestra las palmas de las manos vacías en señal de impotencia. Nunca le había visto sin afeitarse. "En física hay un fenómeno parecido", me dice. "Hay cuerpos que se succionan el mobiliario espacial." Me indica una silla de paja. "La ha traído la Catalina."»

A Valdés le extrañó la tranquilidad con que Parra asumía ese vacío.

«Inga se ha llevado incluso la nevera. No sé si arriba le ha dejado la cama. Todo ese despojamiento mobiliario da una idea de rencor y castigo.»

SUECA 2

Un rencor y un castigo por los que no se lamentó ante el amigo, pero que de alguna forma la sueca 2, Sun, sintió en cada paso que daba en esa casa vacía, vecina del canal San Carlos.

«La primera noche las pulgas se adueñaron de mi cuerpo —sigue contando en su novela—. En consonancia con mi macabra llegada fui comida en vez de obtener alimento, fui vaciada en lugar de ser llenada con el amor que tan ardientemente había anhelado. Gabriel [como llama a Nicanor en la novela] durmió en una pieza contigua, libre de pulgas, en una cama doble con una almohada que yacía junto a otra almohada, en donde otra cabeza amada había descansado.»

Despertó en una casa rodeada de ladridos de perros. Por entonces, Nicanor la llamaba Marisol (por Sun, «sol» en inglés).

«El ruido de las micros, el ladrido de los perros, las voces de la gente invadían la casa donde yo estaba. Gabriel nunca pasaba aquí. [...] Él decía lamentar que no fuera más seguido pero ahora tenía importantes tareas y, además, había leído que Freud aseguraba que la salida del semen del hombre constituía una amenaza a su poder espiritual. Lo que olvidó decir fue algo sobre cómo derrochó este noble fluido en Bondegatan. Porque ahí, literalmente hablando, flotamos en su poder espiritual aun cuando este fuese extremadamente palpable.»

Nicanor cita a Freud, se va, vuelve. No sabe qué hacer, entonces hace al mismo tiempo una cosa y la contraria.

«Una noche, luego de un largo día de labor, me tiré en la cama y empecé a leer antes de quedarme dormida. Entonces vi algo del lado de afuera de mi ventana. Primero una gran figura que tenía la altura de un hombre, la que pronto desapareció. Pero luego volví a ver la figura en todo su tamaño. Me levanté y me dirigí a la ventana. Allí se encontraba Gabriel y hacía morisquetas.»

Es una perfecta escena de *Poemas y antipoemas*, o de *Versos de salón*: el novio celoso haciendo morisquetas en la ventana. Sin aviso, Parra organizó una fiesta de bienvenida con toda suerte de desconocidos que tomaban mucho y hablaban fuerte. Sun empezó a sentir fiebre y a vomitar sin que el dueño de casa, ocupado en culparla de la huida de Inga, su matrimonio arrasado, su casa sin muebles, sus hijos esparcidos por el mundo, su vida sin tiempo ni concentración para escribir o pensar, le hiciera caso. Qué horror, qué horror, lo veo jalándose los pelos aún negros, no tengo nada que ofrecerte, llegas en un mal momento, Marisol, no sabes, no entiendes, me estás arruinando, esto no es Estocolmo, estamos en Chile, no entiendes cómo son las cosas aquí...

«La Violeta fue quien me salvó la vida: cuando yo estaba muy mal, ella obligó a Nicanor a que me llevara al hospital –le cuenta Sun en 2003 a Boris Bezama, del diario *La Segunda*–. Tenía colitis (diarrea severa) y estaba totalmente deshidratada. Cuando llegué a la posta tenía apenas seis horas de vida. Pero hay que perdonar a Nicanor, como a todo el mundo. Él tuvo una vida bastante difícil. Era muy pobre, pero brillante. Me contó que leyendo a T. S. Eliot decidió que él, pese a ser matemático, también podía escribir poesía.»

Armando Uribe, acostado en el segundo piso de su departamento del Parque Forestal, recuerda la imagen, para él ominosa, de la Violeta Parra agitando sobre la cama de hospital en la que estaba Sun Axelsson unas ramas de laurel, mientras cantaba mantras mapuche para espantar los espíritus. Sun se fue de la casa de Parra a la de variados amigos que le mostraron la generosidad más o menos lúgubre de la noche de Santiago. Borracha, de madrugada, Sun Axelsson solía mandar telegramas donde le informaba con cuál de sus mejores amigos acababa de acostarse. «Amor con... STOP. Más información luego STOP. Te quiero... STOP...» Parra, que le había aclarado en todos los tonos posibles que no eran novios, ni siquiera amigos, empezó a obsesionarse con averiguar la veracidad de los telegramas y a llamar por teléfono a esos supuestos amantes, que negaron uno a uno el asunto, con sonrisas triunfantes que no hacían nada para tranquilizar al antipoeta.

«Las preguntas llovían sobre mí —escribe Sun en su novela, contando una cena de reconciliación en un restaurante cercano al Pedagógico—, pero cuando me alcanzaban no eran preguntas sino acusaciones: "Puta, maraca, patín, cachera, mierda, concha de tu madre, zorra, huevona fácil, borracha, basura, perdida…". Y luego de eso una oración de perdón donde yo era "una santa, un sol, la personificación de la bondad, la que más lo había inspirado, su suerte, su mascota…".»

El galán le sirve el pavo de su plato a ella, para terminar por lanzarle a la cara el apio que lo acompaña: «En la oscuridad de la avenida Macul, Gabriel, ahora ya trastornado, me tiró hacia la oscuridad fuera del círculo amarillento de la lámpara. Un ranúnculo, pensé. ¡Una flor amarilla! Me agarró fuertemente por el cuello y al mismo tiempo se abrió el marrueco del pantalón, bajó mi cabeza con una fuerza brutal y obligó mi rostro a refregar su órgano en erección. El objetivo era que yo debía acariciarlo, pero yo no tenía boca. Era solo hielo. Rápidamente se subió el cierre sin soltarme el cuello. Ahora yo estaba de pie y, entonces, llamó un taxi que se cruzó».

Unos días antes de regresar definitivamente a Suecia, a fines de 1963, Sun Axelsson volvió a la casa de Nicanor. «Estaba ahí con sus pantalones de cotelé que le había comprado —cuenta en la entrevista con Boris Bezama—. Antes siempre me había dicho que si yo lo dejaba él iba a enterrar sus pantalones, pero no lo hizo… Nicanor me ha dado el valor de enfrentar todo en la vida. En un tiempo fue muy dulce conmigo, pero no pudo decidirse con cuál mujer podía navegar.»

—Le contestaré en tres versos —respondía Parra cuando le preguntaban por sus ataques violentos de celos—. Mentiría si le digo que no, pero no más que Otelo a Desdémona. Todavía está vivita y coleando.

EL CANDIDATO

—¿Usted se ha opuesto a su postulación al Nobel? —le pregunta a Sun Axelsson Boris Bezama, el periodista del diario *La Segunda*, el 6 de junio de 2003.

—Eso es una M-E-N-T-I-R-A —se indigna Sun Axelsson, ya entrada en años y en carnes, enrojecida por el uso sistemático del whisky como calmante de toda suerte de ansiedades—. No es verdad, es una calumnia. Al contrario, yo siempre lo he ayudado, he ido a editoriales pidiendo que lo tradujeran. No entiendo por qué han inventado durante tanto tiempo eso y ya es hora de que se aclare. Chile es mi segunda patria y me alegraría que Nicanor consiga el Nobel.

Esa es una parte esencial del mito de las suecas. La idea de que lo que a Nicanor le atrajo de ellas fue la obsesión por el Premio Nobel, y la idea opuesta y complementaria: que sus amores suecos fueron lo que le impidió obtenerlo.

—Nicanor es tan reconocido —dice Sun Axelsson en la misma entrevista—, tiene tantos reconocimientos, y no entiendo por qué en Chile tienen esa idea de que él debe tener también el Nobel. Ojalá lo consiga.

«¡PARRA AL NOBEL!», decía un rayado en los muros a comienzo de los años noventa (cuando los rayados antidictadura y propartidos políticos murieron de muerte natural). Había un señor de apellido Parra que merecía el Nobel casi como una compensación por habernos dado antes el Nobel a la Mistral, que nos quedaba chica, y a Neruda, que nos quedaba grande. A esos dos extranjeros completamente nacionales que hablaban otro idioma, no como Parra, a esa altura un anarquista ecológico, un hippie de La Reina, que merecía vengarnos y vengarse de Estocolmo.

Como todas las cosas más o menos serias en la vida de Nicanor, la candidatura partió como una broma. En 1969, la primera candidatura fue auspiciada por Marlene Gottlieb y un grupo de académicos jóvenes de distintas universidades norteamericanas. Postular a Parra, incluso antes de que Neruda lo ganara. Era una forma no tan secreta de provocación hacia la vaca sagrada de la poesía nacional. Por ese entonces el gobierno de Chile, la Universidad de Chile, todas las instituciones nacionales, estaban volcadas a conseguirlo para Pablo Neruda.

—Usted que lo conoce —le pregunta el periodista Bezama a Sun Axelsson—, ¿por qué cree que Parra está paranoico por el premio?

—No me atrevería a decirlo… Algunos dicen que es porque Neruda lo tuvo. Ambos eran amigos, pero después Pablo, antes de morir, me contó que Nicanor se portó terriblemente mal. Antes de que Nicanor se vaya donde los ángeles, espero que se libere de esta paranoia. Me gustaría que sea feliz con lo que ha hecho, con su genio.

El hecho de que Neruda lo haya conseguido en 1971 aceleró, en vez de calmar, su necesidad de conseguir el premio. Manuel Alcides Jofré, el rubicundo profesor de la Universidad de Chile encargado de varios de los intentos de postulación de Nicanor, los resume:

«Sabíamos de las presentaciones anteriores por parte de Marlene Gottlieb (1995), con un conjunto de profesores estadounidenses, y de la Universidad de Concepción (1997), todo ellos en la década de los noventa. Esmeradamente empezamos a preparar los primeros dossieres de este siglo con casi toda la documentación en inglés. En los años siguientes, seguimos remitiendo puntualmente un grueso envío a Estocolmo, esperando que entre los ciento veinte postulantes de cada año estuviera el nombre de Nicanor Parra. Con todos los nuevos documentos acumulados cada año, el dossier prontamente llegó a dos volúmenes (160 páginas en total)».

Aunque de manera misteriosa el dossier, según Jofré, aterriza en Madrid, donde consiguen que le entreguen a Parra el Premio Reina Sofía. En 2010, las mismas personas, más la UDP, lideraron un nuevo intento, que Jofré resume así:

«La rectoría de la Universidad de Chile, con Víctor Pérez a la cabeza, organizó un comité donde participaba el Canal 13, la

DIBAM, la DIRAC, del Ministerio de Relaciones Exteriores, el Consejo de Rectores, Carlos Peña por la Universidad Diego Portales, Mario Rodríguez por la Universidad de Concepción, la Facultad de Filosofía y Humanidades con el decano Jorge Hidalgo a la cabeza... Y un largo etcétera de profesores y autoridades universitarias. Más importante fue la organización en Estocolmo de un seminario sobre Parra en el que hablaron el rector de la UDP, Carlos Peña, el profesor de Brown, Julio Ortega, y el director del Instituto de Estudios Latinoamericanos de la Universidad de Londres, William Rowe. No lograron conmover a la Academia, que prefirió darle el premio a Mario Vargas Llosa».

¿Creyó realmente Nicanor Parra que podría ganar el Premio Nobel? ¿Pensó que podría ser el tercer poeta chileno en recibirlo? ¿Pensó que el país que recibió a más exiliados chilenos en el mundo se olvidaría de que no se exilió, que se quedó en Chile, más o menos tranquilo, en sus distintas casas durante toda la dictadura?

Lo veo sentado en el sillón de la casa de Las Cruces, revisando el dossier de su última postulación, la que encabezó la Universidad Diego Portales en 2012. Hojea en la carpeta que le muestra el poeta y académico Rodrigo Rojas, de la Portales, contando en voz alta los apoyos conseguidos: la Universidad de Leiden en Holanda, la Portales, la de Chile.

«Un volumen de 30 por 30 con papel couché –describe Manuel Alcides Jofré el dossier–, un libro objeto con todos los materiales reunidos hasta la fecha, en inglés. En total 250 páginas. Esa edición del dossier incluyó la carta de patrocinio, una extensa fundamentación, una cronología biográfica, una cincuentena de cartas de apoyo, una bibliografía completa, una antología de los mejores poemas en inglés, copias de las más importantes críticas publicadas, reseña de los premios obtenidos. Estaban incluidos allí: las cartas del expresidente Ricardo Lagos, una misiva de Sun Axelsson en sueco, reivindicando a Parra, una carta de Fernando Flores, cartas de numerosos rectores de universidades chilenas públicas y privadas, las declaraciones de Harold Bloom proclamando a Parra al Nobel, el documental sobre Parra realizado por la UDP, numerosos fragmentos y citas de crítica parriana nacional e internacional.»

–Falta alguien en Estados Unidos. Falta… –Y busca en el aire nombres de académicos que conoció o leyó, que podrían sumarse a «la mafia».

–Pero no es poco, Nicanor –le contesta Rodrigo, que le cuenta cómo van las gestiones para que lo apoyen Columbia, Chicago, Berkeley, quizás Oxford.

Mira las cartas de los profesores, innumerables muestras de apoyo en términos ditirámbicos de toda suerte de hispanistas, profesores de lengua romance, traductores.

–¿Y el gobierno está cuadrado con esto? –pregunta Nicanor, que ha visto cómo con Neruda y la Mistral el apoyo oficial fue decisivo.

Rodrigo Rojas nombra gestiones, personas, iniciativas, hasta conseguir calmar al antipoeta.

–Nooo, esto es serio, esto es de verdad por fin. Esto es un trabajo de verdad –concluye–. No como la otra vez. –Y con una mano se cubre la mitad de la cara.

Y sin nombrarlo se refiere al movimiento Machitún de 1994. El año en que empezaron a rayar «PARRA AL NOBEL» y a pedir entre los amigos y conocidos dinero para un viaje a Estocolmo que nunca se hizo. Mucho video, mucha fanfarria, muchos fondos públicos para los organizadores, y ni una traducción al sueco o al inglés, que es lo que importa, todo liderado por Viviana Vicencio, un colorido personaje que terminó por perderse en la nada.

«No voy a mencionar el desastre de Machitún –confiesa Manuel Alcides Jofré en su informe sobre las postulaciones de Parra–. El ejemplo más antipoético de todos es más bien una carta que le presenté hace algunos años (1994) a José Antonio Viera Gallo, la cual le fue enviada al congreso, con una misiva suya, y allí acordaron remitirla a Di Girolamo, por entonces director de la fenecida División de Cultura del Mineduc, el cual le pidió a Eduardo Carrasco, mi colega y amigo, que lo conversara conmigo en la Universidad de Chile, lo cual hicimos en un patio de Filosofía y Humanidades. Hasta allí no más llegó todo. Al final sentí que yo debía responder a mí mismo y que no había ni siquiera un diálogo de sordos, sino más bien unos ademanes entre ciegos.»

–Noooo, todo al revés –sonríe Parra con cierta coquetería porque perder el Nobel era también ganarlo.

Parte esencial de su personaje. El chileno ninguneado por los académicos, el David lanzando guijarros de papel al Goliat nórdico. No conseguirlo era una manera de rechazarlo sin tener que rechazarlo. Su orgullo necesitaba de ese premio también, era algo que podía perfectamente informarle a la Academia ídem tanto la sueca 1 como la sueca 2.

PABLITO

El Premio Nobel era de otro, del Otro, de «el poeta».

«"El poeta", palabras de ese tiempo. Manda a decir esto o lo otro "el poeta". Nadie preguntaba "¿Qué poeta?". "El poeta" era Pablito y nadie más.»

—Homero y Hesíodo, Esquilo y Aristófanes: todo poeta necesita un antipoeta, parece —se extrañaba Nicanor Parra saliendo del restaurante El Kaleuche, el restaurante de El Tabo, su cuartel general en la primera década del siglo XXI.

—¿Usted es el antipoeta de quién? —le pregunto yo.

—Del Pablito, parece. —Y se queda callado, buscando alguna roca en que instalarse—. No hay día en que no piense en Pablito.

El viento despeina las canas que quedan. El sol cae entre las rocas. El tono con que deja escapar eso es el de una confesión. Juro, sin tener cómo probarlo, que esta vez hay algo de dolor, algo de arrepentimiento, algo de orgullo en la voz que menciona al amigo muerto.

—Se las traía Pablito, eso sí, nooooo, pucha el Pablito.

Y recita contra la brisa marina los más juveniles versos de Neruda:

> *La mariposa volotea*
> *y arde —con el sol—; a veces.*

> *Mancha volante y llamarada,*
> *ahora se queda parada*
> *sobre una hoja que la mece.*

—Y mira esto. Esto de aquí, mira ahora, ahora.

Y baja la mirada y deja correr el silencio, una ola, otra, hasta que su memoria restituye enteros los versos que quiere convocar:

Me decían: —No tienes nada.
No estás enfermo. Te parece.

Era la hora de las espigas.
El sol, ahora,
convalece.

Todo se va en la vida, amigos.
Se va o perece…

—Se las mandó el Pablito, con eso. Pucha el *Crepusculario*. ¿Qué se hace después del *Crepusculario*, me pregunto yo?

Era el primer libro de Pablo Neruda. Lo escribió a los veinte años, en pensiones de mala muerte donde fingía estudiar para profesor de francés. Lo publicó en 1923, gracias a que Hernán Díaz Arrieta, el temido crítico que firmaba como Alone, le regaló el dinero para imprimirlo. Un libro que a la postre avergonzaba a Neruda, autor de otras tantas obras gigantes que Parra quería vistosamente pasar por alto.

—¿Por qué pelearon? —pregunto.

—¿Pelear nosotros? ¿Cómo iba a pelear yo con el Pablito? —sobreactúa su espanto Nicanor Parra—. Yo le debo todo al Pablito. —Y deja pasar el silencio en que sé que no debo preguntar nada—. Nos hicieron pelear, parece. Esa fue la verdad. Se interpuso gente entremedio que le hizo creer a Pablito cosas que no eran. ¿Tú sabes la frase que se mandó conmigo?

Y recita con total convencimiento:

—«Nicanor Parra está a la cabeza de una maniobra internacional anti-Neruda. Pero voy a dejar caer todo mi poder, que es muy grande, en la cabeza del señor Parra». ¿Tú conocías ese poema?

—¿Dónde escribió eso Neruda?

—No lo escribió nunca. Lo mandó a decir, como se hacía en esa época. La poetomaquia, te ubicas, la guerrilla literaria, que le dice la Faride Zerán.

Faride Zerán es una periodista cultural que publicó *La guerrilla literaria* en 1992, un libro con las historias de las peleas y polémicas entre Pablo Neruda, Vicente Huidobro y Pablo de Rokha.

—Yo miro todos los días desde la ventana la tumba de Vicente Huidobro. Parece que Vicente ganó la pelea al final.

Desde el jardín de la casa de Las Cruces se ve a lo lejos el cerro de Cartagena donde enterraron a Vicente Huidobro.

—¿Y era amigo suyo, Huidobro? —le pregunto.

—Nooo, cómo se te ocurre —se toma horrorizado la cabeza—. No se podía hacer eso en ese tiempo. Si yo estaba completamente identificado con el bando de Neruda. Uno no se atrevía a cambiar de bando.

Se agarraba la cabeza del mismo modo cuando Adán Méndez le contó que la novia de Johnny Depp se había grabado sobre los músculos unos versos de Pablito. «Eso síííí, eso essss», no dejaba de exclamar, porque eso era la gloria, la única que valía.

—¿Cómo era Neruda? —le pregunto, sin saber que es justamente el tipo de pregunta que no está dispuesto a responder porque evita como la peste las descripciones.

UN CABALLERO CHILENO

¿Flaco, gordo, simpático, pesado? Busco a Neruda en YouTube. Lo veo dando una entrevista para la televisión noruega, tratando de hacerse entender ante la periodista que testarudamente cree saber castellano. Es un hombre con corbata, frente a la biblioteca de la embajada de Chile en París. Los muebles no los escogió él: todo roble el salón, mullidos sillones de cuero, comodidad oficial para su cuerpo carcomido por el cáncer. Sin poncho, sin boina, sin mar, es un caballero chileno que habla de política con cuidado, con astucia, con inteligencia.

Lo que más me llama la atención es la forma en que escucha, atenta. Su poesía no incorporaba programáticamente, como la de Nicanor Parra, al hombre de la calle, ni buscaba frases hechas del transeúnte del paseo Ahumada, y sin embargo ese tono nasal con que Neruda recitaba era la respiración común del señor que compra el diario en la esquina.

«Pienso que soy un poeta natural», dice Neruda en la pantalla de mi computador, explicando su relación con los pájaros y el mar. Es un poeta que no ama la naturaleza, cree que es la naturaleza. Tiene vocación de volcán, de roca, de mar. Así la casa de Isla Negra de Pablo Neruda, abraza el mar. Se construyó sobre una pendiente abandonada, justo cuando terminan la playa y las rocas. La Isla Negra, que no es una isla ni es negra, era, cuando se instaló Neruda, apenas un caserío en que todos se casaban entre ellos, produciendo hijos ciegos que se dedicaban curiosamente a tejer escenas de su vida, cuadros, recuerdos.

VECINOS

Neruda instaló ahí una casa de piedra a la que le fue agregando alas y más alas y colecciones de mascarones de proa, caracoles, conchas, botellas de vidrio verde, caballos de carrusel y excusados pintados de flores. Un poco más abajo estaba su escritorio, en una cabaña abandonada de madera que miraba directamente el mar. Aprovechaba el refugio para dormir siesta y leer novelas policiales mientras arriba seguía la comilona perpetua, los amigos, los compañeros, las visitas nacionales e internacionales que recibía con paciencia y pasión semana tras semana.

Parra también tiene casa en Isla Negra (como tuvo una Paula Jaraquemada lo más cerca posible de la casa de Neruda en Los Guindos). La casa de Parra en Isla Negra es el contrario exacto de la de Neruda: un escondite al fondo de una calle torcida, ahí donde el pueblo se vuelve barrial. No mira el mar sino a los eucaliptos que la rodean. La casa, que es más bien una cabaña, parece haber sufrido un huracán. Ahí no se colecciona nada a no ser corrientes de aire y frío. Ahí venían y se iban los visitantes de la casa de Neruda.

–¿Tú sabes lo que me mandó a decir el poeta con Jorgito Edwards en la Isla Negra? «Tan inteligente que es Parra, lástima que se le note.» Eso me mandó a decir con Jorgito Edwards que alojaba con el poeta en la Isla Negra. ¿Sabes lo que le mandé a contestar de vuelta con el mismo Jorgito?

–¿Qué?

–Inteligente Neruda, lástima que no se le note.

En un avión camino a Madrid, el poeta y crítico Federico Schopf me cuenta de un almuerzo en la casa de Nicanor Parra en Isla Negra, donde el invitado principal era Neruda.

–Lo sentó justo frente a un retrato de Mao –se reía Schopf, que abundó en detalles de cómo Parra había pasado la mañana entera organizando los lugares en las mesas para que Neruda quedara aislado, estratégicamente inmovilizado frente al retrato de Mao, justo cuando el comunismo chileno había lanzado una verdadera *razzia* contra todos los maoístas.

Quizá por eso le resultó tan fácil a Parra traducir *El Rey Lear,* porque vivió en una corte con sus reyes, sus duques, sus batallas, sus protocolos y sus bufones. Toda la paranoia, todo el protocolo del mundo lo aprendió de su perpetuo vecino, «el poeta».

DISCURSO DE SOBREMESA

«Hay dos maneras de refutar a Neruda —dice el profesor Parra al comienzo de su discurso de recepción de Pablo Neruda como profesor emérito de la Facultad de Pedagogía y Letras de la Universidad de Chile en 1962—: una es no leyéndolo, la otra es leyéndolo de mala fe. Yo he practicado ambas, pero ninguna me dio resultado.»

Pero ¿por qué refutar a Neruda en un homenaje a Neruda? Nicanor Parra, que no ha dejado nunca de ser profesor titular de la Universidad de Chile y tiene por eso el derecho y la obligación de dar la bienvenida al premiado, aprovecha la ocasión para lanzarse él también en la poetomaquia.

«Señoras y señores, yo no soy un nerudista improvisado —sigue Parra con ese discurso en el límite entre una declaración de amor y una declaración de guerra—. El tema Neruda me atrae vigorosamente desde que tengo uso de razón, no hay día que no piense una vez en él por lo menos. Lo leo con atención, sigo con asombro creciente su desplazamiento anual a lo largo del zodíaco, lo analizo y lo comparo consigo mismo, trato de aprender lo que puedo.»

Y para dar señal de lealtad lee ahí mismo, en la casa central de la Universidad de Chile, un poema que le escribió a Neruda cuando, perseguido por la policía de Gabriel González Videla, arrancó a caballo por la cordillera y se convirtió en el símbolo de los comunistas injustamente proscritos:

«Y aquí viene un paréntesis. Tal vez en el método de combate sea, después de todo, donde estribe la diferencia entre poeta soldado y antipoeta: el antipoeta se bate a papirotazos, en circunstancias de que el poeta soldado no da un paso sin su ametralladora portátil. Por razones de carácter personal el antipoeta es un francotirador. Lucha por la misma causa, pero con un método completamente distinto, sin negar al poeta soldado, colaborando con él desde lejos, aunque su método pueda parecer ambiguo. Se cierra el paréntesis».

Se acaba al fin el discurso de Parra, todos esperan una respuesta de Neruda. Un tirón de oreja o una palmadita en los hombros. Neruda levanta su redonda inmensidad de la silla en que escuchó al delgadísimo Parra homenajearse a sí mismo. Camina hacia la testera, se pone los anteojos de carey y empieza a leer una conferencia personal y sin aspavientos sobre Mariano Latorre y Pedro Prado, dos escritores que brillaban cuando él empezó a escribir. Al final de su conferencia alude a las palabras de Parra:

«Aquí mismo y hace escasos minutos, me ha conmovido una vez más la desbordante vocación, la prodigiosa invención con que Nicanor Parra consteló generosamente esta sala y encendió una fosfórica luz sobre mi cabeza provinciana».

Al agradecer su discurso, sitúa a Parra en el lugar que más le incomoda: el de los ingeniosos, los fosforescentes. Un científico loco, un bufón iluminado que tiene permiso para atacar a la corte siempre que lo haga entre acrobacias y rimas raras. Neruda evita el conflicto público. No escribirá nada contra Nicanor Parra. Su táctica será el silencio o, peor aún, el comentario cansado, cuando después del acto se reunieron a comer y a beber y le tocó a Nicanor recitar uno de sus últimos poemas de *Versos de salón*:

> *¿Somos hijos del sol o de la tierra?*
> *Porque si somos tierra solamente*
> *No veo para qué*
> *continuamos filmando la película:*
> *Pido que se levante la sesión.*

«Yo creí que lo iba a sorprender con estos poemas —le explica Parra a Leonidas Morales—, que iba a quedar encantado. Él se quedó callado, y no se quedó callado sino que después dijo: "Que Nicanor lea unos poemas más explícitos, porque nos está haciendo pensar demasiado".»

Eso, nada más, nada menos. Un peso completo que no quiere pelear con un peso mosca.

VACA SAGRADA

De todas las ofensas supuestas, reales e imaginarias de Neruda hacia Parra, la peor quizá fue la de haberse negado a considerar a Parra un contrincante, a pesar de que los insultos del antipoeta se hicieron cada vez más evidentes.

«Nosotros condenamos», escribe en su «Manifiesto» de 1963:

> —Y esto sí que lo digo con respeto—
> La poesía de pequeño dios
> La poesía de vaca sagrada
> La poesía de toro furioso.

¿Por qué no nombra a Huidobro (el pequeño dios), Neruda (la vaca sagrada) y De Rokha (el toro furioso) explícitamente, cuando es imposible no pensar en ellos al leerlo? ¿Miedo, respeto, sutileza?

«¿Cuándo me vas a dejar pasar?»: Parra no pronunció nunca esa frase de Enrique Lihn, pero esa frase movió cada fibra de su cuerpo, explicó la mayor parte de su rabia.

Pero Parra no era Lihn y Neruda no era Parra. Sabía Nicanor que tenía que enfrentar a un gigante. Neruda era una figura mundial e inevitable, a la altura de T. S. Eliot, Pound, Breton y pocos más. Mover su estatua de las plazas del mundo demandaba una energía sin fin ni comienzo. Una energía que Parra se aseguró de acumular pacientemente durante décadas antes de lanzarse a la batalla. ¿No ha vivido cien años para eso, para abandonar el siglo xx, que era el siglo de Neruda, y tener derecho a un siglo, el xxi, para él?

SOLO EN MADRID

—Al suelo —me ordenó Nicanor Parra cuando vio, desde la reja de la casa que su hija Colombina construyó en la misma calle Lincoln de Las Cruces, a un desconocido tocando el timbre de la suya.

Otra de las visitas que llegan sin avisar, orientadas por el rayado con espray que sobre su puerta dice ANTIPOETA. Otro más buscando una firma, un apoyo, una frase de Nicanor Parra que le cambie la vida. Rodrigo Rojas, director en ese entonces de la carrera de Literatura Creativa de la UDP y colaborador cercano de Nicanor, fue valientemente a encarar a la visita, mientras con Parra nos hacíamos cada vez más diminutos detrás de los arbustos.

—Parece que es un pintor de apellido Gana —le susurró Rodrigo Rojas después de hablar con el hombre—. Quiere mostrarte unos dibujos de un libro inspirado en ti.

—Nooo… pintores, eso sí que nooooo… —gimoteó, mientras mirábamos entre las ramas cómo Rojas volvía y le explicaba que Nicanor Parra no estaba, que se había ido.

»Pensar que el Pablito soñaba con eso —susurraba Nicanor Parra—. Pensar que eso es lo que quería el Pablito.

—Pero si eso es lo que dijo Neruda de Nicanor —apunta Jorge Edwards en Madrid—. ¿Tú sabes esta historia, no cierto…? En París llegó una señora con su hija y un cuaderno escolar que «el poeta» tenía que autografiar casi entero. Neruda, con esa voz nasal que tenía, comentó al pasar: «Y pensar que esto es lo único con que sueña Nicanor». Tómate un whisky, hombre.

Dice que tenemos que tener fuerza para ir al encuentro de una especie de novia que colecciona embajadores homosexuales y con la que no sabe si está peleado o son amigos.

—Mira, las mujeres, tú sabes cómo son. —Y la mano pequeña revuelve el aire con un cierto capricho dieciochesco, porque libertino, calmado, vanidoso, gozoso, amigable aunque frío, nunca ha salido del siglo XVIII, un siglo del que no queda en Chile casi ningún otro vestigio.

Hay quienes pecan de falsa humildad. Edwards peca de falsa soberbia. Le gusta nombrar gente importante, pero prefiere a los amigos sin importancia para emborracharse y hablar de mujeres. Fue el mejor alumno de todos los colegios y universidades por los que pasó. Podría haber brillado en el derecho, en la política, en la diplomacia, pero decidió ser escritor, la única profesión donde todas sus ventajas eran vistas con sospecha. Sobrevivió, pero eso de alguna forma determinó su extraño tipo de soledad. O quizá la soledad vino antes, y era lo que buscaba en la literatura, estar solo en un departamento en el barrio de Alonso Martínez, de Madrid. Ochenta y cuatro años, viudo, los hijos en Chile, sin nietos, algunas novias y muchos libros. No vuelve a Chile porque sus amigos han muerto, o sospechan de él desde que fue embajador en París del presidente derechista liberal Sebastián Piñera.

—Lo conocí por Neruda a Parra. Aunque la primera vez que fui a donde Neruda, Nicanor no estaba —me cuenta Edwards—. Pero la segunda vez ya estaba instalado en Los Guindos, la casa de la Hormiguita, la mujer de Neruda de ese tiempo. Era parte del grupo Neruda. Era un mundo raro ese. Mucho colorido, mucho pipeño, mucha fruta que Neruda compraba personalmente. Muy chileno todo. Gente que jugaba rayuela corta, que lanzaba tejos en la arena, ese tipo de cosas. Estaba Tomás Lago, por ejemplo, que hablaba igual que Neruda, pero decía cosas muy obvias con tono de profundidad. A Neruda le gustaba la viveza popular de Nicanor. *La cueca larga*, los esquinazos. Eso lo ofendía a Nicanor, que siempre quiso ser inteligente. Pablo era al revés, le gustaba disimular la inteligencia lo más posible. Le gustaba jugar a ser sencillo… ¿Tú sabes cómo conocí a Neruda? Tu tío Mario Rivas… un personaje muy particular, tu tío, un señor todo vestido de blanco, tu tío Mario, con bastón de espada para defenderse de las personas que ofendía en el diario. Una especie rara, una suerte de dandi en la frontera de lo delictual. Un personaje muy del Santiago de entonces. «Neruda quiere hablar contigo», me dijo. Yo le había mandado mi libro de cuentos, *El patio*, por correo normal, sin esperar nada, con total ingenuidad. Yo pensé que se iba a perder en una montaña de libros y fíjate que lo leyó y quería hablar conmigo.

Esta era quizás otra cosa más que había aprendido Parra de Neruda: invitar a su casa a cualquier escritor joven que le intrigara lo suficiente. Aunque en el caso de Edwards, a Neruda también le intrigaba el apellido, que es el mismo que el de los dueños de *El Mercurio*.

«Es muy difícil ser escritor y llamarse Edwards en Chile», le advirtió Neruda cuando lo conoció.

—Yo fui bien amigo de Nicanor. Hicimos un viaje épico por todos los países del este para ir a Cuba. Duró semanas. Había que ir a Madrid primero, de ahí a Checoslovaquia y de ahí a Cuba. Estuvimos como una semana en cada lugar.

No hay dos personalidades más distintas, dos escrituras más disímiles que las de Jorge Edwards y Nicanor Parra, pienso, pero en casi todos los videos y conferencias de Parra se ve, a su lado, a Jorge Edwards. Compartieron la amistad con Enrique Lihn y los años de exilio interior en el Chile de la dictadura, cuando la izquierda organizada los despreciaba y la dictadura los hacía callar.

—Parece que ya no somos tan amigos. Se agrió cuando le dimos el Premio Cervantes a Gonzalo Rojas. Tú sabes que yo voté todo el tiempo por Nicanor, pero cuando vi que no conseguía quórum, se lo di a Rojas para que al menos ganara un chileno.

«A otro Parra con ese hueso», pienso que diría Nicanor si estuviera aquí para responder, mientras trago lo que queda de mi whisky para no decir nada. La poetomaquia no perdona. El Nobel era un juego improbable, el Cervantes —que ganaron, antes que Parra en 2011, Edwards en el 99 y Rojas en 2003— era una ofensa personal: Gonzalo Rojas, del cual, pese a que había sido su amigo, casi su hermano, leyéndose uno al otro, visitándose en Valparaíso, Santiago y Concepción, había pasado los últimos cuarenta años distanciándose, representando cada uno un polo posible de la poesía chilena, el lírico y surreal-telúrico Rojas, el lúcido y crítico Parra.

—Nicanor le da importancia a esas cosas, que son una lotería, tú sabes. Yo hice lo posible. Hablé mucho con él en ese periodo.

EL CLAN EDWARDS

Los vi juntos justo en la época de la deliberación del premio. Fue también una de las pocas veces que vi a Nicanor Parra lejos de su reino de Las Cruces. Fue después de una presentación apoteósica del primer tomo de las *Obras completas & algo +* en la Feria del Libro de Santiago en noviembre de 2006, a la que Parra hizo lo posible para no llegar, desviando el auto que lo llevaba a Santiago con distintos síntomas de enfermedades probables. Lo presentaba el expresidente Ricardo Lagos que, con el tomo lleno de Post-it y subrayados, esperaba en el predio de la feria porque Parra le había dicho que quería conversar con él antes de la presentación.

Llegó la hora del acto en la catacumba central de la Estación Mapocho, llena a rabiar de gente. El expresidente seguía esperando. Descubrió en el público al expresidente de Colombia, Belisario Betancourt. De pronto, decidió que ya llevábamos demasiado tiempo probando el micrófono y dio por comenzado el acto. Bastó que lo hiciera para que apareciera como un fantasma Nicanor, del brazo de su hijo Juan de Dios, alias el Barraco. Con un gesto displicente les dio permiso a los oradores para que siguieran hablando. Le tocaba al profesor Mario Rodríguez, que apuró como pudo su discurso.

Después, Parra se peinó con la mano y leyó «El hombre imaginario» mientras su hijo tocaba la guitarra. A la salida, la multitud nos empujaba sin piedad, pero Nicanor parecía pastorearla. Mientras avanzaba, recogía con una mano a los que quería convocar: yo, Patricio Fernández y Jorge Edwards, que firmaba ejemplares de su crónica novelada *El inútil de la familia* en el stand de Alfaguara.

—Jorge —lo llamó—. Vamos, Jorge.

Y Jorge Edwards, a quien nunca vi antes obedecer las órdenes de nadie, se unió a la manada que quería tocar la chaqueta, el sombrero, el chaleco blanco de Nicanor Parra, que iba escogiendo lazarillos y guardaespaldas para partir en dos la multitud como Moisés en el mar Rojo.

No sé cómo, llegamos a la casa de Patricio Fernández, en la calle Austria. Nicanor flanqueado por su hijo Juan de Dios, por su hija Colombina, que estaba con su marido de entonces, Hernán Edwards. Ellos acamparon en el extremo más cercano a la puerta del salón. Jorge Edwards, Pablo Dittborn, gerente general de la editorial que publicaba las *Obras completas & algo +*, y yo, nos esparcimos por los sillones disponibles. Patricio Fernández y su mujer, Claudia, circulaban nerviosamente, tratando de que no faltara nada.

—Yo soy Edwards también, cuidadooooo, ah —lanzó Nicanor—. Soy parte del clan Edwards ahora —dijo, señalando a su yerno, Hernán.

—Conozco perfectamente al papá de este joven, arriendo su casa en Zapallar —dijo Jorge Edwards, con algo que era más que desgano, adivinando que estaba ahí para eso: asegurar su lealtad a la causa Parra justo antes de irse a Madrid a votar el Premio Cervantes.

—Demasiados Parra, todo lo hacen en familia esos gallos —me dice en Madrid Jorge Edwards—. Ángel, la Isabel, la Violeta. Yo la conocí harto, en París, a la Violeta. A mí me gustan los poemas sentimentales de Nicanor y *La cueca larga*. Lo otro, más o menos, no más. Pero interesante el gallo, no te lo puedo negar que es interesante. La Violeta estaba medio enamorada de mí, tú sabes. Medio enamorada de mí y medio enamorada de Sergio Larraín, con el que no tuvo ningún éxito porque el Queco Larraín era lo menos sexual que hay. La Violeta tenía un ego increíble. Cuando yo trabajaba en la embajada en París me decía: «Tú trabajas para Chile, yo soy Chile, así que tienes que trabajar para mí».

Un ego desmesurado, pienso yo, pero al mismo tiempo perfectamente realista. Porque de verdad Violeta era Chile. Claro que ¿cómo iba a saber eso Edwards en 1966? Esa certeza marea a los Parra. La seguridad de que son únicos, la certeza de que son historia, carne de estatua.

AL FINAL DE LA CUESTA

—Vamos a llegar tarde —me dice Jorge en Madrid—. No quiero llegar demasiado temprano pero tampoco demasiado tarde. Si no, me puede matar esta niña. Vas a ver, es una situación rarísima. Está el marido, que se supone sabe todo. Aunque tampoco pasa nada. No sé. Es absurdo. Vamos andando. A mi edad, fíjate, estar preocupado de esas cosas. Llamé el otro día a Nicanor, cuando pasé por Santiago, pero respondió un señor del sur. Me dijo que me mandaba un abrazo, Nicanor, pero que no veía a nadie.

El señor del sur, sabía yo, era Adán Méndez, que me contó el otro lado de la escena. Nicanor exclamando, cuando le dijo que llamaba Jorge Edwards: «¿Jorge Edwards? Puro Neruda, Jorge. Noooo estoy. Dile que le mando un fuerte abrazo, pero que ya no veo a nadie». Aunque esa semana, la semana de su centenario, recibió a la presidenta, a los directores de casi todos los diarios, a variados amigos, a representantes de toda suerte de fundaciones.

—Hubo un lío con una novia de un hijo que Nicanor pretendía. El hijo menor, parece. Le quitó la novia al hijo, parece… Una cosa medio sórdida en que tuve que hacer de mediador. Es raro Nicanor… Raro —sigue contando Edwards mientras el taxi dobla por la plaza de España hacia el Palacio Real.

»Esa fue la última vez que hablamos profundamente. En el fondo quiere a poca gente, Nicanor. A Cristián Huneeus lo quería. Con Lihn competía. Fue la primera persona que me habló bien de Zurita. Es un poeta norteamericano, Nicanor. Ginsberg, todos esos lo descubrieron. En California en los sesenta, ese fue su momento de gloria. Estaba en su salsa. Bajémonos aquí. Subimos la calle y ya estamos.

Bajamos del taxi. Jorge se adelanta, subiendo una cuesta llena de bares. Su cuerpo lo obedece sin chistar a pesar de los años y la falta presumible de ejercicio. Me resulta admirable eso, la resistencia de Parra y la de Edwards, que tiene que ver con sus libros o con la idea de la literatura que me hacía cuando me puse a escribir rodeado de los retratos de todo tipo de tísicos, jorobados y suicidas adolescentes. Escribir es establecer una relación privilegiada con la muerte, pienso al verlo. Es permitirse borrar sus bordes, quizás atravesarla como la atraviesa Edwards, su impermeable café, sus escasos pelos blancos, su mirada de eterna ironía, sus hombros derechos desafiando sin temor a la ley de gravedad, una botella de vino debajo del brazo y una serie de frases para la dueña de casa.

—Vamos, es arriba, al final de la cuesta. Si nos aburrimos, nos vamos a otro lado.

Era la longevidad lo que yo buscaba en la literatura, descubro ahora. Ese sometimiento del cuerpo, del tiempo, de las propias cualidades o defectos congénitos, lo que me hizo ser escritor. Ser inmortal es lo que quería Neruda, es lo que quiere Parra, es lo que quiere Edwards, es lo que quiero yo.

¿Qué cuesta intentarlo? Todo. Todo, y un poco más también.

MOSCÚ

–¿Usted qué hace aquí? –El periodista y escritor soviético Ilyá Ehrenburg, veterano comunista, se sorprende de encontrar al chileno Nicanor Parra en una calle de Moscú en pleno verano de 1963.

–Me invitó la Sociedad de Escritores.

–¿Y sabe lo que es eso?

–Me basta con saber que es una corporación soviética.

–Usted es muy ingenuo. Si supiera qué es, no habría aceptado la invitación.

La Unión Soviética ilusionaba a cualquiera menos a los comunistas a comienzos de los años sesenta del siglo pasado. Parra tenía la ventaja de no ser militante comunista (un militante hubiese tenido más temor de aparecerse así sin más en Moscú). Quizá por eso mismo le encargaron traducir del ruso, un ruso que nunca aprendió del todo ni a hablar ni a leer, una antología de poesía soviética. Ayudado por Agustín Manzo y Vicente Arana, dos hijos de republicanos españoles expelidos a Rusia cuando eran niños, descubrió que Pushkin no escribía en el idioma de la calle, pero la gente en la calle hablaba en la lengua de Pushkin. No había en la Rusia de entonces mayor honor y mayor peligro que ser poeta. Poetas de recitales en teatros multitudinarios. Poetas de dacha propia y cafetería gratuita cerca de Yalta. Poetas venerados, temidos y amados por miles y miles de lectores. Poetas represaliados, presos, escondidos, censurados como Anna Ajmátova, que recibió en cama al joven poeta chileno, los ojos verdes, la caballera negra, la mirada traslúcida que dice sin decir su espera delante de las cárceles de Stalin, la muerte de su marido:

«En los terribles años de Yezhov hice cola», cuenta en su poema «Réquiem»:

Durante siete meses delante de las cárceles de Leningrado.
Una vez alguien me reconoció. Entonces
Una mujer que estaba detrás de mí, con los labios
Azulados, que naturalmente nunca había oído mi nombre,
Despertó del entumecimiento que era habitual en todas nosotras
Y me susurró al oído (allí hablábamos todas en voz baja):
—¿Y usted puede describir esto?
Y yo dije:
—Puedo.
Entonces algo como una sonrisa resbaló en aquello que una vez
                                        [había sido su rostro.

«Réquiem», que Parra tradujo pero olvidó estratégicamente publicar en la primera edición, de 1966, de su antología de poesía rusa, para incorporarlo en la segunda, de 1971, cuando la ruptura con «los compañeros» era irreversible.

UN POCO DE NIEVE

Nicanor Parra lee a Mayakovski en Moscú como leyó a Whitman en Rhode Island y a John Donne en Oxford. De cada uno absorbe hasta la médula lo que necesita para situarse donde está, buscando en la poesía local un puente con el país que dejó. De Mayakovski, los versos en escalera, como construcciones en el espacio, totalmente libres y al mismo tiempo siempre pendientes del lector.

Como en Rhode Island, como en Oxford, cae la nieve en enormes edificios de ladrillo en los que nadie lo conoce. Como en Rhode Island, como en Oxford se arrepiente, se pregunta, se arremolina. Pero no tiene treinta años, como en Rhode Island, sino cincuenta.

«Solo», dice, confiesa, declara, susurra en sus *Canciones rusas* de 1964:

> *Poco*
> *a*
> *poco*
> *me*
> *fui*
> *quedando*
> *solo.*
>
> *Imperceptiblemente:*
> *Poco*
> *a*
> *poco.*

Triste es la situación
Del que gozó de buena compañía
Y la perdió por un motivo u otro.

Cincuenta años, una carrera, traducciones, admiradores, detractores, un hijo nuevo con Rosita Muñoz. Tiene por primera vez la sensación de estar envejeciendo.

¿Cuántas veces había tenido que desarmar el nido? ¿Cuántas bibliotecas, ahorros, amigos, amantes había perdido en la mudanza? En todas partes ha dejado malos recuerdos:

Para la mayoría
Soy un narciso de la peor especie.

Me tienen no sé cuántos nombres:
El hombre de dos caras
El que se cree más de lo que es
El que no tiene paz
Ni
   con
      las
         mariposas
            del
               jardín.

Canciones rusas no es en ningún sentido visible un libro antisoviético. Intenta, al revés, celebrar la hazaña de Yuri Gagarin y la antología de poesía en castellano que se compra como pan caliente en la vía pública. Parra no denuncia ni los gulag, ni la censura, ni la paranoia. Pero el entusiasmo que toda revolución pide, falta en cada esquina de sus versos. La epopeya colectiva obliga una y otra vez a Parra a intentar un tipo de poesía íntima y transparente, sencilla y triste, de la que venía abjurando hacía ya una década.

«En cada libro pierdo todos los lectores que conseguí con el anterior», le gusta decir a Nicanor Parra. Después de la audacia irresponsable de *Versos de salón*, las *Canciones rusas* fue para sus lectores más fanáticos una inexplicable renuncia.

«Las *Canciones rusas* —escribe Ignacio Valente, el alias que usaba el sacerdote del Opus Dei José Miguel Langlois para escribir crítica literaria en *El Mercurio*– no agregan algo esencial a la obra de Parra, cuyo logro más alto sigue estando en aquellos dos prodigiosos libros anteriores.»

«El libro, como todos los de Parra –escribe el poeta Armando Uribe–, es importante, aunque no haya en él lo que el lector de 1954 encontró en el libro de 1954. Con todo, los grandes conflictos de Nicanor Parra, sicológicos, sociales, morales, mencionados en casi todos los poemas del nuevo libro, no ocurren en los poemas. En relación con esos conflictos, los poemas son elegías. Quizá Parra ha escogido la mejor parte: la elegía en lugar de las alegorías. Pero, en el caso de un gran poeta, como Nicanor Parra, ¿por qué escoger una parte si se le ofrece el mundo entero?»

Solo Neruda, visitante asiduo de los países de la órbita soviética, pareció comprender qué se jugaba en esos poemas. Distanciado después de *Versos de salón* y del «Manifiesto» de 1963, que lo ponían claramente en cuestión, le envió una corbata escrita en tinta verde para felicitarlo por las *Canciones rusas*. El menos estalinista de los libros, el menos nerudiano, el menos parriano, porque se confiesa ahí solo y melancólico, sin risa ni llanto, callado por primera vez. Una desesperación nevada que solo Neruda podía comprender.

LA PUNTA DEL CERRO

Dice la corbata nerudiana sobre Parra:

> *Y si por azar puro*
> *o por predilección*
> *queda algún ojo*
> *en tinta,*
> *Nicanor*
> *Parra*
> *escribe*
> *con tinta*
> *de ojo en tinta.*

Hizo falta la intervención de varios amigos para que la corbata llegara a su destinatario. La corbata de Neruda se perdió en el correo por meses, porque casi ningún cartero se atrevía a trepar a la cima del cerro de La Reina en que Nicanor Parra terminó por exiliarse.

«Por lo general, los taxistas se niegan a subir hasta allí: alegan (lo que es cierto) que el viaje es largo y que no siempre consiguen clientes para la vuelta al centro», escribió a fines de los sesenta, en un artículo sobre Parra, el crítico uruguayo Emir Rodríguez Monegal.

Más que una casa, un cerro entero con plantaciones, árboles, caminos, grutas para vírgenes y casucha donde refugiar a Ana Troncoso, su primera esposa, y Francisca, su segunda hija, más casuchas para Roberto, su hermano. Calle Julia Bernstein 272-D («El D es de Dios», decía siempre Nicanor), plena precordillera, barrio del sur oriente de Santiago. «No hay teléfono; el cartero no llega —dice Emir Rodríguez Monegal—. Nicanor parece vivir en otro planeta. […] Parra, quien padece de asma, está rodeado de vegetación, cría gansos, juega con sus perros Capitán y Violín, y maneja sus primeros autos escarabajos Volkswagen. Aparte de La Reina y Las Cruces, Parra tiene otras dos casas. Una en Conchalí [hoy Huechuraba] y otra en Isla Negra.»

«Solamente me esperan», se queja en unos de los poemas de las *Canciones rusas*:

> *Los olivos enfermos de conchuela*
> *Y el perro fiel*
> *El capitán con una pata rota.*

El perro Capitán era un regalo de su madre. Desesperado su dueño por una pena de amor, a punto de tirarse del puente Pío Nono, al lado de la Escuela de Derecho de la Universidad de Chile, caminó hacia el jardín de su casa en La Reina. Un jardín que era más bien un cerro de árboles y hierbajos que se dedicó con rabia a arrancar de raíz.

«Estaba en eso –le cuenta al poeta Jaime Quezada– cuando me vino a ver mi madre. Mi madre me dijo: "Hijo, aquí te traigo a un amigo". ¿Cuál amigo?, le dije yo, porque no vi a nadie, a ninguna persona. Entonces mi madre dijo: "¡Capitán! ¡Capitán!". Y apareció un perro muy hermoso. Y yo me quedé mirando fijamente el perro y el perro se quedó mirándome fijamente a mí. Y nos dimos un gran abrazo… con el perro, claro. Luego mi madre me dijo: "Bueno, ya vine a verte, hijo. Ahora me voy". Y se fue.»

Isabel Soler Parra, la nieta mayor del antipoeta, recuerda, en una entrevista de la revista *Ya* de enero de 2018, el cerro de La Reina, donde vivió entre los trece y los diecisiete años, como un prodigio de cuidado y buen gusto:

«¡Había un pavo real en esa casa! Era un periodo dentro de la historia de la familia, como el periodo de oro. Además él era un tipo que tenía un refinamiento total con la cosa de los muebles, con la cosa colonial chilena, esa casa estaba llena de antigüedades, de cosas preciosas. Era un coleccionista de libros, de literatura chilena, sé que él tiene unos tomos de *La Araucana*, que son como primera edición, una cosa así. Tenía gente, tenía todas sus picadas en Santiago donde le guardaban libros, donde él iba a buscar objetos de demolición específicos para su casa».

«Las cortinas cosidas con retazos de tela por la mamá del clan, Clara Sandoval —sigue describiendo el periodista Javier García—. Hay muebles de antigua madera, loza traída desde China, un piano vertical Apollo Dresden, y un arpa, una guitarra, una lámpara y un reloj, de Violeta.»

Al lado de la casa principal, Parra mandó a construir una pagoda «de dos pisos, donde tenía su biblioteca —sigue García—. Aún se pueden ver ejemplares de Rubén Darío, Francisco Encina, la *Lógica* de Hegel, poemarios de William Carlos Williams, Kenneth Rexroth, T. S. Eliot, Shakespeare, y primeras ediciones de sus libros *Hojas de Parra* y *Sermones y prédicas del Cristo de Elqui*. Sin embargo, la mayoría de sus libros están en otro recinto».

Parra, el anti-Neruda, intentaba, como Neruda, construir su santuario. El indesmentible museo vivo donde imaginaba terminar su vida, esa vida que no terminaba nunca de empezar.

«Una reja alta de fierro divide la calle del camino —describe el periodista de *La Tercera*, Javier García—, rodeado de sauces, rumbo a la casa. Un trayecto donde las pircas, jardines y ampliaciones fueron hechas por Roberto Parra, autor de *La negra Ester*.»

DOS FORMAS DE SER MESTIZO

Roberto, cuando está muy borracho para volver a los bares de San Antonio, aloja en «la capilla», una de las casuchas más abajo, solo o con el escritor peruano José María Arguedas, exiliado de alguna de las muchas dictaduras peruanas.

—¿Te ubicas con *El zorro de arriba y el zorro de abajo*?

Ese es el libro en que Arguedas, en parte por culpa de Parra, en parte por culpa de la siquiatra Lola Hoffmann que lo atendía por entonces, se liberó del naturalismo indigenista para hablar de sí mismo, sus odios, sus rivalidades, sus admiraciones, su implacable soledad de hombre condenado a escribir sobre un mundo que desaparece ante sus propios ojos: las aldeas indígenas, los puertos de pescadores artesanales, las tierras comunales de los antiguos incas.

«Pienso en este momento en Nicanor Parra —escribe Arguedas en los diarios que delimitan la novela—, ¡cuánta sabiduría, cuánta ternura y escepticismo y una fuerte coraza de protección que deja entrar todo pero filtrando, y una especie no de vanidad sino de herida abierta para las opiniones negativas de su obra! ¡Qué modo increíble de ponerse amargo e iracundo por esas cosas! En la ciudad, amigos, en la ciudad yo no he querido creo que a nadie más que a Nicanor ni me he extraviado más de alguien que de él. Pero ¿por qué tengo que decir estas cosas de Nicanor? Mucha ciudad tenía adentro o tiene adentro ese caballero tan mezclado y nacido en pueblo, el más inteligente de cuantos he conocido en las ciudades.»

Arguedas y Nicanor Parra. «Toda una novela eso», como dice Nicanor. Dos formas de ser mestizo, aunque una termina en suicidio y la otra en algo parecido a la vida eterna. Roberto Parra, por su parte, llamaba a la casa de su hermano «La universidad abierta de La Reina».

EL NIDO

La casa de La Reina. La de Isla Negra, la de Conchalí, la de La Reina de nuevo, la isla en el sur que me dijo Pato Fernández que Nicanor había comprado. Pato, que se embarcó largamente con Nicanor en la posible compra del arruinado hotel Trouville, de Las Cruces. Una compra que Nicanor encaraba con el máximo de los realismos, pensando en los créditos y los papeles, los materiales, la ubicación.

—Una casa para la Violeta —decía, mostrándome otra vez la casa roja, vecina a la suya, en Las Cruces.

La casa de Conchalí había sido una casa para la Violeta, cuando la Violeta estaba viva.

«No puedes vivir así, no puedes seguir en esa carpa abandonada en La Reina, llena de polvo», le decía a su hermana a comienzos de 1967. La carpa era un peladero, un terreno que la municipalidad de La Reina le había cedido a la Violeta para fundar la universidad del folclore que la obsesionaba por entonces. Era un parque fantasma donde la Quintrala, una hacendada colonial, había torturado hasta la muerte a sus amantes. En invierno, inundaciones y frío en los huesos, en verano, polvo y moscas. Violeta estaba por cumplir cincuenta años. Vivía allí con Carmen Luisa, su hija menor, y un uruguayo que hacía las veces de ayudante, de remendador de la carpa cuando se rompía.

—Pero hay que empezar a pensar en hacer el nido, Violeta —le dijo, o le ordenó, el hermano mayor a su hermana menor, que generalmente obedecía sus órdenes.

Sin embargo, ella se resistió:

—El nido se hace solo, huacho pelado.

Unos días después, en febrero de 1967, se suicidó.

—Tenía razón —decía Parra cuarenta años después—. Tenía razón. El nido se hace solo. Mira el nido de ella, es el mundo entero.

DOMINGO EN EL CIELO

«Yo pude haber evitado eso», le decía a Leonidas Morales a finales de los años ochenta, y volvía a ese día de febrero de 1967 en que Violeta se había suicidado, o más bien al día anterior, en que todo pudo detenerse y no se detuvo:

«Yo la tenía invitada a almorzar, el día sábado –le cuenta a Morales–. [...] Llegó tarde. Bien tarde. Con un regalo: unos patos, blancos. Y estos patos venían amarrados, para que no se volaran. Entonces lo primero que hice yo: corté las amarras y los patos salieran volando. Salieron volando y se fueron a la quebrada. Estos patos blancos... Ella se sorprendió primero y dijo: "Vamos a perder los patos". Pero después entendió perfectamente la situación. Y yo no sé por qué lo hice. Es un *happening* poético, también. A los patos los dimos por perdidos. Ahora, yo recuerdo que después que estuvimos un rato largo ahí, largo, largo, de repente vimos que los patos estaban en la quebrada mirándonos a nosotros, poniéndonos atención, a nuestra conversación... En el camino ahí, inclinándose así mirándonos a nosotros... Un misterio insondable».

A Violeta la acompañaba un joven de nombre Carlos Rodríguez. «... era un hombre joven, apuesto. No sé si era un pololo de ella o un amigo no más.» El almuerzo de ese sábado era una despedida, porque ella iba a empezar en unos días una serie de conciertos en Buenos Aires, para después volver a Europa. Nicanor le dijo que no lo hiciera, que se quedara en Santiago escribiendo la gran novela que nadie había escrito en Chile todavía. Una novela a lo Macedonio Fernández, una novela donde no sucediera nada, que se rebelara contra la posibilidad de contar nada. Una novela que de alguna forma refutara a las del boom latinoamericano, que empezaban a publicarse por esos años.

—Parece que eso lo vas a tener que hacer tú, Nicanor —le dijo ella—. Déjame cantarte la última canción.

«Estúpidamente yo no entendí lo que quería decir la frase —sigue contándole a Leonidas Morales—. Creí ese día que era la última canción de la sesión. Pero después me di cuenta de que era la última de la última. Aquí ocurrió algo singular. "Día domingo en el cielo": así se llamaba. Ahora, ella tuvo un contratiempo conmigo, porque yo dije: "No, cántame otra antes. Cántame mi canción favorita, que es la canción chilota".»

Una canción que describe la vida de una familia chilota, en un bote.

«Bueno, le molestó que yo le pidiera esa canción. La cantó y rápidamente pasó a "Día domingo en el cielo".»

> *Día domingo en el cielo*
> *hicieron unas fiestitas*
> *pa' celebrar el cumpleaños*
> *de Santa Juana bendita.*

«Y se puso de pie, como una sombra así, y la guitarra aquí. Se fue a la carpa.»

Al otro día, buscando vino para unos invitados, Nicanor pasó por la carpa de su hermana en el Volkswagen escarabajo beige. Carmen Luisa, la hija menor de Violeta, le dijo que ella estaba en la carpa, pero que no perdiera el tiempo porque no había vino. Nicanor volvió a su casa a trasplantar unos bambúes, acompañado por un jardinero, hasta que llegó un extraño a la puerta. El jardinero que trabajaba con Nicanor fue a recibir. Volvió pálido.

—Don Nicanor, acaba de pasar algo terrible.

—Lo sospecho —le respondió—, ¿por qué no la llevan a la posta?

Le dijeron que ya no era posible. Violeta se había disparado esa misma tarde en la cabeza.

VERSIÓN CASI OFICIAL

«El domingo 5 de febrero se despertó temprano –cuenta el periodista Víctor Herrero–, como de costumbre. Exigió a gritos que Alberto o Carmen Luisa calentaran el agua en la tetera para hacerse un té. Salió a comer algo rápido para el desayuno. Estaba vestida con un atuendo de colores y zapatos blancos. Después se encerró sola en su habitación.

»Su hija y su pareja estaban acostumbrados a esos episodios de ensimismamiento, así es que no prestaron mucha atención mientras pasaban las horas y la cantante seguía encerrada. Alberto Zapicán recordó que la folclorista ponía una y otra vez "Río Manzanares", una canción venezolana que solían interpretar Isabel y Ángel y que a ella le gustaba mucho. [...] Hacia las cinco de la tarde, cuando los termómetros en Santiago marcaban 33 grados de calor, salió raudamente de su pieza e increpó a Zapicán, que estaba sentado debajo de un árbol, por todos los malos momentos que le había hecho pasar y le preguntó:

»–¿Dónde no falla un tiro?

»–Aquí –le respondió el uruguayo tocándose la sien derecha.

»A los pocos minutos, recordó Alberto, sonó un estampido desde la habitación de Violeta.»

Nicanor, sin embargo, le contaría una versión algo distinta a la periodista Marie-Magdeleine Brumagne, que se había vuelto amiga de Violeta en Ginebra. En su autobiografía, Brumagne relató la siguiente escena:

«Ella tenía un amante joven. Tuvieron un altercado, uno más supongo. Superado por la reyerta, que con Violeta podía llegar a niveles vertiginosos, el muchacho hizo un amago de salir de la habitación en la cual estaban ambos. "Si sobrepasas esa puerta, me mato", gritó ella. Él salió. Apenas se cerró la puerta sonó el disparo.

»El certificado de defunción estableció que la muerte se produjo a las 18 horas. La causa fue una bala de 5,4 gramos en la sien derecha, sin salida de proyectil. Violeta le dejó una carta, que se manchó de sangre, a su hermano Nicanor».

PROPIEDAD INTELECTUAL

En 2012, Nicanor Parra pasó de las páginas de cultura a las páginas policiales.

«Roban 10 cuadros pintados por Violeta Parra desde la casa de su hermano en La Reina», titulaba *El Mercurio Online* el 18 marzo.

«SANTIAGO. – Un total de 10 cuadros pintados por la fallecida artista Violeta Parra fueron robados este sábado desde la casa de su hermano Nicanor en la comuna de La Reina. Según reportó Radio Cooperativa, la familia de la cantautora sospecha que se trata de ladrones expertos, ya que solo robaron obras elaboradas por Violeta Parra. "Hoy día nos dimos cuenta que faltaban los cuadros de la Violeta y fue lo único que se robaron, incluso había cuadros de la Hilda –la hermana de la Violeta– que pintaba bien parecido y no se los robaron. Claramente se trata de gente profesional que sabe lo que se está robando", dijo a la emisora el nieto de Nicanor Parra, Cristóbal Ugarte. Ugarte agregó que "mi miedo es que los cuadros sean vendidos, salgan del país, por eso es importante que se sepa ahora [del robo] antes de que salgan del país, porque una vez que salen del país ya es difícil encontrarlos.»

Los cuadros que fueron traídos directamente desde Ginebra en Suiza tras la muerte de la artista y formaban parte de una colección familiar.

El caso quedó aclarado un día después, el 19 de marzo, cuando el mismo periódico publicó:

«Juan de Dios Parra, hijo del antipoeta, explicó a Radio Bío Bío que su hermana mayor, Catalina Parra, se llevó los cuadros con el argumento de tenerlos en un lugar "más seguro". Ella los sacó sin avisar y hoy día recién avisó que los había sacado porque creía que aquí estaban muy expuestos y se los podían robar porque esta es una parcela, entonces ella considera que ella los puede cuidar mejor», afirmó. Añadió que les explicó lo ocurrido a los funcionarios de la PDI y que «no fue necesario hacer la denuncia».

Catalina aclaró el asunto en una entrevista a la revista *Ya* el mismo 2012:

«Nadie entró furtivamente. Llegamos en la mañana con mi hija Isabel, quien me acompañó a Chile. Nos abrió el portón un sobrino, hijo de Colombina. [...] Sacamos los cuadros con mi hija porque consideré que ahí no estaban a salvo. [...] Hoy están a salvo en las manos de su dueño legítimo».

A Cristóbal Ugarte, alias el Tololo, el nieto que se había convertido en hombre de confianza de Nicanor, parecían no bastarle las explicaciones de su tía. Con una violencia que se iría convirtiendo en su triste sello exigía por Twitter:

«A 24 horas del robo, Catalina Parra confiesa haber sacado los óleos. ¿Por qué no le avisó a su padre? ¿Por qué esperó la presión de los medios?».

Isabel Soler, la nieta mayor, en una entrevista que dio a *El Mercurio* en 2018 volvía a explicar:

«Cuando nosotros vinimos [en 2012] y estaban las puertas abiertas y estaba todo roto, nosotros dijimos: "Hay que poner todo esto en un *storage* [bodega]". Y eso fue lo que creó esa situación de que las cosas de la Violeta, que mi abuelo reclamó, se produjo en un minuto cuando mi abuelo estaba recibiendo el Cervantes. Y nosotros decidimos: "Vamos a devolver estas cosas, porque no queremos que él tenga un escándalo". En ese minuto estaba con el ojo mundial de la cultura encima».

Todo, para Isabel Soler, se debía al espíritu antiestablishment, punk, hippie y rockero de los hijos menores de su abuelo, Colombina y Juan de Dios:

«Son anti el trabajo de nueve a cinco. Entonces, a esa casa llega la gente a enfiestarse. Hacen fiestas, carretes, como dicen acá. Te estoy hablando desde siempre, desde que ellos llegaron a los dieciocho años. Ese es el estilo de vida que había en esa casa, y mi abuelo vivía en Las Cruces. Pero la casa de La Reina quedó con todas las pertenencias de nosotros cuando nos fuimos a Estados Unidos. Con todas las obras de arte de mi mamá, nuestros libros, nuestros muebles, todo».

—Eso me pasa por traducir *El Rey Lear* —se culpa Nicanor Parra con una ligera sonrisa en los labios, cuando lo visito por primera vez después del extravío y retorno de los cuadros de su hermana Violeta.

El Rey Lear había repartido su herencia en vida entre sus hijas. En su traducción de la obra, *Lear Rey & Mendigo*, de 2004, el único nombre que nunca aparece es el de William Shakespeare, el autor del original en inglés.

–La propiedad intelectual. Chuta, ese es un problema. ¿Qué hacemos con la propiedad intelectual? –se pregunta Nicanor Parra recordando el especial de *The Clinic* por sus noventa años al que le había dado muchos poemas inéditos por los que cobró cincuenta mil dólares primero, para arrepentirse luego y entregarlo gratis a Patricio Fernández cuando se dio cuenta de que sin sus poemas el especial iba a naufragar irremediablemente.

»Parece que el Pato no cree en la propiedad intelectual. Se reimprime el número de la revista, parece. Derechos de autores, se decía en mi tiempo. –Y cierra el puño como para golpear una mesa imaginaria–. Claro que hay gente que dice que ya no corre eso de la propiedad intelectual. Discurso cuico, eso de la propiedad intelectual, parece.

Por más amenazas que profiriera nunca se querellaba contra nadie. Terminaba por aceptar, o incluso celebrar a los que le sacaban entrevistas, textos y cuadernos de las narices. Pensaba como Eliot que solo los mediocres se copian, que los genios derechamente roban. No en vano uno de sus poemas más famoso y personal, «Defensa de Violeta Parra», empieza con los versos del poeta de la «Oda al Céfiro», Esteban Manuel de Villegas (1589–1669), sin que nunca haga la más mínima referencia al préstamo.

Dulce vecina de la verde selva
Huésped eterno del abril florido.

Eso era todo Nicanor, la insolencia de usar versos de otros, sin cita, ni explicación, para escribir el más personal de sus poemas, una elegía póstuma a una hermana que aún estaba viva cuando la escribió. Con la muerte no se juega, pero ¿qué otra cosa que jugar con la muerte hicieron esos dos hermanos? La propiedad intelectual, el derecho de autor, ¿qué le importa todo eso a la muerte que es cualquier cosa menos original?

LOS CUADROS PERDIDOS

—Todo empezó a andar mal con el Nicanor cuando llevó esos cuadros al living —teoriza Adán Méndez—. Ahí empezó a quedar la cagada. Los cuadros robados en marzo del 2012 no eran cuadros cualesquiera.

La Violeta, sin preocuparse de las proporciones, la armonía de los colores, pintó ahí diablos de color violeta, sombras moradas, monstruosos paisajes que, colgados del comedor de la casa de Las Cruces, no te dejaban comer tranquilo las sempiternas cazuelas de la Rosita, respirando los efluvios de la magia negra de la Violeta.

Solo Nicanor puede almorzar, cenar, leer el diario con esa presencia encima. Pero no podían no tener efecto sobre él. Eran el centro mismo de las pesadillas de su hermana, esas que asustaban a todo el mundo menos a ella. Eran también el último recuerdo que los unía, el viaje largo y complicado que hizo en invierno de 1968 a Ginebra para recuperarlos. Ese lago de infinita calma donde vivió su hermana con Gilbert Favre, un flautista imberbe que se encontró, sin saber cómo, de bruces dentro de un volcán. Hasta allí fue Nicanor a ver al galerista Edwin Engelberts, que tenía los cuadros, y ya adivinaba el valor que podrían tener en algunas décadas más. Nicanor tuvo que convencerlo de que se los entregara, tenían que estar en Chile, con ella, porque ella es de Chile, porque ella es Chile. Todo eso en un francés aproximativo y en un aproximativo castellano. Todo eso con esa buena voluntad indignante con que los europeos tratan a los metecos. Todo eso con la risa terrible de la Violeta muerta mirando desde su rincón del cielo la escena en la que su hermano convence a un par de suizos de que deben entregarle algo que es suyo.

Subsisten de ese viaje dos fotos: en una, les enseña a bailar cuecas a Edwin Engelberts y su esposa. En la otra, está en un balcón frente a un muro gris, mirando las hojas desnudas de un árbol en invierno. La foto resume a la perfección el estado de ánimo de su protagonista. Un hombre de más de cincuenta años, abrigado y despeinado, que mira al vacío sin miedo ya, sin ganas.

—No hay Violeta sin Nicanor —decía ella cuando le preguntaban por su hermano.

—Ni Nicanor sin Violeta —agregaba Nicanor.

¿Qué haces cuando la mitad de lo que eres acaba de matarse? ¿Qué queda de ti cuando parte esencial de lo que fuiste se arrancó de tu lado a cambio de un domingo en el cielo? Ese verano Nicanor dejó de ser él mismo para convertirse en el hermano de la Violeta. Un papel que por muchos años lo cubrió por entero. El hermano mayor, el hermano serio, el hermano profesor, el hermano chistoso, el hermano hippie, el hermano anticomunista de la Violeta Parra.

NO ME MATO POR AMOR

—«No me mato por amor.» Esa es una frase que queda de la carta de la Violeta —lanzaba al aire Nicanor para deshacer el mito de la mujer que se mata porque su amante suizo la deja en Chile y se va a Bolivia.

»Che papusa —lanzaba después Nicanor. Era su forma de invocar otro testigo de la tragedia, el uruguayo Alberto Zapicán, que se había refugiado en la carpa de la Violeta y tocaba el bombo y hacía de segunda voz en *Las últimas composiciones*.

—¿Cómo te caía el uruguayo? —le pregunto.

—Mal —confesaba en voz baja.

Y contaba una escena de Alberto tratando de dormir con el cadáver de la Violeta.

—No se andaba con chicas, la Violeta —sugería Nicanor—. Pucha la carta —que no era, según me cuentan quienes la vieron, más que anotaciones de Nicanor sin orden ni concierto—, el Partido Comunista, los hijos, no queda títere con cabeza. El único que queda bien soy yo parece. Parece que al final el único que se salva más o menos soy yo. ¿Quieres leer la carta? ¿Quieres...?

Y de nuevo es tarde, demasiado tarde, Nicanor, está cayendo la noche, la próxima vez, nos vamos, nos vemos.

LA CARTA

18 de septiembre de 2008. La académica Julia Musitano de Rosario me pregunta al borde del río Paraná porque no quise leer la carta. Es en parte el centro del artículo académico que está escribiendo sobre este libro. Ese pudor en que ve la amistad, la complicidad, otra forma de escribir la biografía desde el pacto mutuo de no agresión.

Pero no es eso, le explico. Es eso, claro que es eso y no es eso. La carta, le cuento, salió al fin a la luz cuando la periodista Sabine Drysdale, que no tenía esa especie de escrúpulos familiares o quizá de colega, la copió. La letra clara de Nicanor reproduciendo las partes que recordaba de la carta original extraviada en alguna incomprensible mudanza. Dice la carta:

Si juntamos dos mil hombres no alcanza a salir de ellos un cuarto de hombre.

Desesperada, nada. Clarificada.

Dice uno por ahí que los Parra son cortados a una misma tijera. El que lo dice debe haberlo cortado un serrucho.

Yo no me suicido por amor. Lo hago por el orgullo que rebalsa a los mediocres.

Roberto Parra es un infeliz.

Nicanor Parra, el poeta del siglo.

No hay que olvidarse de que la época no se queda a la luz de la luna ni al orín de las mujeres que saben el oficio de orinar.

Mi madre es una reina mañosa.

La Carmen Luisa despertará frente al vacío que deja su madre.

Me cago en los discursos de despedida.

Lamento que a Ricardo García le guste engañar a su patria.

Los ladrones del país parten del presidente de la república.

La María y Raúl son empleados que merecen el título.

Cien trabajos hay en Europa. Los tiene un honesto suizo Edwin XXXX.

Grande Rue XXX.

Los revolucionarios clandestinos le han quitado una luchadora al país.

No tuve nada. Lo di todo. Quise dar, no encontré quien recibiera.

Ángel está prisionero. Isabel también. Carmen Luisa también, pero de la nebulosa. Y no como los anteriores huevoncitos grandes. Los deslumbran los encerados.

Pucha qué gran tipo es Nicanor. Sin él no habría Violeta Parra. Pero al pobre yo le escondo todo porque le rompe el corazón.

El presidente Frei es un farsante. Fidel es un romántico. Lenin se equivocó.

No quiero que mis hijos sean más cobardes.

¿Cuánto es la Violeta, cuánto es el recuerdo de Nicanor, cuánto su voz y la de su hermano? Eso es, querida Julia, lo que no quiero saber porque nadie realmente puede saberlo. Un hombre que fue hasta el fin que pudo su hermana, su hermana que llegó hasta el fin de su hermano, los dos vieron el abismo que toda montaña lleva consigo. Nicanor retrocedió. Violeta dio el gran salto. Me quedo con el vivo, Julia, me quedo con su vida.

LOS TOROS

«La muerte de la Violeta creo que fue su más grande dolor −le cuenta Juan de Dios Parra, el hijo menor de Nicanor, al escritor Pablo Mackenna−, nunca se pudo reponer. Así como su más grande amor fue Ana María Molinare, el fantasma tras "la mujer imaginaria", quien también tomó su propia vida en sus manos. Es fuerte. En el velador de don Nica siempre estuvieron las fotos de esos dos grandes amores, mirándolo a la distancia.

»De la Violeta hablaba todo el tiempo, y no solo hablaba, gritaba: ¡Yo la hice, con estas manos! ¡Yo le dije que se fuera al campo, que aquí no tenía destino! Ella lo dice en uno de sus discos. Sin Nicanor no hay Violeta. Pero yo creo que funciona para los dos lados. Un día estando en Valencia el año 91, la primera vez que fue a presentar sus poemas visuales, nos invitaron a una corrida de toros. Desde que decidió ir, yo ya lo veía complicado. Yo creo que no supo decir que no. Pero a la primera estocada estalló en lágrimas y gritaba: ¡El torito, el torito! Y me dijo con los ojos hinchados: Desde que se murió la Violeta que no tenía tanta pena. Pidió que nos llevaran al aeropuerto y juró no volver a España. Eso no lo cumplió.»

7

PARÉNTESIS CUADRADO

LA MAFIA

El poeta y cronista Roberto Merino recuerda haber escuchado el nombre de Nicanor Parra por primera vez en 1970, cuando él tenía diez años. Fue testigo entonces de la respuesta que dio el novelista Carlos Droguett cuando en un programa de televisión le preguntaron qué opinaba al recibir el mismo Premio Nacional que había recibido Parra el año anterior. «Solo espero que hayan desinfectado la silla», dijo Droguett. La frase intrigó a Merino lo suficiente como para conseguirse los poemas de Parra. No fue difícil. Nicanor Parra era, más que cualquier otro, un poeta chileno de entonces abarcable. Todos sus libros, excluyendo el primero, *Cancionero sin nombre*, del que abjuraba, cabían en un mismo volumen, su *Obra gruesa* de 1969. Y le sobraba espacio para agregar casi una treintena de poemas nuevos.

Los distintos libros (desde *Poemas y antipoemas* hasta el inédito *Camisa de fuerza*) se convertían en uno solo que tenía por fin el lomo, el grosor de la obra que se supone los poetas voluminosos deben alcanzar. Habían sido escritos, unos contra los otros, unidos en un volumen, con un hilo claro que gira sobre los mismos temas, las mismas obsesiones, las mismas posibilidades, ampliando cada vez más su radio de acción, evitando cada vez la necesidad de convertirse en estrofas, coplas, metáforas, evocaciones o imágenes para ser puras ecuaciones, provocaciones más y más afiladas. Era parte de lo que quería conseguir Nicanor Parra al publicar en un solo libro casi todos sus libros, la idea de que había un plan, una obra gruesa a la que le faltaban las ventanas y las terminaciones. ¿Podía adivinar que le faltaba el doble de años por vivir, podía esperar la dictadura de Pinochet, el *Tao*, Shakespeare, los discursos de sobremesa?

Obra gruesa, como su nombre lo indica, dejaba en claro que el plan ya había sido ejecutado con precisión, que la revolución era un hecho sobre los cimientos sólidos de los *Poemas y antipoemas* de 1954, hasta las tejas del techo que eran los *Tres poemas* de 1968. El Premio Nacional de Literatura que le dieron ese mismo año de la publicación de su *Obra gruesa*, 1969, venía a confirmar esa idea de que su obra estaba concluida, que solo le faltaba su apostilla, algunas aplicaciones prácticas, alguna despedida y nada más.

Como ya se convertía en costumbre, la mayor parte de los nuevos poemas eran instrucciones para los lectores. Órdenes perentorias que indicaban a sus deudos cómo debían enterrarlo:

> *vélenme con los siguientes objetos:*
> *un par de zapatos de fútbol*
> *una bacinica floreada*
> *mis gafas negras para manejar*
> *un ejemplar de la Sagrada Biblia.*

Y una serie de declaraciones y definiciones sobre qué lugar debían ocupar el antipoeta y la antipoesía en el panorama literario mundial:

> *Qué es un antipoeta:*
> *¿Un comerciante en urnas y ataúdes?*
> *¿Un sacerdote que no cree en nada?*
> *¿Un general que duda de sí mismo?*
> *Un vagabundo que se ríe de todo.*

Del profesor de Física que había mandado su manuscrito a un concurso con el seudónimo de Juan Nadie no quedaba nada. La modestia británica, el cuidado de las formas con que había logrado hasta ahora salvarse de los jueces, al conocer jóvenes más jóvenes que se atrevían a decir en voz alta lo que él pensaba a susurros, habían dejado de interesarle. Bajaba del cerro, como los poetas del Olimpo, a arrasar en la ciudad. Lo respaldaban las giras con beatniks en Estados Unidos, el entusiasmo de los jóvenes poetas cubanos que lo invitaban cada vez que podían a dictar talleres en la Casa de las Américas, la certeza de que su salvación estaba en exagerarse y no en ser moderado.

Parra era, quería ser, admitía ser a los cincuenta y cinco años con la publicación de *Obra gruesa*, un clásico. La Universidad de Chile, la Sociedad de Escritores, el Ministerio de Educación, lo confirmaron en voz alta al darle el Premio Nacional.

PROPINA NACIONAL

—Es el escritor que le ha costado más plata al Estado de Chile —sonríe el coleccionista de manuscritos y poeta César Soto. El premio, antes de Nicanor, consistía en un monto modesto que se entregaba por única vez. Cuando lo ganó Nicanor, se convirtió en una suma mensual que le enviaron por más de cincuenta años a su casa de La Reina.

El premio lo consiguió por un feliz azar. Carlos Droguett quería que sesionara el Padre Escudero, su exprofesor. El jurado del premio pensó que, de incorporar un cura, era mejor que fuera José Miguel Ibáñez Langlois. Su voto era para Nicanor. Se unió al voto de Jorge Millas, excompañero de Parra. Nicanor se empeñaba en ver sin embargo en esta esperable victoria la huella de un combate:

«Sin Ester Matte Alessandri —le cuenta a la periodista Andrea Lagos la semana misma de su cumpleaños número cien—, no hay Premio Nacional para mí, porque los "compañeros comunistas" decían: Parra, ¡fuera!»

Lo cierto es que la deliberación fue rápida y relativamente indolora. Nicanor Parra, cuando los periodistas se acercaban a La Reina para saber su impresión, le cambiaba el nombre al premio y lo llamaba: «Propina nacional de literatura».

La prensa consignó que lo rodearan muchachitas y melenudos. Uno de esos melenudos gritó: «Que no lo acepte».

—¿Lo acepta o lo rechaza? —preguntaron los enviados del jurado.

—Si fuera una persona que me estimara a mí misma, lo rechazaría. Pero nosotros también estamos deteriorados.

»Lo acepto porque mi modestia no tiene límites —sigue Parra—. Sería un acto petulante rechazarlo. Además, no se muerde la mano que se extiende. Por otra parte, el hecho de que me premien a mí significa que comienza a haber flexibilidad en los asuntos literarios. Dedico este premio a la joven poesía chilena.

—¿Y ahora el Nobel? —pregunta un periodista.

—Hay otros antes que yo: Guillén, Neruda, Borges, Cortázar —responde riendo.

«Hubo una ceremonia espontánea. Llegó mucha gente. Fue muy bonito», recuerda Antonio Skármeta, que tenía veintinueve años en ese entonces. No eran los viejos amigos de Parra, los amigos de siempre, los que celebraban el premio, sino algunos jóvenes que apenas habían publicado un libro o ninguno y que sentían a Nicanor, de cincuenta y cinco años, uno de los suyos. Era su forma de admitir un premio, de subir al Olimpo del que quería bajar al resto de los poetas a piedrazos: hacerlo acompañado de los melenudos, hacerlo por ellos, en su nombre, como un asalto más que como una recompensa.

Los premios, que recibiría a partir del Nacional con pasmosa regularidad, eran siempre un acto de reparación revolucionario, siempre un acto tardío de justicia, siempre un asalto a la «KKademia», como llamaba a la Academia.

Sin importar la edad que cumpliera, Nicanor era siempre un poeta joven. El Premio Cervantes, que recibió en 2012, a los noventa y ocho años, se convirtió, como el Premio Nacional de 1969, en un logro de los jóvenes contra los viejos enemigos. Así, el Premio Cervantes dejó de ser un reconocimiento a su obra para convertirse en una venganza de Chile y de los chilenos contra los españoles que no nos ven, que no nos conocen, que prefieren al cronista Edwards (Premio Cervantes 1999), y al relampagueante Gonzalo Rojas (Premio Cervantes 2003), antes que a Parra, el mestizo, el cimarrón, el insurrecto, el incorrecto, el que no escribe azul y tinieblas y azucenas y manzanares.

EL ASADO

Cuando recibió el Cervantes, Nicanor Parra organizó un asado para la mafia que, según él, le había conseguido el premio. «Sin mafia no se llega a ninguna parte», nos advertía cada dos por tres, preguntando siempre si tal o cual de los jóvenes que lo iban a visitar eran o no parte de la mafia.

—No, Nicanor. No, ese no es de la mafia.

—Entonces nada. Se cierran las puertas inmediatamente. Tan enemigos como antes...

Era estricto en el respeto a los códigos de la mafia (excluyó personalmente a los de la revista *Noreste* de Santiago Elordi, con los que colaboró todos los años ochenta), y estricto también en insistir que era un soldado más y no el capo de la mafia, que incluía a la UDP, a la editorial Tácitas de Adán Méndez, a Random House Mondadori donde trabaja Vicente Undurraga, al *Clinic*, a algunos periodistas de *El Mercurio* y *Las Últimas Noticias*.

El asado del premio, en Las Cruces, iba a ser el momento en que la mafia iba a verse por fin la cara. La lista de invitados era mucho más importante que el menú (carne sin rastro alguno de ensalada).

Roberto Bolaño estaba muerto. Ignacio Echevarría vivía en Barcelona. Patricio Fernández se excusó a último minuto.

Adán Méndez se encargó de comprar la carne y preparar las brasas en el patio abandonado de la casa. Llegué con Matías Rivas, su editor y el mío, no sé si asustados, pero al menos silenciosos. Sabíamos que no podríamos contarle a nadie, y que asistíamos a una escena completamente única.

—El bastón del tío —nos dijo ese día, mostrando el bastón con estoque que, según él, había pertenecido a nuestro tío común, Mario Rivas González.

Se puso el sombrero de paja para sentarse al sol radiactivo de la primavera en Las Cruces.

—Noooo —me retó cuando traté de ayudarlo a levantarse, y caminó con creciente ligereza por la gravilla del jardín.

Adán domesticaba el humo con un pedazo de cartón. La parrilla consistía en un par de ladrillos con una reja de metal encima. Parra, de espaldas al mar, sentado en un banco de plaza oxidado que no sé cómo llegó a su patio, seguía lanzando frases, recordando nombres en ese ejercicio circense al que se dedica cuando tiene público.

—No, los españoles, noooo… No se puede con los españoles. ¿Qué se sabe de Echevarría? Los argentinos también son cosa seria… Che papusa: yo no tengo de uruguayo más que haber nacido en Buenos Aires. ¿De dónde sale eso? ¿De dónde…? Chuta, la frasecita que se mandó Macedonio. ¿Se ubican ustedes con Macedonio?

Esperábamos a Alejandro Zambra, a Rodrigo Rojas y a su mujer, la Morgana Rodríguez, presidenta de la más o menos fantasmal «Fundación Nicanor Parra», que completaban el grupo. Nadie tenía allí más de cincuenta años, nadie menos de treinta y cinco. Habíamos sido parte de ese exilio en Las Cruces donde, separado de sus archivos y de los objetos de su pasado, había reconstruido su vida cuando ya daba su obra por cerrada. Una obra que en parte por culpa de la mafia volvió a abrir, publicando en el *Clinic*, publicando la traducción de *El Rey Lear* en la UDP y, también ahí, *Discursos de sobremesa* y *Temporal*.

Escribir es lo que menos importa, porque Nicanor vive de hablar, de escuchar, porque la escritura es en él solo la pátina del habla. Adán echa las longanizas a la parrilla. Lleno como puedo unas copas del vino que le mandó Marcelo Cicalli, el dueño del restaurante Liguria. Rodrigo Rojas llega con la Morgana, anunciando que Zambra llegará más tarde o no llegará porque está en Talagante.

—¿Qué hace en Talagante ese huevón? —exclamó Adán, espantado con la idea de que alguien pudiera faltar a ese momento histórico, un asado que organiza y paga (sobre todo por eso) Nicanor Parra.

Finalmente Zambra llegó, inesperadamente con Cecilia García-Huidobro, decana de la Facultad de Comunicación y Letras de la UDP, su hija Paz Balmaceda, y un *cooler* inmenso con bebidas y cervezas. Nicanor Parra dejó su lugar en el rincón más seguro del jardín para sentarse con las damas. La Paz intentó una foto. Nicanor se cubrió la cara con las manos.

—Fotos no.

Empecé a tomar cervezas y vino, hablando de chismes de la Universidad Diego Portales, en la que casi todos trabajábamos. Pelamos a los que no llegaron, mirando a Parra ejercer el ritual chillanejo de tratar a los invitados inesperados como si fuesen el centro de la fiesta. Los demás nos quedamos en el otro rincón del patio, de cara al mar hasta que empezó el frío y se acabaron la tarde y la carne. Quedó vino tibio al borde de la mesa sin mantel. Volvimos a Santiago en el destartalado auto de Matías. Prometimos que no le contaríamos a nadie del asado.

—Silencio, huevón. Los periodistas, huevón, no lo pueden saber los periodistas.

Secreto absoluto, absoluto silencio, porque los otros admiradores, la pléyade de periodistas, el sinnúmero de académicos, el infinito enjambre familiar, podía reclamar su espacio en el evento, preguntar por qué nosotros sí y ellos no. No hay mafia sin *omertà*.

—Puta, imagínate en *El Mercurio* el artículo que pueden hacer. Puta, huevón, los amiguitos de Parra. Huevón, qué humillante…

Apenas estuvimos seguros de estar de acuerdo en el juramento de silencio, nos apuramos a romperlo, uno a uno, contando ese privilegio raro de ser ya no sus amigos o sus admiradores, sino sus invitados.

SOL NEGRO Y SOL BLANCO

La mafia se llamaba así porque tenía enemigos. ¿Quiénes? Los nombres cambiaban porque con una declaración, un gesto, una frase, un enemigo infinito podía convertirse en parte de la mafia, y viceversa. Algunos nombres permanecían, aunque pasaran los años. El más visible de todos era Gonzalo Rojas, el único de los enemigos fantasmas con que no se podía pactar. El único que de alguna forma le dolía realmente a Nicanor. Lo supe con toda claridad a mediados del año 2006.

Yo acababa de llegar de México, donde había sido invitado por la Fundación Gonzalo Rojas a hablar de los ídolos (hablé mal de John Lennon en el Palacio de Bellas Artes de Ciudad de México). No sé cómo lo supo Parra, pero trasladó, especialmente para mi visita, un montón de revistas *Ateneo* de los años sesenta a la mesa de centro.

—Tómala —me ordenó.

La empecé a hojear. Era la recopilación de conferencias y diálogos de los encuentros de escritores de Concepción, los de 1960, los de 1961.

—¿Cuántas fotos mías hay? —dijo, y empecé a buscarlo.

¿Dos? ¿Tres? Muy pálidas, fotos de grupo de varios poetas y escritores encorbatados en el campus de la universidad, en las arboladas calles alrededor, en los auditorios en que se daban las conferencias.

—¿Cuántas fotos de Gonzalo? —siguió interrogando.

¿Diez, doce, quince, treinta? Grande, imponente, Gonzalo Rojas parecía un profesor alemán de anteojos e impecable estampa, y posaba con los invitados en casi todas las fotos de la revista.

—Tres fotos mías y sesenta suyas. Ese fue el problema con el Gonzalo al final.

Inútil recordarle que Gonzalo Rojas era el organizador del evento. No pude dejar de sentir que las revistas en la mesa de centro eran un llamado al orden, una forma de dejarme en claro que sabía de mi traición (haber sido invitado por la Fundación Gonzalo Rojas), que no podía nada contra ella, pero que tenía anotado mi coqueteo con el bando contrario en la irreconciliable guerra obligatoria entre los parrianos y los rojeanos que dividía por entonces a los jóvenes poetas chilenos.

—Buen poeta, Gonzalo —siguió sin que me atreviera a detenerlo—. Nada más y nada menos, cuidado. Paréntesis cuadrado: yo fui el que le puso *Miseria del hombre* a su libro. Él quería ponerle *Sol negro*, imagínate tú. Yo le dije: «No, eso no significa nada». Hablábamos todos los días en ese tiempo. Aquí estaba siempre Gonzalo. Neruda no lo quería nada. Eso es lo que no me perdonó Gonzalo. Neruda no lo dejó pasar, por eso se fue a México con Octavio Paz, porque aquí no tenía lugar con Neruda en contra.

Ese día su desdén, su dolor, su desprecio y sus recuerdos eran íntimos, de una intimidad sin personaje ni juegos de salón, a la que no tuvo derecho más que pocas veces. Era urgente su necesidad de aclarar su lugar en esa guerra.

LOS GUINDOS

A mí me sorprendía menos esa guerra que el insólito hecho de que Parra y Rojas hubiesen sido amigos alguna vez (toda la década de los cuarenta y cincuenta, cuando los dos empezaron su obra), que se hubiesen leído con agrado o con curiosidad. Parra era lo contrario de Rojas, el mejor de los frutos del surrealismo criollo. El poeta que leían los poéticos amantes de los versos. Parra, el poeta de los que odiaban las mentiras de la poesía.

Esas diferencias, a finales de los años cuarenta, cuando su amistad se hizo sólida, parecían unirlos en vez de distanciarlos:

«Entre realismo y surrealismo, Gonzalo Rojas me llevó donde Nicanor Parra, que vivía en Los Guindos —escribe la crítica y editora Ester Alessandri—. Asistí subyugada al diálogo de dos escritores jóvenes que disparaban desde la trinchera con fuerza y talento».

Nicanor Parra recuerda en su propio manifiesto, «Poesía de la claridad», esos encuentros en La Reina:

«En conversaciones de Los Guindos, Gonzalo me entregó la llave del templo de la poesía negra, pero yo aticé en el fuego de la poesía blanca».

Así los dos profesores, los dos sureños, los dos exinspectores del Barros Arana, los dos meritócratas hambrientos de becas y premios, se repartieron el terreno de la poesía de ese tiempo. Nicanor, la claridad con unas gotas de surrealismo. Rojas, el surrealismo con algunas gotas del realismo parriano. La *Miseria del hombre* se distingue del resto de la poesía surrealista chilena porque no calla ni esconde el componente biográfico, la materia viva y creíble, la miseria de un hombre particular, el profesor Rojas llenando sus horas pedagógicas en el Liceo Eduardo de la Barra, de Valparaíso. Una influencia mutua porque en medio de los versos perfectamente claros, prosaicos, explicables de *Poemas y antipoemas*, hay unos que se escapan, alguna metáfora que no dice todo lo que parece decir.

—Cada siete versos, uno que no se entiende nada —repetía Parra en Las Cruces, una fórmula que según él le había enseñado el poeta surrealista chileno Braulio Arenas.

Quizá por esa misma confianza, esa misma amistad, al publicarse *Poemas y antipoemas*, Rojas fue de los pocos lectores que se atrevieron en público a plantear algún reparo. Parra no contestó. Para los críticos, eran los hermanos siameses de la poesía chilena. Lo siguieron siendo a pesar de los reparos que sus respectivas poéticas iban acumulando. La amistad se distanció por motivos estrictamente geográficos. Rojas se fue a Concepción, donde dirigía el departamento de castellano de la universidad. Parra lo visitaba los veranos, cuando Rojas lo invitaba a las escuelas de temporada. En una de estas escuelas, la de 1962, Neruda iba a ser el invitado estelar del encuentro de escritores.

—¿Cuánto le van a pagar a Pablo? —le habría preguntado Nicanor Parra, según Rojas, para fijar sus propios honorarios.

Neruda era el poeta más importante de la lengua. Parra un digno competidor que, hasta poco antes, rogaba que lo invitaran a la misma escuela que ahora le parecía que no le pagaba suficiente. «¿Qué se cree Nicanor? Se volvió loco, soberbio el huevón», se quejaba Rojas. Al pedir el mismo caché que Neruda dejaba en claro que ya no era el compañero de curso de Rojas, que estaba en otro nivel, distinto al suyo, modesto organizador del evento, encargado de conseguir el presupuesto para invitarlos.

Esa misma preocupación —¿cuánto le pagaron a Neruda?— fue, como me recuerda Adán Méndez, la principal a la hora de firmar el contrato con Galaxia Gutenberg para sus obras completas. Y el hecho de que Neruda hubiera publicado en ese sello y en papel biblia todos sus libros fue el motivo por el cual terminó firmando el contrato.

SEPARACIÓN DE LOS HERMANOS SIAMESES

Eran los años sesenta y hasta las más íntimas de las amistades y competencias, las más personales de las guerras pasaban por la política. El hijo de Rojas, Rodrigo Tomás, era amigo y compañero de generación de Miguel Enríquez, el carismático líder del MIR, el castrista Movimiento de Izquierda Revolucionaria que pretendía transformar a Chile en una nueva Cuba. Para el año 1968, Gonzalo Rojas coqueteaba con el movimiento. En la revista, *Punto Final*, Rojas se queja por primera vez de Parra:

«Parra dice que le di la clave del sol negro, y él a mí las blancas. Es posible, aunque no veo la transfusión de sangre... ¿Por qué no Parra y Arenas, Parra y Anguita o cualquier otro binomio en su sucesión nerudiana?».

Rojas prefiere que lo recuerden huidobriano, vallejiano, rokhiano o incluso borgiano, antes que nerudiano. Porque Neruda, el comunismo clásico, es el enemigo común de Rojas y de Cuba, que acaba de cuestionar el viaje de «el poeta» a una reunión del PEN Club de Nueva York. Es el mismo crimen del que terminarán acusando a Parra, a finales de los años sesenta. Un crimen que Rojas aprovechará para quebrar para siempre esa pareja con Parra en la que, desde hacía años, sentía que él cargaba el peso:

«Si es hombre [Parra] y va a Cuba —declara en otra entrevista para *Punto Final*—, y la recorre y la respira, no tiene derecho a olvidarla, ni a canjearla. Ni a decir fríamente, de vuelta de Nueva York, "el mundo está cambiando, ahora todo no es blanco o negro"».

Rojas supo quizá que cerca de Parra solo se puede ser su amanuense, su cómplice, su sombra, que solo lejos podía ser él mismo. Tomó así el lugar de los humillados y ofendidos por

Parra. Los surrealistas, los realistas socialistas, Neruda, los rokhianos, nostálgicos del misterio de las palabras, viudos de las imágenes estelares. Alabado por Octavio Paz, amado por los poetas españoles, no disimulaba su lugar de redentor de la poesía poética. Atento, curioso, despierto, reunió alrededor de su ego, tan grande como el de Parra, pero menos complicado, a todos los heridos del clan parriano (de Gonzalo Millán a Enrique Lihn cuando supo que Parra no lo dejaría pasar). Del sindicato de los poetas-poéticos Rojas se hizo presidente publicando en la revista *Punto Final*, en 1968, «Gracias y desgracias del antipoeta»:

> *Antiparriendo, remolineando,*
> *que Kafka sí, que Kafka no,*
> *buena cosa, roba-robando,*
> *se va Cervantes y entro Yo.*

> *Y que me acusen al Che Guevara*
> *que escribo versos de salón:*
> *nadie me dice maricón;*
> *que tanto Che, prefiero mi cara.*

«Cogotero –responde Parra–, y aprendiz de cogotero, Carlos Droguett.»

Era el fin del gobierno de Frei, el comienzo de la Unidad Popular de Allende. Rojas era nombrado agregado cultural en China mientras Nicanor intentaba ironizar contra el nuevo gobierno. El golpe militar pilló a Rojas fuera del país. Viajó a Alemania oriental, descubrió la variante rusa del socialismo. La detestó, pero se cuidó de no hacer versos en contra de la revolución. Se fue a Venezuela, viajó con frecuencia a México y Cuba. Neruda muerto, se convirtió en la voz de los sin voces, el relámpago, el amor loco. Parra, encerrado en el Chile de la dictadura, no pudo competir. Su ambigüedad a la hora del golpe de Estado es algo que no podía, que no quería explicar, salvo que lo hiciera en sus propios términos, a base de chistes y *Artefactos* que no le parecían nada graciosos a la izquierda cultural. Rojas, que comprendió que en materia de cultura la izquierda es el poder, viajaba, recitaba, recordando la tradición olvidada del surrealismo chileno, proponiendo una tercera vía entre Neruda y Parra, una poesía crítica, culta pero lírica (sin militancia concreta), de izquierda pero antisoviética.

De vuelta en Chile, Rojas se trasladó a Chillán, el mismo Chillán de Nicanor y sus hermanos. Le quitó hasta eso, el privilegio de ese sitio. Ahí construyó su casa, con torreón «del renegado» y espejos en el cielo raso. Parra consiguió el Premio Juan Rulfo. Rojas inauguró el Premio Reina Sofía y el Octavio Paz, y recibió el Premio Cervantes mientras Parra recibía las medallas de la Universidad de Chile y la del Bío Bío en Chillán. Invitados de honor al festival Chile Poesía del año 2001, compitieron largamente acerca de cuál de los dos sería el último en recitar sus poemas desde el balcón del Palacio de La Moneda. Y ganó Nicanor.

Matías Rivas me cuenta que al lado del escritorio de Nicanor Parra en su casa de La Reina hay un basurero lleno de cartas sin abrir. A partir de finales de los sesenta decidió no abrir más los sobres, a no ser que contuvieran cheques adentro. Le impresionó a Matías al mirar a la rápida el basurero cuántas cartas de Gonzalo Rojas sin abrir se acumulaban. Cuántas explicaciones, cuántas reconciliaciones se quedaron en el basurero sin abrir entre los hermanos siameses de la poesía chilena.

GONZÁLEZ ROJAS

Vi a Nicanor Parra ganar la guerra después de perder una a una las batallas.

Estaba en su casa cuando enterraban con honores nacionales a Gonzalo Rojas, el 27 de abril de 2011. Parra no mencionó a su examigo en toda la tarde, una de esas tardes largas en las que hablaba de casi todo el mundo. Al despedirse, casi de noche, me preguntó por un tal «González Rojas». Yo sonreí pensando en José Santos González Vera, escritor chileno por antonomasia, autor de *Vidas mínimas*, relato de amores inconclusos y anarquismo parco.

−¿Tú conoces a González Rojas? Es un poeta joven, parece, tiene mucho futuro. Hay que estar atento, hay que seguir al joven poeta.

GUANTANAMERA

Y estaba Cuba.

—¡Guantanamera! —baja la voz, comienza a cantar Parra delante de Patricio Fernández, cuando este vuelve de Cuba—. ¡Guajira guantanamera! ¡Guantanameeeera! ¡Guajira guantanameeeera! La farándula se tragó a la revolución cubana. Cuba, nooo… Cuba… Yo no me atrevería a volver a Cuba.

Se tapa la boca con la mano, como si la policía secreta cubana pudiera aún grabar sus conversaciones en Las Cruces, en el año 2016.

El poeta y rockero argentino Miguel Grinberg recuerda para *The Clinic*, en enero de 2018, haber sido en 1965 parte del jurado de la Casa de las Américas junto con Parra:

«Andábamos en banda porque teníamos una diferencia de actitud muy grande con el resto del jurado. Había una clara contraposición entre la juventud libertaria de la Casa de las Américas y la Unión de Escritores que era la ortodoxia del PC con Nicolás Guillén a la cabeza. Los dogmáticos de ultraizquierda merecían que nos matáramos de la risa, no se podía discutir racionalmente con ellos».

Grinberg abraza, en una foto que se tomó durante las sesiones del jurado, a Nicanor Parra y Allen Ginsberg. Los tres aparecen en una pose relajada, como tres turistas felices.

«Nicanor inventó un juego —sigue contando Grinberg—. Como nos llevaban a muchos actos oficiales, nuestro grito de batalla era la palabra "ánimo" y éramos los que más aplaudíamos y vitoreábamos, siempre gritando "¡Ánimo!", "¡Ánimo!". La gente creía que estábamos aprobando, pero era el ánimo para aguantar. Donde podíamos gritar "¡Ánimo!" lo hacíamos. Unos diez o doce años después nos encontramos en Caracas, en el lobby de un hotel, y tanto él como yo gritamos de un lado al otro del salón "¡Ánimo!", el grito de batalla.»

Pero el ánimo no fue suficiente. «Dentro de la revolución todo, contra la revolución nada», les dijo a los artistas cubanos Fidel Castro el 30 de junio de 1961. El escritor Virgilio Piñera, que había abandonado también su vida más o menos libre en Buenos Aires para unirse a la revolución, respondió que «tenía miedo, mucho miedo». Porque ¿cómo se sabe cuándo se está dentro de la revolución y cuándo se está fuera de la revolución? Eso que supo también demasiado tarde el cubano Heberto Padilla, amigo de Nicanor Parra, un poeta revolucionario que, con los mismos poemas, se convirtió de pronto en un poeta contrarrevolucionario. ¿Cómo y cuándo? Eso no se pregunta, eso se acata. Represaliado, censurado, obligado a confesar en viva voz su crimen antes de optar al exilio.

Destino cubano, el exilio interior o exterior por decir demasiado o demasiado poco. «Dentro de la revolución todo, contra la revolución nada.» Los que pudieron, arrancaron sin poder irse del todo. Los otros se quedaron aislados, islas dentro de la isla, como Virgilio Piñera, que terminó confinado en su casa, para impedir que contagiara su homosexualidad a la juventud cubana. Lo mismo Lezama Lima, o Antonio Arrufat. Toda una generación de entusiastas despeinados que pensaba que esta revolución no iba a ser burocrática como la rusa sino informal y joven, anárquica y tropical como los comandantes que llegaron desde Santa Clara en sus camionetas destartaladas a La Habana el año nuevo de 1959. Una revolución dentro de la revolución, los energúmenos al poder, pensaba Nicanor Parra, frecuente miembro del jurado del premio que definía quién era quién en la literatura latinoamericana de esos años.

—¿Cómo se llamaba ese poeta panameño? —le pregunta Nicanor a Patricio Fernández—. Me acaba de mandar un diploma. Él me dijo en Panamá: «Yo tenía orden de los cubanos de matarte pero me caíste bien, así que te salvaste». Nooo, Cuba, no, Cuba es cosa seria. ¿Qué año sería? Ponte tú que 1978, o algo así. Tengo orden de liquidar a Parra. Altas autoridades en Cuba. ¿Barbarroja, se llamaba uno? ¿Charco de Sangre, otro? Los nombrecitos que se gastan estos gallos. Chuta la payasada, Charco de Sangre. La última vez que estuve, salí por la ventana. Me salvó el

Negro Guillén. Nicolás. ¿Te ubicas con Nicolás Guillén? El asunto fue que yo defendí públicamente a Allen Ginsberg cuando estaba prohibido ser gay. Nicolás me dijo: «Voy a tener que sacarte, por insolente. Tú comenzaste aquí haciéndole preguntas a Dorticós [presidente de Cuba entre julio de 1959 y diciembre de 1976] en público, y lo dejaste en ridículo. Y ahora esto de Ginsberg... Tienes que irte. Acá estás condenado a muerte siete veces seguidas. Y hay dos maneras de salir de aquí: en balsa o en avión. Y yo sé cómo conseguir el avión. Así que espérame listo para partir y yo te voy a golpear la ventana». Y Guantanamera. ¡Guantanamera! ¡Guajira guantanamera! Todo esto para decirte que yo volvería a Cuba, siempre y cuando me saliera a recibir Nicolás Guillén mismo.

DOY EXPLICACIONES

Premiado, leído, admirado, odiado por casi todo el mundo, Nicanor Parra volvió, en 1970, a empezar de cero. De menos que cero.

Recién casado con una rubia hippie, Nury Tuca, una joven artista que se enamoró de él al leer una entrevista en la femenina y feminista revista *Paula* en 1960, padre reciente de una niña también rubia, Colombina, pasa sus días sentado en una banca de cemento del Pedagógico con un cartel que dice «DOY EXPLICACIONES».

Los jóvenes a los que pretende representar pasan de largo, con desprecio o con miedo. Parra es para ellos algo peor que un escritor de cuello y corbata, es un viejo que mendiga palabras, que quiere explicar lo inexplicable. Un invitado de honor a la Casa Blanca que tiene la buena educación de sonreírle a la mujer de Richard Nixon. Un viejo perdido, un viejo cagado, una reliquia de antes de la revolución.

«¿Qué podía hacer? –le explica a Juan Andrés Piña a comienzos de los años ochenta–. Yo estaba en una visita oficial en la Casa Blanca cuando se abre una puerta y me ponen una taza de té en la mano.

»Todos entendimos que ese era un paseo a la Casa Blanca como museo, pero de pronto se abrió una puerta y apareció la Pat Nixon en persona [la esposa del presidente Nixon] a recibirnos y a ofrecernos una taza de té. Esa es la famosa taza de té. Se tomaron muchas fotos, obviamente, se publicaron en varias partes del mundo y el hecho se hizo público.»

La foto de Nicanor Parra agachándose dócilmente para recibir el apretón de manos de la esposa del presidente norteamericano en abril de 1970, sería la justificación para expulsarlo automáticamente del jurado del Premio Casa de las Américas, por «considerar incompatible esa función con su presencia en la Casa Blanca».

«Nicanor Parra, el antipoeta chileno, es el antichileno poeta», tituló inmediatamente el diario de izquierda chileno *El Clarín*.

«Escritores lo enjuician. Nicanor Parra: ¿Beatería o justicia revolucionaria?», se preguntó el diario *El Sur*, de Concepción.

El diario *El Siglo*, órgano oficial del Partido Comunista, informó:

«El exizquierdista Nicanor Parra tomó té con la señora Nixon en los mismos momentos en que se intensificaba la agresión a Vietnam y se extendía la guerra a Camboya. […] ¿Habrá que cantar réquiem por el Nicanor Parra antiimperialista? ¿Se volvió gusano? ¿Lo enceguedó la vanidad literaria? Es un buen tema para un antipoema».

Ante el escándalo, Parra explicó por telegrama, aún desde Washington:

«Entrevista casual *happening* con Patricia Nixon ocurrió el 15 de abril, periodo en que había una aparente esperanza de negociaciones de paz, periodo en que hubo la promesa de retiro de tropas yanquis antes de la invasión inaceptable de Camboya, antes de la masacre monstruosa de estudiantes. Rechazo las interpretaciones. Profundamente afectado. Apelo a la justicia revolucionaria. Solicito la rehabilitación urgente. Viva la lucha antiimperialista de los pueblos oprimidos, viva la revolución cubana. Viva la unidad popular».

«La señora Nixon nos recibió en una sala prácticamente sin muebles –le cuenta a un periodista de *El Mercurio*, a su regreso a Chile–. En un rincón había un servicio de té. La recepción misma, entre treinta y cuarenta y cinco minutos, consistió en que ella estaba de pie, junto a una mesita, y los poetas le eran presentados uno por uno. Ella entregó a cada cual un ejemplar con dedicatoria ("To Nicanor Parra with best wishes") de las obras completas de Elizabeth Bishop. "Gusto de conocerlo", decía, "es un honor para mí". Luego conversó informalmente con los poetas que fueron presentados por segunda vez a medida que se acercaba a ellos. Dijo que le interesaba mucho la poesía, que era tema de su predilección y que estaba encantada de que los poetas pudieran reunirse. En un corredor, una orquesta tocaba música vienesa, para amenizar la ocasión desde la distancia. Yo no califico esto de recepción ni de fiesta. Para mí fue un *happening* lanzado por la Casa Blanca.»

Las explicaciones, con ese inevitable tono de ironía, no hacen más que agravar sus faltas. La paranoia de Parra, condición esencial de su existencia, se encuentra al fin con un peligro real.

LAS SILLAS

Le dolía otra cosa más íntima. El presidente de la Sociedad de Escritores de Chile, Luis Merino Reyes, lo había llamado hippie sexagenario. Nicanor alimentaba a dos niños rubios, Colombina y Juan de Dios, hijos de Nury Tuca, una estudiante de arte que decidió de modo unilateral quedarse en la casa de Nicanor para mirar de más cerca todo lo que ese hombre que podía haber sido su padre hacía o no hacía. Conocía a los jóvenes, vivía con una hippie despeinada. Decidió responder no en versos ni en prosa, sino en persona. Fue hasta la sede central de la Sociedad de Escritores, donde se había anunciado que iban a juzgarlo en ausencia, protegido por sus hermanas, sus cuñados y su madre. Hilda, su hermana, y Clara, su madre, decidieron armarse de ladrillos para defenderlo.

Los Parra se sentaron en grupo en primera fila, todos juntos, apretando carteras y maletines cargados de piedras. Eugène Ionesco, el autor de *La cantante calva*, el maestro del teatro del absurdo, estaba por allí porque no podía ni quería vivir en su país, Rumania, mientras siguiera gobernando la dictadura marxista.

—Me acusarán de que hago music hall o circo —dice Ionesco, atrayendo la atención de Hilda Parra y sus hijos, empresarios y artistas circenses todos—. ¡Mejor! Integremos el circo. Que acusen al autor dramático de ser arbitrario. ¡Si el teatro es el lugar en que se puede ser arbitrario! En realidad, no se es arbitrario. La imaginación no es arbitraria, es reveladora. Sin la garantía de una libertad total, el autor no llega a ser él mismo, no llega a decir otra cosa que lo que ya se ha dicho.

Aplauso cerrado. El invitado, que ha dicho en francés lo mismo que Parra en castellano, obligó a aplazar el juicio. Eso no bastó para calmar al público. El escritor Poli Délano recuerda (en

The Clinic de enero de 2018) la ronca indignación de Stella Díaz Varín: «Entonces la Hilda Parra lo defendía y se produjeron insultos entre el público, una trifulca un poco caliente. Ionesco no entendía nada. Hasta que su traductora dijo: "El señor Ionesco no se siente bien así es que se excusa, pero se va a retirar", y se fue. Yo decía: si a Ionesco le pasan estas cosas, por eso escribe lo que escribe. Porque eso era lo más absurdo. Pero aun así Parra respondía las preguntas».

Al otro día se publicó una foto del antipoeta y el creador del teatro del absurdo abrazados y sonrientes. Nicanor Parra aprovechó el aplazamiento para mandarle una carta abierta a Luis Merino Reyes.

LO ÚLTIMO DE LO ÚLTIMO

«Sí, me presenté con algunos miembros de mi familia a frustrar el cuadrillazo que me tenían preparado S. E. Fui con mi señora madre y algunos hippies sexagenarios como yo. Le advierto que íbamos preparados a pelear a la chilena –patá y combo y gargajo al ojo– si se presentaba la ocasión. Felizmente nuestra presencia bastó para imponer orden y respeto.»

Y aprovechó la carta para proponer una suerte de manifiesto del energúmeno que era su manera de llamar en chileno a los *yippies* norteamericanos, una tercera vía entre la revolución y la contrarrevolución, un movimiento de rebeldía completa, de liberación del cuerpo y la mente como parte de un solo movimiento del que le tocaría ser el veterano líder:

El Energúmeno Verdadero (porque también hay falsos energúmenos, como Ud., Sr. Reyes) se reconoce de lejos por:
su poder de LEVITACIÓN
su capacidad para hacerse INVISIBLE
su capacidad para HABLAR CON LOS MUERTOS
Esta última cualidad es la que permite comunicarme con Su Excelencia.
¿ME CONTRADIGO?
–Perfectamente.
La contradicción es uno de mis métodos de trabajo.
Perdóname la franqueza: más que señales de vida las que está dando Ud. Sr. Presidente son señales de VIUDA.

Y de pronto pasa de la explicación a la violencia directa:

El presidente de la SECH es el Gran Dictador de la Literatura Chilena. ¡Abajo con él!

No queremos más presidentes. Estamos hasta la tusa con Ud. Lo que nos faltan no son presidentes sino Seres Humanos.

Más adelante descubre que la sociedad de escritores es

… Pentágono del pensamiento chileno. Con sus matones y Escuadrón de la Muerte.

Todo en ese tono hasta que al final se despide:

Ud. es un Escritor de Cuello y Corbata —señor Presidente—, es decir, lo último de lo último.

LÍDER SIN MILITANTES

Parra, que se presentaba en su carta al presidente de la Sociedad de Escritores de Chile, la SECH, como el vocero de una nueva juventud que iba a expulsar a patadas a los escritores con corbata, está ahora solo en el patio del Pedagógico con su cartel a cuesta: «DOY EXPLICACIONES». Pero no se le acerca nadie.

Parra de cincuenta y cinco años vive la peor maldición que le podía reservar la edad, no solo es más joven de lo que dice su carnet de identidad, sino que es más joven que la juventud misma.

Esa es quizá la verdadera tragedia que ocasiona en él la revolución cubana, chilena (en 1970 Salvador Allende gana las elecciones), mundial. Se siente joven, vive rodeado de jóvenes, pero es viejo porque da explicaciones. En cierto sentido ha sido siempre viejo. No ha creído mucho en nada más que la ciencia y la poesía. La reforma universitaria de 1967, que pedía más espacios de decisiones para los alumnos, le pareció un despropósito. «Juntos pero no revueltos», lanzó cuando empezaron a votar los alumnos y los funcionarios para elegir autoridades, programas de cursos y ramos. Se alejó progresivamente de sus trabajos administrativos en la Facultad de Ciencias y Matemáticas para hacer clase en el Departamento de Estudios Humanísticos, que el director Cristián Huneeus mantenía protegido de la fiebre participativa de los alumnos.

«Soy un allendista moderado. Soy partidario de la revolución chilena, aunque tengo algunas críticas que formular —se define Nicanor en una entrevista para el *New York Magazine*—. Soy un socialista un poco escéptico, un poco frío. Un socialista de tipo democrático: o sea, el socialismo por las urnas y no por las armas.»

Eso es lo que propone la Unidad Popular, la coalición en que los comunistas y los socialistas se unen con los jóvenes del MAPU. Esta alianza gana por estrecho margen las elecciones de 1970. A pesar de pensar más o menos lo mismo que los que dirigen la alianza, Parra no recibe del nuevo gobierno nada más que distancia y silencio. A Parra, Allende le cae mal de un modo personal y físico (que comparte con Luis Oyarzún y Jorge Millas, sus compañeros Inmortales del INBA). No le cree. Allende es un aristócrata y demagogo, un señorito y un profeta, todo lo que Parra no soporta.

Se queda solo. Demasiado ruidoso para ser de derecha, demasiado dudoso para ser del gobierno. Gonzalo Rojas va como agregado cultural en Pekín, bajo las órdenes del también poeta Armando Uribe, embajador. Jorge Edwards, como primer consejero a la embajada de París, con Pablo Neruda como embajador. Skármeta y Schopf lideran el poder popular en la Facultad de Letras de la Universidad de Chile, desde la que se unen a las condenas unánimes por la taza de té.

Solo Lihn, que no se recupera del todo de la paranoia de Cuba en que vivió su propia temporada en el infierno (o el purgatorio al menos), comparte su escepticismo radical, aunque tiene la decencia de expresarlo en privado. Cortázar, de visita en Chile, pasa por alto la existencia de Parra. Lo mismo Vargas Llosa. Igual que Benedetti y Gelman, sus discípulos transandinos que se dedican a alabar la revolución, visitando Chile como antes visitaban Cuba, para aplaudirla en vivo y en directo. Hasta sus hermanos Roberto y Eduardo cantan sus cuecas de los barrios bajos, escuchadas ahora como reivindicaciones populares. Los hijos de la Hilda, la demócrata cristiana de la familia, empiezan a cantar a la revolución.

La Violeta muerta resucita cantada por Mercedes Sosa en Argentina. La cantan en portugués y en inglés. En estadios, peñas, sindicatos y encuentros continentales de la juventud. Sus sobrinos Isabel y Ángel cantan al partido, recibiendo a la Nueva Trova cubana, sin saber lo que sufrían Lezama Lima y Virgilio Piñera, y de alguna forma más ambigua y secreta Nicolás Guillén, el poeta del régimen que, en la voz de los Quilapayún, es un superéxito de las radios locales.

Para hacer esta muralla,
tráiganme todas las manos,
los negros, sus manos negras,
los blancos, sus blancas manos.

¿QUÉ DECIR?

«... saliendo de una farmacia, frente al cerro Santa Lucía me topo con Nicanor Parra –cuenta Hernán Valdés por entonces–. Apenas me ve, como si yo fuera algún representante oficial, comienza a vociferar contra el gobierno [de la UP]. Con los mismos argumentos de la prensa derechista. Trato de tranquilizarle. Le explico el origen de algunas de las dificultades, disculpo algunos excesos, propios de un pueblo que despierta y al fin se manifiesta sin represión. Esto le enfurece más todavía. Grita de manera frenética. Algunas personas se agolpan a nuestro alrededor y observan perplejas. Me doy vuelta y lo dejo maldiciendo a los cuatro vientos. ¿Qué fue, me pregunto, de esa compostura suya, tan británica, de su discreción y su serenidad, de su humor, sobre todo?»

Valdés no puede entender que la Unidad Popular no le había quitado a Parra el honor de los premios o las embajadas, sino algo para él más esencial: interlocutores válidos. Gente con la cual hablar en su idioma, el de los energúmenos que creen en muchas cosas y en ninguna al mismo tiempo, o que, como Groucho Marx, tienen algunos principios inamovibles que pueden cambiar por completo si no le gustan al público.

La Unidad Popular estatizaba fábricas y expropiaba tierras. A Nicanor le habían expropiado el lenguaje. El antipoeta tiene más material que nunca, pero el profesor que lo cubre, que lo protege, se queda desnudo a la intemperie con sus explicaciones a cuestas, sus teorías en barbecho.

Así apenas pudo aceptó la oferta de ser profesor visitante en universidades norteamericanas: California, primero, luego en Columbia y NYU, en lo que era una forma inmejorable de darles la razón a sus enemigos chilenos de ser un vendido al capitalismo.

BILINGÜE

–Bank Street 15, el Village –me anunciaba Nicanor, los ojos centellantes de promesa. El Village invadido de cantantes frustrados y drogadictos frustrantes. Meditadores hindúes, niñas de faldas muy cortas, negros que tocan el saxo en el metro, locos sueltos inyectándose heroína debajo del arco de Washington Square. América desheredada, final y más viva que nunca, llena a rabiar de *black panthers* y flores en el pelo, anteojos azules y hombres sin camisa de los que intenta como puede Nicanor proteger a su mujer, Nury Tuca, siempre a punto de huir en la primera caravana de pintores de aerosol, presa de ataques de súbita rabia que la llevan a lanzarle al marido todo lo que encuentra cerca.

En Estados Unidos conoce a la pacifista nueva izquierda de Berkeley y los laberintos del Village. «*Yippie* y no *hippie*», se apura a aclarar Nicanor Parra, que estudió con su habitual rigor científico las diferencias entre las facciones del movimiento. *Yippie*, o sea parte del Youth Internacional Party, de Abbie Hoffman, Jerry Rubin y Paul Krassner, todos bajo la supervisión siempre viva de Allen Ginsberg. Activistas antiguerra, anarquistas, trotskistas, groucho-marxistas que se esforzaban en candidatear a la presidencia de Estados Unidos a un cerdo, Pigasus, el Inmortal.

Desde ahí no para de explicar y de explicarse infinitamente para su público chileno, sus estudiantes del «piedragógico», llamado así por la afición de sus alumnos a lanzar piedras en días de protestas, que ya decretó que es un traidor:

«No creo en la vía violenta», declara en uno de sus *Emergency Poems*, la antología bilingüe que publica en Nueva York en 1972:

> *me gustaría creer en algo –pero no creo*
> *creer es creer en Dios…*

TARJETAS POSTALES

—*I'll meet you at The Clock* —le dice Parra a Patricio Fernández un viernes cualquiera de otoño del 2016—, esa es la frase que más se escucha en Filadelfia. Hay un reloj en un punto neurálgico del centro, que se llama The Clock. Fue ahí, en Filadelfia, donde vi el primer artefacto. En ese tiempo se usaba escribir frases por las calles. Entonces dije: Nunca más podré escribir un poema después de esto. ¡No se puede…! La primera frase que leí fue: *Stop thinking*. Ahhh. El segundo artefacto decía: *Look back: Your future is behind you*. Creí que era una broma, pero no, porque miré para atrás y vi escrito en una pantalla gigante: *Here is your future. Bank of America*. Chupalla, ¿qué se hace después de eso…? Frases iban y frases venían. El comercio se apoderó de esas frases, ¿cómo es que se llaman?, sí… eso… publicitarias. Entonces todo lo demás quedó atrás, incluyendo a Shakespeare. Como si fuera poco, eran frases rentables… *Said it with flowers*, esta la encontré en Nueva York. Y abajo, el número de teléfono donde había que llamar. Para decirle «Te amo…» llame a la florería. Yo me di cuenta de que los propios gringos no tenían idea de esto. ¡Qué maravilla! *Said it with flowers…*

Como siempre que habla con el director del *Clinic*, su empresario favorito, Parra resalta el lado rentable del procedimiento, que para él solo lo hace más interesante. La de empresario era una de sus pasiones frustradas. Era también una de las claves ocultas de su estética, que la poesía debía ser útil y rentable.

«La poesía pasó de moda como el teléfono fijo —decía para justificar su interés en las columnas de opinión, en contra de los versos—, basuArte del siglo antepasado.»

Los *Artefactos*, que empezó a escribir desde finales de los años sesenta, tenían sentido porque decían de manera económica, en todos los sentidos de la palabra económica, más cosas con menos palabras. No era surrealismo. O lo era, pero al mismo tiempo era publicidad. Poesía, pero ante todo mensajes, consejos prácticos, lugares comunes, discursos suspendidos, amenazas y abrazos. El artefacto, que no era otra cosa que una traducción al latín de la palabra «poesía» (del griego ποίησις = acción + creación + adopción + fabricación + composición = poema = hacer, fabricar; engendrar, dar a luz; obtener; causar; crear). O sea Poesía = Acción + hacer = creación + fabricación = ARTE + FACTO = Arte + Hecho = Arte de fábrica.

El «artefacto» es un objeto industrial, decía Parra cuando lo apuraban a definirse, como una sartén o un alicate, al que nadie le pide otra cosa que abrir puertas o freír huevos. «Yo prefiero decir que el "artefacto" es una configuración lingüística autosuficiente, que se basta a sí misma», le dice a Leonidas Morales, y en esa misma entrevista se rebela contra la palabra creación.

«Yo prefiero usar en vez de la palabra "creación" la palabra "hacer". Prefiero escribir un libro que se llame *Poemas prefabricados* antes que escribir un libro que se llame *Poemas creados*.»

La idea del artefacto es que las palabras son también cosas y las cosas también palabras o ideas. La belleza pura, la belleza salvaje, estuvo desde el principio excluida de la operación. Es eso lo que diferencia los *Artefactos* de Parra de la poesía visual de Joan Brossa, o de toda la poesía visual brasileña. El «artefacto» tenía por objeto decir cosas de la manera más sintética, más efectiva, más inevitable.

«El otro día se me ocurrió como título para un libro de poemas: *W. C. Poemas* —le dice en Nueva York a la académica Elizabeth Pérez-Luna—. Hay poca literatura mural en los baños, hace unos veinte años había mucho más. Y por lo general la literatura de los baños actualmente es más política que erótica. Por eso me interesa copiarla. Porque me interesa esta actividad literario-política, privada e impersonal e irresponsable, que tiene su razón de ser muy profunda.»

Así, anota en tarjetas postales frases ilustradas con dibujos o collages o fotos.

LAS CARTAS MARCADAS

El libro no es más que la caja de cartón en que se guardan las tarjetas, que se pueden leer o colgar o mandar en el orden que se quiera.

—No hablé con él ni una vez mientras hacía las tarjetas —me cuenta Juan Guillermo Tejeda, el diseñador de las tarjetas, en el cumpleaños de mi hermana Mariana, que fue su ayudante la primera década de los años 2000—. Yo estaba en Estados Unidos todo el tiempo. Me hice relativamente amigo mucho tiempo después, en los años ochenta, cuando volví del exilio. Estaba desesperado, no tenía nadie con quien hablar e iba a La Reina a hablar con él. Teníamos muchos proyectos, pero no hicimos nada. Pero en la época de los *Artefactos* no lo conocía personalmente. A mí me daban los textos y podía hacer lo que quería con ellos. Nunca reclamó tampoco.

Este era el primer trabajo profesional de Tejeda después de titularse de diseñador en la universidad. Cristián Santa María —el responsable de la editorial Nueva Universidad, de la Universidad Católica, la competencia directa y clerical de la Universidad de Chile donde había trabajado y publicado toda su vida Nicanor Parra hasta entonces— le dio a Tejeda absoluta libertad.

«Propuse entonces —cuenta Juan Guillermo Tejeda en un artículo que escribió en la revista *Quinchamalí*—, sin que nadie me pusiera obstáculo, una caja con sobres y doscientas postales sueltas impresas en blanco y negro. En el reverso figuraba el nombre de *Artefactos* en cuatro idiomas (castellano, inglés, francés y ruso) junto a los filetes y recuadros con que en las postales se ordenaba el espacio para el sello de correos y los datos del destinario, más el nombre de Ediciones de la Nueva Universidad. Y en el anverso compuse un texto de cada poema o epigrama utilizando un conjunto de técnicas entre las que destacan cuatro: la composición tipográfica con elementos ornamental o de recuadro, el dibujo, el collage, y la reutilización de imágenes antiguas, especialmente grabados.»

Nicanor Parra el maniático del control que no publicaba sus textos hasta estar completamente seguro no de su valor sino de su utilidad, dejaba a su suerte lo que creía era lo mejor de su obra. Era quizá parte de la experiencia, dejar sus *Artefactos* en mano de un joven desconocido para que el azar o la telepatía hicieran su trabajo. O quizá simplemente lo convenció la juventud de Tejeda, que era lo que perseguían sus textos, ser nuevos, ser actuales, ser impredecibles.

–Recibí los textos, escritos con bolígrafo azul, y me puse a componer postales en blanco y negro, con mucho collage y algunos dibujos, así como con tipografías diversas. Recuerdo esas noches pegoteando textos o letras sobre una mesa un poco bamboleante que yo mismo me había construido, mientras Chile se deslizaba oficialmente hacia el socialismo y secreta o extraoficialmente hacia el pinochetismo.

Sin adivinarlo, Tejeda volvía las frases a su origen: las noticias pegoteadas en los muros de la casa de la niñez de Parra, en la calle San Pablo. Los avisos antiguos, los grabados, las letras sueltas de tipografía inglesa, gótica, francesa, que le dan un encanto anacrónico que seguro no buscaba Nicanor, pero que aceptó como aceptaba casi todos los accidentes.

La impunidad con la que trabajaba le sorprendía a Tejeda, que veía a sus compañeros de la universidad de los setenta militar, marchar, gritar contra los viejos, los momios, los burgueses. Porque era 1972 y nada parecía gratuito y todo tenía que tener una dirección, un sentido que Parra, que pasaba en Nueva York algunos meses, y en La Reina el resto del tiempo, parecía ignorar. Extraño vértigo, ese de verse obligado por un anciano a ser más joven de lo que eres, de lo que eran los jóvenes de entonces.

–Después empecé a estar cada vez más en desacuerdo con los textos –me explica Tejeda–, que eran críticas cada vez más fuertes contra la Unidad Popular, y fui dejando de hacer las tarjetas. Eran unos años locos, todo parecía posible. Vista la cosa desde hoy, me parece que había en esas extraordinarias condiciones de trabajo una marca del ambiente carnavalesco e improvisado del allendismo luchando contra el antiallendismo, y viceversa.

LA CACHA DE LA ESPADA

—Tito Valenzuela tenía una idea parecida —me cuenta el bibliófilo César Soto, que empezó a frecuentar a Nicanor Parra a mediados de 1968, cuando Parra impartía un taller literario que abandonó bruscamente para irse a Estados Unidos—. Tito Valenzuela era un gallo de Valparaíso.

Iba a la casa de Parra en La Reina junto a Juan Luis Martínez, también de Valparaíso. Los tres son surrealistas, beatniks, vanguardistas solitarios en medio de los cánticos de los partidos políticos. Valenzuela quiere hacer un libro con tarjetas postales sobre Chile que se llame *El país de la cacha de la espada*. La idea de Valenzuela flotaba en el aire. Parra, al aplicarla a su obra, la convertía en otra cosa, en su cosa. Tito Valenzuela pensaba burlarse de las ínfulas del país a golpe de tarjetas postales. Parra se burlaba de la poesía misma, de la posibilidad de seguir escribiendo poesía.

Fue la mejor época de Nicanor, me confirma Soto. Estaba abierto, dispuesto, sediento de gente. La Nuria experimentaba con todo tipo de drogas. A veces había que irse a un bar, arrancar con Nicanor de la furia de la esposa. Estaba en comunicación directa con lo mejor y lo peor de la vanguardia neoyorquina. Tenía ahí su defensa, su salvación. Transmitía la buena nueva entre los jóvenes que iban a visitarlo mientras recibía a cambio proyectos de *Artefactos* que incorporaba, sin miedo al copyright, al proyecto.

PIEDRA PARA LOS CONVIDADOS

Leídas todas juntas, una detrás de otra, las tarjetas cuentan un viaje de ida sin vuelta desde la izquierda cómplice hacia la exasperación, la soledad, la paranoia de sentirse, de saberse fuera de foco.

«Conste que yo no soy el que habla», advierte para que no vayan a tomarlo en serio (ni demasiado en broma) en muchas de las tarjetas postales, repletas de chistes privados, de recados a amigos y enemigos. Porque una y otra vez, obsesivamente, inútilmente, Nicanor Parra intenta en los *Artefactos* explicar a sus alumnos que es demasiado revolucionario para la revolución chilena.

«Revolución, revolución, ¿Cuántas contrarrevoluciones se hacen en tu nombre», reza una de las tarjetas. Otra ruega no confundir «El arte en la revolución con la revolución en el arte». En otra predice que «La derecha y la izquierda unidas jamás serán vencidas» y les advierte a sus contradictorios que pueden comerse su poto con harina cuando se muera pero no antes.

Solo logra crispar más el ambiente. Pierde la única defensa que le queda, el prestigio de sus versos.

«Los fascistas no podían tener mejor propagandista que Parra en estos momentos», dice el *Puro Chile*, el diario más cercano a la UP. En Cuba, Jorge Huasi compara a la Violeta y a Nicanor: «Mientras Nicanor se despeña hacia la coexistencia turbia, contra natura, verificadamente equívoca hasta rozar lo amoral histórico, Violeta se proyecta, enfuturada, hacia la lucha armada contra el imperialismo».

Un redactor anónimo del *Puro Chile* califica a los *Artefactos*: «Una sórdida exhibición de grosería. Sin duda tendrán una brillante acogida en los medios esnob del Barrio Alto. Pero desde el plano del hombre común, del lector sencillo que tenía a Parra por un buen poeta, se ven los *Artefactos* como una triste exposición de los más bajos sentimientos. Desde el plano político, los *Artefactos* son una colección de afiches postales expresamente editados para atacar las fuerzas de izquierda».

Mario Benedetti, hasta entonces defensor acérrimo de la antipoesía, cree que «a partir de los *Artefactos* su humor se hace excesivamente ríspido y pierde la mejor parte de su gracia».

En *Las Últimas Noticias* del 10 de abril de 1973, el poeta demócrata cristiano Miguel Arteche critica a la editorial de la Universidad Católica por publicar esta serie de blasfemias:

«Pero de los mejores chistes parrianos —el mecanismo de los *Artefactos* es el mismo que provoca la ruptura de los sentidos que hay en el chiste— es que estos hayan sido publicados por una universidad católica, que se supone sigue siéndolo entre otras cosas porque aún es gran canciller de ella el cardenal Silva Henríquez. Lo cual revelaría la muy amplia libertad de criterio de este —no diremos del rector—, sobre todo cuando en los *Artefactos* leemos frases como: "el buen ladrón, el mal ladrón y el del medio"».

Los *Artefactos* se convertirán en una frontera natural para los lectores y críticos parrianos. Hasta ahí nomás llegará la mayoría, prefiriendo siempre al Parra de antes que al de los dibujitos y los chistes de letrina. El Parra en serio, el melancólico, el rabioso, el cómico a veces, pero no el «payaso que en medio de la pista de aserrín comienza a lanzar estupideces», como lo define Miguel Arteche.

Y sin embargo Parra piensa, sabe, declara, que los que amaron *Poemas y antipoemas* deberían saber que todo terminaría en los *Artefactos*, que era la continuación lógica de su revolución, la suya, propia y única, que no puede convivir con ninguna. Del antipoema tenía que pasar al antilibro.

Los *Artefactos* no satisfacen a los revolucionarios, a los que están dedicados, por su contenido «reaccionario», y horrorizan a los reaccionarios por su empeño en no parecerse a nada de lo que se ha escrito y publicado en Chile hasta entonces. «Rompen con todo», como ha prometido Nicanor, y él se queda por primera vez en tierra de nadie, en una incomprensión que sobrevivirá a la época de la Unidad Popular:

—Yo me acuerdo que poco después del 73 —le cuenta Nicanor Parra al periodista Juan Andrés Piña—, al rector de la Universidad Católica [el almirante Jorge Swett] le preguntaban las razones para el golpe. Entonces él sacaba de un cajón los *Artefactos*, los ponía sobre la mesa y decía: «Para que esto no vuelva a suceder».

ADVERTENCIA PRELIMINAR

—¿Cómo se llamaba el hippie que estaba a cargo de las drogas duras? —les pregunta Nicanor Parra a Matías Rivas y Adán Méndez, que acompañan a Andrea Lagos, la periodista de *El Mercurio de Valparaíso*, que esconde como puede la grabadora en el bolsillo para perpetrar una de las muchas «exclusivas» entrevistas de los cien años de Nicanor.

Parra aprovecha la pausa que él mismo crea para retomar el hilo de su monólogo.

—El asunto fue que yo iba caminando y me encontré por accidente en la calle con otro astro: Jerry Rubin, el autor de DO IT!, que había estado en Chile, en La Reina. ¿Se ubican con Jerry Rubin, no cierto?

Para no interrumpir de nuevo la conversación, todos fingen recordar a Jerry Rubin, uno de los más radicales líderes del *yippismo*, la versión política del *hippismo*. El mismo Jerry Rubin que se convertiría en los ochenta en un profeta del *yuppismo* al hacerse millonario comprando acciones de empresas tecnológicas cuando estas recién se instalaron en Silicon Valley.

—Jerry me dijo: «Nicanor, acompáñame. No me preguntes dónde voy, pero te lo voy a decir de todas maneras: tengo una entrevista secreta con las Panteras Negras». ¡Chupalla! Yo no entendía mucho de Panteras Negras en ese tiempo, no sabía que habían matado a unos policías en Chicago y que los andaban buscando. Llegamos a un castillo desocupado, donde el diablo perdió el poncho. Las carreteras no tenían vuelta. Y esto no lo puedo olvidar, por lo que pasó al día siguiente. Yo ya había regresado a Manhattan. Y me llama el decano de Columbia, donde yo tenía un taller literario, y me dice: «Has arruinado tu futuro en este país, Nicanor». «¿Por qué?» «¿Cómo que por qué?»

En la primera página del *The New York Times* salía yo, abrazado con los Panteras Negras. ¡Y yo no recuerdo que eso haya ocurrido! —Se toma la cabeza con la mano cuarenta años después—. ¡O eso fue un arreglo fotográfico o a lo mejor estaba borracho como piojo o estaba marihuaneado! *You ruined your future in this country*, esa fue la sentencia. Y colgó. Una semana más tarde recibí una llamada del Departamento de Estado, diciéndome que mi visa estaba vencida y que el pasaporte que yo tenía había perdido validez. Y todo estaba con una letra grandota que decía: «SOSPECHOSO». Entonces arreglé mis maletas. Y en seguida recibí otro llamado. Un filósofo del ecologismo me decía que sabía que volvería a Chile y que me llamaba para que no me fuera. «Yo sé por qué te lo digo. Hay cosas que van a pasar ahí y tú no debes estar.» Se refería al golpe militar. Pero yo tenía que volver, si era profesor de la universidad. Así que volví. A los dos o tres días, bombardeo de La Moneda y lo demás, ustedes lo conocen mejor que yo.

EL GOLPE

«Nicanor, no me hables de Nicanor», exclamaba el profesor Luis Íñigo Madrigal en Madrid para dejarme en claro que no intentara siquiera hablarle del tema. «Que te cuente él lo que hizo, que te diga él...», repetían Gonzalo Rojas o Armando Uribe o Hernán Valdés, y tantos exiliados, militantes o exmilitantes que habían decidido que no querían nada con el viejo Parra desde el golpe de Estado de 1973. Ángel Parra sugería algo en relación con los militares y el arresto de su hermana Carmen Luisa: que Nicanor podría haberla ayudado y no lo hizo.

Si vas a escribir la biografía de Nicanor tienes que contar eso, lo que hizo en el golpe. La piedra del escándalo, el delicioso manjar con que cualquier periodista se emborracharía feliz.

¿Qué hizo? ¿Qué no hizo Nicanor Parra el 11 de septiembre de 1973?

«Respiré», decía siempre que le preguntaban. Una confesión que tenía el doble de valor en un «asmático de tiempo completo» como era él. Bajaba la voz y la cara para repetirlo: «RESPIRÉÉÉÉÉ».

¿Y la junta, y Pinochet con sus anteojos negros?

«Por una parte, es un salvador: si no fuera por Pinochet estaríamos como Cuba —le dijo al documentalista Víctor Jiménez, en su documental *Retrato de un antipoeta*, de 2009, filmado semi a escondidas durante tres años de visitas a Las Cruces—. Eso es un hecho. Pero enseguida las atrocidades que se cometieron. Uno quisiera un salvador sin atrocidades. ¿Cómo junta uno las dos cosas? La atrocidad con una operación de salvataje. Si uno quiere pensar en grande la cosa, no hay tal salvador. Un salvador a corto plazo, ¿para qué?»

No me atrevía ni a apoyarlo ni a contradecirlo cuando se lanzaba a justificar, explicar o incluso celebrar el golpe de Estado que había pulverizado mi vida. Es difícil convencer a un señor de cien años, en un país que solo tiene doscientos, de que la historia no es un asunto personal. El golpe, que fue para mi familia el fin de su país, era para Nicanor el regreso del orden antiguo donde podía seguir siendo el energúmeno molesto pero gentil. No estaba solo, la mayor parte de sus compañeros, de los Inmortales del INBA, pensaban igual que él. Y los democristianos, y no pocos socialdemócratas moderados. Alguna salida debía encontrarse a este desastre. Nadie sabía que los militares tenían preparada su propia revolución, todos esperaban que le devolvieran el poder a Eduardo Frei Montalva.

Para Nicanor, como para muchos de sus compañeros del INBA, la UP no había sido más que un gigantesco paréntesis cuadrado. La prosa nacional seguía alrededor del paréntesis más o menos igual. El golpe de Estado para mí fue el exilio. A él lo obligó a hundirse más y más en Chile y sus circunstancias.

LICENCIA MÉDICA

Pero ¿es verdad que invitó a tomar helado en el café Coppelia a unos militares que quisieron ofrecerle el decanato de la Facultad de Humanidades de la Universidad de Chile? ¿Es verdad que dio nombres de comunistas a los militares? ¿Es verdad que se negó a proteger a amigos y familiares que se lo pidieron? ¿Es verdad que participó de tribunales académicos contra otros profesores? No hay pruebas de que haya sesionado en ninguno de esos comités. No necesitaba hacerlo. Aceptó volver a la dirección de la Escuela de Física y Matemáticas del Pedagógico. Permaneció ahí mientras les hacían sumarios y expulsaban a compañeros y exalumnos.

¿Con cuánto entusiasmo? ¿Con cuánto compromiso se puso a la orden del coronel de aviación que hacía de rector delegado de la Universidad de Chile? Según le contó al escritor inglés Tony Gould, que llegó a Chile a finales de los ochenta para escribir sobre su amigo de Cambridge, Cristián Huneeus, un militar habría llamado a Parra por teléfono para preguntarle si prefería ser nombrado director de la facultad o ir prisionero al Estadio Nacional, donde miles de militantes y simpatizantes de la Unidad Popular recibían culatazos y golpes eléctricos susurrando a escondidas canciones de Violeta Parra.

«Pronto —le explicó al inglés Tony Gould— me di cuenta de que era director de nada, simplemente una herramienta para firmar un papel de autorización para el despido de ciertos profesores.»

Pretextando una enfermedad repentina, se fue a Isla Negra. El toque de queda obligaba a todos los ciudadanos a estar en sus casas a las seis de la tarde. La radio emitía durante días enteros bandos y comunicados, entre marchas militares y cuecas de los

Huasos Quincheros, un conjunto de folclore patronal. En el diario circulaban fotos y más fotos de los hombres que había que denunciar a las autoridades. Sobrinos, amigos, enemigos, se asilaban en embajadas para exiliarse después. Nicanor conservaba su puesto en la universidad aunque, en Isla Negra, estuviera excusado de asistir a clase por algunos meses. A fines de septiembre de 1973 rompió el aislamiento para ir al entierro de Pablo Neruda.

«Si se muere Neruda se acaba este país», le advirtió a su yerno Ronald Kay, que acababa de llegar con su esposa Catalina, la hija de Nicanor, de una beca en Suiza. Lo supo antes que nadie, lo olfateó: el Internado Barros Arana estaba convertido en un polígono de tiro. La Universidad de Chile, represaliada, y medio cuerpo de profesores exiliados. Los libros, incluidos sus *Artefactos*, eran quemados en piras ceremoniales.

Acababa de cumplir, una semana antes del golpe, cincuenta y nueve años. Le faltaban seis para jubilarse como profesor. Tenía hijos pequeños y una esposa que pasaba mucho tiempo en cama, enferma de premoniciones y entusiasmos súbitos, y los tenía que alimentar. Estaba solo. Todos sus enemigos estaban muertos o fugitivos. Sus amigos también. Estaba cumpliendo a la vez su sueño y su pesadilla. Era el individuo que baja al valle y empieza a grabar de nuevo signos en la roca.

> *De atrás para adelante grabar*
> *El mundo al revés.*
> *Pero no: la vida no tiene sentido.*

8

EL CIRCO EN LLAMAS

DIARIO MURAL

En 1974, Nicanor Parra dictaba en el Departamento de Estudios Humanísticos de la Universidad de Chile un taller literario que tenía como tema «Lo que está pasando». Pero ¿qué estaba pasando en 1974 que se pudiera decir en un taller literario en la Escuela de Ingeniería de la Universidad de Chile?

Nicanor lleva a clase una guitarra y les enseña a los alumnos las técnicas de las décimas espinelas, los romances, las cuecas, las tonadas y los cantos a lo divino y lo humano que cantaba su hermana. Les enseña a sus alumnos de la Escuela de Ingeniería la chilenidad arrabalera, justo cuando el lenguaje de la calle, la guitarra o el poncho se habían convertido en un desafío a la autoridad.

Parra enseña a cantar a sus alumnos para evitarse el peligro de enseñarles a escribir. ¿Para qué escribir cuando queman los libros? ¿Cómo escribir? No puede desandar el camino de los *Artefactos*, pero no es momento para tarjetas postales ni chistes de ningún tipo. Hay que denunciar, pero denunciar en 1974 es denunciarse.

Ante los libros quemados es más urgente que nunca volver a leer los que escaparon al fuego. Es lo que postula sin demasiada ambigüedad la revista *Manuscritos*, que Ronald Kay, el yerno de Parra, editaba para el Departamento de Estudios Humanísticos donde han terminado por refugiarse Nicanor y Enrique Lihn. Una empresa familiar, la revista. Además del yerno trabaja en ella Catalina, la hija mayor, que la diseña y diagrama: márgenes blancos, imágenes discontinuas, textos enjaulados o extrañamente libres, la separan de cualquier manifestación de hippismo o sicodelia setenteros para crear un estándar de sobriedad vanguardista que se convertirá en un patrón inescapable para los cientos y miles de revistas y catálogos de arte y libros retrospectivos que intentarán infructuosamente imitarlo.

La revista *Manuscritos* abre con un dossier sobre el *Quebrantahuesos*. Sí, los mismos *Quebrantahuesos* de 1952 que, en el contexto del toque de queda y los diarios proscritos, son completamente otros. Ejercicio improbable leer esa travesura de posguerra, ese chiste privado, con los ojos de una ciudad bajo toque de queda y prensa bajo censura. «La estrategia textual *Quebrantahuesos* —reflexiona Kay en la revista, un Ronald Kay que acaba de aprender en Basilea, de primera fuente, todo el vocabulario del arte conceptual— está armada para marcar de un golpe la multitud: su mera presencia en el rincón del Naturista produce muchedumbre, obliga al transeúnte ciudadano a detenerse, le impone su publicidad: el gentío se aglomera en torno a la vitrina, se arremolina y es succionado por su vórtice. La multitud pasa por su textualidad como el sonido que se determina por la extraterritorialidad de la caja de resonancia.»

Todo eso sobreimpreso sobre una imagen en blanco y gris de la calle Ahumada, entre un toque de queda y otro.

«= la física de la matemática poética», escribe Ronald Kay a plena página. El *Quebrantahuesos*, quiere decir, es la física, el paso a las cuatro dimensiones de las ecuaciones que eran los versos de Parra. El diario mural es la consecuencia del poema, y no al revés. Pero ni la complejidad conceptual de Kay ni la frialdad de la diagramación de Catalina Parra podían cubrir del todo la salvaje libertad de los titulares del *Quebrantahuesos* de 1952:

«DEGOLLÓ A UNA COLEGIALA PARA DIVERTIRSE», dice un titular.

«LOS MUERTOS ENTERRARON VEINTE DÍAS DE HEROICA HUELGA», dice otro.

«CON GRAN ENTUSIASMO SE PREPARA HOMENAJE A PERIODISTA EN EL FONDO DEL MAR», otro.

Un reloj que se para da la hora dos veces, dicen en un viejo western. Los titulares del *Quebrantahuesos* pasan de ser un chiste en 1952 a convertirse en 1974 en lo único que no aspiraban a ser: noticias reales. El tipo de noticia que los diarios serios, los que el régimen no había censurado aún, no podían dar.

En letra más chica, Kay apuesta:

«El texto *Quebrantahuesos* documenta su futuro».

Una profecía que se verifica en la revista misma *Quebranta-huesos* de 1952 se convierte, por obra y gracia del retorcimiento teórico de Ronald Kay, en la excusa para la invención de un lenguaje, una forma de hablar de arte, una retórica y una ética que son las que dominan aún hoy las artes visuales chilenas.

OTRO IDIOMA

Conocí ese lenguaje a comienzos de los años noventa, cuando empecé a asistir a toda suerte de inauguraciones de pintores. Acompañaba a Roberto Merino, que acompañaba a su vez a la Natalia Babarovic. La Natalia, alias la Tala, que empezaba a liberarse por entonces de la influencia de Gonzalo Díaz, uno de los líderes del arte conceptual chileno. Hacía frío generalmente en las salas de arte, y la mayor parte de las obras, que todo el mundo se esforzaba en llamar «trabajos», no me interesaban nada, pero había suficientes mujeres guapas y viejas raras para que me mantuviera más o menos hipnotizado de inauguración en inauguración.

Hojeaba con sorpresa los textos de los catálogos donde la teórica chileno-belga Nelly Richard escribía párrafos como este:

«Cada extremo del trabajo somete así la versión histórica a la perversión natural (el agua) o artificial (la luz) de operadores físicos que la FIGURAN (revelamiento de las imágenes) o la DESFIGURAN (vencimiento de las imágenes), que la CORTECIRCUITAN: mientras la luz inaugura el trabajo actualizando la emergencia de la imagen en el pavimento como pantalla municipal / como límite popular de adherencia, el agua suspende la serie por inmersión de la tela y disolución de la imagen virtualmente pregnada en ella / por LIQUIDACIÓN DE SUS REMANENTES».

Y un poco más allá, en el mismo catálogo, el chileno Justo Pastor Mellado: «Del "tránsito" a la "trans/citación" hay un universo discursivo de distancia: la Cita se revaloriza en un tránsito textual que termina por reventar imaginariamente las leyes de la Nominación y del Reconocimiento de la historia de la plástica chilena, en el sentido que dicha historia no es sino la Re/Citación de una matriz ajena determinante».

¿Por qué escriben así, si los dos son inteligentes y sensibles, si con los dos podía conversar en castellano sin preposiciones y letras mayúsculas? ¿Por qué esa alergia al humor, al color, a la plasticidad del lenguaje, todo eso que estaba en la obra de Altamirano?

–La dictadura –me explicó una vez una joven teórica del arte de cuyo nombre no puedo acordarme–. ¿Tú no entiendes? En dictadura solo se podía escribir así, para que los milicos entendieran sin entender. Era una forma de rebelarse contra los milicos, pero también contra los militantes que querían arte panfletario. ¿Cachai el CADA [Colectivo Acciones de Arte]? ¿No cachai? ¿*Infarto del Alma*? Las fotos de la Paz Errázuriz en el manicomio de Talca, o con las travestis pobres. La Diamela Eltit limpiando la vereda de la prostibularia calle Maipú. Y Zurita que se masturba delante de una pintura de Juan Domingo Dávila, el primer gay asumido de Chile, escandaloso cuando pinta y, si no, un caballero. Y Carlos Leppe que se rapa una estrella en la espalda, y la Lottie Rosenfield que traza cruces blancas en las calles del Santiago de la dictadura y Alfredo Jaar sembrando el borde de la playa de banderitas chilenas.

Era un lenguaje, una retórica, una forma de identidad que mi soberbia de recién llegado no me permitió entender. Era una familia cuyo abuelo fantasma es de nuevo Nicanor Parra. Cuyo padre y cuya madre eran Ronald Kay y Catalina Parra. ¿Lugar de nacimiento? República 475, el Departamento de Estudios Humanísticos donde, además de Kay y Parra, hacían clases Enrique Lihn, que por entonces inventó su versión chilena del estructuralismo franco-alemán, y Patricio Marchant, el traductor oficial de Derrida al castellano. La casona de la calle República, donde estudiaban el filósofo del grupo, Pablo Oyarzún, y la escritora Diamela Eltit, que estaba de novia por entonces con Raúl Zurita, amigos todos de la Lotty, Leppe, Dávila. Toda la movida de entonces que circulaba entre las clases de Parra y Lihn.

VIEJO ZORRO

–Nicanor, Nicanor –repite Ronald Kay en el Tavelli, el mismo día de 2011 en que anuncian que el jurado ha decidido darle el Premio Cervantes a Nicanor Parra.

Su sonrisa dice sin decir «Lo logró, viejo zorro, lo logró». Aunque debe saber que el Cervantes es para Parra un premio de consuelo. El logro es que se hable todavía de él.

–Nicanor, Nicanor –dice, repite.

No añade más. Prefiere hablar de mi abuela Marta Rivas González, a la que conoció en el Instituto de Literatura Comparada de la Universidad de Chile a comienzos de los años sesenta. Los años sesenta del siglo pasado, esa época de indecible promiscuidad política, poética, literaria, son el tema obsesivo de *Deep Freeze*, el bello libro de poemas con que Ronald Kay volvió a publicar en Chile después de irse a vivir a Alemania en los ochenta. Imágenes fugitivas de una primavera congeladas por la historia. Raúl Ruiz escapando de la Escuela de Derecho, Neruda como un elefante hundido en su propio pantano, Catalina y Nicanor desde la cima del cerro de esa ciudad lejos de todo pero de pronto al centro de todo.

Vuelvo a nombrar a Nicanor en el Tavelli. Kay me responde con una sonrisa distante y helada. Una sonrisa que indica que podría decir mucho más, que podría decir demasiado y que no sería prudente hacerlo. Otro ingenuo que cayó en las garras de Nicanor, siento que dice su sonrisa. Otro huevón más que cree que le va a sacar algo al viejo, cuando hagas lo que hagas siempre va a ganar el viejo de mierda. Generoso, Nicanor, que no da nada gratis, que te usa mejor aún cuando crees que lo estás usando a él. Que te absorbe, que te obliga a explicarlo, a prologarlo, propagarlo, prolongarlo, releerlo, como lo hace el propio Kay en

News for Nowhere, la extensa selección de poemas y cuentos descartados por Nicanor que forman el núcleo central de la revista *Manuscritos* de 1975.

«Son los manuscritos abandonados —presenta Kay la selección de restos de la obra de su suegro— o rechazados por Parra; los que ha considerado como restos, excesos, desaciertos, actos gratuitos, licencias, pretextos o también material de reserva. En resumen, todo aquello que en el momento no indujo a una coherencia visible en el escenario del "libro", porque lo ponía en peligro de quiebra o amenazaba con transformarlo en "otra cosa", desconocida.»

Ese gesto, tan de Nicanor, de tachar dejando ver lo que está debajo de la tachadura, lo que quiere y no quiere esconder. La coquetería de jugar a que no quiere que se publiquen los poemas inéditos que deja que se publiquen, esperando poder desmentirlos si no funcionan, hacerse el robado, el ofendido, el saqueado si las cosas no salen como espera. El mecanismo de ensayo y error con que va probando sus poemas, a ver si puede convertirlos en libro cuando se supone que los había descartado.

Nicanor no descarta nada del todo, borra y expurga y deja en suspenso, en un espacio límbico entre el manuscrito y la edición, entre el cuaderno y el libro, la mayor parte de su obra.

«Nicanor, Nicanor», dice Ronald Kay, no como alguien que podría haber sido su padre, que de alguna manera lo fue, sino como un hijo o un alumno maldadoso que siempre se sale con la suya. Pienso en la implacable estrategia de Nicanor: la de acceder a través de otro a territorios vedados, la de ser moderno a través de otro, la de sorber la sangre de un joven hasta dejarlo seco, buscando un cuerpo en que encarnarse. Esa hambre de vampiro.

EL ARTE DE LEER EL DIARIO

«Yo me consideraba un intelectual moderno –le cuenta Ronald Kay a la periodista Rosario Mena su estadía en el lago de Constanza, de Suiza–. Para mí lo importante era Ezra Pound, Mallarmé, Proust. Pero el profesor me encargó un trabajo sobre los diarios en el siglo XIX, de la misma época en que se publican *Las flores del mal* y *Madame Bovary*. Él tenía un gran proyecto. La idea era entender el momento en que se hacía la literatura. Y le había encargado a distintas personas distintas secciones de la prensa. A mí me dio la crónica roja. Ahí pasó algo muy fundamental en mi evolución. Al principio me costó aceptar el trabajo, pero accedí y fue un gran regalo que me hizo ese profesor. Yo había leído mucho a Mallarmé. Él dice que saca su poesía de los diarios y los avisos.

»En este contexto, lo releí y capté lo que él quería decir, leí los diarios como él leyó los diarios. Desde ahí nace una teoría de la escritura que hasta ahora nadie ha entendido. Te lo grafico así: si tú tomas la primera página de *El Mercurio*, ese es un original. Una nota se lee de otro modo si está en una página de adentro, o si está en la primera página. Si está arriba, abajo, a un lado, todo eso tiene un valor. El original de eso ocurre en la impresión. No existe otro original.»

Era lo que de manera artesanal y provinciana Nicanor andaba persiguiendo en los *Artefactos*: la poesía sin aura de los titulares de diario. Kay, ese alemán alto y buenmozo, serio y estudioso, que era lo contrario de Nicanor y Catalina Parra, a quien ellos supieron absorber, supieron traducir al chileno cuando él pensaba que era él el que los traducía, los internacionalizaba, los ponía a circular en el mercado del arte y la academia europea.

El conquistador conquistado, se llamaba un libro sobre Pedro Valdivia del español Santiago del Campo, un amigo de mi abuela y también de Nicanor. Es la tragedia del europeo en manos de los nativos: dice la leyenda que se comieron el corazón de Pedro de Valdivia. Ronald Kay se salvó antes de que le comieran el corazón: se casó con la coreógrafa Pina Bausch y volvió a Alemania donde no paró de escribir sobre sus años en Chile, esa aventura interminable y clandestina de la que queda esta revista fuera del tiempo que Catalina y él tomaron como una suerte de militancia.

«Habíamos programado –le cuenta Kay a Rosario Mena– llegar hasta el infinito con la revista *Manuscritos*, íbamos a tapizar el mundo con sus páginas. Pensábamos que en todos los números debía haber un original que se constituye en la impresión. Y, por lo tanto, era muy importante quién realizara este original en la impresión. Yo quería hacer los *Quebrantahuesos*. Y se requería una impresión muy precisa, para distinguir los tonos. Y esa revista que era todo lujo se produjo en medio de un desabastecimiento general. Fue muy criticada. Decían que teníamos Mercedes-Benz y casa con piscina. Pero la verdad es que no ganábamos nada. Tenía una sección de documentos del pasado, pero olvidados. Queríamos decir que el olvido no era producto del golpe militar. Que antes habíamos borrado muchas cosas. Que existe un olvido permanente.»

La revista *Manuscritos* salió en papel couché, impresión a todo lujo que Ronald Kay logró sin pasarse del presupuesto consiguiendo pliegos de papel sin uso y negociando directamente con la imprenta. Nadie le creyó.

«Había un consejo directivo al que había que consultarle –le cuenta Kay a Rosario Mena–, pero nosotros lo obviamos. Y pagamos el costo. El que más se enojó fue Juan de Dios Vial, que tenía toda la razón del mundo. Eso causó un remezón, todos criticaron la revista. Echaron a Cristián Huneeus de su cargo de director. Tapia, que era entonces el rector, agarró la revista y dijo: Yo estoy aquí para que cosas como esta no sucedan.»

LA MANZANA DORADA

La casa de Las Cruces donde lo conocí no era la original. Era la casa que estaba junto a la que había comprado a mediados de los años setenta, un torreón de tres pisos que se quemó de pronto a finales de los ochenta. Nicanor culpaba del fuego a los okupas, que no eran más que la familia del cuidador, acostumbrados a usar como suya la casa olvidada del antipoeta. Sobre la parte más negra de las cenizas de la casa quemada crece un manzano con unas pocas hojas y unos frutos amarillos que es difícil llamar propiamente manzanas. Exiguo, semiquemado, casi sin hojas, Nicanor Parra nos obliga a probar, al poeta Raúl Zurita, a Rodrigo Rojas y a mí, sus frutas.

—Las mejores manzanas del mundo —dice, mientras las limpia con la manga de su chaleco café.

Pruebo la mía sin fe, porque Nicanor Parra suele encontrar en cualquier infesto restaurante de barrio, en cualquier cazuela de la Rosita, siempre lo mejor del mundo. La manzana amarilla, pequeña, apenas formada, es dulce, sabrosa a pesar de su pequeñez, de su aparente dureza. Miro a Zurita, envuelto hasta el último botón en un abrigo azul marino, para asegurarme de que mi impresión no es una solitaria muestra de voluntarismo. Su cara no afirma ni niega nada. Parece un niño al mismo tiempo castigado y premiado, incapaz de una sonrisa o de una lágrima, evitando cada trampa del mago en la isla de Próspero como en *La tempestad*, la obra de Shakespeare de la que Parra nunca habla pero que tiene más que ver con el horror y el encanto de su situación en el mundo que *Hamlet* o *El Rey Lear*, de las que habla tanto.

Rodrigo Rojas salta del muro para sacarnos una foto. Es el único testimonio gráfico que tengo de mi amistad con Nicanor

Parra: una extraña foto de tres hombres de tres generaciones (noventa y pocos Nicanor, sesenta y pocos Raúl, cuarenta y pocos yo) comiendo manzanas amarillas en un vergel quemado. Yo, rechoncho, protegido en un abrigo de marinero americano comprado en la ropa vieja. Raúl hierático, con su perfecta silueta de monje de Zurbarán, de cuello vuelto gris. Nicanor exultante en su chaqueta de cuerina beige, olfateando el horizonte, con su perpetuo cuaderno de anotaciones bajo el brazo.

EL VIEJO MALA PERSONA

—¿Cuántos años hace que lo conoces? —le pregunto, cuando me pide Raúl Zurita que lo acompañe a perpetrar clandestinamente, porque Nicanor no soporta las grabadoras y los aparatos de fotos, una entrevista para la muy ondera revista *BOMB* de Nueva York.

—Mil novecientos setenta y dos. ¿Cuarenta años? Por eso mismo. Lo conozco mucho. Viejo zorro. No sabes lo que es para mí ese viejo. Si se da cuenta que lo estoy entrevistando, se traba y no me habla más. Cagamos.

Coquetería de Raúl, pensé, timidez de último minuto que luego descubro que es auténtica, cuando lo veo aprobar cada una de las alabanzas que lanza Nicanor sobre los pedazos de cerdo rostizado que nos sirven en el restaurante Los Sauces, del valle Lo Abarca, unos treinta kilómetros al norte de Las Cruces.

—Esto se deja comer, parece. Este es el mejor restaurante de Chile —sentencia Parra, levantando las cejas como si develara algún peligroso secreto.

Costillar, pulpa de cerdo con papas fritas o cocidas que tuvimos que «bajar» después del almuerzo, caminando por el pueblo encajonado entre viñedos. Una iglesia, diez cuadras de casas decoradas con mosaicos. Es lo más parecido que ha encontrado a su pueblo natal, San Fabián de Alico, pienso. Uno no sale nunca del lugar, del año, del país, del nombre en que se nació. A Parra, que arrancó como pudo de su origen, no le interesa escapar: le interesa volver a su origen.

Raúl y Nicanor se han visto mil veces, pero esta es la primera vez. Siempre es un poco la primera vez con Parra. Zurita vuelve a ser el joven de diecinueve años que viajó de Valparaíso a Isla Negra, junto con el poeta Juan Luis Martínez, para visitar a Parra en 1971.

«Fue un encuentro deslumbrante para mí —les contó Zurita a las periodistas Sabine Drysdale y Marcela Escobar en *Nicanor Parra, la vida de un poeta*, de 2014—, no podía creer que estaba con Nicanor Parra. Le dejé mi carpeta de poemas para que la leyera. Y le gustaron mucho, porque copió varios. Hay varios *Artefactos* que vienen de ahí.»

«¿Tus poemas con el nombre de Parra, eso no es robo?», se asombraron las periodistas, calibrando al mismo tiempo el hallazgo: poemas a medias de Zurita y Parra, los dos grandes nombres de la poesía chilena de finales del siglo XX.

«Nunca me molestó —contestó Zurita—. Por el contrario, me sentí profundamente orgulloso. Fue la primera reafirmación poética. Parra derrumba todos los mitos sobre la propiedad. Aunque él mismo sea muy celoso de las cosas que hace, toma de donde venga, sin pedir permiso a nadie.»

—Viejo de mierda, es un genio, un genio —se extasía, de vuelta a Santiago en el auto de Rodrigo Rojas, Raúl Zurita.

Como quien sale de una borrachera o de una competencia de clavados, reconstruye la conversación.

—¿Qué dijo el viejo? ¿Cómo lo dijo? Increíble. Increíble…

El temblor del Parkinson que lo aqueja se mezcla con el temor de verse sometido a esas excesivas ganas de vivir de las que hace gala el «viejo mala persona», como lo llamaban algunos de sus alumnos.

—Le decíamos el «viejo mala persona» en esa época —me explica Raúl, cuando estamos ya por Melipilla, a setenta kilómetros de Las Cruces.

¿Cómo era Parra entonces, comienzo de los años setenta, Departamento de Estudios Humanísticos, que los alumnos llamaban el Instituto de Estudios Humorísticos?

—Igual —dice Zurita—, exactamente igual. Más guapo. Notoriamente guapo.

Entre los poetas de la edad de Zurita no era de buen tono admirar al viejo. Era una de las cosas que unieron a Zurita y Juan Luis Martínez: la admiración por Parra, considerado por el resto de los poetas de su edad reaccionario, burgués, derechista, chocho.

—Yo militaba en todo lo que podía —cuenta Zurita—. No me perdía concentración de la Unidad Popular.

Para el golpe, lo torturaron en el *Angamos*, un barco de la Armada. Parra estaba al otro lado, del lado de los vacilantes.

—¿Eso no te molestó? ¿Nunca le preguntaste por eso?

Le asombra a Zurita confesar que no. Que su admiración por Parra sobrepasaba cualquier barrera política. Quizá porque, como Parra, había estudiado una ciencia dura (ingeniería, en su caso) y sabía lo que el resto de sus compañeros de curso no: que los chistes del viejo no eran chistes, que eran fórmulas matemáticas.

LA FÓRMULA

Es lo que aprendió de Parra, pienso, el rigor matemático para enfrentar cada poema como si fuera una fórmula. Eso son los primeros poemas de Zurita, *Artefactos* de Parra sin humor, o con un humor mezclado con un dolor sordo y terrible:

> *Sabía Ud. algo de las verdes áreas regidas por los vaqueros y las blancas áreas no regidas que las vacas huyendo dejan compactas cerradas detrás de ellas?*

Esos primeros poemas de Zurita fueron la novedad de la revista *Manuscritos* de 1975. Los poemas inéditos de un poeta de veintidós años que mezclaban las matemáticas parrianas con la solemnidad vallejiana, nerudiana a veces. El raro uso de todos los métodos y recursos del arte conceptual que practicaba junto a su esposa Diamela Eltit y sus amigos del CADA pero sin la distancia, sin la frialdad que caracterizaba el resto del movimiento.

Una crítica delirantemente entusiasta de José Miguel Ibáñez Langlois, alias Ignacio Valente, convirtió a ese joven desconocido en la estrella naciente de la poesía joven. ¿Cuánto de eso debió dolerle a Parra, que había pensado la revista como un instrumento para reflotar su carrera? ¿Cuánto del cuidado de Zurita hacia el viejo profesor tiene que ver con ese malentendido?

—Me salvó la vida, el viejo. Eso fue después, eso fue increíble...

Quince años después de aquel primer encuentro, en un congreso mundial de poesía en Uruguay, Zurita le confesó al «viejo mala persona» que últimamente pensaba en matarse, que no sabía cómo seguía parado ahí, cómo había aceptado esa invitación cuando no tenía fuerza para pararse ni para dormir ni sabía si estaba despierto.

–Perdona, la Diamela se fue… –le dijo, arrepintiéndose en el minuto mismo de su confesión.

Un amigo en común se había enamorado de su mujer.

–¿Cómo? Se suspende todo –levantó Parra los brazos como si pudiera detener con ellos todas las otras preocupaciones–. No, muchacho, usted se viene conmigo. El problema de los cuernos. El problema de los problemas… Chuta la payasada. Noooo. Esto lo resuelve el *Tao*.

Levantó la mano en el aire Parra como si de verdad pudiera detener todo. Y todo lo detuvo, efectivamente, se extraña Zurita. Todo, recitales, comidas, ceremonia, rencillas, desconfianzas, abrazos intercontinentales, todo quedó efectivamente suspendido por días en que el viejo Parra se dedicó a decorticar hasta el último detalle el problema de los celos o de los cuernos en todos los autores conocidos y por conocer, en todas las situaciones vividas por él y por sus amigos. Único tema de estudios, el dolor infinito y sexual: el complejo de David, la víbora y la mujer imaginaria, el *Tao*, ¿te ubicas con el *Tao*, Raúl?, y Nietzsche y Freud y la Violeta, hasta que, mareado con su propio dolor, o más bien despojado de él por el viejo vampiro, Raúl Zurita quedó de pronto salvado. Aliviado, misteriosamente libre de su pena, dispuesto a seguir viviendo otra vida, como lo hacía Parra, su maestro ya no en la poesía sino en otra cosa que se podría llamar el difícil, el imposible arte de respirar.

PALABRAS TERMINADAS EN -BLE

¿Cómo podía seguir siendo libre sabiéndose perfectamente vigilado en la universidad intervenida de la dictadura de Pinochet?

–Hablaba obsesivamente de Neruda, una obsesión personal, una cosa loca –me dice la escritora Diamela Eltit, que fue alumna suya por esos mismos años.

«Como la alumna que fui (sitio de observación privilegiado) –escribe en el especial que la revista *The Clinic* le dedicó a Parra a sus noventa años–, pude percibir en ese preciso periodo, cómo él, desde el lugar académico, buscaba establecer (con vehemencia) su filiación literaria, básicamente a través de pensar y repensar a Carlos Pezoa Véliz, poeta de las "vidas mínimas" y perfecto sintetizador de la melancolía chilena. Una y otra vez, Parra, como le decía en ese tiempo, volvía sobre Carlos Pezoa Véliz para hablar en realidad de sí mismo o para encontrar Antipoesía, la de él, en la poesía nacional, o para situar el inicio de su genealogía en la dirección de un proyecto, es un decir, "micro". Lo no dicho pero sin embargo presente era la también poderosa poética de Neruda, una poética que Nicanor Parra, como le digo ahora, había pensado de manera muy compleja y prolongada.»

«Era un pobre diablo que siempre venía», empieza «Nada», el poema más famoso de Carlos Pezoa Véliz,

> *cerca de un gran pueblo donde yo vivía:*
> *joven rubio y flaco, sucio y mal vestido,*
> *siempre cabizbajo... ¡Tal vez un perdido!*
> *Un día de invierno lo encontraron muerto*
> *dentro de un arroyo próximo a mi huerto...*

Hablar de Neruda contra Pezoa Véliz, o más bien de Pezoa Véliz como antídoto de Neruda, era también revindicar a los mendigos y los pobres enfermos en el hospital de provincia del que hablaba Pezoa Véliz. Eso les daba a los alumnos una impresión de libertad en un país donde habían sido quemados todos los libros sobre «cubismo» que los militares encontraban, por sospechar que eran libros pro «cubanos».

«Salíamos de su Taller de Poesía —cuenta Cristián Huneeus en un artículo sobre su amistad con Nicanor Parra— en el Departamento de Estudios Humanísticos, donde más de un principiante había leído versos con líneas como "sacudió el yugo indigno" o "el perverso proceder de tu artificio", "del verde bosque con pesadumbre te alejas" y "de la lira esa música divina". Tenían esas líneas su tonito de 1840, más que espontaneidad juvenil, parecían revelar hallazgos de anticuario.»

«Escribir hoy así no es permisible —agregó Nicanor—. No es factible. No es aceptable. No es operable. Tampoco es amable. Ni menos amigable. Ni siquiera posible. Dime tú. Nada que termine en —ble.»

No se salvaba de ese celo crítico ni el mismo Huneeus, que como director, en las reuniones académicas, solía hablar en un nosotros hipotético que impacientaba especialmente a Parra: «Hemos decidido…». «Queremos hacer…»

—¿Quién es ese «hemos»? —exclamaba Nicanor—. ¿Quién es el ñato que habla aquí?

INSTITUTO DE ESTUDIOS HUMORÍSTICOS

—¿Se ubican con el Cristián Huneeus? —le pregunta Nicanor Parra a mis alumnos del Instituto de Estudios Humorísticos de la Universidad Diego Portales.

Es junio de 2006. Nadie se ubica con Cristián Huneeus. La mayor parte de mis alumnos estudia publicidad. Los más informados habrán escuchado de Pablo Huneeus, un primo de Cristián que autoedita libros de sociología barata, famoso en las ferias de libros por tocar la campana cuando vende algún ejemplar suyo. Sin esperar la respuesta de los alumnos, Nicanor empieza a contar la vez en que, invitado a Australia, Cristián Huneeus nunca se encontró con el profesor que tenía que ir a buscarlo al aeropuerto porque le pareció que el supuesto chileno era demasiado inglés para venir de Chile.

—Para que vayan ubicándose más o menos con el personaje de nuestro director en el Instituto de Estudios Humorísticos.

La anécdota, que dejó perfectamente indiferentes a los alumnos, era la forma que tenía Nicanor de ligar este Instituto de Estudios Humorísticos con el Departamento de Estudios Humanísticos donde enseñó, a pocas cuadras y a algunas décadas de donde estábamos ahora, Vergara 240, Facultad de Comunicaciones y Letras de la Universidad Diego Portales.

—¿Qué tal estoy, académico? —me preguntó a la entrada de la facultad el día de su clase.

La corbata verde, el traje con chalequillo incluido: era tan perfectamente distinto a la imagen del Parra de las últimas fotos que la marejada de alumnos que pasaban por ahí ni se inmutaron ante su presencia. ¿Un mendigo loco en corbata, de esos que abundaban en los cocteles de la facultad? ¿El abuelo de algún alumno, esperando por verlo dar el examen de grado? Los más astutos habrán reparado en la presencia rubia de su hija Colombina y en mi embarazoso intento de guiar a la comitiva hacia el Ana María, el restaurante de carne de caza (jabalí, ciervo, liebre), unas cuadras más abajo de la facultad.

¿Qué comió Parra? No recuerdo. Dedicado a masticar su personaje de académico, Parra no habló mucho durante el almuerzo, que el resto de los presentes, familiares y autoridades, intentamos rellenar como pudimos. Se limitó, a la hora de los postres, a preguntarme si estaba todo listo. Había mandado, como única condición, proyectar la imagen de una de sus bandejas de pasteles sobre el pizarrón blanco.

> *Que dijera algo sobre la vejez*
> *Le pidieron al Dr. Russell*
> *sus alumnos de estudios humorísticos*
> *& el venerable anciano respondió*
>
> *La vejez...*
> *Una edad como cualquier otra*
> *Para luchar X una causa justa.*

Cuando entramos al aula se mostró sorprendido, como si se tratara de un texto que leía por primera vez. Se dedicó a mirar la frase por sus cuatro costados, como a un gigante al que debía derribar de una pedrada. Se alejó y se acercó al aparato que la proyectaba, ubicado al fondo de la sala. Después de unos segundos de indecisión, se puso a contar las sílabas del primer verso.

> *Que di je ra al go so bre la ve jez.*
> 1   2   3   4   5   6   7   8   9   10   11

—¿Se ubican ustedes con la versificación española? —preguntó, pero la presencia del señor muy viejo los intimidaba, y nadie se atrevía a confesar que no entendía ni una palabra de lo que decía—. El romance popular español es de ocho sílabas. El alejandrino, elegante, es de catorce sílabas.

14

Escribió en el pizarrón y abajo puso:

$$8$$
$$14 + 8 = 22$$
$$22 \text{ dividido por } 2 = 11$$

–¿O sea?

Miré a los alumnos, espantados de ver cómo en pocos segundos una clase de humor se había convertido en una de Castellano y Matemáticas. Entre las catorce sílabas del poeta culto, del cortesano, y los ochos del poeta popular, quedaba el once, el metro de la clase media con el que había escrito la mayor parte de sus poemas.

Trataba yo de disimular mi desconcierto sentado sobre la mesa del pupitre, vigilando la sorpresa y el aburrimiento de mis alumnos. Parra, el popular; Parra, el que vivía obsesionado por hablar el lenguaje de los pingüinos (como llaman a los escolares en Chile), se internaba como un caimán en un manglar en una compleja mezcla de aritmética y retórica clásica.

Ni una sola concesión a los jóvenes, ni por asomo la preocupación de volver al tema que era el humor, su especialidad, se suponía. Aunque quizás esta era justamente la broma, perpetrar la clase más seria posible justo cuando todos, incluyéndome, esperábamos el ingenio, el chiste. Ese era el humor de Parra. Eso es el humor en general: estar donde nadie te espera, cuando nadie te espera. Arte marcial que trata más de evitar los golpes que de propinarlos.

–La Verónica –dijo de pronto–. ¿Se ubican con la Verónica?

Su delgado cuerpo de noventa y tres años se irguió hasta ir curvando la rodilla y el espinazo para dejar pasar un toro imaginario en una imaginaria corrida de toros. Una vez. Otra. El humor, dijo, porque sin avisarle a nadie había vuelto al tema supuesto de la clase cuando todos lo dábamos por perdido, el humor es como la verónica del torero. La bestia tiene que pasar cerca, lo más cerca posible del enemigo: ¿la muerte, el miedo, el amor, la patria, la guerra, la paz?

EL VERDUGO IMAGINARIO

—Esto es un palacio en medio de una población callampa –le decía Nicanor Parra a Cristián Huneeus, su jefe del Departamento de Estudios Humanísticos, presintiendo que en algún momento ese esplendor barato atraería la atención de los militares que querían hundir como fuera a la Universidad de Chile. Castillo con pararrayos góticos, puentes y soportales. Grandes salones de parquet oscuro, vasijas falsas, zaguanes, pasillos, vestidores, boudoires, decorados, viejos muebles que Cristián Huneeus, el director, había comprado por nada en el mercado de pulgas.

Afuera seguía la dictadura implacable. ¿Cómo decir algo cuando está todo prohibido? ¿Cómo seguir siendo el energúmeno bajo toque de queda? Parra intentó primero la universidad y el lenguaje retorcido y secreto del arte conceptual y el neoestructuralismo francés. Pero no podía, no sabía ser serio demasiado tiempo. Como los peces, no podía, cuando se hundía demasiado profundo, evitar saltar sobre las olas. Dar vueltas, exhibirse, payasear debajo de alguna carpa polvorienta.

—El Partido Comunista y el Partido Demócrata Cristiano juntos –denunciaba cuarenta años después– me hicieron una trampa. Querían matarme. Todos contra Parra, ese era el lema.

No le importaba ser valiente. No había en eso ninguna coquetería. Encontraba a los héroes de cualquier especie unos tontos. Admiraba a los sobrevivientes, a los pícaros, por encima de cualquier mártir. Evitaba como la peste el peligro, y en su casa de Las Cruces hacía la mímica de un boxeador solitario peleando contra el aire para defenderse de la idea de haber sido valiente un verano de 1977.

Censura, fuego, militares a medianoche: culpaba de ese salto mortal a Jaime Vadell y José Manuel Salcedo, dos actores de no más de treinta años que acababan de alejarse de ICTUS, la compañía pionera del teatro del absurdo y la creación colectiva en Chile. Querían hacer algo más popular, fuera del circuito habitual. A su compañía la habían llamado La Feria. Parra era en la poesía lo que ellos querían ser en el teatro. Era casi evidente que debían subir a la casa de Parra en La Reina a preguntarle si podían trabajar con él.

«Este trabajo se preparó de la misma forma que todas las obras. Con Jaime nos pusimos a hacer esto después de hablar con Nicanor, que nos puso a disposición toda su obra —le cuenta José Manuel Salcedo a un periodista anónimo de la fundación Teatro a Mil—. Le llevamos una primera versión y nos agarró a chuchadas, literalmente.»

—Nooo, eso sí que nooo. Que se han creídoooo. Vamos a terminar presos todos.

Se negó de plano a la obra pero, en una actitud completamente suya, no dejó la puerta del todo cerrada para que los dos jóvenes siguieran trabajando.

«La segunda edición le pareció bien y agregó algunas cosas graciosas. Nos apoyó mucho», cuenta Jaime Vadell al mismo periodista.

¿Cuánto escribió, cuánto corrigió de la obra? Es imposible saber. Lo conocí siempre con un cuaderno y un lápiz bic en la mano, pero creo que casi nunca lo vi escribir. Hablar, preguntar, responder sus propias preguntas era su forma de hacerlo. Tejía, como su madre, retazos de textos viejos en la máquina de coser que era su habla. Los jóvenes actores anotaban o memorizaban, interpretaban, traducían.

El resultado, que terminó llamándose *Hojas de Parra*, se estrenó el 18 de febrero de 1977 en una carpa de circo de dos mástiles, levantada en un sitio baldío en la esquina de Nueva Providencia y Marchant Pereira.

«Costó, sí, conseguir entrada —cuenta el sociólogo Pablo Huneeus en un blog autobiográfico—. En cuanto la estrenaron, la gente se abalanzó a verla. En un país en que se dejó de hablar de política, o sea en que quedamos sin tema alguno de conversación, esta obra pasó a ser la novedad a vuelta de vacaciones.»

En una lápida de cartón, un empresario de circo pobre anunciaba:

EMPRESARIO: Circo La Feria tiene el agrado de presentar su espectáculo 1977 con las más grandes atracciones... el malabarista XXX... el Médico a Palos; el Verdugo Imaginario; el Trapecista XXX; Hamlet, príncipe de Dinamarca; el Hombre Más Hambriento del Mundo; el equilibrista XXX; el Fantasma que Recorre Europa; el Cesante Fortuito y la participación de los payasos Matita, Polito y Pitito.

El 28 de febrero de 1977, diez días después de su estreno, el diario *La Segunda* publicó el siguiente artículo:

«OBRA TEATRAL CRITICA POLÍTICA DEL GOBIERNO

»La más increíble e insolente crítica contra nuestro proceso, contra el 11 de septiembre y contra quienes en un supremo esfuerzo sacaron a este país de las garras del marxismo, y lo encaminan por la senda del progreso y la paz. [...] Cada pasaje de la obra tiene un trasfondo político y una clara intención, no de crítica constructiva sino de crítica sibilina, usando para ello rebuscados simbolismos que para el espectador corriente es difícil descifrar y captar qué es lo que se busca con ellos».

El artículo resume la escasa trama de la obra: la historia de un circo pobre invadido por un cementerio, que intenta cualquier malabarismo para salvarse de la ruina.

«Entre las luces que se apagan —sigue el cronista de *La Segunda*, resumiendo escandalizado el tenor de la obra— una voz solemne asegura que ya no se puede recurrir ni al pasado ni al presente y brinda "por el mañana... porque es lo único que nos queda". "El mañana es lo único que nos queda", insiste, mientras las luces van mostrando el escenario repleto de cruces de mujeres dolientes que lloran a lágrima viva sobre las tumbas de un señor melenudo que improvisa un discurso poético de otros tiempos... y de un joven... el único serio, no grotesco... un joven que mira fijamente a una de las tumbas y levanta pesas para desarrollar músculos... la imagen evidente de un muchacho que junta fuerzas e inspiración de un muerto.»

La misma tarde en que apareció esta crónica de *La Segunda*, el Servicio Nacional de Salud clausuró la carpa debido a la falta de baños y aguas sanitarias.

«Esa misma mañana —cuenta Pablo Huneeus— la empresa constructora de Edmundo Pérez instaló los WC requeridos. El funcionario de sanidad levantó la sanción.»

No bastó el gesto. Al comenzar la función, llegó un piquete de carabineros, premunido de una orden del alcalde de Providencia para suspender la obra.

—¡Debe ser un malentendido! —le reclamó Salcedo al oficial—. El alcalde quedó de recibirnos mañana a las 11.30.

Como la función ya había comenzado, para no crear alboroto dejaron terminarla. El alcalde de Providencia Alfredo Alcaíno Barros autorizó que la obra siguiera, pero no les escondió a los actores que no estaba contento con el alboroto que se armaba en la carpa.

QUE LAS DAMAS DECIDAN

Advertidos, José Manuel Salcedo y Jaime Vadell subieron a La Reina para preguntarle a Parra qué hacer. Parra estaba tan desconcertado como ellos. O quizá lo estaba más. Gran parte de las ofensas visibles contra la dictadura que denunciaba el cronista de *La Segunda* habían sido escritas por Parra mucho antes del golpe, muchas de ellas eran chistes metafísicos, otras ironías contra la Unidad Popular y la revolución cubana. La historia de un cementerio que se mezcla con un circo era, sin ir más lejos, el resumen mismo de su infancia. La idea de que el futuro existe porque el pasado ya fue y el presente ya es pasado, era fruto de sus estudios de física cuántica.

—¿Qué hacemos? ¿Seguimos adelante, Nicanor? —le preguntaron los jóvenes actores al viejo que podría haber sido su padre y al que veían asustado y dudoso.

—Que las damas decidan —se complacía, treinta años después, de haber encontrado una respuesta «chillaneja» a un dilema también chillanejo.

Les dejó a las esposas de los actores que decidieran si seguir o no. Ellas vacilaron unos segundos, pero luego decidieron que sería una cobardía rendirse, que ya era demasiado tarde para arrepentirse, que si los milicos querían censurarlos era mejor no ahorrarles el trabajo de hacerlo.

—Si las mujeres lo dicen, hay que acatar no más —decretó Nicanor.

Era el único de todos los que estaban allí que había vivido antes una dictadura, la de Carlos Ibáñez del Campo, a comienzo de los años treinta. Con ella había llegado la ruina a su familia. Su padre había terminado por ceder al alcohol, y su familia había perdido el paraíso posible de Lautaro para volver al purgatorio de Villa Alegre, en Chillán. ¿Cuánto de esa experiencia temprana lo empujaba a la prudencia extrema ante los militares? ¿Cuánto quería no ser como su padre, un señor que no sabe adaptarse a la dictadura?

Tenía hijos, casa, esposa y exesposas. ¿Cuánto de él no podía evitar rebelarse contra los militares? ¿Cuánto de él tenía que vengar a su padre, decirle a la junta de gobierno y Pinochet lo que su padre no alcanzó a decirle a Carlos Ibáñez del Campo?

EL CIRCO EN LLAMAS

La obra volvió a darse sin modificación alguna hasta que en pleno toque de queda, cuando solo podían circular por las calles los autos de los militares y la policía, la carpa fue incendiada.

«Me llamaron temprano a la casa —cuenta Salcedo al periodista anónimo de la fundación Teatro a Mil—. Ya no recuerdo quién, pero era para avisarme que fuera urgente a Marchant Pereira. Cuando llegué, me encontré con Jaime y vi lo que había pasado. Fue un momento terrible, quedaba un círculo de cenizas y restos carbonizados e irreconocibles de la utilería.»

«Quedaban unas varas mojadas —continúa Pablo Huneeus en su blog—, medio chamuscadas, y el ruedo del circo estaba intacto (era de tierra, al fin). Los trapecios, el armado de la cuerda floja, los altoparlantes, las gradas, todo en el suelo. El fuego había consumido el tabique de los baños, dejando los flamantes excusados a pleno sol.»

Esa misma tarde, Huneeus subió a la casa de Nicanor Parra para conocer de primera mano su reacción ante los hechos:

«Toco la campana de iglesia que tiene a la entrada y sale el poeta en bata: "No, no ha venido persona alguna a verme. Supe por la radio, no tengo idea. ¿Qué sabes tú?". Estaba solo, con sus canas más electrizadas que nunca, aterrado de que fueran a llevárselo preso. No quería que me fuera. Preparó té, calentó pan y mientras oscurecía, me entretuvo hablando del poeta germano Rainer Maria Rilke».

JESUCRISTO

Eso aprendió Nicanor Parra de la dictadura: que había que hablar con otra voz distinta a la suya. Así fue, a partir de 1977, el Cristo de Elqui, el auténtico y real (aunque apenas verosímil) Domingo Zárate Vega, campesino analfabeto que al recibir la noticia de la muerte de su madre decidió dejar sus pocas pertenencias y vestirse de humilde sayal. El padre y el hermano de Zárate se hicieron llamar San José y San Pedro, y acompañaron al nuevo Cristo por distintas plazas de los pueblos del valle del Limarí primero, y a Santiago después, donde las autoridades eclesiásticas lo llevaron para estudiar su caso.

Lo declararon inofensivo y lo dejaron predicar en los parques. Ahí lo encontraron Parra y sus amigos del Internado Barros Arana a comienzo de 1928.

«Poseía lo que Kafka llamaba gran fuerza animal —le explica Parra a Juan Andrés Piña—, su mirada era muy fuerte y era difícil librarse de él. Ya en Santiago, pasó de ser completamente analfabeto a escribir libros de consejos y máximas para conversos.»

El libro de Parra, *Sermones y prédicas del Cristo de Elqui*, de 1977, es ante todo un ejercicio de convertir en verso la prosa de los folletos que el Cristo de Elqui escribió e imprimió a comienzos de los años cuarenta para explicar la naturaleza de su extraña misión. ¿Dónde y cómo Parra consiguió los folletos? Domingo Zárate, antes de morir en 1972, vivía en Barranca, muy cerca de donde vivían Clara Sandoval y Roberto, y ocasionalmente Violeta Parra. Arreglaba guitarras, profesión que seguramente lo acercó al clan. Pero Nicanor no menciona esa posibilidad, ni le interesa aclarar el misterio.

El escritor Carlos Ruiz-Tagle, director del museo Benjamín Vicuña Mackenna, donde se iba a representar una versión teatral de los sermones, se extraña de lo poco que le importaban a Parra los detalles que averiguó al viajar al pueblo natal de Domingo Zárate. A Nicanor Parra la vida y la muerte de Domingo Zárate no le interesaban. Le intrigaba su prosa, que convierte inmediatamente en verso:

> *Distinguidos lectores: en estos momentos*
> *os estoy escribiendo en una enorme máquina de escribir*
> *desde el escritorio de una casa particular*
> *eso sí que ya no vestido de Cristo*
> *sino que de ciudadano vulgar y corriente...*

«Alguna vez lo definí –le explica Parra a Juan Andrés Piña– como un teósofo de la liberación.»

Teósofo, por contraste con los teólogos de la liberación, que recorrían Latinoamérica por entonces, mezclando a Marx y Jesús con un éxito que no podía entender Parra, pero que admiraba literariamente porque encontraba en su urgencia sin adorno una solución a sus propias dudas. Gracias al Cristo de Elqui se permite invadir el terreno del otro antipoeta, el trapense, el nicaragüense Ernesto Cardenal.

El cura Cardenal es, en 1977, parte de la revolución sandinista que lo hará ministro de Cultura. En el Chile de los primeros años de la dictadura los curas, en particular el cardenal Silva Henríquez, se permitían criticar en público a los militares. El papa Pablo VI estuvo, incluso, a punto de excomulgar a Pinochet. Recuperar el discurso de un Cristo delirante que predicaba en la época de la dictadura anterior, la de Ibáñez, era una forma de aliarse a esa protesta profética.

«A mí se me hace difícil pensar –le dice Parra a René de Costa– que sin el golpe de Estado podría haber llegado al Cristo de Elqui.»

> *... aquí mandan los multimillonarios*
> *el gallinero está a cargo del zorro*
> *claro que yo les voy a pedir que me digan*
> *en qué país se respetan los derechos humanos.*

Porque en seguida el Cristo de Elqui y su creador convierten su reclamo en una reverencia inesperada al mismo censor, que no sabe muy bien qué hacer con este discurso de loco, de profeta y de payaso y al mismo tiempo Nuestro Señor Jesucristo, el único que tenía permiso para desobedecer los decretos de la dictadura.

RESPONDER

«Jamás nos atrevimos a dirigirle la palabra [al Cristo de Elqui] –le cuenta Nicanor al profesor norteamericano René de Costa–. Yo lo vi en una situación muy particular y me formé una espléndida idea de él por su forma de reaccionar. Iba sentado él en un tranvía (en ese tiempo aún quedaban tranvías en Santiago) y un borracho (en los barrios, en ese tiempo, había mucho de estos personajes, muchos borrachos) se acercó al Cristo de Elqui y empezó a burlarse de él. En vista de que el Cristo no se daba por aludido, ese bárbaro se atrevió a acercarse a él y le tomó las barbas. Yo me dije que aquí iba a pasar algo. Pero entonces el Cristo simplemente miró al borracho, lo miró muy airado, le lanzó una mirada fulminante, se puso de pie y se bajó en la siguiente parada. Me pareció una manera esplendida de reaccionar.»

Parra vivía obsesionado por las formas más adecuadas, más elegantes, más definitivas de responder a los insultos. La mayor parte de sus preocupaciones tenía que ver con eso: encontrar una frase, un personaje con el cual responder sin caer en las infinitas trampas que adivinaba en el interlocutor.

El Cristo de Elqui no era ni inteligente ni tonto. No era un profeta, pero tampoco dejaba de serlo. El Cristo de Elqui no quería hacer reír ni emocionar a nadie. Ni siquiera era un profeta, sino solo un penitente que vivía en voz alta la desesperación de no tener madre. Como dice el escritor Alejandro Zambra, que hizo su tesis de doctorado sobre esos sermones, el Cristo de Elqui no era una máscara solo contra la dictadura, sino también para liberarse de la literatura misma. Más que un retorno al verso y a la narración, después de haber renunciado vistosamente a todo eso en los *Artefactos*, este era el salto final fuera de la mentira de la belleza y la fealdad, del sentido y sin sentido de la poesía, de la literatura misma.

«… felizmente ya comienzan a vislumbrarse», termina Parra la primera serie de sus *Sermones y prédicas*:

> *los contornos exactos de las cosas*
> *y las nubes se ve que no son nubes*
> *y los ríos se ve que no son ríos*
> *y las rocas se ve que no son rocas*
> *son altares*
>   *¡son cúpulas!*
>   *¡son columnas!*
> *y nosotros debemos decir misa.*

Juan de Dios Vial Correa, el rector de la pontificia Universidad Católica (que subrayaba cada vez que podía que estaba casado con voto de castidad), llamó emocionado a Nicanor Parra cuando leyó esos versos, que resumían sin adorno la santa doctrina de la Iglesia Católica, Apostólica y Romana. Todo eso en boca de un perdido, de un alucinado, un tipo lleno de pulgas, con una media luna y un medio sol dibujados en la cabeza, que predicaba en las plazas de Santiago.

EL CONVERSO

Esos años, los del Cristo de Elqui, fueron los años de amistad más intensa entre Nicanor Parra y el sacerdote del Opus Dei José Miguel Ibáñez Langlois, el temido Ignacio Valente de *El Mercurio*, único y solo crítico de una prensa censurada, Sebastián Urrutia Lacroix del *Nocturno de Chile* de Roberto Bolaño. Este personaje que apenas escondía el crítico José Miguel Ibáñez Langlois que había desde los años sesenta aplaudido cada uno de los libros de Parra. Su voto a la hora de conseguir el Premio Nacional para el antipoeta había sido crucial. Pero a fines de los setenta y comienzo de los ochenta, la relación empezó a ser curiosamente personal. Los amigos y conocidos de siempre de Nicanor Parra se habían ido, exiliados, acallados. ¿Con quién más que con el cura Ibáñez podía Parra, en el año 1977, hablar de Eliot, Heidegger, Borges y Pound? De todo eso y de Marx, sobre quien la junta del gobierno le había encargado al cura que les preparara unas clases particulares.

A cambio el cura bautizó a los hijos de Parra y recibió varias veces la confesión del antipoeta, que vivía preso de angustia y arrepentimientos sexuales, mientras se separaba de Nury Tuca, la madre de dos de sus hijos, interdicta por demencia, e iba ensayando distintas combinaciones de señoritas posibles. Le prometía, sin que el cura se lo pidiera, convertirse al catolicismo. Le iba a dedicar a Dios, decía, sus obras completas: «A Dios, exista o no exista».

—¿Qué le parece? Con eso deja abiertas todas las posibilidades, ¿no cierto? —repetía socarronamente.

Una conversión total que venía prometiendo desde que, en 1967, se había perdido en el cementerio de Praga buscando la tumba de Kafka. Ese mismo viaje en que, extasiado ante el «niño Jesús de Praga», tan popular en su infancia, escribió su poema «La Cruz»:

Tengo que resistirme
para no desposarme con la cruz;
¡ven cómo ella me tiende los brazos?
No será hoy
             mañana
                        ni pasado
mañana
pero será lo que tiene que ser.

Adrede, el poema termina con una mujer con las piernas abiertas. Ibáñez Langlois, que era cualquier cosa menos ingenuo, lo sabía mejor que nadie. ¿Cómo iba Parra a aguantarle a Dios la omnipresencia que no le aguantaba a Neruda? La blasfemia era en Parra una religión aparte. Podía santiguarse, flagelarse incluso, pero no podía arrodillarse a rezar. Le faltaba la seriedad, le sobraba ansia intelectual para hacerlo. Podía rodear la fe de todas las maneras posibles, pero no podía darse el lujo de creer.

¿No era eso el Cristo de Elqui, la voz de Cristo clamando por sus ovejas dispersas por la dictadura, pero también la idea de que tal vez Nuestro Señor Jesucristo no fue otra cosa que un loquito que predicaba en la Quinta Normal?

—No hay que cerrarse a ninguna probabilidad —dice Parra, a propósito de más o menos cualquier tema.

Convencido de que su intento de creer era tan sincero como su imposibilidad de hacerlo, se despedía del cura Valente ya de noche en la casa patronal de la comuna de Conchalí, al norponiente de la ciudad, a donde había terminado por trasladar a la familia para salvar a sus dos hijos pequeños, Juan de Dios y la Colombina, de la tortura de bajar del cerro de La Reina todos los días para ir al colegio.

El cura Ibáñez abandonaba al antipoeta en la puerta de la vieja casa colonial semi en ruinas, sabiendo que la oscuridad cubriría los pasillos de una desesperación más visible que toda la astucia con que Parra intentaba creer en Dios sin arrodillarse del todo.

MAMÁ

—¿Qué estás haciendo? —me preguntó Nicanor una de las pocas veces que hablé con él por teléfono sin que fuera para concertar cita.

—Estoy en cama con mi mamá —le respondí.

—Quéééé ricoooo, noooo —lo escuché ronronear con delicia al otro lado del teléfono.

Me contó entonces que había tomado leche materna hasta los cinco años. No imaginaba yo que suspiraba de anhelo y no de nostalgia. No podía adivinar que esa madre gigante y omnipresente le produjera tanto miedo como gusto. Su madre era al mismo tiempo la autoridad y la demencia, el lujo y la pobreza. El Cristo de Elqui era algo más grande aún que el Dios todopoderoso y eterno:

«Es el lenguaje de mi mamá —le explica al periodista Juan Andrés Piña el secreto de los *Sermones del Cristo de Elqui*—, al extremo que cuando le leí esos poemas, de repente ella empezó, cómo te dijera yo, a inquietarse, a darme miradas muy particulares y finalmente trató de castigarme como cuando era un niño, pero en broma, diciéndome que se daba cuenta perfectamente de lo que estaba tratando de hacer. […] Simplemente, yo lo que hacía era ponerme en el caso de la mamá: le cedía a ella la palabra, pensando lo que diría ella sobre tal tema. Quizás el autoritarismo del Cristo es el autoritarismo de lo materno, también».

No en vano la historia del Cristo de Elqui es la de un hombre que habla con su madre muerta usando a Dios y los feligreses como intermediarios. ¿Se adelantaba así Nicanor a la muerte de la propia Clara Sandoval en 1982? Antes de morir le dio la palabra para que ella pudiera, por él, desafiar a los militares. Su madre, que no le tenía miedo a nadie ni a nada, era la máscara perfecta para espantar sus propios miedos, su propia inconfesable claudicación. Quedaba, pensó, exagerar hasta el límite el lenguaje de la dictadura doméstica. La mamá que da consejos que son órdenes, que decreta sin pensar en la lógica.

«Un consejo de buena voluntad:», exclama de pronto el Cristo de Elqui:

NO CORTARLES LAS ALAS A LAS GALLINAS
ellas también tienen derecho a volar...

«Es un autoritarismo en estado límite, porque habla con las mandíbulas cerradas —sigue explicándole a Piña—. No aguanta pelos en el lomo: es siempre muy desafiante. Antes de cada afirmación que hace, él espera que alguien lo contradiga para martillarlo y pulverizarlo, al extremo que cuando lo leo en público, en forma automática miro desafiante a la gente.»

«Esta fue una dictadura de la dueña de casa», le dice Armando Uribe al inglés Tony Gould para explicarle el secreto de la dictadura de Pinochet. La junta militar llegó al poder sin otro proyecto que los modales en la mesa. Un país en orden, que ya no aceptaba los pelos largos y los niños que comían con los codos sobre el mantel. Y el «santo remedio» que las madres aplicaban a los niños que se hacían pipí en la cama: las cachetadas, los tapabocas, las sábanas mojadas exhibidas ante los vecinos. Y es verdad. Lucía Hiriart, la mujer del general, perpetuamente insatisfecha, infinitamente cruel, provoca en todos los que sufrimos esa dictadura más escozor que su marido.

¿Cómo luchar contra ese orden doméstico, contra esa lógica de puertas adentro? ¿Cómo escribir contra una dictadura que despreciaba no solo una forma de poesía sino todas, a no ser que fueran himnos militares y rezos antes de comer?

LA TIRANA

Clara Sandoval decidía de un día para otro que había que ir a rescatar al Lalo a Buenos Aires, y la Violeta y Roberto interrumpían todo lo que tenían que hacer para cumplir la tarea. Adoptaba niños de la calle, se casaba y enviudaba como quien cambia de camisa. Usaba un sable para golpear a los que no pagaban.

«Manejaba el restorán con el sable, pero también con una botella que tenía un químico con un olor terrible —le contó Ángel Parra a Víctor Herrero—. Ponía este líquido en la nariz de los ebrios y... ¡paf!, los borrachos se despertaban.»

Alojaba y vestía a Roberto entre una borrachera y otra, cuidaba a sus hijas Elba, la Yuka, la hija deficiente mental, y la hija de la Elba, la Torito.

«Otro capítulo», advertía Nicanor. ¿Quién embarazó a la Brunilda? ¿Quién fue el desgraciado que se aprovechó de la Yukita? ¿Quién? Teleserie familiar, drama inconfesable que le gustaba a Nicanor confesar. En eso vivía la mamá, desenredando y enredando la vida de sus hijos. Apareciendo cuando estaban al borde de la muerte, retándolos cuando lloraban, maldiciendo las putas, las malas mujeres, las tontorronas y las moscas muertas que los volvían locos.

Todo lo que había escrito o dicho Nicanor, todo lo que había estudiado, todos los premios y reconocimientos, no habían logrado impresionar a su madre, que lo sabía todo de antemano.

—Tan inteligentonto que lo han de ver, me dijo una vez —repetía el diagnóstico inapelable de su madre.

La frase había sido el final de una pelea, o más bien de un sermón que el hijo le había propinado a su madre. «No se puede, mamá, eso... no se debe hacer eso, mamá...», y la madre respondió con esa frase, porque Nicanor había decidido ser un inteligente profesional, es decir, un tonto aficionado. Porque había decidido estudiar, o sea, había dejado de comprender. Porque el hijo escribía libros, o sea, era un analfabeto.

«La mamá era Casandra en estado natural y permanente –le cuenta a Mónica González en una edición de la revista *Cosas*, de 1994–. La Clara Sandoval estaba todo el tiempo previendo el futuro, y yo tenía terror de ella, terror de esos ataques.»

«Qué mujer esta Clara Sandoval», recuerda en un poema publicado en *Hojas de Parra*, de 1983:

> *del Zanjón de la Aguada a Gath & Chávez*
> *de Gath & Chávez a la Casa Francesa*
> *de la Casa Francesa a la Recova*
> *de la Recova a la Gota de Leche*
>
> *todos los días hábiles del año*
>
> *de la Gota de Leche al Zanjón de la Aguada.*

La Gota de Leche, organización de caridad de comienzo de los años treinta; Gath y Chávez, la primera multitienda chilena; La Casa Francesa y La Recova, tiendas de moda donde tejía Clara Sandoval para las señoras de entonces: Nicanor Parra enumera direcciones, encargos, trabajos de esta artista del único arte que finalmente importa: la sobrevivencia. Esa forma barroca de la pobreza que caracteriza a los Parra y que era en el fondo la pura Clara Sandoval. Sus manos torciendo hojas, tejidos, acariciando lomos de lobos y perros salvajes, decidiendo siempre el destino de los que caían bajo el círculo infinito de su poder.

¿La quería?, me pregunto. ¿Cómo no la iba a querer? La odiaba también, seguramente. Tenía miedo a veces de amanecer siendo ella. Ese miedo que también tenía Ángel Parra de que su madre, la Violeta, no se hubiera muerto del todo. La Violeta Parra que en tanto sentido era solo una consecuencia extrema de la Clara Sandoval, la mamá que le pega al papá. El papá que le tiene miedo a la mamá.

El hijo mayor descubre, al morir su madre, algo que también es suyo: que puede hablar ese idioma.

Así, imagina en varios antipoemas tardíos un diálogo ya imposible con la madre muerta.

> —*Mamita*
>
>> *accedería a darme un último beso?*
>
> —*Venga para acá*
> —*Pero yo quería con lengua...*

PAIRE Y MAIRE A LA VEZ

Pero otra cosa más secreta y más extraña permitía el diálogo siempre interrumpido de Nicanor Parra con su madre. Casi a escondidas, en Conchalí, donde había comprado esa gran casona colonial abandonada, Nicanor Parra se había convertido también en la madre de sus hijos Colombina y Juan de Dios, los que había tenido con Nury Tuca, apartada por razones de fuerza mayor de la educación de sus hijos.

—¿Qué tal era como papá? —le pregunto a la Colombina un día de 2009 en el coctel de inauguración de la exposición *Obras públicas*, de Nicanor, en el subsuelo del Palacio de La Moneda.

Cantante de rock y arquitecta, rubia, alta, evasiva y sonriente, linda, dura y suave a la vez, envuelta en su tradicional chaqueta de cuero, la Colombina me responde:

—Cuando niños, increíble. Lo que más le gustan son los niños, al final. Claro que no era un padre normal, de esos que dan la mamadera a tiempo y te ayudan a hacer las tareas del colegio —me aclara en seguida—. Tenía algunas teorías extrañas para casi todo, algunos olvidos, meses sin ir al colegio a veces, pero en general era un padre y una madre más o menos responsable al final.

Con los adolescentes y con los adultos era fácil adivinar que la cosa resultaba más complicada. A todos sus hijos les descubría y quitaba talentos y gracias. Los obligaba, quisieran o no, a ser artistas, dejando ver, detrás del aparente entusiasmo con que recibía sus obras, una pequeña mueca de desprecio y duda. En su casa no había sitio para otro genio que nó fuera él, pero tanto condenaba la genialidad de sus parientes cuando amenazaba la suya, como le parecía imperdonable la normalidad del que se limitaba a vivir su vida.

No podía evitar competir, exigir, atribuirles tareas y talentos que los aplastaban. A los niños, a los niños, les perdonaba eso, quizá porque le habría gustado que alguien le perdonara la niñez. Quizá porque eso fue lo único que no pudo ser del todo: un niño.

MICK JAGGER

«Me lo he preguntado mucho, me lo han preguntado mucho. Ser Parra, ¿qué es eso? –le confiesa Juan de Dios Parra Tuca, alias el Barraco, a Pablo Mackenna en la revista de papel couché SML en mayo de 2018–. Mi padre era "el poeta". En el colegio siento que me miraban como en menos. Hijo de poeta. Y yo que encontraba que no era nada mala profesión, teníamos la media parcela en La Reina. Hasta que aparecieron en los libros del colegio un par de poemas de don Nica. Igual es fuerte que tu papá sea lectura obligatoria de tus propios compañeritos. Y eso era solo el comienzo.

»Mi papá no solo era poeta, era más viejo que todos los padres y más vivo también. Y ya se perfilaba como un rockstar. Nací cuando él rondaba los sesenta. Su último hijo, el Barraco, aunque solo gritaba hacia adentro. Igual que ahora. Bueno para los sobrenombres Nicanor. Aunque algunos solo los entiende él.

»De alguna manera que tu padre te someta a su vejez eternizada, eterniza en ti tu adolescencia. Hay algo de la posta de la vida que se interrumpe con alguien como él que vive ciento tres años. Su vida me condenó a la inmadurez.

»Mi papá lo quería todo: el Nobel, los premios, las casas, las mujeres. Sus ansias eran infinitas, aunque se hiciera el que se lo tomaba a la ligera. Era chucheta mi padre. Una vez tuve una polola que me confesó: le di un beso a tu papá. Ella no me preocupó, se tomaba y regalaba besos al mundo como si nada. Lo peor fue cuando mi papá me preguntaba: ¿Y cuándo viene a vernos esa chiquilla tan encachada?

»Yo de joven viajaba con él. Nos íbamos de gira, él con sus poemas y yo lo acompañaba en las presentaciones con la guitarra. A los dieciocho años me dijo: "Con todas estas cosas clásicas y jazz y folclore que usted toca, tiene que hacer un saranguaco" (que es un plato de comida) y montábamos eso. Incluso lo hicimos en Guadalajara, cuando le dieron el Premio Juan Rulfo.

»Fuimos muy amigos. Hubo un tiempo en que yo era más que nadie su interlocutor. Me contaba sus proyectos, me leía sus cosas, me preguntaba y tomaba en cuenta mis ideas. Mi papá era un gran observador de todos y siempre tomó y logró mutar o darle un nuevo sentido a las cosas que oía. Hay más de un poema en que veo reflejadas frases que recogía yo al azar o mis propias inquietudes.

»Pero el tiempo nos fue separando. Yo creo que fue hace unos diez años. Cuando tu padre vive convertido en una figura pop idolatrada es fácil que termine creyéndosela. Y todo se trataba de él. Eso se volvió agotador. Yo necesitaba un padre, no a Mick Jagger. Y aun así, nunca corté del todo. Mi papá siempre me dijo, hasta la última vez que lo vi: tú siempre serás mi guagua. En la época en que moría de amor por Ana María Molinare, se acostaba a mi lado para oírme el corazón. Era lo único que lo tranquilizaba. Es bonito saber eso. La última vez que lo vi fue en agosto de 2016 en La Reina. Lo trajeron al doctor. No es que supiera que iba a ser mi última vez, pero la muerte lo venía rondando hace siglos. Esa noche dormimos juntos. Quizás era yo el que necesitaba sentir su corazón una vez más.»

COSAS

Luego la entrevista gira hacia otro tema, que era su centro, la acusación de que el Barraco hubiese vendido la mayor parte de los cuadernos y libros de su padre cuando vivió en la casa de La Reina.

«… dicen que destruí la casa. La casa, cuando llegué a vivir a ella, estaba a muy mal traer. El jardín era un desastre. Por momentos la arreglé e intenté dar un orden a tanto libro, muebles y cachureos. Mi padre juntaba de todo. En otros momentos puedo haber descuidado más la casa, pero no quemé libros para hacer fogatas. Basta de caricaturas. Hoy quieren arreglar la casa y dejarla un chiche. Me parece genial. Pero esa casita de cuento alemán, perfectamente lustrosa, no deja de ser una pequeña fantasía. Las casas de mi padre nunca fueron sino un gran, ecléctico y alucinante bodegón.

»La cagué vendiendo algunos cuadernos y papeles de mi padre, pero no me robé el Louvre. Sus cosas eran también mis cosas, y siempre lo tomé como un empeño.

»Siempre pensé que las iba a recuperar. Todo empezó hace diez años, por la misma época en que me empecé a alejar. Es paradojal, no quería seguir viviendo una vida que giraba en torno a él, y terminé viviendo de él. Por supuesto que no es justo con los que quieren preservar su legado y por sobre todo, con mis hermanos, pero aquí estoy de vuelta dando la cara y recuperando su memoria.

»No fueron años fáciles para mí. Todo este asunto me estaba comiendo por dentro. La sensación de estar traicionando algo. Cuando apareció el tema de los cuadernos por primera vez, antes de que muriera don Nica, de alguna manera, y aunque me llevaba la peor parte, pude volver a respirar.»

VAMOS A ALMORZAR

¿Por qué se quedó a los sesenta años a cargo de dos criaturas de menos de diez? La madre de ambos, Nury Tuca, murió en el invierno de 2014. Ella evitaba las entrevistas, intentando la discreción en un clan donde todo, los recuerdos, los olvidos y las cucharas oxidadas, parecía parte del patrimonio nacional. La propia Colombina canta parte de la historia silenciada en su canción «Vamos a almorzar», con la que empieza su disco *Flores como gatos*:

> … *ella vive allá en el barrio Brasil*
> *en un edificio oscuro y frío que está ahí*
> *cuando se abre la puerta ella arrastra un poco las patas*
> *casi siempre está en pijamas…*

Me acuerdo de Raúl Zurita exclamando: «Pucha el viejo vampiro». A finales de los años sesenta y comienzo de los setenta, Parra jugó, en gran parte gracias a Nury Tuca, a ser como ella un hippie despeinado. Vivieron casi todo su matrimonio, de 1969 a 1977, viajando de ida y vuelta a distintos campus norteamericanos, entre desmelenados que fumaban cosas raras.

«… ah, ¿así que no fuiste tú la que quiso separarse?», sigue cantando la Colombina, con una serenidad casi alegre:

> *ah, ahora me doy un poco de cuenta*
> *ah, qué lindo es mirarte cuando hablas*
> *qué lindo, parece que no te escucharas oh…*

No hay más testimonio que esos silencios. Un día la madre, la esposa, se fue. El padre se quedó en la casa y se convirtió en la madre. Parra susurra entre líneas, en «Obrero textil», jugando a que traduce al castellano una vieja balada inglesa, un poema que se atrevió a publicar recién en la antología mexicana *Poemas para combatir la calvicie*, de 1993:

> *De nuevo soy soltero*
> *vivo con mi hijo*
> *Los 2 trabajamos para la industria textil*
> *y cada vez que lo miro a los ojos*
> *me recuerda aquella joven inexplicable...*

Nury Tuca terminó viviendo en La Reina, como también volvió la Ana Troncoso. Esa pasión territorial de Nicanor, esa casa que abandonó a sus pasiones del pasado. Amigos suyos vieron a la Nury Tuca gritar entre los árboles. Expulsaba como cantando demonios que parecían de siglos. Lloraba, corría y volvía a correr hasta que la sorprendió la muerte a finales de agosto, unas semanas antes del cumpleaños número cien de Nicanor, el hombre que había decidido seguir hasta la muerte al verlo parado solo en el centro de Santiago en la portada de una revista de 1969.

Joven inexplicable.

9

UNA PISTOLA SOBRE EL ESCRITORIO

SER PARA LA MUERTE

Veo en YouTube a Nicanor recitando, sus canas despeinadas, un poema en hojas mecanografiadas, en el balcón de La Moneda en el año 2001:

> *Y en las noches de luna imaginaria*
> *sueña con la mujer imaginaria*
> *que le brindó su amor imaginario*
> *vuelve a sentir ese mismo dolor*
> *ese mismo placer imaginario...*

—Lo escribí con una pistola sobre el escritorio. Era eso o el suicidio —dice, siempre que puede.

Porque en el poema todo era imaginario, menos el dolor que le produjo el amor imaginario de la mujer imaginaria, que tenía nombre, apellido y carnet de identidad: Ana María Molinare Vergara. Regordeta y respingona en las pocas fotos que Nicanor guarda, siempre sonriente, siempre feliz, como suelen ser felices los suicidas.

—¿Qué se puede decir de la mujer imaginaria? —se pregunta Parra y suelta un complicado cuento que empieza con el día de la muerte de Heidegger el 26 de mayo de 1976.

Y levanta las cejas como si fuese evidente que la muerte del filósofo prefigura el resto de la historia: el ser para la muerte, la fundación del ser por la palabra. Caminaba por el centro de Santiago aquel día de 1976 cuando se encontró con el arquitecto Ramón Delpiano, que le agradeció un favor previo y le dijo que le iba a hacer un regalo.

—Me habló de la amiga de una amiga. Me dio todo tipo de aviso, Ramón Delpiano, pero yo no hice caso. —Y sus manos intentan en el balcón de Las Cruces tocar el vacío del aire, como quien palpa un vestido o el telón de un teatro.

«Era lo que yo soñaba y que a los sesenta y cuatro años creía haber encontrado», le dijo a Leonidas Morales, que intentaba hablar en general de «la mujer en la antipoesía» y se encontró sorpresivamente con el empeño de Parra en contarle esa historia de amor de 1976.

¿Por qué se atrevía a contar los detalles de este romance y no los de los otros? Nicanor apenas hablaba de los veinte años que había vivido con Ana María Troncoso, o de los diez años que pasó con Nury Tuca, de quien se acababa de separar cuando conoció a «la mujer imaginaria». La Rosita Muñoz tampoco tenía derecho a detalles, a no ser un halago muy general a su paciencia. Inga Palmer existía en contraste con Sun Axelsson, que era también Estocolmo y el Nobel. Todas seguían de alguna forma ahí. Lo visitaban, se alojaban en sus casas.

Nadie escapaba del todo a Parra.

Ana María Molinare lo intentó dos veces hasta lograrlo del todo.

Eso tenía de imaginaria, tal vez: estaba desde el comienzo a punto de escapar. A punto de no aceptar la invitación que le hacía ese hombre de sesenta y cinco años cuando ella apenas cumplía treinta.

—Fue con chaperona y todo —me cuenta Parra en la terraza de la casa de Las Cruces.

Ana María Molinare era una mujer seria, precisa, exalumna de Las Ursulinas. Casada y con hijos. Le gustaba a Nicanor sugerir que su competencia entre los posibles amantes era Agustín Edwards Eastman, el dueño de *El Mercurio*, el principal diario chileno.

—Estaban todos los apellidos ahí. Su familia me podía perdonar que fuera pobre, pero no podían perdonarme que fuera Premio Nacional. Eso lo encontraban la ordinariez suprema. Premio Nacional de Literatura, imagínate tú qué horror.

En el restaurante que estaba a mitad de camino hacia Isla Negra, donde las había invitado a ella y a la chaperona, de pronto, debajo de la mesa, la mujer imaginaria le dio la mano. Solo la mano.

—La mujer imaginaria no se entrega así no más —dice, aunque un segundo después aclara que ese amor perfectamente casto también era un «porno romance», con todo y más.

A ella le impresionan muy poco la fama y la importancia de Parra y eso es, justamente, lo que lo impresiona a él: que lo mira como a un señor cualquiera, un pretendiente más, no un poeta o un antipoeta, no un loco o un cuerdo, sino una experiencia de su colección.

Quiere todo, la mujer imaginaria, y no acepta nada. Ella no quiere instalarse en ninguna de las tres casas (La Reina, Conchalí, Isla Negra) que habitaba Nicanor por entonces. Ya ha estado casada, ya fue parte de una casa, tiene un hijo, no está para volver a ser la esposa de nadie.

En una foto se ve a la mujer imaginaria con el pelo mojado en el jardín de La Reina. Hay otra foto, en la que ella no aparece porque está intentando juntar a los niños que han asistido al cumpleaños de la Colombina. La Colombina le dedicó su disco *Otoño negro*, por la extrañeza de que esa desconocida le organizara una fiesta de cumpleaños, algo que no se les hubiera ocurrido ni a su padre, ni a su madre, ni a sus tías, ni a sus tíos.

Hasta que de pronto (meses, años, ¿cuánto tiempo vivió en esa casa?, si es que vivió, porque quizás iba de paso; Nicanor no precisa, no registra el tiempo de ese romance sin más testigo que ellos dos), quiere ser libre y se va con una secta al norte. No quiere saber nada de Nicanor, que se queda con la palabra en la boca, el cuerpo cortado en dos como las víctimas de los magos.

«Después me di cuenta de que si había algún culpable en el fracaso de este idilio −le dijo Parra a Leonidas Morales−, era yo solamente. Es decir: que el problema era mío, conmigo mismo, y ella no tenía nada que ver. Entonces me convencí yo leyendo… Había perdido mi tao, mi autodominio, y por lo tanto, yo era simplemente un saco de papas. Y por qué ella se iba a interesar en un saco de papas, si ella se podía interesar solamente en el misterio del ser íntegro que es el otro. Cuando me pulverizó, entonces ella me dejó, me abandonó.»

LA MANSIÓN IMAGINARIA

Octubre y noviembre de 1979. La primavera después del invierno. Nicanor Parra se retira a una habitación del segundo piso de la casa colonial de Conchalí. La mansión imaginaria, rodeada de árboles imaginarios, a la orilla de un río imaginario, el demasiado real río Mapocho. Eso le escribió a Ana María, todo lo que veía por la ventana mientras esperaba su regreso, mientras temía también ese retorno.

Cuando terminó el poema, no supo ni cómo ni dónde mandárselo. ¿Qué sacaba con mandárselo, además? No la iba a convencer con el poema. No se había ido por falta de poesía, sino quizá por exceso.

Ana María volvió ocho años después, cuando Nicanor Parra ya había publicado, en su libro *Hojas de Parra* (1985), «El hombre imaginario». No estaba más tranquila que cuando lo dejó. Sus ojos viajaban apurados de un rincón a otro de la pieza, buscando al mismo tiempo un asidero y una salida.

–¿Por qué estás tan bien y yo estoy tan mal? –se indignó ella, cuenta él.

–El *Tao* –le dijo él, con una respuesta que llevaba años ensayando–. ¿Has leído el *Tao Te King*?

Parra le contó cómo había tenido que elegir entre una pistola y un ejemplar del *Tao Te King* que empezó a leer, sorprendido de avanzar en él cuando llevaba días sin poder leer nada.

> *El Tao que puede ser expresado no es el verdadero Tao.*
> *El nombre que se le puede dar no es su verdadero nombre.*
> *Sin nombre es el principio del universo;*
> *y con nombre, es la madre de todas las cosas.*

> *Desde el no-ser comprendemos su esencia;*
> *y desde el ser, vemos su apariencia.*

—Está todo ahí —siguió, hojeando el libro—. Mira, mira, escucha, Ana María, escucha. Capítulo 76:

> *El hombre al nacer es blando y flexible,*
> *y al morir queda duro y rígido.*
> *Las plantas al nacer son tiernas y flexibles*
> *y al morir quedan duras y secas.*

—¿Lo quieres? Te lo regalo, es tuyo, lo tengo para ti, léelo y después hablamos —le dijo.

Ella, sin agradecer, se lo llevó y volvió después de algunos días.

«Volvió y me dijo: "No me sirve [el *Tao*]"», le contó a Leonidas Morales. Después ella se lanzó de un octavo piso.

«Yo debería haber hecho lo que ella hizo. Sobreviví gracias al taoísmo», se confiesa Parra más incómodo que aliviado.

SEÑORITA Z.

—¿Tienes hijos? —te preguntaba de pronto a quemarropa, interrumpiendo sus disertaciones sobre Hamlet, Rimbaud, el modernismo, Homero y el discurso cuico—. ¿Hijas? ¿Beatrice y Carlota? Chuta esos nombres, los nombres que se gastan. Las hijas, por dios, las hijas, son otra cosa… No hay como las niñas. Pucha las niñitas, tienes que traerlas la próxima vez. Las quiero conocer. La próxima vez con las niñitas.

Terminé por obedecer a esa orden recién a fines de ese verano de 2015, cuando se me ocurrió veranear en Las Cruces, en la calle Chile, a cinco cuadras de la casa de Parra. Era, lo confieso, mi forma de traspasar las barreras cada vez más gratuitas con que la familia escondía al viejo de sus amigos en los veranos. Una aduana siempre arbitraria que la Colombina ejercía gritando desde las ventanas abiertas: «No hay nadie», aunque Nicanor me hubiese rogado el día anterior que fuera a verlo. «A mí las visitas me hacen bien, ciertas visitas», decía, y con el mentón y una mueca payasesca me señalaba a sus hijos con sus nietos preparar un asado sobre las ruinas del torreón.

—Viene con dos niñitas —le informó otra voz a la Colombina.

—¿Dos niñitas? Que pase entonces.

Beatrice, de siete años, intimidada al principio, empezó a jugar con Julieta, la rubia hija de la Colombina que no tenía otra niña de su edad con la cual jugar en esta casa consagrada al culto de su anciano abuelo. Mi hija Carlota, de cuatro años, permaneció entre mis piernas casi todo el tiempo. Besé sus mejillas que parecen hechas para eso.

—No tantos besos —se enojó Nicanor—. Peligroso, eso. No hay que darles tantos besos a los niños.

La Carlota respondió a la advertencia besándome sin piedad.

—Señorita Z. —diagnosticó Nicanor Parra—. Una señorita Z. en toda la regla. ¿Te ubicas con la señorita Z.? —Y se lanzó a citar por enésima vez la carta de Diego Portales, el mítico ministro conservador de los primeros años de la república, a su amigo José Luis Cea.

Es la historia de un amor en Perú: «Yo no hubiera entrado en relaciones con esta mujer desvergonzada si hubiera sabido; pero tuvo audacia para fingirme inocencia y para hacerme creer que estaba virgen», recitó de memoria.

—Y él, Portales, ¡estaba en tercer lugar! Imagínate. ¡Tercer lugar! Después del caballero Heres y don Toribio Carvajal... En esa época estaba la chiva de la virginidad. Si la novia no estaba virgen, el novio tenía derecho a devolver la novia. ¡Qué tremendo! Y pensar que eso no ha desaparecido plenamente... ¿Qué se puede hacer con la señorita Z.? Esa es la pregunta de las preguntas. ¿Qué se hace con la señorita Z.?

La señorita Z. podía ser también la señorita X o Y de la única ecuación que le interesaba: ¿qué se puede hacer con las mujeres? Como Tolstói, le parecía que el misterio de la existencia de Dios, de la vida después de la muerte o el fin del hambre del mundo, era menos complejo que el misterio de las mujeres.

—El síndrome David y el síndrome Apolo —aleccionaba.

El Apolo era el seductor luminoso de la mitología griega que cada hombre aspiraba a ser antes de la conquista. David era el *David* de Miguel Ángel, solo y perdido en una plaza de Florencia, levantando su enorme cabeza sin reparar en su ínfimo pene.

«... perdonar todos los delitos de amor», escribió en el pizarrón al despedirse de sus alumnos de la Facultad de Ingeniería de la Universidad de Chile el año 1996:

> *y viviremos mucho + felices*
> *amnistía sexual*
> *amor amor amor amor amor*
> *y x favor que no se formen parejas*
> *en la pareja hay derrota.*

LICEO FLEMING

¿Perdonó sus propios delitos de amor? ¿Perdonó a las mujeres que lo dejaron, lo hicieron cornudo? Tarde o temprano, eso vuelve a su recuerdo, los imperdonables delitos de amor. Rubias, morenas, ricas, pobres, extranjeras, chilenas de todas las edades, de preferencia cada vez más jóvenes.

—Te llama Nicanor Parra —decía, incrédulo, un detective de la policía de investigaciones, donde trabajaba, como periodista encargada de comunicaciones, Andrea Lodeiro, morena y menuda, con los ojos rasgados, más o menos de la edad de su hija Colombina (la Colombina nació en 1970, Andrea en 1972).

«Llegó a dar una charla al Liceo Fleming, de Las Condes, donde yo estudiaba —le cuenta, con muchos resquemores, la propia Andrea Lodeiro al periodista Luis Alberto Ganderat de la revista *Caras*—. Fui a saludarlo. Le tenía mucha admiración. Y le pregunté si lo podía ir a ver. Lo visitaba de vez en cuando, para consultarle cosas. Nuestra vida en común se inició en 1992 y concluyó casi en 1997. Fue un lento proceso. Te empiezas a dar cuenta de que resulta muy importante para tu vida, se hace inevitable estar juntos. [...] El Nicanor de mi vida no es el personaje, es el hombre —intenta explicarle al periodista, sediento como todos del escándalo de la Lolita en manos del viejo lobo de mar—. Nunca me relacioné con el "personaje". Lo admiro y lo admiré siempre, pero siento mucho pudor cuando pienso que alguien cree que me acerqué a él para que me diera buena sombra. Luego de estudiar periodismo, me dediqué al tema de la inteligencia, me relacioné más con militares que con literatos.»

«Se ha escrito por ahí que un día usted se fue de la casa de Nicanor diciéndole a gritos: "¡Estoy esperando un hijo, que no es tuyo!"», dice el periodista, que seguro se lo ha escuchado al propio Parra.

«Fue bastante menos caricaturesco de lo que cuentan —le dice Lodeiro al periodista curioso—. Pero, efectivamente, un día nuestra relación debía terminar. Era el proceso casi natural, por la diferencia de edad. No podía ser mi pareja para siempre. A veces las cosas tienen que tomar otro rumbo, y eso ocurrió, simplemente. Nadie podrá extrañarse.»

Era 1997. Nicanor Parra tenía ochenta y tres años. Andrea Lodeiro, veinticinco.

LAS DOS VAMOS A LA PELEA

Pero ¿fue Andrea Lodeiro su última relación formal? Todo indica que fue más bien una excepción. A grandes rasgos y con las excepciones del caso (una de estas, la propia Andrea Lodeiro), había decidido, a finales de los años ochenta, abandonar la monogamia hogareña para satisfacer lo que le quedaba de deseo más o menos silvestre. «Las dos vamos a la pelea, don Nica», dice que le dijeron las hermanas Muñoz, unas vecinas de La Reina que no llegaban a los veinte años cuando por entonces se ofrecieron a ser parte de una suerte de falansterio sexual donde ninguno de los tres podía celar al otro.

Esos personajes, las Muñoces y las chiquillas del Checo de San Antonio, empezaron a poblar su poesía de acentos nuevos que eran y no eran Nicanor. Ninguna de esas voces prestadas llegó más lejos que la Susana de Conchalí, seudónimo bajo el que publicó estos recuerdos de infancia para el especial de sus noventa años del *Clinic*:

> *En el pasaje habían muchos perros*
> *El Boby se pescaba a la Flor y a la Lucy*
> *Y el Capitán se embarcaba conmigo*
>
> *Nos pasábamos tardes enteras*
> *Déle que déle*
> *Hasta que el choro comenzaba a dolerme.*

«¿Estuve a la altura?», le preguntó a Patricio Fernández. Cuando Pato le pidió que lo firmara con su nombre contestó: «¡No me atrevo!». Pero la insolencia perfectamente desatada era lo que le parecía más valioso del *Clinic*. La coprolalia, la zoofilia, todo eso le resultaba un antídoto contra el callejón sin salida donde había caído la cultura occidental.

«Esa es la dirección –le explica a Leonidas Morales a comienzo de los años noventa–. Y ahí desaparece la mujer convencional, la mujer, cómo te dijera yo, *la belle dame sans merci*. Desaparece ese personaje. Y quién toma ese lugar. Bueno, la mujer natural, la hembra a nivel primario. O sea, la sexualidad. Incluso habría que hablar de genitalismo. El desplazamiento es hacia allá. Entonces, desaparece lo que se llama el idilio, desaparece el romanticismo, desaparece la pareja, desaparece la invitación al cine, la invitación a comer, desaparecen las tomaditas de la mano.»

¿Qué entiende, que espera Nicanor Parra de las mujeres? Misógino extremo quizá porque lo criaron mujeres en el sur de Chile. Clarisa Sandoval, la viuda sin merced; la Hilda, que golpeaba y dejaba en el suelo a cualquiera al que se le ocurriera cuestionar a sus hermanos; la Violeta, que destrozaba guitarras sobre los parroquianos que no la querían escuchar. ¿No fue el amor más completo de Nicanor la Violeta Parra? Y quizás es aún más espantosamente cierto lo contrario: puede que haya sido él el único hombre que Violeta, a pesar de sus muchos maridos y amantes, haya amado completamente. ¿Y la rubia Olga, la hermanastra muerta de frío con la que Nicanor se abrazaba a los diecinueve años, cuando llegó a Santiago? ¿Por qué no iba a ser el amor también un asunto familiar?

SALTAR DEL ÚLTIMO PISO

«La Violeta no se mató por amor», insistía. Pero ¿qué era el amor para la Violeta? ¿Qué era el amor para Nicanor sino un vecino caliente de la muerte? Un insaciable vínculo con las cosas de este mundo y del otro. Una forma de superar todos los miedos juntos para sonreírle al abismo. «Misterio insondable», abría grandes las manos.

«Parece que a partir de un cierto momento el hombre entiende cómo son las cosas, y se queda solo —le sigue explicando a Leonidas Morales—. Y la mujer también, y ¡también se queda sola! Y se juntan esos sexos esporádicamente. De pasa y bola, como se dice. Y aquí no hay problemas para nadie. Si son los que tratan de apoderarse del prójimo los que después tienen que pegarse tiros o saltar desde el último piso de un edificio.»

El amor o la pareja riman siempre en Parra con el suicidio: el de la Violeta, el de la mujer imaginaria. Como la primera vez que se acostó con una niña, en Chillán, los besos terminan en disparos y un perro muerto. Lo dejaban, o las dejaba él, para volver, si es que no se habían tirado del octavo piso o se habían ahogado en pastillas o alcohol. La Ana María Molinare, la Nury, la Sun, la Stella Díaz Varín, tantas mujeres que después de Parra no encontraron bajo sus pies el fondo y no les quedó más que flotar como pudieron.

Si hubiese sabido mentir mejor, ¿se habría quedado menos solo?

¿No había vencido, junto con el miedo a la muerte, el miedo a la soledad?

«Misterio insondable.»

TÉ CON PICKLES

«El taoísmo es la autorregulación del mundo interior, y la ecología es la autorregulación del medio ambiente –le explica Parra a Malú Sierra, periodista de *El Mercurio*, en septiembre de 1982–. Antes de llegar a la ecología tiene que haber un despertar individual: el taoísmo. Una vez que la persona está entera, entonces solamente puede ver el desequilibrio del mundo exterior.»

«¿Cómo se llega a eso?», le pregunta la periodista.

«Parece que en un estado de desesperación extrema», dice Parra, que camina con la periodista y sus cuatros hijos pequeños por los terrenos polvorientos de la casa patronal de Conchalí, el lugar donde acaba de escribir «El hombre imaginario», la cima misma de su desesperación.

Malú Sierra le pregunta por las mujeres. Parra le dice que acaba de salir de varias relaciones muy caóticas gracias al peyote. ¿Tomó realmente alguna vez peyote? Nunca lo oí siquiera mencionarlo. Las drogas blandas o duras, con las que ha tenido que lidiar porque las consumían familiares y amigos, le producen la mezcla de desprecio y repugnancia que siente ante cualquier exceso. Pero sí suele hablar de *Las enseñanzas de don Juan*, el chamán mexicano sobre el que escribió el antropólogo peruano Carlos Castaneda.

Malú Sierra no ahonda, sin embargo, en la experiencia sicodélica, quizá porque en plena entrevista llega el Chamaco (Ricardo Nicanor), el hijo de la Rosita Muñoz, la mujer de Parra a mediados de los años sesenta, que tiene catorce años y viene a despedirse porque se va a Morelia. Se organiza en la mesa un té perfectamente campesino, cuenta la periodista, con pickles, jamón, queso y aceitunas. Una hora de té que se convierte en cena, papas y carne, con Nicanor Parra haciendo de abuelo, patriarca en casa de adobe, pianos, candelabros, comedores y antecámaras, relojes Westminster. Un señor feudal que vigila los progresos de la hija en la guitarra, los estudios del Chamaco, y vuelve una y otra vez sobre la ecología.

«El método ecológico es una crítica al sistema, pero desde un ángulo nuevo, que no está contaminado todavía con los ideologismos.»

No esconde que la ecología es su forma de replantearse la idea de la revolución, central para el siglo xx: la revolución rusa, la cubana, la sexual, la del 68, la neoliberal que él, mejor que nadie, olfatea en el irrespirable Santiago de 1982.

«De manera que la posición práctica es la siguiente: condenación del capitalismo, aproximación al socialismo con el objeto de inyectarle el virus ecológico y con los ojos bien abiertos para no ser tragados e instrumentalizados por ese sistema. Lo demás es quedarse en la utopía pura», resume.

CONVERSIÓN

«En realidad, el primer contacto que yo tuve con la alarma ecológica –le cuenta a Leonidas Morales–, no con el ecologismo propiamente tal, sino con la alarma ecológica, se produjo en Estados Unidos hacia fines de la década de los sesenta. Incluso hice una anotación en esa época: "Be kind to me, I am a river". Sea atento conmigo, soy un río. Recuerdo que eso lo anoté yo en las calles de Nueva York, un día que se llamó el Día de la Tierra. No podían circular los vehículos por Manhattan. Todo el mundo estaba en la calle, con tizas haciendo anotaciones en el pavimento y en las murallas.»

Le impresionó «la transparencia poética de ese texto». La ecología era contemporánea de los *Artefactos* de Parra. Sabía que el tipo de poesía que producía necesitaba aliarse a una causa, porque mal que mal era poesía didáctica. Empezó a informarse. A finales de los años sesenta había leído en Nueva York el manifiesto *Primavera silenciosa*, de Rachel Carson. A este libro le siguieron muchos más que satisfacían al mismo tiempo esa necesidad de candor, de inocencia que los *Artefactos* pedían, con la ciencia, los hechos, los datos que el matemático necesitaba para creer.

Su conversión final al ecologismo ocurrió a finales de los años setenta, «a raíz de mi descubrimiento de Bertrand Russell como filósofo, como sociólogo y como ecólogo». Bertrand Russell, anciano de la tribu, eterno militante de todas las causas, viejo maestro de lógica formal, perfecto *gentleman* inglés, ateo calmado y cuestionador incómodo. Todo lo que Parra de un modo chillanejo quería ser y no podía porque no hay una manera chillaneja de ser Bertrand Russell.

«Yo soy un luchador ecológico –le sigue diciendo a Malú Sierra– y a mí me parece que toda la energía debe dedicarse a eso. Los problemas particulares poco tienen que ver con los problemas de la tribu, que es el hecatombe; el Apocalipsis. A estas alturas una entrevista tiene que versar sobre cuestiones muy substanciales. El drama es de tal magnitud.»

El poeta es un luchador que avisa del fin del mundo, que está dispuesto a perder genio e ingenio a cambio de salvarlo de su fin inminente. Descarta los festivales, sus clases, sus hijos, sus libros, todo lo que la periodista intenta interponer en la conversación. Parra no quiere distraer a los lectores de su mensaje, su único mensaje: su conversión a la ecología.

«Siempre fui simpatizante, exclusivamente –le explica a Malú Sierra–. Pero ahora soy militante. Soy un fanático.»

UN FANÁTICO

Un fanático con todos los efectos colaterales que el fanatismo implica: monotemático, didáctico, concéntrico, consumidor voraz del tema, del que no puede dejar de hablar durante todos los años ochenta y los noventa, escribiendo unos poemas que son consignas o unas consignas que se disfrazan de poemas:

> EXPLOSIÓN DEMOGRÁFICA
> SAQUEO DE LA NATURALEZA
> COLAPSO DEL MEDIO AMBIENTE
> *vicios de la sociedad de consumo*
> *que no podemos seguir tolerando:*
> *¡hay que cambiarlo todo de raíz!*

Graves denuncias, impaciencia desesperada, interrumpida por trozos de la carta del jefe indio Seattle al presidente de Estados Unidos que incorpora, sin citar la fuente, a su poesía:

> *El error consistió*
> *en creer que la tierra era nuestra*
> *cuando la verdad de las cosas*
> *es que nosotros somos de la tierra…*

Sin humor ni juegos de palabra repetía, como si temiera olvidar las consignas. Repetía «somos de la tierra» en todos los cursos, discursos, recitales que daba por entonces. La misma verdad subrayada, anotada, reiterada, para que ese perpetuo alumno que es su oyente ideal no pudiera decir que no se sabía la lección. Por ejemplo, termina diciéndoles a las alumnas del Liceo de Niñas de Temuco, en la charla que da en 1982:

«Yo quisiera dedicar, como les decía hace algunos momentos, los minutos que nos quedan a conversar sobre este tema, el tema de la supervivencia del hombre sobre la Tierra.

»Ustedes dirán lo siguiente: "Pero ¿por qué vamos a hablar sobre esto, cuando nosotros hemos venido a escuchar aquí a un poeta?". Por una razón muy sencilla: ¿de qué puede hablar un poeta, o de qué debe hablar un poeta, si no es de los problemas de la tribu? Y ¿cuál es el primer problema de la tribu en este momento? El problema de la supervivencia. De manera que nosotros tenemos necesariamente que aterrizar».

Poesía política se llamó una antología de poemas que publicó en 1983. El título y la portada del libro, su sombra sobre una pared en la que acaban de dibujar un grafiti, era una doble provocación en plena dictadura de Pinochet. Antes de esa dictadura Parra había comprendido que sobreviviría al diluvio la poesía política. Le interesaba desde niño el lenguaje que dice lo que dice, sin rodeos: el diario, los epitafios, los boletines, los rayados del baño, los avisos publicitarios. Le parecía que la poesía mejoraba cuando se olvidaba de ser bella o profunda para ser efectiva. El fanático, como el loco, el mendigo, el alucinado, el marginal, hablan porque es urgente hablar.

¿Cómo conseguir esa urgencia cuando ya no se puede ser marxista ni liberal? ¿Cómo convertirse en un fanático cuando se creció matemático cartesiano? ¿Cómo explicar que se sigue en la lucha cuando se quedó uno en Chile después del golpe de Estado?

«A mí me hicieron un gran favor –le responde a una alumna del curso de René de Costa en Chicago en 1987– tirándome las orejas en ese tiempo, calificándome de esa manera, porque me obligaron a profundizar en la búsqueda de mi relación con la comunidad. Y fíjense ustedes que, después del golpe, yo me quedé en Chile estudiando y trabajando, tenía una misión en la Universidad de Chile, seguía haciendo clases, pero claro, desde una posición suicida.

»Yo hice una revisión –sigue respondiéndole a la alumna– de la cuestión social chilena en el siglo XIX, paso a paso, y cada vez me convencí más de que la izquierda chilena estaba en toda la razón, lo único que faltaba era la forma de la acción. La problemática coincidía plenamente con la refutación del capitalismo hecha por Marx, esa refutación me parece correcta, pero me parece también correcta la refutación de la dictadura del proletariado hecha por Bakunin. No sé si con lo que digo acabo de contestar la consulta. Yo en este momento he llegado a una especie de realismo socialista, pero sin partido, y los textos que escribo en la actualidad son todos o casi todos textos que tienen que ver con la cuestión social, sobre todo con la cuestión archisocial, que es la cuestión de la supervivencia, la supervivencia del hombre en el planeta, ese me parece a mí que es el problema central de nuestra modernidad.»

En un país, en un mundo en que es imposible no comprometerse, Parra elige, en los ochenta, un compromiso único. No adhiere a ningún partido ecológico, firma solo de tarde en tarde manifiestos, se comunica con el resto de los ecologistas «de manera telepática», pero tiene su propia misión, su propio partido con el cual defenderse para siempre de la acusación de haber sido neutral, burgués, revisionista, individualista, solipsista, artista.

«Se le ha atacado a usted por esa posición suya de ácrata, de que no es una actitud... comprometida, digamos, y sin partido», insiste la alumna sin nombre de René de Costa.

Parra sin amilanarse responde:

«Por cierto que se produce eso, pero yo estoy ahí también con derecho a responder a esos ataques. Y la impresión que tengo en la actualidad es que soy yo el que tira las orejas ahora. Esa es la sensación que tengo y diría que la izquierda tradicional está a la defensiva cada vez que se encuentra conmigo. Esto ha ocurrido varias veces en diferentes congresos internacionales... Ellos son compañeros de ruta del llamado socialismo real, que es un economicismo decimonónico tan desastroso como el economicismo capitalista».

CATASTROFISTA, PERO MODERADO

En quince años de conversaciones, nunca me habló de ecología y muy poco del *Tao*. Las veces que lo intentó, con ese tercer ojo que sabe adivinarte antes de que hables, supo que yo era «onda retro», y cambió de tema por alguno que nos acomodara a los dos. Todo lo que Nicanor Parra decía sobre la ecología era razonable, inteligente, profundo, coherente con el resto de su obra, pero yo no dejaba de sentir que era una forma de beatería contraria a su carácter, a la novedad de su obra que era justamente «arrasar con todo».

Es cierto: todos los iconoclastas que conozco fatalmente aman una imagen. Yo mismo me declaro, cada vez que puedo, católico, apostólico y sobre todo romano. Creo en verdad en Cristo y su Iglesia, pero sé también que escogí esa fe porque, como dice Chesterton, creer en Dios, omnipresente e invisible, viejo como el mundo, gastado como él, me permite no creer en nada más. Creer en el Papa, ahora argentino, ayer alemán, mañana borracho o neurótico, me permite perderle el respeto a cualquier otro líder, presidente, rey o comandante en jefe.

Pero mi fe en Dios no es explicable ni razonable. El ecologismo de Parra tenía justamente ese defecto para mí: era razonable, explicable, científico. Era indiscutible. Era una buena causa por donde se lo mirara, y una cobardía moral por eso mismo, porque era un pensamiento sano, limpio, puro. Eso contradecía la repugnancia instintiva del antipoeta por la pureza, la belleza, el éxtasis, el amor, la bondad. Él era consciente, creo, de esa contradicción. Para el año 2000, la idea del fin del mundo había envejecido notablemente. Cuando conocí a Parra, en el año 2002, el Partido Verde gobernaba Alemania en coalición con la socialdemocracia. El gobierno chileno creaba el Ministerio de

Medio Ambiente. La medición del impacto ambiental se había convertido en un lucrativo negocio planetario. Las empresas más rentables de los Estados Unidos no dejaban de subrayar su escasa huella de carbono.

—Mucho cuidado con el ecofascismo —repetía por entonces—. Cuidado con el ecocomunismo también.

Por entonces, para él los ecologistas eran «como las sandías»: verdes por fuera y rojos por dentro. Pero quizá la razón de su progresiva distancia con el ecologismo era más inconfesablemente personal. Nicanor Parra cumplía setenta años en 1984, cuando llegó a la cima de su fiebre ecológica. La esperanza de vida por ese entonces no superaba en mucho la edad que acababa de cumplir. ¿No es normal que alguien que se enfrenta al fin de su vida, de su mundo, piense que todo el planeta y sus especies están destinados a desaparecer? ¿No era una forma de no morir del todo hacerse parte de una fe juvenil que al mismo tiempo explicaba y revindicaba sus miedos de viejo? Al llegar a los ochenta, a los noventa, a los cien, esa fe en el fin del mundo, esa preocupación por la extinción del planeta, empezó a ceder.

«CATASTROFISTA?», iba arrepintiendo ya su vehemencia a finales de los años ochenta:

> *claro que sí*
> *pero MODERADO!*

«Una máquina de vapor —le explica a Leonidas Morales en 1987— que no tiene sus mecanismos de autorregulación, simplemente o se detiene o explota. Pero si le agregan dos pelotitas del mecanismo de autorregulación, entonces la máquina misma sabe cuánto vapor necesita y rechaza el exceso, y puede seguir funcionando indefinidamente. Yo le he atribuido desde algún tiempo a la poesía esta capacidad de autorregulación del espíritu. Es por ese motivo que, incluso, yo en la actualidad hago textos que podrían considerarse como antiecológicos. Como el siguiente:

> *»No veo para qué tanta alharaca.*
> *Ya sabemos que el mundo se acabó.»*

Quizá lo que lo separa del fanatismo es su preocupación por el interlocutor. Nadie puede llegar a ser convincente, nadie puede convertir a nadie a ninguna fe, si está preocupado por no latear. Nadie puede hipnotizar a nadie si se dedica a leer qué hay en los ojos de la persona a la que quiere hipnotizar.

LOS EMPRESARIOS

Su ecologismo no desapareció con los años, pero escogió con quién podía ejercerlo. Patricio Fernández, el director de *The Clinic*, tuvo, como Raúl Zurita, derecho a esa extraña terapia cuando se separó de su mujer, Claudia Peña, a comienzos de 2009. Como con Zurita, Parra se concentró en el dolor diseminado y silencioso de Patricio.

Después resultó fácil hablar de «la tribu», o «la comunidad», esos términos tan caros a Parra que evitaba mencionar delante de católicos-marxistas como yo. A Pato le hablaba de los últimos estudios que complicaban la cuestión, de las nuevas energías, de la alarma ecológica, del fin del mundo que parecía fatalmente acercarse. ¿Cuál es la solución?, se seguía preguntando cada vez más silenciosamente, en su gusto por encontrarles soluciones a los problemas que daba por insolubles.

Pero cuando cumplió noventa años, descubrió que quizá la alarma no tenía sentido, que el fin del mundo no llegaría porque ya había llegado. Así, al mismo tiempo que decidía que no iba a morir nunca, decidió que el mundo tampoco.

—Los empresarios van a salvar el mundooooo —empezó a repetir desde entonces.

Se lo dijo a Patricio Fernández en la primavera de 2010, cuando lo reclutó para hacer juntos charlas a empresarios en el restaurante Entrepoetas, de las afueras de Cartagena, entre Las Cruces y San Antonio. Los empresarios no eran más que ejecutivos de una AFP. ¿Por qué?

¿Cómo los empresarios, esos mismos causantes del desastre ecológico, iban a salvar la Tierra?

—¿Sabes por qué no van a acabar con el planeta? —dijo Nicanor, bajando la cabeza y la voz para que nadie pudiera espiarlo–. Porque es mal negocio –le susurró al oído a Pato–. El fin del mundo no es rentable.

HIJO ÚNICO

Jueves 1 de septiembre de 2016. Murió a los ochenta y seis años Óscar René Parra Sandoval, el menor de los hermanos Parra. Payaso, Tony Canarito. «El menos Parra de los Parra», decía. Aunque todos los otros dejaron el circo, y él no. En ninguna foto o video se lo ve sonriendo. La única sonrisa es la que le pinta el maquillaje de payaso.

Leo la noticia en el gran hotel de Mulchén, cien kilómetros al sur de Chillán. Vine a dar una charla sobre mis libros (que nadie ha leído aquí) en el centro comunitario de la municipalidad. Por la ventana se ven el humo de las cocinerías, los árboles desnudos, el ramal del ferrocarril por el que ya no pasan trenes, los silos vacíos del trigo que ya nadie cosecha. Techos de zinc, paredes de madera carcomidas de musgo, almacenes y perros saliendo de una siesta para entrar a otra. La plaza con plátanos orientales talados, el busto de O'Higgins y, entre los balones de gas y las bolsas de supermercado, la carpa del circo que espera septiembre, el mes de la patria, para instalar las graderías y empezar, entre llovizna, asados y borracheras, una nueva temporada.

De los siete hermanos Parra Sandoval no queda ahora vivo más que el mayor, Nicanor.

A los ciento un años, Nicanor Parra ha logrado ser hijo único.

CAJÓN DE SASTRE

En 1985, en plena dictadura, Nicanor Parra publicó *Hojas de Parra*, su libro más libre y quizá, con *Obra gruesa*, su libro más completo. Acababa de cumplir setenta años pero la censura dictatorial y las cien formas de eludirla sin pasar por la cárcel o el exilio lo habían devuelto al ruedo. Ecológico, de pelo largo, sin corbata, dos hijos que escuchaban rock con alguna novia suya que tenía la edad de ellos, lo habían devuelto a una juventud que no vivió nunca del todo. Así en vez de publicar su libro en alguna editorial canónica, decidió entregarle el manuscrito al poeta David Turkeltaub, responsable de la casi artesanal editorial Ganymedes. Le dejó la tarea de seleccionar, de entre una montaña de hojas, qué poemas y en qué orden acabarían en el libro, sin casi intervenir en la edición final.

Quizá por eso *Hojas de Parra* es todas las posibilidades de Nicanor Parra: los chistes, los horrores, el folclore, la vanguardia, la actualidad, sin otro hilo conductor, sin otra idea común que la alegría del lector.

«Que esto no era un libro –le dice Parra a Morales, respondiendo a una crítica de Ignacio Valente–, sino que era simplemente un cajón de sastre. Una cosa así. A mí me parece que un cajón de sastre tiene pleno derecho a la existencia. ¡No tengo nada contra los cajones de sastre!»

Aunque más que un cajón de sastre es un disco de grandes éxitos, con sus canciones lentas y rápidas. Es cosa de revisar el índice:

> Canción para correr el sombrero
> Descorcho otra botella
> Antes me parecía todo bien

Esto tiene que ser un cementerio
Supongamos que es un hombre perfecto
Fueron exactamente como fueron
Esos enamorados idílicos
Entonces
Moscas en la mierda
Yo no soy un anciano sentimental
Tiempos modernos
Como les iba diciendo

Poemas personales, en primera persona o con diversos hablantes líricos. Sonetos que consisten en el dibujo de puras cruces o poemas «intertextuales» como «Yo me sé tres poemas de memoria», que es la transcripción de «Canción», de Juan Guzmán Cruchaga, «Nada», de Carlos Pezoa Véliz y «Elegía del indio triste que regresa», de Víctor Domingo Silva. Poema que podría seguir al infinito, hasta incorporar toda la literatura aprendida de memoria, como le sugiere al profesor Iván Carrasco en 1983:

«"Después dice: próximamente 10 poemas de memoria" en preparación "Yo me sé 100 poemas de memoria".»

«Yo acabo de escuchar algo que me encantó días atrás, de Skármeta –le cuenta a Leonidas Morales hablando de *Hojas de Parra*–. Me dice: "Nicanor, fíjate tú que yo tengo que decir una cosa". Andaba con el libro. "Yo creo que puedo decir ya", me dijo, "que yo me quedo con este libro tuyo". Y eso no lo ha visto nadie. Yo sé que sí. Skármeta lo vio ya.»

Y tiene razón Antonio Skármeta. El que lee *Versos de salón*, o *Poemas y antipoemas*, o *Canciones rusas*, tiene uno o dos de los Parras posibles. El que lee *Sermones y prédicas del Cristo de Elqui* tiene algo que no es del todo Nicanor Parra. En *Hojas de Parra* baila realmente cuando quiere bailar, canta cuando quiere cantar.

NICANOR PLAZA

En verdad, si lo pienso, conocí en persona a Nicanor Parra gracias a Antonio Skármeta. Fue en el taller de literatura que Skármeta dirigía en 1988, el primero que dictó desde su llegada del exilio en Alemania. Éramos doce, seleccionados de entre doscientos postulantes de no más de treinta años (esa era la única regla, la edad), y recibíamos de una ONG alemana un estipendio mensual que fue el primer dinero que recibí más allá de mi mesada parental.

¿Le pagó Skármeta a Parra por venir a hablarnos esa tarde en el Goethe Institut de la calle Esmeralda? Difícil que se haya movido de su casa (que era nuevamente la de La Reina), sin pago de por medio. Años después, grabando un programa conducido por el mismo Antonio Skármeta para Televisión Nacional, vi en la sala de maquillaje el talonario de boletas de honorarios de Nicanor Parra Sandoval: «Asesorías en problemas físicos y matemáticos», decía en la parte donde el contribuyente debía declarar su actividad. La letra clara, insistente con que escribía en las bandejas de pasteles, *Artefactos* y «obras públicas», anotaba en la glosa de la boleta «Homenaje Show de los libros» y muchas veces cuatro.

Debí haberla fotografiado o secuestrado la boleta. Ni un chiste, ni un juego de palabra, un «artefacto» perfecto, la boleta de Nicanor Parra.

Cuando lo vi en el taller de Skármeta yo tenía dieciocho años y Parra setenta y cuatro.

¿Cómo era físicamente entonces? Chaqueta de cotelé, chaleco, pelo largo, los ojos encendidos que miraban a todos y no se detenían en nadie. Me llamó la atención su hambre salvaje de león, que no paraba nunca de escrutar nuestras reacciones. Un payaso viejo, pero no del todo jubilado, con la conciencia de que estaba ofreciendo un espectáculo más que una clase. Alguien que se debía a su público. Porque nos trató como si fuéramos un público ante el que debía desarrollar su número.

Yo odiaba por entonces cualquier rastro de hippismo, y Parra quería ser hippie. Yo odiaba el folclore y él era el hermano de la Violeta. Los viejos choros me resultaban tan insoportables como los jóvenes poetas. Tampoco me importaba Chile, donde había llegado hacía cuatro años y del que me interesaban solo sus supermercados de suburbios. Su poesía me era más o menos ajena. Por entonces estaba decidido, además, a no admirar a nadie más que a mí mismo. No esperaba nada de Parra, pero recuerdo que me quedé pegado en su interés por «Un médico rural» y «Un artista del hambre», de Kafka, que, dijo, lo habían influido más que cualquier poema en verso. Me sorprendió eso, que no le interesara la poesía en verso, que sus obsesiones, la voz, los personajes, los detalles, la trama, fueran los de un narrador. ¿Venía solo? Creo recordar al Barraco, su hijo Juan de Dios, que debió ser para entonces un adolescente. Nos contó que había descubierto un seudónimo con el cual firmar su poesía.

—En mi época el que no tenía seudónimo no era nadie —dijo—. Tú eras por el tamaño del seudónimo.

Contó que había encontrado, mientras conducía por los alrededores de su casa en La Reina, un seudónimo que le gustó.

—A partir de ahora me voy a llamar Nicanor Plaza. ¿Se ubican ustedes con Nicanor Plaza? ¿La estatua de Caupolicán en el cerro Santa Lucía?

Un homenaje a unos de los héroes del pueblo mapuche. Un perfecto ejemplo de reciclaje artístico, originalmente esculpida por Nicanor Plaza para homenajear a un líder apache, encargo que no le fue pagado. Y empezó Nicanor Parra a jugar delante de nosotros con la idea de las plumas de apache de la estatua, la idea de la estatua que no es del héroe que se supone convoca.

Comenzó a hojear delante de nosotros sus cuadriculados cuadernos escolares para encontrar *Artefactos* que estaba escribiendo sobre su nuevo nombre: *Nicanor Plaza ex Nicanor Parra.* *Artefactos* que giraban en torno a Neftalí Reyes Basoalto, alias Pablo Neruda, y la cobardía de no haber firmado sus versos con su nombre de bautismo, el que le había puesto su padre ferroviario. ¿Podía haber algo menos comunista que renegar de tu nombre proletario para construir uno nuevo y eufónico, usando el apellido de un novelista checo y el nombre del apóstol más iluminado del Nuevo Testamento? Nicanor, que no era tan comunista como Neruda, no hizo eso.

Llevó no el nombre que le puso su padre, sino el nombre de su padre. Fue en público el mismo niño desconocido que había sido en un suburbio mapuche de Chillán. Movió las manos, las cejas, que se peinaba con los dedos para darse un aire más convincente de alquimista enloquecido, convencido de lo revolucionario de su búsqueda.

Busco y busco ahora en sus obras completas algún rastro de Nicanor Plaza, un «artefacto», un chiste, una instalación, pero no encuentro nada. Como tantas de sus metamorfosis, esta quedó en los cuadernos, ensayada ante distintos públicos hasta esfumarse en la nada.

Aquel día, terminada su tarea, se desentendió de nosotros sin preguntarnos ni nombre ni apellido, peinándose ágilmente con la mano, y se subió a su Volkswagen beige de vuelta a La Reina. Yo quedé más o menos seguro de que volvería a verlo.

10

REY Y MENDIGO

AÑO 2000

Para el año 1988 la dictadura dejó el poder después de un plebiscito que perdió. La izquierda se unió para ello con el centro, haciendo un mea culpa público y privado por su sectarismo y su mesianismo de antaño. La democracia cristiana, una centroizquierda más o menos confesional, tomó el poder apoyada por la izquierda, con la aquiescencia de la derecha. Parra, que predijo que la izquierda y la derecha unida jamás serían vencidas, resume a la perfección el reparto de poder de la época:

> *Cero Problema*
> *La Economía para la Derecha*
> *La Política para la D.C.*
> *Léase Divina Comedia*
> *& la Kurura para la Clase Trabajadora.*

Ese arreglo, que llevaba décadas esperando, lo dejaba fuera del juego. El Chile de los noventa no necesitaba poetas. Menos antipoetas. Era el mundo de la prosa, de los balances sin metáforas, ni épica, ni lírica: cuidado con pasarse de la raya. Los poetas de los años noventa, Carrasco, Anwandter, Folch, Yanko González, Sanhueza, reivindicaban el derecho a poetizar de nuevo. Se puso de moda por entonces escribir sonetos, hablar de Browning o traducir a Pound. Fue normal declararse continuador de Rosamel del Valle, de Eduardo Anguita, de Gonzalo Rojas, o hasta de Humberto Díaz Casanueva: de cualquier surrealista relampagueante de los años cuarenta y cincuenta. Al margen de sus infinitas diferencias, los poetas jóvenes de fines de siglo pasado querían creer que la poesía era posible. La televisión, los computadores, el arte conceptual no eran una novedad. Lo era en cambio la posibilidad del soneto, de la metafísica.

Lejos de los poetas jóvenes, aburrido de los viejos, Parra se dedicó a otra cosa: grabó discos con el grupo Congreso (*Pichanga*, en 1992), se representó ese mismo año su traducción de *El Rey Lear*, de Shakespeare, en el teatro de la Universidad Católica. Dio un sinnúmero de discursos en un sinnúmero de premios que ganó. Publicó folletos, hizo videos. Reciclaba objetos o escribía en bandejas de pasteles que descubrió al firmar en una de ellas, apurado, un autógrafo en una panadería donde esperaba unas empanadas. Un cuadro sin marco, se dio cuenta. Un cuadro barato, múltiple, muy chileno y completamente internacional, donde podía ejercitar, sin necesidad de diseñador ni editorial, toda la magia de los *Artefactos*.

«La poesía terminó conmigo», había predicho en *Versos de salón*, de 1962. Se había demorado décadas en cumplir su promesa. Aunque por supuesto estaba dispuesto a desmentirse, aunque por supuesto estaba esperando que alguien lo desmintiera.

Cumplía ochenta años el 5 de septiembre de 1994. Todo lo había dicho, predicho, pensado. Solo le quedaba esperar.

O eso creía.

«Yo me demoré diecisiete años en escribir los antipoemas –le cuenta a Ana María Foxley, del diario *La Época*, en 1989–. Van cinco años desde las *Hojas de Parra*. Entonces tengo doce años por delante. O sea, en rigor de rigores, yo no debería publicar antes del año 2000. Estaría preparándome para el año 2000. Y usted seguro que me va a preguntar: "¿Usted piensa estar vivo para el año 2000?". Yo le digo: ¿Por qué no, cómo va a ser tanta la mala suerte?»

Para sorpresa de todos, estaba vivo en el año 2000. ¿Para su sorpresa? No estoy seguro. Pero estar vivo más allá de cualquier vaticinio no era motivo suficiente para volver a publicar.

LAS + + +

Espantado por el esmog de Santiago, dejó de pronto su casa de La Reina para trasladarse a la casa de tejas negras que acababa de comprar en Las Cruces, junto a la casa original que el cuidador había quemado. El traslado pareció al principio momentáneo porque no se llevó consigo más que lo esencial. De a poco, el verano se hizo invierno, y el invierno primavera. Salvo algunos viajes esporádicos a La Reina, empezó a vivir en Las Cruces, suficientemente cerca de Santiago para seguir recibiendo amigos, suficientemente lejos para tener una disculpa para no asistir a homenajes, lanzamientos de libros, congresos varios. Por fin solo, o casi, dejó la casa de La Reina a sus hijos menores, pidiendo solo de vez en cuando un libro u otro de su biblioteca.

Le había dado toda la vida la espalda al mar, llegando a la excentricidad de construirse una casa en Isla Negra en la que ninguna ventana da hacia otra cosa que no sea un eucaliptus podrido. En Las Cruces, o las + + + como escribía él, todas las ventanas daban al mar. Su casa quedaba en el Vaticano, llamado así porque varias congregaciones de monjas tenían ahí sus residencias de playa. El resto del pueblo era el quirinal. Todo estaba, a fines de los noventa, olvidado entre perros callejeros y casas con piezas subarrendadas a los veraneantes pobres que no cabían en la sobrepoblada Cartagena.

Ahí Nicanor Parra decidió, a los ochenta y siete años, vivir la ilusión del retiro. Un monje, dijo a todos los que querían oírlo. «Cuando nace el primer nieto, el hombre se retira del mundo —decía también recitando el *Código de Manú*, su guía para la vida actual—. Nunca más mujer. Nunca más familia. Nunca más bienes materiales.»

EL MANAGER

Matías Rivas, que sería el editor de Nicanor Parra a partir de 2004, lo conoció, como yo, gracias a Germán Marín.

—Comimos porotos en La Reina. No pasó nada. Estaba Francisco Véjar [un poeta joven de los noventa] con su esposa. Íbamos a almorzar y el viejo le dijo a Véjar: ¿Te estás yendo, no cierto? Y Véjar se fue, huevón, con una cara de hambre increíble. Puta, yo ahí me di cuenta de lo jodido que podía ser el viejo.

Era 1992. Matías tendría ocasión, unos meses después, de poner a prueba la paciencia, a ratos infinita, a ratos inexistente, de Nicanor Parra.

—Quedó la cagaaaada, huevón, fue horrible. Fui otra vez con Marín y ¿cómo se llamaba el viejo al que le gustaban los cocteles?

—Avaria. Antonio Avaria —preciso yo.

—Viejo carbonero. Estaba la Colombina ensayando esa tarde con su grupo, ¿los Ex se llamaban? Me fui a fumar un cigarrillo a la terraza. Eso le cayó mal al viejo Parra. «¿Tú crees que te viene a ver a ti?», le dijo Avaria al viejo. «Viene a ver a la Colombina», le dijo a Parra. Ahí cagué. Todo se envenenó instantáneamente.

Matías, el pelo castaño claro, los ojos verdes siempre ligeramente turbados, no podía dejar pasar ninguna competencia. Altivo desde su metro sesenta, no estaba dispuesto, lo estaba menos que nunca en 1992 (tenía veintiún años recién cumplidos), a respetar ningún título, grado u honor que él no lo hubiese otorgado personalmente.

—En esa época Parra estaba obsesionado con Diógenes el Cínico —me cuenta Matías—. Le corregí unas fechas de doscientos antes de Cristo. El viejo se impacientó y nos echó. «Sabes todo tú, parece», dijo. «¿Sabes quién sabía todo como tú a tu edad? Luis Oyarzún.» «Sí, pero yo no soy maricón», contesté yo. Llamó después a Marín para preguntar quién era ese joven insolente. Me odió instantáneamente…

Una breve y confusa llamada por teléfono once años después preparó el reencuentro. «Las Cruces, venga cuando quiera, es su casa.» Temeroso de que Parra recordara el encuentro anterior, Matías Rivas se puso corbata, se perfumó y se peinó para tratar de convencerlo de publicar su traducción de *El Rey Lear* en Ediciones UDP que Matías ya dirigía. No consiguió auto para ir y fue en bus. Se perdió en las laberínticas calles de Las Cruces. Su terno y su corbata se llenaron de polvo. Reconoció la casa por el Volkswagen color crema en la puerta. Tocó la campana nervioso y empolvado. Lo recibió la Rosita. La palabra Diego Portales le permitió la entrada. Nicanor se puso a hablar de la carta de Diego Portales, de los insultos, de la señorita Z., Matías lo escuchó pacientemente. Al final le mostró los libros de la editorial. Le contó el proyecto: la traducción de Shakespeare tendría que ser un libro, Nicanor.

–Empezó con el millón de dólares. ¿Qué saca un viejo con hacer gimnasia? –El título de un viejo poema de *Hojas de Parra*–. Les tenía miedo a las críticas. Sabía que los poetas jóvenes no lo querían. No quería publicar, pero igual me dijo que volviera. Volví con Zambra, empezamos a hablar de Shakespeare, empezó a calentarse con la idea. Pero no firmó nada hasta que fui solo y le dije: «Usted es el poeta más importante del castellano, usted ya no puede ser más famoso como escritor. Pero yo no soy editor no más. Yo soy un manager. Yo quiero convertirlo en rockstar. Yo quiero que lo reconozcan en la calle». Y le mostré los libros donde sale la foto del autor en la portada. «Son afiches», le dije. Eso lo convenció. Era lo que le faltaba en la vida, ser un ídolo pop.

Sin embargo, Parra no le creyó del todo a Matías hasta el lanzamiento del libro, que se hizo en la casa central de la UDP, en primavera del año 2004. Colgaban los alumnos y los curiosos por las ventanas del recinto, llenas las escaleras, los pasillos, a tope hasta el último rincón del palacio Piwonka que ocupaba la casa central de la universidad. Nicanor Parra insistió en hablar con el rector mientras la gente, en la sala, se ponía cada vez más impaciente. Era lo que buscaba, escuchar el rumor de la multitud mientras la hacía esperar.

—¿Se acordaba Parra de la escena con Germán Marín o se le había olvidado? —le pregunto a Matías.

—Yo pensé que no se acordaba, pero una vez me cerró el ojo y me dejó en claro que sí.

—¿Qué te dijo?

—Nada. «Las vueltas que da la vida», me dijo, «quién lo iba a creer, ¿ah?, las vueltas de la vidaaaaa.»

EL DELGADO HILO DEL TELÉFONO

—Yo no soy amigo de Parra tu cachai, yo soy su editor, hablo de plata con él. Uno no puede ser amigo de alguien con el que uno habla de plata —me explica Matías otro día por teléfono—. Me manda a hablar con otras editoriales para anular contrato. «Mande sus matones a la Editorial Universitaria», me dice. «Hay unos libros míos que quieren publicar sin permiso.» Yo llamaba a la Universitaria, llegaba a acuerdo y le decía: «Ya mandé los matones, está todo arreglado».

Ejemplifica la naturaleza de su relación con una historia mortal, o casi. Una mañana Nicanor empezó a orinar sangre. La hemorragia no paraba y decidió llamar a Matías por teléfono para despedirse de su editor. Le dijo que era una buena idea morir ahora, dejar a los noventa años que el cáncer a la próstata ganara la partida. Hablaba cada vez más lentamente, cada vez más reconciliado con su muerte segura, mientras lo iba abandonando un hilo de sangre negra.

—Yo caché que si cortaba el teléfono se moría —me cuenta Matías—. Yo caché que necesitaba seguir hablando para no morirse. Yo caché que no quería morir, que quería hablar de la muerte no más. Yo le seguí el tema mientras que con el otro teléfono llamaba a la Colombina. Le seguí hablando hasta que la Colombina y Hernán Edwards (su marido) llegaron a la casa y lo llevaron a la clínica Las Condes.

Llegó medio desmayado a la urgencia de una de las clínicas más exclusivas de Santiago. Le dieron suero para revivirlo. Le asignaron pieza y exámenes.

—Ahí fue cuando amenazó con tirarse por la ventana del segundo piso de la clínica. ¿Conocís ese cuento? —me pregunta Matías, capaz de hablar por teléfono horas y horas, siempre en estilo telegráfico, siempre a punto de cortar, siempre encontrando tema milagrosamente cuando la conversación se va a apagar–. Les dijo a los doctores que si no lo daban de alta inmediatamente se tiraba por la ventana. ¿Quieren ser los culpables de la muerte de Nicanor Parra? No es buena propaganda para la clínica. Ahí lo soltaron y volvió a Las Cruces como si nada.

EL MAGO

Otro cuento, otra anécdota de Matías Rivas. ¿La del Mago? Una vez, lo fue a ver a Parra en su Volkswagen Golf blanco todo chocado. A lo largo del camino hacia Las Cruces el motor del auto se estuvo ahogando. Casi no sube la cuesta hacia la calle Lincoln.

—Yo ya me veía volviendo en bus, con el auto en Las Cruces. Estaba cagado, apenas escuchaba al viejo. Eso le carga, tú sabís, que uno no lo escuche. Le dio con que fuéramos a pasear a Lo Abarca. Pucha, le dije, el auto no funciona, está malo, no creo que llegue a Santiago. «Ah, no», me dijo, «esto tenemos que arreglarlo. Nooo. ¿Es un Voslkwagen como yo, no cierto? Hay que hablar con el Mago. Noooo, esto es trabajo para el Mago.»

Nicanor acompañó a Matías a un galpón medio abandonado en los suburbios de los suburbios de Las Cruces. Parra todo despeinado pero imperial llamó de un solo gesto al gordo que conducía un tractor. Se abrazaron.

—El Mago —le presentó Nicanor a ese hombre que se acercó al auto sin herramienta alguna.

—¿Mecánico? —preguntó Matías.

—Mago —insistió Parra.

—No abrió el motor —me dice Matías—. Te juro. No usó ni una sola herramienta. Me pidió que encendiera el motor. Acerco el oído al capó y se puso como a olfatearlo.

—No, esto no funciona. Nos vamos a tener que ir a San Antonio —diagnosticó el Mago.

Matías se desesperó. Su mujer, la oficina. No tenía tiempo de ir a San Antonio, prefería dejar el auto ahí y partir en bus inmediatamente.

—A ver, a ver, ponga a andar el auto de nuevo —le dio una segunda oportunidad el Mago.

Matías obedeció. El Mago volvió a saborear el ronroneo del motor. Meditó con cuidado unos segundos. Pidió otro intento. Al final sentenció.

—Llega a Santiago. No se preocupe, llega.

—Y llegué. Eso es lo peor —exclama Matías al otro lado del teléfono—. Hasta el día de hoy sigo andando con el mismo motor. Hace siete años. No he ido al mecánico nunca más.

EL RETORNO DEL REY

Después de aquella charla de Matías con Nicanor, sucedió lo imposible. El hombre que había renunciado a los libros decidió publicar uno más, uno de Shakespeare: la traducción de *Lear* que había representado el teatro de la Universidad Católica en invierno de 2002, de la que había aparecido un pequeño extracto en las revistas. Le puso como condición a Matías que no saliera el nombre de Shakespeare en ninguna parte de la portada y el lomo. Matías aceptó. Alejandro Zambra editaría el libro, que se publicó con una foto de Nicanor en la que una de sus manos esconde su cara.

Trabajar con Parra es a la vez muy fácil y completamente imposible, me cuenta Alejandro Zambra en una terraza de Queretaro, México. Deja que el editor se salga mil veces con la suya, porque piensa que el público tiene derecho a la última palabra. Pero, sin embargo, puede llamar a su editor en la noche para hablarle de este o aquel otro cambio que le sugirió a la pasada.

«Se abre a todas las posibilidades el viejo, pero no le gusta dar el texto por terminado. Le gusta más editar que publicar, eso es para él escribir, editar todo el tiempo.»

«... Nicanor solía agregar matices —cuenta Zambra en la revista *Dossier* 12 de 2009, de la Facultad de Comunicación y Letras de la UDP— y al final de cada jornada se mostraba casi siempre insatisfecho: a este libro le falta mucho, decía, jugando con la idea de nunca publicarlo. La traducción estaba lista, por supuesto, pero él disfrutaba del proceso de corregirla, de pulirla incesantemente.»

Zambra tenía treinta años. No había publicado más que casi anónimos libros de poemas. Había admirado desde la adolescencia a Nicanor. Delgado, moreno, cubierta su cara por una sempiterna franja de pelo negro, su timidez, su orgullo, su paciencia de exalumno del Instituto Nacional, la competencia directa del Internado Barros Arana. Todo eso lo acercaba a Nicanor. Sin competir, competían, rellenando los huecos que Parra dejaba a propósito entre diálogo y diálogo, como ecuaciones en un pizarrón que el alumno debía resolver. Tan complejas a veces, tan ambiguas, que no se sabía quién era el alumno y quién el profesor.

«Conversar con Nicanor Parra es una verdadera aventura —sigue contando Zambra—. Al comienzo se da siempre un estudio, una especie de reconocimiento, de intercambio de banderines, matizado por algunas frases sueltas que en verdad son sus poemas recientes, sus pensamientos de la semana. Durante el almuerzo habla de lo que la gente habla mientras come: de lo bueno que está el vino, del arrollado insuperable de Las Cruces, del interesante color de los tomates. Pero lo mejor ocurre en la sobremesa, pues el guion se arranca en direcciones inesperadas y él no quiere enseñar nada pero uno aprende mucho.»

Veo a Zambra silencioso como cuando lo conocí, postulando a traspasar al computador la minúscula letra con que Germán Marín escribía sus novelas en cuadernos escolares. La escena es parte central de *Bonsai*, la primera novela de Zambra. Allí el protagonista, Julio, un joven enfermo de literatura, se encuentra con la literatura encarnada en el viejo escritor Gazmuri: un escritor con todas las manías, con todo el ego atropellado, con toda la falsa seguridad de los escritores maduros. Creo que Zambra, ávido como pocos de entender en qué consiste eso de ser escritor (tema de tantos de sus libros), aprendió más que nadie trabajando con Parra, que escribe como las viejas tejen, mientras conversan de otra cosa.

«Nunca lo he entrevistado —cuenta Zambra—, pero fui testigo de dos intentos que al principio fueron arduos, pues, como es sabido, a Parra los cuestionarios le suenan demasiado similares a los interrogatorios, y prefiere respetar los tiempos naturales de una conversación. Recuerdo, en especial, el largo tira y afloja con el periodista Matías del Río. Nicanor había accedido a conversar con él a condición de que no hubiera preguntas ni grabadora. Del Río tardó dos minutos en transgredir la norma y Nicanor se enojó mucho: "Usted es un pontífice, y los pontífices deben estar en Roma", le dijo. Estábamos en el garaje y Nicanor nos dejó ahí sin dar explicaciones. Del Río no sabía si quedarse o irse pero la historia terminó bien: el poeta volvió, se disculpó, lo invitó a almorzar y mientras comíamos contestó *in extenso* las preguntas del periodista. En un momento Nicanor me miró aparte y me cerró el ojo: sabía perfectamente que su interlocutor escondía una grabadora.»

El resto del tiempo la complicidad entre editor y poeta era total.

«Parra buscó equivalencias —escribe Zambra en el *New Yorker* en enero de 2018 acerca del extraño trabajo de cotejar las distintas versiones de su traducción de *El Rey Lear* de comienzo de los años noventa con las nuevas ideas que iba agregando a la carrera todo el tiempo—, probó combinaciones métricas sorprendentes, rompió ritmos. Quería, como Shakespeare, reconciliar lo alto y lo bajo, lo solemne y lo vulgar. El verso en blanco isabelino tenía que coincidir con la métrica de su propia poesía; tenían que hacerse más poderosos. Shakespeare tenía que parecerse a Shakespeare pero también a Parra; Parra tenía que parecerse a Shakespeare, pero también, sobre todo, a Parra.»

¿Podía esconder que esa historia de un viejo que pierde su reino, y con él la razón, era su historia? Estaba a punto de cumplir ochenta años cuando tradujo *El Rey Lear*. ¿No era su deber, como rey de la poesía chilena, nombrar un sucesor? ¿No era tiempo de ordenar sus papeles, de escribir sus memorias, de redactar su testamento?

De Lear aprendió los peligros que le esperaban si repartía su reino antes de dejar de reinar. No dejó pasar a Lihn ni a Zurita. Buscó discípulos más y más jóvenes. No escribió ni mandó a escribir sus memorias. Dejó claro, al agregarle «algo más» a sus obras completas, que eran solo una muestra de los cuadernos donde ensayaba sus antipoemas. Azuzó la competencia entre sus hijos y sus nietos por su legado, e hizo lo mismo con profesores, editores y postulantes a albaceas, hasta quedarse sin reino por tener demasiados herederos.

Deliberadamente evitaba la trama de la obra para concentrarse en su lenguaje. Era quizá la única forma de aguantar tanta verdad urgente, tanta profecía inevitable: convertir *El Rey Lear* en un problema técnico que resolvía con ese poeta joven, como queriendo de alguna forma reconquistar con él el reino ya repartido entre sus herederos de la poesía chilena.

La complicidad duró más allá de la edición. Un día, enseñando la poesía de Nicanor Parra en la UDP, Alejandro Zambra recibió una inesperada visita:

«… cuando el propio poeta, con la actitud de un alumno que llega atrasado, golpeó la puerta —cuenta Zambra en la revista *Dossier*—. Fue un gesto muy bello. Le había contado, por teléfono, que comenzaríamos a leer *Hojas de Parra* y él averiguó por sí mismo el día y la hora y arregló todo para viajar a Santiago y concretar la sorpresa.

»No es frecuente que un autor ingrese, como si nada, al lugar donde cuarenta y tantos lectores comentan sus poemas, sobre todo si tiene noventa y cinco años y es, como se dice, una leyenda en vida de la poesía. Aquella mañana mis alumnos reaccionaron, al principio, con timidez, pero de a poco se atrevieron a hacer algunas preguntas que Nicanor contestó generosa y largamente.

»Más tarde uno me dijo, en el casino, que se había asustado al ver a Parra, pues creía que estaba muerto. Está muerto y yo también, le respondí, pero mi alumno no entendió, tuve que explicarle que era una broma. Recordé ese diálogo hace unas semanas, cuando supe que, en un discurso para celebrar el día del libro, el presidente Piñera había cometido el mismo error, al incluir a Parra entre los autores chilenos que "ya nos dejaron". No sé qué habrá pensado Parra de ese lapsus. Lo más probable es que haya reído a carcajadas».

ONE MILLION DOLLARS

Nicanor Parra, que para el año 2013 evitaba las fotografías y las grabadoras, apareció en la portada de la revista *Cosas*, la más leída y satinada del país. La foto, sacada con un celular, lo mostraba junto al millonario excéntrico Leonardo Farkas, conocido por regalar billetes de cien dólares a cualquiera que se le cruce por delante.

Heredero de una mina de cobre cercana a Copiapó, Farkas fue, de joven, multinstrumentista en Las Vegas, Nevada. Quería seguir siéndolo aún cuando regresó a Chile a hacerse cargo de su mina y sus millones. Lo intentó en el Festival de Viña del Mar de 2009, causando la risa del público que lo prefería como millonario generoso de infinitos risos más que dorados, piel también sobrebronceada y dientes también más blancos que la más blanca nieve, dispuesto a donar fortunas a deportistas, artistas y mendigos que le resultaran de alguna forma meritorios.

Nicanor Parra, lector apasionado del periódico, le envió a Farkas un mensaje por varias vías: que tenía algo importante que ofrecerle, que fuera a verlo.

–Hay un libro tuyo en la mesa de centro de Parra –me dice a escondidas desde su celular Verónica Foxley, que acompañó al millonario, padre de la mejor amiga de Lina Paya, la nieta de Parra, estudiante becada en el colegio más caro de Chile, el Nido de Águilas.

–¿Qué libro?

–Uno bien lindo de historia de Chile.

Nicanor les anda contando a todos la historia de Alonso de Ercilla. Se lo había oído a varias visitas. De mi libro *Los platos rotos (Historia personal de Chile)*, que yo mismo, ceremonioso, le había regalado unas semanas antes, Parra rescataba la idea de que García Hurtado de Mendoza había castigado a muerte a Alonso de Ercilla por andar escribiendo poemitas. «Desde la colonia, desde el primer día, es un crimen escribir poemas», subrayaba.

—¿Y Farkas, en qué está? —le pregunto a Verónica—. ¿Qué dice? ¿Qué hace? ¿Qué está haciendo?

—Lo más raro del mundo —me dice ella—. No dice nada, Farkas no se atreve a tocar nada. Nicanor Parra le habla de un millón de dólares. Parra le muestra el mar.

Un millón de dólares, vuelve a decir, hasta que Farkas se atreve a preguntar en su castellano vacilante (ha pasado casi toda su vida en Estados Unidos):

—¿Qué es lo que vale un millón de dólares?

—*Hamlet* —dice Parra, que pensaba que era lo único que estaba claro desde el principio: que necesitaba un millón de dólares para terminar la traducción de *Hamlet*.

A cambio estaba dispuesto a dedicarle la traducción a su mecenas. Tenía pensada ya la dedicatoria:

A Farkas, príncipe del Renacimiento.
Firmado:
Hamlet, príncipe de Dinamarca.

—Un millón de dólares no es nada —dice Parra.

Y le explica al millonario rizado, erguido en su chaqueta de dueño de yates, que Shakespeare le dedicaba sus obras al tercer Earl de Southampton, su amigo, o más que amigo.

—*El maricón de Shakespeare*. Ese es un título para un libro. El puro título basta. *El marica de Shakespeare*, también, o *El mariposón de Shakespeare*.

Que un millonario financiara a su poeta, dice Parra, era lo corriente en aquel tiempo. El poeta, a cambio, le dedicaba sus libros. Esa dedicatoria equivalía a un millón de dólares de la época. O más. Shakespeare era un empresario: eso de que los poetas tienen que ser pobres es una idea nueva. Un *Hamlet* por un millón de dólares, dice Parra: negocio redondo. Farkas mira confundido a Verónica Foxley, que no puede salvarlo.

—Yo sé que usted sabe mucho, que es muy sabio usted, don Nicanor. Pero ¿*one million dollars*…? Si fuera una obra de beneficencia... Hay muchas necesidades en este país, don Nicanor. Mucha pobreza. Usted mismo conoce muy bien esas necesidades por su familia, tengo entendido. Yo no soy un príncipe sino un filántropo.

Un millón de dólares no es nada, responde Nicanor. Eso se gasta en seis meses o menos. Habría que viajar a Inglaterra, sigue planificando en voz alta, pero no a la Inglaterra de hoy sino a la del siglo XVI. Habría que abordar temas como el Renacimiento, o sea la Reforma, Lutero, Erasmo, Calvino, Montaigne, Cristóbal Colón y todo el Nuevo Mundo, o sea nosotros, que somos de esa época, le explica a Farkas, que no sabe dónde poner su sonrisa recién refaccionada por un dentista de California. Incluso, habría que retroceder a Séneca, sigue Parra, porque no se entiende a Shakespeare sin Séneca, y Séneca era español, como sabes, y ahí hay un posible contacto, un puente entre el castellano y el idioma de Shakespeare, que tampoco es el inglés que tú y yo hablamos Leonardo, ¿Leonardo es tu nombre?, porque el inglés isabelino ha cambiado muchísimo en relación al actual, mucho más de lo que lo ha hecho el español de Garcilaso, Góngora o Cervantes. Para traducir a Shakespeare y comer pescado hay que tener cuidado. Poco se gana con saber inglés para traducir a Shakespeare. Y le cita el caso del porno diálogo de Hamlet, que lleva meses y meses contándole a todo el mundo:

—Primero habla Hamlet: «Lady, shall I lie in your lap?». Todo eso en una época en que las mujeres no andaban con pantalones como ahora. Cuando Ofelia escucha esta pregunta, responde: «No, my lord», y junta las piernas. —Y el casi centenario Nicanor Parra cierra apurado las piernas como si fuera la pudorosa Ofelia—. Pero Hamlet vuelve al ataque, y le dice: «I mean my head upon your lap». ¿Entiendes, no cierto? Eso sí, le contesta: «Ay, my lord». Él vuelve al ataque: «Do you think I meant country matters?». Ay ay ayyyy. Oooohh —se horroriza de modo circense Nicanor y explica que *country* se pronuncia de dos maneras: *count* o *cunt*—. ¿Se entiende? *Cunt*... ¿*cunt*, te ubicas tú con la palabra *cunt*? Los gringos también la usan —dice, y le muestra a Leonardo Farkas los distintos diccionarios y versiones de las obras completas de Shakespeare que acumuló cuando tradujo *El Rey Lear* a comienzos de los años noventa del siglo pasado.

»Eso, eso –se alegra ante la sorpresa del multinstrumentista al entender la obscenidad del clásico.

»Todo está en Shakespeare –le explica a Farkas en Las Cruces.

Farkas mira los diccionarios abiertos, los libros en dos lenguas, los folletos, los *Artefactos*.

–Todooo –insiste Parra–, el verso blanco shakesperiano. «*To be or not to be*»...

Y espera que el millonario rubio recite la continuación, que finalmente recita él, indicando con la mano los acentos y las pausas de cada verso:

> *To be or not to be-that is the question*:
> – / – / – / / – – / –
> *Whether 'tis nobler in the mind to suffer*
> / – – / – / – / – / –
> *The slings and arrows of outrageous fortune,*
> – / – / – – – / – / –
> *Or to take arms against a sea of troubles...*

–O sea, sería más o menos así.

Y recuerda también de memoria, con sus noventa y nueve años, la versión del monólogo que publicó en *Hojas de Parra*, de 1985:

> *Ser o no ser*
> *he ahí el dilema*
> *qué será preferible me pregunto*
> *soportar los caprichos del destino funesto*
> *o rebelarse contra ese mar de tribulaciones*
> *y terminar con ellas para siempre...*

–Y a eso habría que agregarle el príncipe Hamlet mismo –le explica a Farkas–. Todos somos el príncipe Hamlet. Tenemos una deuda con Hamlet, tú y yo. No se comprende nada si no se pasa por el príncipe Hamlet. Mi nieto el Tololo no respondía cuando lo llamaban en el colegio. Yo no me llamo Cristóbal, dijo, yo ahora me llamo Hamlet...

Farkas termina, ya de noche, la fría noche de Las Cruces que cala hasta los huesos, prometiendo que va a hablar con Bettina, su mujer, y con su rabino. Un par de semanas después, cuenta Parra, sin más testigo que él mismo, llegó Farkas con el millón de dólares en un maletín.

—Lo pensé. El arte, la cultura... —dijo el millonario.

El maletín abierto. El esplendor tímido de los billetes en sus atados. El millón de dólares que le había pedido a Matías Rivas, a Patricio Fernández, a todo tipo de ejecutivos publicitarios, a editoriales, a cineastas, a periodistas, al fin a sus pies.

—¿Qué se hace con eso? ¿Qué se dice entonces? —alargaba el impensable suspenso—. ¿Qué haría Hamlet ante eso? Esa es la pregunta.

Parra dice que pensó unos segundos qué hacer, hasta que se decidió. Con «la punta de sus pantuflas» acercó el maletín de regreso a su dueño, alegando problemas de tiempo, de plazos, de edad. «Gracias, no puedo aceptar su generosidad.» Le pidió que, a cambio, donara cien mil pesos a las cincuenta familias más pobres de la comuna de El Tabo.

«Además —informa el diario *El Líder* de San Antonio del 15 de noviembre de 2013—, Farkas donó $1.000.000 para la Fundación San Expedito de El Tabo, que atiende a personas con discapacidades físicas. Tras el encuentro con los vecinos, al que se sumó el alcalde Emilio Jorquera, Farkas se dirigió a la casa de Parra, donde fue recibido por su nieto.»

Debo dudar, pienso, de la generosidad de Farkas, y más aún del desprendimiento de Parra. Debo intentar averiguar la verdad de los hechos. Pero aprendí de Parra que la leyenda dura más que la verdad.

EL ENCARGO

La traducción de *El Rey Lear* se la había pedido el British Council en el año 1989, la misma institución que lo había becado para ir a Oxford en 1948. Había aceptado entonces quizá porque se sentía vagamente en deuda por esa beca, originalmente para estudiar física, que él había usado para dedicarse a la poesía.

La tarea le parecía a primera vista ardua y poco agradecida: al fin y al cabo sería Shakespeare el que se llevaría la gloria. Se demoró en decir que no. Buscó la obra en las empastadas obras completas de Aguilar, en traducción del español Luis Astrana Marín. No entendió nada. La leyó en inglés y vio que era otra obra, aún más inexplicable que su versión española. Los personajes se le confundieron, la acción se le escapó por largos tramos, pero se le quedaron algunas frases pegadas.

«You do me wrong to take me out o' the grave», que Parra traduce como: «Hacéis mal en sacarme de la tumba».

Y sobre todo «laugh at gilded butterflies» («nos reiremos de las mariposas multicolores»).

«Me pareció que eso era Shakespeare, que así sonaba y resonaba en nuestro idioma», le cuenta a la profesora de la Universidad Católica, María de la Luz Hurtado, en una larga entrevista para la revista *Apuntes* de la Facultad de Teatro de la misma universidad (primavera-otoño de 1991-1992).

Parra decidió traducir *El Rey Lear* para ser capaz de leerlo.

«*Lear* está escrito —le explica a la profesora María de la Luz Hurtado— en un instrumento que es el idioma inglés, entonces, yo quisiera ser el transcriptor de esta composición a otro instrumento que es el idioma español. Una vez que el traductor tiene en sus manos el sentido de un parlamento, hay que transfigurarlo: hacerlo pasar a un nivel poético.»

«Por granuja por pícaro por tragasobras», dice Kent en la versión de Parra:

> *Despreciado*
> *engreído*
> *miserable*
> *Eres un delator*
> *un hijo de puta*
> *Presumido*
>   *rastrero*
>   *zalamero*
> *Sangre de horchata*
>   *Arribista cobarde.*

«Este es un texto poético –le insistía Parra a la profesora– y en el texto poético lo que cuenta es la palabra y la ubicación de cada palabra en la frase. Si se pierde una palabra, se pierde la frase, si se pierde la frase se puede perder el parlamento, y si se pierde el parlamento se puede perder la obra entera.»

Parra, que había ensayado toda su vida la palabra exacta, que había luchado contra el desborde de la lírica borracha, se topó con la obligación de encontrar en su castellano un equivalente a la locuacidad sin fin ni comienzo de los personajes de Shakespeare.

«El gran descubrimiento de los dramaturgos isabelinos –le explica a María de la Luz Hurtado–, en materia de forma, es ese: hay que quebrar el endecasílabo, como llamamos nosotros al pentámetro yámbico, y combinarlo con otros metros. Incluso, hay que salirse de la métrica gramatical, de la métrica académica, y dejar que entre la métrica del habla. Una vez que se combinan las dos métricas, la gramatical con la del habla, entonces el mundo entra en el texto dramático.»

Era lo que había buscado siempre, una retórica en la que cupieran los distintos metros, las distintas rimas. Escribir como quien respira, algo que para un asmático no era ni natural ni fácil.

«Me preguntan desde hace tiempo qué es un antipoema –continúa explicando a María de la Luz Hurtado– y la respuesta más repetida que he dado, sin darme bien cuenta de lo que decía, es: *un antipoema no es otra cosa que un parlamento dramático*, y un parlamento dramático, habría que agregar, es un verso blanco shakesperiano. O sea, es un endecasílabo que se alarga y se acorta, y que oscila entre la academia, la calle y la feria. He venido trabajando en esa forma desde tiempos inmemoriales; he llegado incluso a combinar un verso de once sílabas con uno de una sílaba, y versos con prosa. Creía que era un gran invento mío, pero ya los isabelinos conocían estos métodos de trabajo y Shakespeare lo ocupa en *El Rey Lear*, donde un gran porcentaje de la obra está escrito en prosa, sin que se sepa a ciencia cierta cuáles son versos y cuáles son prosa. Esto es muy importante: podría decirse que son versos prosaicos o que son prosas poéticas.»

Un verso que reproduce el falso descuido del habla de la calle, que más bien comprende que ese descuido es una forma especial de cuidado, como cuando Lear, expulsado por Goneril de un castillo que era suyo, descubre:

> *El hombre en sí*
> *Reducido a su mínima expresión*
> *Andrajoso descalzo como tú*
> *No es otra cosa que un animal en dos patas*
> *Fuera con los parlamentos ajenos.*
> *Ya.*

THEATRE FOR THE MIND

Un parlamento que pierde la mitad de su gracia al ser actuado en un escenario. Parra descubre que la representación era lo que menos le interesaba a Shakespeare.

«Esto viene del propio primer título en latín –le dice a María de la Luz Hurtado–: "Essentially irrepresentable on the stage". Esta es la frase por la cual Bradley dice "Too huge for the stage" ("demasiado inmensa para el escenario"). También he oído por ahí que este es un teatro para la mente (*theatre for the mind*)».

Parra fue a algunos ensayos en verano de 1992, tratando de que no se perdiera nada de un texto que escribió más como una partitura que como una obra de teatro:

«Me temo que, como no he puesto comas, ni punto y comas, en algunos parlamentos –explica en el programa de la obra– que son bastante largos, el actor o el propio director piense que hay que decirlos a matacaballo. No, no, no, hay que tener mucho cuidado. Se debe pecar más de lentitud que de velocidad, con el objeto de que cada palabra aparezca perfectamente delineada. Para lograrlo, el actor debe trabajar un poco, buscar el sentido del parlamento no en la puntuación sino más allá de la puntuación: ha de entrar en el parlamento».

Muy pronto descubrió que no podía controlar a los actores, abandonó los ensayos y decidió que era más obra de Alfredo Castro, el director, que de él. Hasta que el éxito de la puesta se transformó en una nueva victoria de la cual ufanarse.

PREGUNTAS A LA HORA DEL TÉ

Fui con mi abuela Marta Rivas González a ver *El Rey Lear* traducido por Nicanor Parra, protagonizado por Claudia di Girolamo (en el rol de Cordelia) y Héctor Noguera (en el papel del Rey Lear), dirigido por Alfredo Castro, en el invierno de 1992. Al final de la obra no aplaudí de pie diez minutos, como el resto del público. La obra no me emocionó ni un poco. El Rey Lear se volvía loco muy luego, me pareció a mí. La mayor parte de las actuaciones me parecieron manieristas y frías, tan frías como la escenografía y la música. Tuve problema con casi todo, menos con el texto, le dije a mi abuela. A ratos se notaba que era de Parra, pero más me gustaba que frases enteras siguieran inexplicablemente en inglés. Lo mejor que tenía era cuando no se notaba que era una traducción.

Fue quizá la pedantería de mi crítica lo que indignó a mi abuela. Lo recuerdo porque fue una de nuestras primeras peleas literarias. Proustiana, lectora compulsiva de enciclopedias y biografías de borbones y estuardos, pariente de «medio mundo», hasta entonces mi abuela era, para mí, la literatura. Pero yo empezaba a sentir aquel año que no me bastaba lo que me enseñaba, que necesitaba más, que no quería, que no podía ser una vieja de ojos verdes que devora *marron glacé*. Necesitaba un modelo más masculino a que abrazarme. ¿Sabía, en 1992, que sería el traductor de ese Rey Lear que empeñé en denostar? ¿Podía haber esperado cuando estaba bajo el imperio de mi abuela que terminaría mi educación algo más que sentimental en la casa húmeda y fría de esa especie de contrario exacto a mi abuela que era Nicanor Parra?

Nacido él en 1914 y ella en 1915, en el mismo país, lleno de amigos, conocidos y enemigos en común (Nemesio Antúnez,

Benjamín Viel, Álvaro Bunster, Armando Uribe, Fernando Castillo Velasco, el Queque Sanhueza, Santiago del Campo, Jorge Palacio, Jorge Edwards, Thiago de Mello, su hermano Mario Rivas González), nunca hablé de Parra con mi abuela. Dudo que haya leído alguna vez un antipoema de él. De haberlo hecho estoy seguro que le habría parecido cómico y absurdo y habría pasado de largo pensando que la poesía no era eso. La sombra de Parra cruzó rápidamente su departamento, en la calle Napoleón, cuando uno de sus mejores amigos, Fernán Meza, decidió celebrar a la vez el cumpleaños número setenta de José Donoso y el cumpleaños ochenta de Parra.

—Parece al revés —se reía mi abuela—, parece que Pepe fuera el que cumple ochenta años y Parra setenta.

A la hora del homenaje, que Fernán organizó en la explanada de la Facultad de Arquitectura de la Universidad de Chile, José Donoso se notaba perfectamente incómodo entre los globos, los confetis y los payasos que Meza insistió en convocar. Nicanor Parra parecía, en cambio, haber nacido para ese tipo de fiesta carnavalesca.

Parra y Donoso. Los veo en un recorte del diario *La Época*, en septiembre de 1994: están en un homenaje de la Municipalidad de Santiago, sentados lado a lado. Donoso, su barba y sus anteojos que esconden su incomodidad entre inglesa y talquina. Parra, curtido por los años, más seguro que nunca de sus gestos. Dos posibilidades, dos maestros, el novelista del encierro, la vigilancia social, las casas de campo, los prostíbulos infernales, que llevó el realismo chileno hasta el delirio y los monstruos recónditos en patios interiores. Todo eso que Parra, el macho alfa sentado al lado del bisexual secreto que era Donoso, negaba a golpe de chistes de cantina y ecuaciones.

Donoso rozaba la poesía sin salirse nunca del *corset* de la novela, Parra escribía cuentos en verso sobre borrachos y muertos felices. Eso es lo que hacía reír a mi abuela: Donoso era un niño envejecido, Parra era un viejo aniñado. Los años eran para Donoso una fatalidad, mientras para Nicanor eran una forma de blanquear su origen y ser al fin lo que había elegido ser.

LUCES DEL PUERTO

Con mi abuela fuimos también a ver *La negra Ester*, de Roberto
Parra, en la cima del cerro Santa Lucía. La dirigía Andrés Pérez
Araya, un joven director de teatro que volvía en 1988 de una beca
en París, donde actuó en el Théâtre du Soleil de Ariane Mnouch-
kine. Él mismo cortaba los boletos y servía la comida macrobió-
tica que él con el resto de los actores cocinaban. Entre circo y
comunidad hippie, todo era dulce, colorido y vivo en el Gran
Circo Teatro, como se llamaba la compañía que representaba la
obra. Era 1988 y se acababa la dictadura. La obra representaba el
reencuentro de Chile con su tradición popular, folclórica, prosti-
bularia y carnavalesca. Una orquesta en traje de luces y gomina
tocaba, a un ritmo alucinado, una mezcla de swing y cueca que se
te quedaba pegada en la cabeza. Latas de colores impensados,
puertas, ventanas componían la escenografía. Una luz al medio
del escenario y Roberto Parra (actuado por Boris Quercia), sus-
pensores y pantalones tres tallas más grandes, recitaba alucinado:

> *Conocí a la negra Ester*
> *aquí en casa e Oña Berta*
> *es casa llena de puertah*
> *me hizo conocer el querer*
> *corazón sin enloquecer.*

La Negra, toda carmín y pintura (encarnada por Rosa Ra-
mírez), lo seducía y olvidaba y volvía a seducir. Cantaban, baila-
ban, reían y lloraban las otras putas del puerto que aconsejaban
a Roberto que intentara reconquistar a la negra Ester, a la que
había perdido por distracción. Roberto obedecía, pero la Negra
no lo había esperado y se había casado con otro.

Comedia y tragedia a la vez, la obra nació por azar cuando le mandaron por correo a Andrés Pérez una especie de cuadernillo de versos impreso artesanalmente que vendían en el mercado de las pulgas los propios familiares del poeta, Roberto Parra Sandoval.

«Al Puerto de San Antonio», empezaban las décimas a *La negra Ester*:

> *me juí con mucho placer*
> *conocí a la negra Ester*
> *en casa del Celedonio*
> *era hija del demonio*
> *donde ella se divertía.*

San Antonio era, para 1988, un fantasma destrozado por el terremoto de septiembre de 1985. Nunca fue mucho más que eso. Puerto nuevo, creado por decreto del presidente Barros Luco a comienzo del siglo XX, sin nada del aura de Valparaíso, a nadie, antes de esas décimas, se le había ocurrido contar su historia. Andrés Pérez Araya, que había aprendido en París a admirar la miseria chilena, vio una fiesta por contar. Fue justamente su tono infantil, de niño que está jugando con las palabras, que no es capaz de ver maldad ni en la pobreza ni en la prostitución más miserable, lo que hizo a *La negra Ester* irresistible, invencible desde la primera vez que se representó, poderosamente traducible a todos los escenarios del mundo.

DONDE MUEREN LOS VALIENTES

—La negra Ester, pucha la negra Ester, qué mujer —se extasiaba a solas Nicanor Parra en el salón de la casa de Las Cruces, aunque precisaba que no le gustaba la obra porque le habían quitado lo sórdido.

—¿La conoció? —le pregunté.

—Casi… —Y contaba una subida al cerro más pobre de Cartagena, junto con su hermano Roberto—. Donde mueren los valientes. No cualquier cerro. Ahí al fondo, donde uno va a buscar las cosas robadas. Roberto no tuvo fuerzas para subir más allá.

—Sube tú, hermano, prefiero no verla —dijo Roberto.

Y subió Nicanor por una escalera en la que vio a un tipo. Casi sin aliento, le preguntó por la negra Ester, oyendo arriba unas risas de mujer, movimiento.

—¿De verdad la quieres ver? ¿Estás seguro de que la quieres ver, compadre? —preguntó el hombre con todos sus dientes de oro y un vago acento argentino.

Nicanor entrevió una silueta detrás de una puerta, y un cuchillo que el galán iba sacándose del cinturón. Pidió disculpas, retrocedió escalera abajo.

—Correr, correr a perderse —decía, en su casa de Las Cruces, y hacía el gesto de arrancar con Roberto cerro abajo, como los niños que eran cuando estaban juntos—. ¿Conoces el Checo? ¿Te ubicas el Checo?

Cada cierto tiempo lograba convencer a alguno de sus invitados que lo acompañaran al Checo, un bar de mala muerte de San Antonio que le había hecho conocer su hermano Roberto. Ahí nadie lo admiraba y pocos lo conocían. Colgaban discos de vinilo en la pared y los malandras, con cualquier excusa, mostraban el brillo de sus cuchillos. A Parra, mientras pudo, le encantaba ese momento en que la cosa se iba poniendo peligrosa y había que arrancar.

ALAS EN LA ESPALDA

—Roberto, el tío Roberto —suspiraba recordando sus aventuras.

Pienso ahora que el único hermano incondicional de Nicanor, el único con quien podía ser esa cosa rara que era, fue Roberto Parra. A la Violeta la quería de una manera pasional y temerosa; a la Hilda, de una forma familiar; a los otros, «más de lejitooo». Pero a Roberto lo quería sin preguntas. Era su hermano, su único hermano. Podían estar juntos sin hablar durante horas, me cuenta Adán Méndez. Un hermano que era también un hijo, porque a Roberto había que bañarlo, conseguirle ropa nueva, cortarle el pelo y el bigote encanecido cuando volvía de sus imposibles giras que eran una sucesión sin fin de borracheras.

¿Cuándo se iba, cuándo volvía? Nicanor no preguntaba. No contaba con él, pero sabía que podía contar siempre con él. Sin envidias ni resquemores, lo vio triunfar en los años noventa (dos obras de teatro, una película, discos, libros, homenajes varios), como si el hecho extraño de que su hermano casi analfabeto se hiciera escritor fuese una forma de homenaje a él. Nicanor capaz de sacar un escritor hasta de una piedra. Roberto se apuró en hacer todo antes de morir, en abril de 1995, del mismo cáncer a la próstata que no termina de terminar con su hermano Nicanor. En plena gloria, en plena paz, en plena reconciliación con todos y todo, se murió asegurando que le estaban creciendo alas de puro ángel en que se había convertido.

Quienes lo conocieron coinciden en su propio diagnóstico. Fue toda la vida un puta madre, un borracho sin perdón de dios, pero murió como un santo, dulce, comprensivo, gentil con los conocidos y desconocidos, lleno de anécdotas y recetas de sobrevivencia, de versos, de punteos raros de las cien guitarras que perdió, destruyó, volvió a tallar y afinar sin descanso a lo largo de toda su extraña vida en diagonal.

«El más donosito de mis hijos», decía la Clara Sandoval. El más buenmozo, el menos indígena o mulato, el bigote blanco, los ojos de perro abandonado, el sombrero torcido, los pantalones anchos, un aire de modestia y suficiencia.

«Cantaba con otro tipo de soledad —lo recuerda el escritor peruano José María Arguedas en *El zorro de arriba y el zorro de abajo*—, aunque algo parecida; rasgaba la guitarra en cuecas como desesperadas, de alegría más ansiada que disfrutada. Por eso fuimos tan amigos en La Reina. Me hablaba de un amigo suyo que se había quedado sentado sobre una piedra, con el ojo todo colorado, esperando. Charlaba con Roberto en un estado de confianza, amigos, que es una de las formas más raras de ser feliz. Me contaba cosas de los prostíbulos y yo, cuentos de animales y condenados, que es mi fuerte. Roberto se emborracha hasta la agonía; yo me enfermo de la soledad e ilusión quizá patológicas, y "por puro gusto".»

EL GENIO DE LA FAMILIA

Roberto Parra se definía a sí mismo como Violeta Parra con pantalones, pero si en Violeta Parra hasta su risa llevaba a la tragedia, todo en Roberto llevaba a la ternura. Era el tío Roberto. Ni padre ni hermano: tío, como lo llamaba su sobrino Ángel, el primero en grabar sus cuecas choras en plena Unidad Popular.

> *En el canal Bío-Bío*
> *mataron al chute Alberto,*
> *lo dejaron bocabajo*
> *para qui no cuente el cuento.*

> *Lo mataron por lonyi, por aniña'o,*
> *no dijo ni hasta luego y se jue corta'ooooo...*

alargaba Nicanor la última sílaba, mientras marcaba con el zapato el ritmo de la cueca en el salón de la casa de Las Cruces.

—Se las mandó el tío Roberto con esaaa... ¿Nooo ciertoooo? Se la mandó. Ahí está todo. Nooo. El tío Roberto es el que sabía, parece...

«Quisiera ser como el perroooo...», seguía con otra cueca que gritaba su hermano en el estéreo:

> *para levantar la pata,*
> *andar como rega'era*
> *y sin mojarme la guata.*
> *Quisiera ser como el perro.*

> *Amarra'o en la cola*
> *con regocijo*

frente a un paco que esté
de punto fijo.

—«Yo pensaba que el genio de la familia era Nicanor. Después pensé que era la Violeta, ahora me doy cuenta de que es Roberto.» ¿Quién dijo eso? A ver, ¿quién dijo eso? ¿Quiénnnn? —examinaba el profesor Parra.

—Manuel Rojas —cometía la torpeza de contestar yo.

—Nos vamos a salvar por Roberto, parece. Eso es lo único que va a quedar después de todo.

Y quizá sea otra de las exageraciones de Nicanor Parra que, con el tiempo, se revelan precisas. Las metamorfosis parecen la base de la magia de los Parra. Así, el Parra de los años noventa no fue Nicanor sino Roberto. Como el Parra de los sesenta fue la Violeta, que se suicidó justo cuando la inocencia de esos años se acababa. Y el Parra de los setenta fueron Ángel e Isabel y su peña, donde aprendieron a cantar Víctor Jara y los Quilapayún. Y el Parra de la primera década de 2000 fue Eduardo, el tío Lalo y su traje de lino blanco, su corbata roja, su voz aguardentosa y sus cuecas.

Cuecas, tonadas, foxtrot, rock, canción de protesta, telar, payasos, poemas y antipoemas: ¿hubo Chile antes de que un Parra lo descubriera? ¿Qué cantaban los campesinos, las putas tristes, antes que los Parra les inventaran su canción? Nicanor padre, Nicanor hijo, Nicanor espíritu santo. Siempre hubo un Parra para bendecir o maldecir el país que iban inventando como si existiera hace siglos.

EL ORADOR

—Faltan los *Discursos de sobremesa* —le empezó a recordar Nicanor a Matías Rivas cuando este lo felicitaba por estar una semana más en la lista de los más vendidos de *El Mercurio*, con *Lear Rey & Mendigo*, en el 2004.

Los *Discursos de sobremesa*, advertía Parra, eran lo definitivo, lo más lejos a lo que había llegado. Era, después de los *Antipoemas* y los *Artefactos*, su gran descubrimiento. El libro de los libros, prometía.

Nacieron de la necesidad. En 1991 fue doctor honoris causa por la Universidad de Brown. Ese mismo año ganó el Premio Prometeo de Poesía y el Premio de Literatura Latinoamericana y del Caribe Juan Rulfo. En 1996 fue doctor honoris causa por la Universidad del Bío Bío. En 1997 ganó el Premio Luis Oyarzún, de la Universidad Austral de Chile, y la Medalla Gabriela Mistral, otorgada por el gobierno de Chile. En 1998 la Medalla Abate Molina, de la Universidad de Talca, y en 1999 la Medalla Rectoral de la Universidad de Chile. Pero ¿cómo recibe el antipoeta los premios que los poetas se dan entre ellos? Los *Discursos de sobremesa* (2005) nacen del esfuerzo de madurar sin dejar de ser inmaduro que ocupó a Nicanor Parra casi toda su octava década de vida.

Siempre había coqueteado con el teatro, inventando parlamentos y personajes, traduciendo a Shakespeare. Ahora le tocaba inventarse un nuevo rol: un Nicanor Parra que no era él mismo, sino uno muy parecido a él. Alguien capaz de hacerse zancadillas, mentir, desmentir. Un señor de pantalones de pana, pelo despeinado que, sin anteojos, leía hojas tamaño oficio en teatros y salones plenarios, un ojo en las hojas en las que llevaba sus discursos y el otro controlando con severidad felina las risas y los aplausos del honorable público. Porque el respetable escritor homenajeado no deja nunca de ser también el señor Corales, el animador de circo que le hubiese tocado ser de no huir a los diecisiete años a Santiago.

«Estoy sentado al escritorio», escribe en «Mai mai peñi», su discurso de agradecimiento del Premio Juan Rulfo de la Feria del Libro de Guadalajara:

> *A mi izquierda los manuscritos del último discurso malo*
> *A mi derecha los del primer discurso bueno*
> *Acabo de redactar una página*
> *Mi problema es el siguiente*
> *Dónde la deposito madre mía!*
> *A la izquierda? a la derecha?*

Había en eso quizás un gesto de modestia inesperada en alguien tan abiertamente egocéntrico. Parra se sentía en la obligación de entregar, a cambio de un cheque o de un diploma, treinta minutos o una hora de lo mejor de su genio e ingenio. El Premio Nobel pudo haber sido eso. Una forma de halagar su ego, pero también un escenario donde ejercer su arte, que no era otro que la verónica del torero. El toro terrible del prestigio, de la posteridad, de la literatura, que se acerca, que casi te toca con sus cuernos terribles, que hace temblar las médulas de tus huesos, ese temblor que nadie tiene que ver, que se tiene que convertir en una coreografía liviana, perfectamente arqueada para que la bestia ni te toque ni mate.

Recogidos en un solo libro estos discursos que Parra escribió para leer en voz alta, que parecían depender en gran parte de su voz y su presencia escénica, cobran otro sentido. Leídos todos juntos, son una especie de autobiografía en verso donde el ensayo se mezcla con la poesía, para constituir lo más cercano que escribió jamás a una autobiografía.

LA PRIETA

A Vicente Undurraga, que no había terminado aún la universidad cuando empezó, junto a Adán Méndez, a editar *Discursos de sobremesa*, le impresionaba la capacidad que tenía Parra de borrar versos y estrofas enteros, de reemplazarlos sin escrúpulos si no servían.

«Había que revisar con Parra verso a verso los manuscritos —escribe en la revista *Qué Pasa*, la semana del cumpleaños ciento tres de Nicanor—. Si en una hora se avanzaban quince páginas, en las siguientes dos visitas podía no salirse de una línea. Cuando revisamos el discurso "Happy Birthday", por ejemplo, nos demoramos en "Explosión demográfica": "culpables / el lingam & la yoni / sí señor: / extirpación del miembro viril / es lo que corresponde en estos casos". Parra lo repetía y se agarraba la cabeza como constatando con espanto que la sobrepoblación mundial terminaría más temprano que tarde con la humanidad, ante lo cual la única solución sería extirparles el miembro viril a todos. Nada menos. "Salgamos mejor a dar un paseo, compadre", propuso. Caminó hasta la playa, a sus noventa y uno, como si tuviera diecinueve. A la vuelta dijo: "Hay que ponerlo en mayúsculas: Extirpación del Miembro Viril". Solo las mayúsculas darían con el tono tragicómico de la cuestión. Más adelante, en cambio, la L de "la Moneda" la dejó en baja, pese a que en versos previos iba en mayúscula. "Mejor", dijo, "así parecerá un error."»

Vicente, que no tenía más de veintitrés años, necesitó toda su seguridad para no vacilar con Parra, a quien le gustaba la incerteza, el juego infinito de poner y quitar el acento a la palabra No. Cuando se encontraban en un callejón sin salida, salían en el escarabajo a comprar empanadas o bajaban a las rocas a que los despeinara el viento, hasta que volvían a la terraza de Las Cruces. Una de esas tardes algo en el aire se quebró y: «... el reposo dio paso a una mueca de melancolía. Tras un silencio, Parra señaló una mariposa que revoloteaba: "La Violeta". Recordé entonces su "Defensa de Violeta Parra", donde Nicanor se hace la que quizá sea la gran pregunta de la segunda mitad de su larga vida: "Dónde voy a encontrar otra Violeta / Aunque recorra campos y ciudades / O me quede sentado en el jardín". Luego volvió a una mudez que combinaba resignación, tristeza y una irreductible ilusión, como la que aparece en ese mismo poema: "Cántame una canción inolvidable / Una canción que no termine nunca [...] / Álzate en cuerpo y alma del sepulcro / y haz estallar las piedras con tu voz / Violeta Parra"».

Por la noche siguió la conversación infinita y concéntrica en torno a la carta de la Violeta, el *Tao*, la mujer imaginaria, Pablito y la Violeta con Roberto, la cueca y Hamlet, Hamlet y la cueca, y «hay que cambiar "somos alérgicos" por "asmático de tiempo completo" en el "Discurso 'Talca, París & Londres'"».

«Al mediodía —sigue contando Vicente—, Rosita, la mujer que trabaja con Parra, anunció que el almuerzo estaba servido. Nervios, angustia, desesperación: eso sentí al ver las prietas con puré. Sería capaz de mascar neumáticos antes que comer prietas. Pero a Parra no se le rechaza la comida. Acompañado por un vaso de vino y una conversación dispersa, el almuerzo consistió para mí en moler, revolver y camuflar la prieta n.°1 entre el puré. La situación se volvería de un minuto a otro insostenible. De repente, Parra se volteó para alcanzar la botella y de un manotazo me metí la prieta n.°2 al bolsillo del polerón. Tuve la impresión de que, al volverse, Parra miró de reojo mi plato, pero no dijo nada. Suspiré aliviado, me volvió el alma al cuerpo, me interesé vivamente en la conversación (sobre una foto de Fidel y García Márquez en traje de baño). Entonces oí alzarse la voz de uno de los grandes poetas de Occidente:

»—Rosita, tráigale otra prieta al invitado.»

Vicente tuvo que esconder dos prietas en vez de una. Trató de lanzarlas al inodoro, pero no desaparecían. Una y otra vez flotando las mismas prietas, hasta que las envolvió en papel higiénico y volvió a hundirlas en su bolsillo mientras Parra alargaba la tarde en consideraciones sobre Luis Oyarzún y Roberto y la Violeta. Vicente no dejaba de pensar en las prietas manchando su pantalón, y en la vergüenza terrible de tener que confesarle que no se las había comido.

«–La pieza, Rosita. Parece que se va a quedar a alojar con nosotros, Vicente.

»–No se preocupe, Nicanor, tengo que irme. Tengo pasaje comprado en el bus de las siete. Tengo que hacer algo urgente mañana.

»–Por favor, tenemos trabajo. Esta es su casa. En Chillán no se rechazan invitaciones asííí.»

Hasta que Vicente milagrosamente logró salir en plena noche a la calle Lincoln y tirar en el primer sitio eriazo las prietas envueltas en papel higiénico.

ATAÚD CON RUEDAS

El diseñador Marcial Cortés-Monroy estaba en el Teatro Caupolicán, en la inauguración del Festival de Teatro de las Naciones en 1993, cuando Nicanor Parra pronunció el discurso de sobremesa «Happy Birthday».

«Quedé alucinado —confiesa Cortés-Monroy a la periodista Paula Coddou, de *El Mercurio*—. Siempre me ha gustado mucho la poesía y empecé a buscar sus libros. Estaba *Poemas para combatir la calvicie*, y había que buscar en las librerías de usados. Encontré muchos libros de ensayos sobre Nicanor y descubrí su tema visual, que no lo conocía. Y dije: Tengo que conocer a Parra. Porque se me vino la idea de hacer una exposición de su trabajo visual.»

Cortés-Monroy era ya en 1993 uno de los dueños de Árbol Color, la empresa que diseñaba la mayor parte de los espacios interiores de ferias y estudios de televisión. Hombre tranquilo, casi siempre sonriente, barba de tres días, consiguió que Ana María Larraín, una periodista alta y guapa que visitaba a Parra con cierta frecuencia, lo introdujera a la casa de Las Cruces.

«Llegamos a almorzar y conversamos toda la tarde. En un momento me preguntó: "Bueno, muchacho, qué te trae por acá". Le conté mi idea y le propuse poner en escena su trabajo visual. "Ah, qué interesante." Después cambiamos de tema y cuando nos fuimos y nos dejó en el auto, me dijo: "Me encantó tu proyecto, pero no nos conocemos. Tenemos que conversar".»

Parra sometió entonces a Marcial a su torbellino de preguntas capciosas que le permitían descubrir hasta qué punto el otro era una encarnación suya. Para confiar se inventaba parentescos. Luego de que se descubrieron ambos chillanejos, empezaron a trabajar en los *Artefactos*. Marcial esperaba encontrar proyectos, carpetas, dibujos, pero para su sorpresa la mayor parte de esos *Artefactos* no existían más que verbalmente. A veces la sombra de un dibujo, a veces algunas instrucciones en una hoja de cuaderno, pero nada más. No hay que dejar huellas, pensaba Parra. Disfrutaba de la inexistencia de su obra, como si dibujarla hubiese sido peligroso. Esa era la esencia del gesto parriano, la ausencia de un original del que la copia pudiera ufanarse. Los ataúdes con ruedas y hélices, que se abren por dentro, que tienen doble fondo, se diseñaban al ritmo en que Nicanor iba inventándolos sobre la marcha con una fiebre adolescente que no dejaba de sorprender a Cortés-Monroy, el encargado de una experiencia inédita: no interpretar visualmente los poemas, no ilustrarlos, sino construirlos.

En 2001 las bandejas de pasteles, las teteras, las máquinas del tiempo, fueron trasladadas a la casa matriz de la Telefónica de Santiago. Flotaban en el techo del gigantesco hall de vidrio y mármol una serie de cruces negras. Unos maniquíes vestidos de mineros y mendigos le daban la espalda a un ataúd repleto de hélices de lancha sobre una vieja camilla de hospital.

LA FOTO

La mujer de Marcial, la fotógrafa Alexandra Edwards, sacó las fotos menos literarias de Nicanor y quizá por eso mismo las más felices: Parra entre las hojas gigantes de los agaves grises de La Reina. Ella tomó también la mil veces reproducida foto de Nicanor Parra, Bolaño e Ignacio Echevarría entre las rocas de El Tabo. Parra en primer plano con el viento en el pelo, Bolaño escuchándolo semiacostado sobre las rocas, Echevarría más atrás, riendo.

«Poco antes de viajar por primera vez a Chile —cuenta Ignacio Echevarría en una conferencia que dio sobre Bolaño en la Universidad Diego Portales—, le pregunté a Roberto Bolaño qué me aconsejaba leer. "Nicanor Parra", me respondió. Nada más. Yo entonces tenía una vaga noción de quién era Parra y qué era su poesía. Me quedé esperando que continuara. Al final insistí y me dijo: "Nicanor Parra. No hace falta leer nada más". Esto era en el mes de noviembre del año 1998, cuando Bolaño iba a visitar Chile invitado por la revista *Paula*. Había que entregar un premio y venía a la ceremonia de entrega.»

La revista *Paula*, pionera en su estilo, había sido fundada por Roberto Edwards, el padre de Alexandra Edwards, la fotógrafa. Convocaba todos los años un premio de cuentos conocido por su prestigio. Carolina Díaz, una de sus periodistas, que había estudiado y vivido en España, recomendó como jurados a Bolaño y Echevarría. Carolina era por entonces algo así como mi mejor amiga. Sediento de conocer famosos, rompí mi tradición de pasar los domingos escribiendo y fui a su casa de Ñuñoa, donde habían organizado un almuerzo con Bolaño y Echevarría. Comimos pescado, creo. Alguien sacó unas máscaras de Pinochet, que nos pusimos para posar en diversas fotos que sacaba la

Alexandra. No podía saber que ese momento sería más o menos inmortal; que todo eso, los viajes de Bolaño a Chile, la gente que estuvo en ese almuerzo, sería objeto de tesis, controversia y reportajes varios.

Lo importante ocurrió sin mí. En la cena del premio de la revista *Paula*, Marcial Cortés-Monroy quedó sentado junto a Bolaño.

«Nos pusimos a conversar, bla, bla, bla —le cuenta Marcial a la periodista Paula Coddou—. De repente algo me dice y le digo: "Ah, pero eso es de Parra". "Hombre", me dice Bolaño, "¿has leído a Parra? Yo tengo todos los libros de Parra en primera edición en mi velador."»

—¿Quieres conocerlo? —le preguntó Marcial—. Si quieres vamos esta semana misma.

Bolaño, asustado con la posibilidad, aceptó sin creer que se concretaría.

FRAGMENTO DE UN REGRESO

La escena la describió Bolaño en su artículo «Fragmentos de un regreso al país natal», que publicó en la misma revista *Paula* en diciembre de 1998:

«Aparece Nicanor. Sus primeras palabras, después de saludarnos, son en lengua inglesa. Es la bienvenida que ofrecen a Hamlet unos campesinos de Dinamarca. Después Nicanor habla de la vejez, del destino de Shakespeare, de los gatos, de su primera casa en Las Cruces, que se quemó, de Ernesto Cardenal, de Paz, a quien estima más como ensayista que como poeta, de su padre que tocaba instrumentos musicales y de su madre que fue costurera y con los restos de tela fabricaba camisas para él y para sus hermanos, de Huidobro, cuya tumba se ve desde el balcón, al otro lado de la bahía, sobre un bosque, una mancha blanca como una cagada de pájaro, de su hermana Violeta y de su hija Colombina, de la soledad, de algunas tardes en Nueva York, de accidentes de coches, de la India, de amigos muertos, de su infancia en el sur, de los choritos que cocina Corita y en verdad están muy buenos, del pescado con puré que cocina Corita y que también está muy bueno, de México, de Flandes indiano y de los mapuche que combatieron del lado de la corona española, de la universidad chilena, de Pinochet (Nicanor es profético en lo que respecta al fallo de los lores), de la nueva narrativa chilena (pondera a Pablo Azócar y estoy completamente de acuerdo), de su viejo amigo Tomás Lago, de Gonzalo de Berceo, de los fantasmas de Shakespeare y de la locura de Shakespeare, siempre aparente, siempre circunstancial, y yo lo escucho hablar en vivo y en directo y luego lo veo en un video hablando de Luis Oyarzún y siento que estoy cayendo en un pozo asimétrico, el pozo de los grandes poetas, en donde solo se escucha su voz que poco a poco se va confundiendo con las voces de otro, y esos otros no sé quiénes son, y también se escuchan sus pasos que resuenan por toda esa casa de madera mientras Corita escucha la radio y se ríe a carcajadas, y Nicanor sube al segundo piso y luego baja con un libro para mí (que tengo desde hace años, la primera edición, Nicanor me obsequia la sexta) y me la dedica, y entonces yo le doy las gracias por todo, por el libro, que no le digo que ya tengo, por la comida, por las horas tan agradables que he pasado con él y con Marcial, y nos decimos hasta luego aunque sabemos que no es hasta luego, y luego lo mejor es irse cagando leches, lo mejor es buscar una salida del pozo asimétrico y salir disparados y en silencio mientras los pasos de Nicanor resuenan pasillo arriba y pasillo abajo».

Salieron, a las diez de la noche, y se subieron al auto.

«Bolaño se fue para adentro, prendió un cigarro, porque fumaba como energúmeno... –le cuenta Cortés-Monroy a Paula Coddou–. Prende otro cigarro y otro cigarro, otro cigarro, otro cigarro, callado, y cuando ya íbamos como por Leyda dice: "Uyy, qué fuerrrte, qué fuerrrte... ¡Era Parra! ¡Era el mismísimo Parra! Era Parra. Qué fuerte. Pensar que vamos a volver y ya no va a estar". Y el que no está es él.»

EN ÓRBITA

–Él me puso en órbita de nuevo –decía Parra cuando le preguntaba por su versión del encuentro con Bolaño–. Yo era uno de los veinte poetas chilenos. Pero Roberto me puso en la cabecera de la mesa. ¿Te acuerdas lo que escribió en *Entre paréntesis*?

Y recitaba, tapándose la cara con las manos, con algo parecido a la vergüenza, el texto de Bolaño, «Ocho segundos con Parra», recogido en *Entre paréntesis*, el libro póstumo de Bolaño que recoge sus ensayos y crónicas periodísticas:

–«El que sea valiente que siga a Parra. ¡Los jóvenes son valientes, los jóvenes tienen el espíritu puro entre los puros...!».

»Eso es demasiado, pareceeee, nooo, no se puede permitir una cosa así –sonreía detrás de sus manos–. Nooo, se pasóóó Roberto, noooo.

Esa es la frase más citada del ensayo que Bolaño le consagró cuando Parra viajó a España a comienzos de 2001 para presentar los mismos *Artefactos* visuales que presentó en Santiago en la sede central de la Telefónica de Madrid. El último viaje en avión de Nicanor Parra.

«La apuesta de Parra –dice Bolaño en aquel ensayo de 2001–, la sonda que proyecta Parra hacia el futuro, es demasiado compleja para ser tratada aquí. También: es demasiado oscura. Posee la oscuridad del movimiento.»

Alambres de ampolletas desnudos de su cúpula de vidrio, calcetines sueltos, botellas de Coca-Cola, restos de naufragio, Bolaño había comprendido que los chistes visuales de Parra no eran chistes, sino la parte más seria de su obra, la quintaesencia de su pensamiento, despojados de la elegancia que hubiera supuesto esconderlos en versos. La lucidez de Parra se mueve de un arte a otro, no para conquistar un nuevo territorio sino para quedarse sin tierra y romper con cualquier facilidad, con la técnica y con la belleza misma que puede convencerte de las más contrarias mentiras.

«La poesía de las primeras décadas del siglo xxi —escribe Bolaño— será una poesía híbrida, como ya lo está siendo la narrativa. Posiblemente nos encaminamos, con una lentitud espantosa, hacia nuevos temblores formales. En ese futuro incierto nuestros hijos contemplarán el encuentro sobre una mesa de operaciones del poeta que duerme en una silla con el pájaro negro del desierto, aquel que se alimenta de los parásitos de los camellos. En cierta ocasión, en los últimos años de su vida, Breton habló de la necesidad de que el surrealismo pasara a la clandestinidad, se sumergiera en las cloacas de las ciudades y de las bibliotecas. Luego no volvió a tocar nunca más el tema. No importa quién lo dijo: La hora de sentar cabeza no llegará jamás.»

EL PAGO DE CHILE

«La hora de sentar cabeza no llegará jamás», predice Bolaño. Nicanor Parra, último habitante del siglo xx y primero del xxi, seguía pegado a la idea de la transgresión sistemática. Esa transgresión la aplicaba aún contra sí mismo, perfectamente integrado desde su juventud en el sistema, «chancho con chaleco», como decía él, «chancho burgués» como decía que lo llamaban en Suecia porque no se había exiliado. Profesor titular, Premio Nacional, poeta que se recita en los colegios, una institución, a nadie le pareció raro que expusiera, en el invierno de 2009, una antología de su trabajo visual en el Centro Cultural del Palacio de La Moneda, ubicado debajo del sitio desde donde gobiernan, y donde a veces alojan, los presidentes de la república.

La exposición, curatoriada por su hija Colombina, su yerno Hernán Edwards y Patricio Fernández, del *Clinic*, se armó sin contratiempos durante meses, hasta que, la última semana, Nicanor despertó con una idea. Apurado, la dibujó en una servilleta. Se llamaba «El pago de Chile» y consistía en fotos tamaño natural de todos los presidentes del país ahorcados, colgados cada uno de una soga. No había tiempo, no había espacio, no había presupuesto, pero Nicanor insistía suavemente en que se le preguntara a la presidenta Bachelet qué le parecía la idea.

−Yo le pregunto, no te preocupes, Nicanor −dijo la Morgana Rodríguez, responsable del Centro Cultural de La Moneda.

Enérgica, grande, graciosa e hiperactiva, le preguntó a la ministra de Cultura, Paulina Urrutia, que a su vez consultó al directorio del Centro Cultural.

−¿Le puedes preguntar a Nicanor si puede no hacer esa obra? No es censura pero es mejor que no −me cuenta Morgana que le dijeron, mientras viajamos a Las Cruces, donde ella también tiene casa.

—¿Qué te dijo Nicanor?

—Que ningún problema. No se hace. «Por favor, nooo, cómo se le ocurre, por supuesto.»

Eso le transmitió Morgana a la ministra, sintiendo que la excesiva facilidad con que Nicanor había aceptado la sugerencia no era buen signo.

¿Cómo iba a renunciar Nicanor, el hijo del profesor represaliado, el autor de «Gato en el camino», al placer supremo de colgar a los presidentes de Chile justo debajo del suelo de su palacio? Menos podía renunciar al nombre de la instalación, «El pago de Chile», una frase acuñada por los conquistadores del Perú para burlarse de Diego de Almagro y sus huestes, que viajaron al sur a perder el honor, la vida y la fortuna. Como los mejores *Artefactos* de Nicanor, funcionaba en varios sentidos como una provocación, como una explicación, un juego y un comentario a pie de página.

«Perdona, pero parece que me siento censurado», le dijo poco después Nicanor a la Morgana, que le transmitió al directorio la contraorden de que sin «El pago de Chile» no había exposición.

—Quedó la cagada —sonríe Morgana, que conoció entonces en carne propia el *modus operandi* de Nicanor: agacharse, resignarse incluso, para después saltar cuando está todo listo, cuando no se puede cambiar nada, para que el zarpazo sea más visible.

A ella la echaron, pero colgaron a los presidentes ante el temor de un escándalo con la prensa, escándalo que de todos modos se produjo, pero por otros motivos (por el contenido de la muestra en sí), y que le dio a la exposición un brillo prohibido, un resplandor de protesta, una especie de inesperada juventud.

—Lo consiguió el viejo —aclara la Morgana—, siempre lo consigue.

ROCKSTAR

Conocí a Parra justo después de la resurrección que le regaló Roberto Bolaño antes de morir. Una resurrección que aprovechó para conseguir la última apuesta imposible: pasar de ser un poeta para poetas a ser lo que su hermana había logrado ser: un rockstar.

Hasta los ochenta y cinco años había necesitado, como el doctor Frankenstein, consumir una energía constante. Necesitaba sangre y vísceras, ganas y miedos jóvenes para conseguir burlarse de la muerte. Eso fuimos Pato, Zambra, Adán, Matías, Ignacio, Rodrigo, la Morgana, su hija Colombina, Juan de Dios, sus nietos Lina Paya y Tololo, yo mismo: una fuente de energía constante para conseguir esa última metamorfosis, pasar de ser objeto de estudio universitario a ser adorado por todos, sin importar si habían leído, o no, sus libros. Parte de este libro cuenta esa metamorfosis final, la de salir de las páginas y las salas de exposición también, para convertirse en polera (diseño varía), imán de refrigerador, o incluso tatuaje como el que enarbola mi amigo Emiliano Monge y que dice con mucha sabiduría, más aún en la piel de uno de los mejores escritores mexicanos: «Hagas lo que hagas, te arrepentirás».

El día de su cumpleaños número cien lo vivió como una ciudad a punto de ser sitiada. Su cara gigante colgaba en plena Alameda, cubriendo el Centro Cultural Gabriela Mistral, exedificio Diego Portales, sede del poder legislativo de Pinochet, construido por Allende gracias al voluntariado de los obreros de la patria. Le hicieron un homenaje en el Auditorio Humberto Fuenzalida de la Universidad de Chile. Todos los colegios del país leyeron a la misma hora «El hombre imaginario».

Le pidió a Felipe Edwards del Río, hijo del dueño de *El Mercurio*, dos guardaespaldas que interceptaran en la puerta de su casa de Las Cruces a las delegaciones de poetas, pintores, profesores, amigos y enemigos que quisieran saludarlo. Desde la calle, le llegaban las cuecas que tocaban ininterrumpidamente distintas agrupaciones locales. Un helicóptero sobrevolaba el conjunto. Acuartelado con su nieto Tololo, intentaba evitar la radio, la televisión, la prensa que reproducía en todos los tonos el acontecimiento estelar, la eternidad del antipoeta, sus cien años que eran como los cien años de Chile. Porque ¿quién recordaba un mundo antes de Nicanor? ¿Un Chile antes de los Parra?

NO HAY PEOR HUMILLACIÓN QUE VIVIR

Después de todo el ruido vino el silencio. El mar, el frío en la mañana, la siesta, el cuaderno, las tazas de té. En la primavera siguiente, para sus ciento un años, no hubo helicópteros, ni guardaespaldas, y apenas visitas internacionales. Nicanor sonrió, discretamente avergonzado, cuando lo fui a visitar dos semanas después del cumpleaños.

—Cien años se aguanta, pero ciento uno… qué vergüenza. No hay peor humillación que vivir.

Pasa un año. No me atrevo a ir solo. La Rosita Avendaño se fue, me cuenta Adán Méndez, la reemplaza Milena, una enfermera colombiana que lo peina, lo lleva al baño y lo deja días enteros viendo televisión en el living.

Debería ir, me digo cada semana. Intento convocar a Adán. «No se puede conversar. Hay que dejarlo a la familia, uno como que molesta ahí.» No me atrevo a ir solo. Me avergüenza este libro. Me pesa que sepa, que sienta, que huela mis preguntas. Sé demasiado sobre él para asumir que es un señor muy viejo, y ahora muy lento, callado, que se está muriendo. Está peleando por no morirse, me dicen, perdido, buscando tu nombre en una nube más o menos permanente de la que sale a salto con una frase, un verso, una ocurrencia. Esa manera vacilante que tiene la vejez de dejar que el hoy sea hoy para después alejarse como una silueta en el muelle.

Sé demasiado sobre él para asumir que es un señor muy viejo, y ahora muy lento, callado, que se está muriendo. Está peleando, perdido, buscando tu nombre en una nube más o menos permanente de la que sale a salto con una frase, un verso, una ocurrencia. Esa manera vacilante que tiene la vejez de dejar que el hoy sea hoy para después alejarse como una silueta en el muelle.

Viví todo eso con mi abuela, y arranqué. Lo escribí porque, sin verlo, lo vi. Su mente, que yo amaba, me traicionó como la traicionó a ella. Su memoria, en la que yo vivía, me expulsó a la intemperie de ella misma y de mí. No quiero visitar ese territorio de nuevo. El páramo perfecto en que *El Rey Lear* pierde las palabras. La tempestad ciega de la que ni Cordelia puede salvarse.

Qué raro es lamentar la súbita vejez de un hombre a quien conocí cuando él ya tenía ochenta y siete años. Miro en YouTube videos de esa última época de gloria de la que me tocó ser testigo. En uno recibe la visita de unos profesores que llevan consigo a la poetisa chilena, residente en Nueva York, Cecilia Vicuña. Parra se peina con los dedos, conversa discretamente, se ríe, se aburre. En ese video, Nicanor es como cuando lo conocí: alguien que se distrae, que escucha, que atiende a los invitados sin sobreactuar. Esa intimidad que nunca era del todo íntima con la que me recibía en La Cruces.

NADIE DIJO NADA

Nicanor cumple ciento dos años. *La Tercera* informa, a través de su nieto, el Tololo, que «despertó animado y por la mañana salió desde Las Cruces hacia Isla Negra».

«Fuimos a ver la casa de Isla Negra –le dice al diario el Tololo– con la idea nuestra de hacer un museo o antimuseo. Ahora la casa está vacía, hay que recuperarla. "Hagamos el antimuseo", me dijo.»

Imagino que la casa la abandonó el Chamaco, Ricardo Nicanor (el cuarto hijo). El diario dice que el cantautor Osvaldo Leiva y el grupo The Crosses tocaron ciento dos cuecas en la playa de Las Cruces, justo al pie de la escalera que lleva a la calle Lincoln. Mientras cantaban, repartieron ciento dos poemas de Nicanor Parra a los curiosos. El gobierno liberaba al mismo tiempo, por Twitter y Facebook, los archivos en PDF de sus principales libros.

El cumpleaños, el verdadero, el íntimo, se celebró ayer, domingo 4, en el restaurante Puerto Cruz, entre Las Cruces y Cartagena. Los hijos, algunos nietos, la profesora Carmen Fariña con su pareja Rodrigo Egaña, y Patricio Fernández, que en su editorial de *The Clinic* contó después que Parra comió pescado con arroz y de pronto recitó «Nada», de Carlos Pezoa Véliz:

> Era un pobre diablo que siempre venía
> cerca de un gran pueblo donde yo vivía;
> joven rubio y flaco, sucio y mal vestido,
> siempre cabizbajo... ¡Tal vez un perdido!...

Hasta que se detuvo en los versos:

Una chica dijo que sería un loco
o algún vagabundo que comía pocoooo.

—Ni tú ni yo, Pablito, el que la lleva es Pezoa Véliz —levantó el dedo en señal de advertencia, recordando una frase que le habría dicho a Pablo Neruda cuando pasaron de ser amigos a quizás enemigos.

Contra Neruda convocaba todavía a Pezoa Véliz, que había muerto en el olvido y casi la miseria, escribiendo poemas sobre paseantes anónimos y salas de hospital, sin metáforas ni imágenes altisonantes.

«Ya de vuelta en la casa —escribe Patricio Fernández en su editorial del *Clinic*—, sopló las velas de una torta de bizcochuelos y otra de cuchuflís; abrió el regalo de la Michelle Bachelet, consistente en quesos y patés de categoría, y recordó que para los cien había estado ahí: "Simpática", enfatizó. Pero el asunto no lo distrajo mayormente. Acompañó las tortas con un vaso de Grand Marnier que le obsequió el dueño del restorán en cuestión (el Puerto Cruz), antes de irse, y no estuvo tranquilo hasta que volvieron a su poder los dos gorros de lana que se le habían quedado en él.»

Pato acompaña su editorial con una foto sacada por él mismo, donde se ve a Nicanor de perfil, el gorro de lana hasta la punta de la nariz. Un hombre sin rostro.

El viejo más viejo del mundo.

BERNARDO

Logro sobrellevar mis resquemores y los de Adán y lo vamos a visitar. Está viejo, mucho más viejo que hace un año, completamente enfundado en chalecos y gorras. Lento, seco como en el medio mismo de un desierto donde sigue escuchando cueca a todo volumen porque su sordera también ha aumentado.

Y sin embargo cuando la conversación de a poco amarra sus hilos, cuando el ritmo misteriosamente vuelve a ser casi el mismo sus ojos salen de las arrugas infinitas y su mano empieza a seguir la cueca, y Hamlet, y Pezoa Véliz y la Violeta y *El Líder* de San Antonio. Su voz es más delgada y débil pero es su voz y aún se ríe a veces con los chistes que Adán y él se saben de memoria. Y de memoria parece que estuviéramos siguiendo una partitura que no puede tocar del todo pero de la que remarca los compases, y silba y espera más y más melodías que van de la nada atándose y desatándose a un centro que sigue siendo el mismo. «Noooo» y «Chutaaa la payasada» y «Ese sí que cachó la huevada».

Y sigue siendo él mismo. El baile contra la muerte, con la muerte, sin la muerte en que todo de repente parece resucitarlo.

Y la tarde se alarga y es casi de noche cuando Nicanor le dice a Adán:

—Dile a Bernardo que se quede a dormir aquí, si quiere.

Y supe que ese era el final de algo. No le dije nada, porque él no necesitaba mi nombre. Nos despedimos en la escalera con el consabido saludo cubano, y me fui con Adán antes de que empezara a anochecer. La calle Lincoln, Isidora Dubornai, El Tabo, Isla Negra.

11

PUESTA DE SOL

SORPRESA

Miércoles 23 de enero de 2018. Este libro terminaba así originalmente, casi con un susurro. Pensé que se publicaría con ese final, con Nicanor testarudamente vivo hasta los ciento dieciséis años, como había prometido. Ya no esperaba su muerte, en parte porque me gustaba la idea de que ganara también esa apuesta, vivir hasta los ciento dieciséis, en parte porque sentía que no morirse era su forma de impedir que terminara el libro.

¿Quién no quiere creer que existe algo parecido a la inmortalidad? Me empeñaba en creer en la de Nicanor cuando, a las diez de la mañana del miércoles 23 de enero de 2018, la periodista Consuelo Saavedra escribió en el WhatsApp de la radio en que trabajaba: «Murió Parra».

¿Qué sentí? ¿Qué pensé? ¿Qué dije? Nada. O «No puede ser, no puede ser». En los quioscos, en las farmacias, en el asfalto, en la luz del sol de verano, nada había que confirmara la noticia.

—Parra murió, parece —le dije por teléfono a Patricio Fernández, que lo visita más que nosotros—, ¿qué sabes tú? ¿Cómo se murió?

—No sé nada todavía, no responde la Colombina, déjame llamar de nuevo.

Corté y llamé a Matías Rivas.

—Huevón, no habla nadie —me respondió—. No sé, huevón. Está llamando la tele. Tengo que dar una entrevista en CNN.

—¿Y Adán? ¿Por qué no responde el teléfono el huevón de Adán?

—No quiere hablar con nadie.

—¿De qué se murió Nicanor?

—¿De qué se va a morir? Tiene ciento tres años, huevón.

Zambra, que estaba en México para entonces, resumió, en su artículo publicado en *Qué Pasa* la misma semana de la muerte de Nicanor, la sorpresa de todos: «"Se va a morir en cualquier momento", me dijo un compañero de universidad, en 1994, cuando el poeta acababa de cumplir ochenta años y nosotros teníamos dieciocho. Le pregunté si Nicanor estaba enfermo o algo así. "Cuando la gente tiene ochenta años", me respondió, condescendiente, "es altamente probable que se muera en cualquier momento." Estábamos un grupo grande, en la facultad, haciendo nada, medio volados, alguien dijo que había un evento en el Cine Arte Alameda para celebrar a Parra. Los cuatro o cinco entusiastas de siempre partimos soplados, por supuesto que sin invitaciones, pero logramos colarnos».

Parra se va a morir en cualquier momento. ¿No decíamos lo mismo cuando cumplió noventa y nos dedicamos a editar libros, revistas, videos, montar exposiciones? ¿No lo sabíamos cuando cumplió cien y seguimos impunemente obedeciendo sus órdenes? ¿No era eso lo peculiar de nuestra amistad: que la hicimos al lado de la muerte, o de espaldas a ella? ¿No era eso lo que nos excitaba de la amistad con Parra, la ilusión de que todo era por última vez, la hermosa acrobacia que se acomoda a un paso del abismo?

GUTE NACHT

Pasan las horas. Baja el sol. ¿Qué siento? No siento nada. Tengo que entregar un artículo para *El País* y otro para el diario argentino *Página 12*. Acumulo palabras que sé de memoria, junto adjetivos sin verlos, sigo pensando que me lee y que cualquier alabanza le parecerá poca. «No tan monumental como Cervantes», lo veo en Las Cruces contando las sílabas de una frase en un artículo que lo había alabado en el *Clinic*: «Son once sílabas, muchaaasss, eso duele. Parece que tendría que ver los cuadernos para no seguir diciendo eso».

Matías, Patricio, más llamadas. Información a cuentagotas: lo están velando en La Reina. Hay muchas listas negras, gente que la familia no quiere ver.

–Mejor no ir a La Reina, huevón, está malo el ambiente –me advierte Matías Rivas.

Veo en la televisión que la multitud se agolpa en las rejas de la casa de La Reina y pasan de a poco para ver el ataúd envuelto en las cortinas de retazos que tejió la Clara Sandoval. Recién entonces sé que es verdad.

Se murió en La Reina y no en Las Cruces como todos suponíamos. Antes pasó por el hospital por culpa de una insuficiencia renal… No, no pasó por la clínica… No, se cayó de la cama… No, no se cayó… se quedó dormido y no despertó… Lo paseaban mucho últimamente, parece… Le echaron la empleada colombiana, estaba completamente perdido llamando a gritos a la Violeta. Zurita que lo visitó en septiembre cuenta que se le caían los pantalones, algo que no se habría permitido en el uso perfecto de sus condiciones… La familia se ha dedicado los últimos meses a una guerra contra los coleccionistas de manuscritos y bandejas de Nicanor, supuestamente comandada por él.

Una guerra que es entre ellos también, porque a Juan de Dios lo acusan de revender, y la Catalina acusa a sus hermanos de secuestrar a su abuelo... Traducir *El Rey Lear*, la maldición de las maldiciones...

Según el Tololo, pidió no tener más enfermeras ni cuidadoras e ir a La Reina a ver cómo iban los trabajos de restauración. El Chamaco, el hijo de Nicanor y la Rosita Muñoz, le contó al periodista Jonás Romero que, ante el entusiasmo que le provocó ver la casa reparada, su padre de ciento tres años decidió armar una fiesta: «Cuecas, vino, guajiras, guantanameras y cena con carne». La noche en que murió, además, Parra conversó por teléfono con su abogado, para supervisar el avance de la recuperación de manuscritos, sigue contando el Chamaco. Antes de acostarse, le dijo a su familia: «El papá los quiere mucho». «Me miró y me dijo "Gute Nacht"», recuerda el Chamaco.

Más tarde, esa misma noche, cerca de las dos de la madrugada, la cuidadora del poeta le avisó a la familia que Nicanor Parra había dejado de respirar.

LA CATEDRAL SUMERGIDA

–Lo van a trasladar a la catedral –me dice Adán Méndez, que se fue al departamento de Matías y puso su teléfono con buzón de voz para evitar las condolencias.

A la una y media de ese miércoles 23 de enero atravieso la Plaza de Armas hacia la catedral, donde lo están velando. Delante hay una valla, y una enorme fila de gente esperando para entrar a verlo.

–Parra es del pueblo, nada que ver la catedral –se quejan vendedores ambulantes y parejas con sobrepeso que hacen fila delante de la catedral bajo el inclemente sol de fin de verano.

–La cola, ya pues, no sea fresco –me gritan cuando intento ir directamente hacia la pareja de carabineros que resguarda la iglesia.

–Soy amigo de Nicanor –le digo a la gente en la cola.

–Todos somos amigos de don Nica. Ya pues, haga la cola.

–Pero yo soy amigo, amigo.

Llego al fin ante el oficial de carabineros que resguarda las vallas que protegen la catedral. Le explico: soy amigo, escribo sobre él, lo conozco hace quince años.

–Es privado. Está la presidenta adentro –me dice el carabinero–. Familiares solamente, y prensa también.

–Soy prensa también.

–Credencial, entonces –exige el carabinero.

El sol ahoga cualquier intento de sonrisa. Busco alguien que pase por ahí, algún conocido que me ayude a entrar. Pero no hay nadie. Yo, la fila a mis espaldas.

–Credencial –insiste el carabinero.

–No uso credencial. Soy columnista. Después de cierto tiempo los columnistas no usamos credenciales –digo, y le muestro desesperadamente el artículo que acabo de publicar en *El País* de España, en el que intento celebrar al difunto–. Es un diario español, importante. Ahí hablo de él.

–Vaya a la otra puerta, hable con mi capitán.

–Pero si vengo de ahí. De ahí me dijeron que hablara con usted. Le aseguro que soy amigo hace mil años. Yo hice el prólogo de un libro de él. Me llamo Rafael Gumucio, ¿no me ha escuchado? ¿Sabe quién soy?

A mis espaldas, un gigantón hippie alega lo mismo, que es amigo de Nicanor, que trabajó con él cuando era alumno de la Portales. Parece que me conoce, y le explica al carabinero quién soy, pero esto no le sirve al carabinero, que ahora tiene que lidiar no con uno sino con dos pesados.

–Tenía demasiados amigos el caballero. ¿Por qué no llaman a un familiar? Él los puede venir a buscar y yo los dejo entrar.

–Están todos los teléfonos con buzón de voz –me desespero, porque he llamado decenas de veces, entre otros, al Pato Fernández, que está adentro y no me contesta–. Están en la misa, no pueden responder el teléfono. Déjeme entrar, oficial, le juro que no se va a arrepentir.

–Vuelva a la otra puerta y trate de nuevo.

Me alejo del oficial y camino bajo el sol mientras la cola sigue llenándose de niños, padres y parejas de la mano. Si no fuera por este libro, pienso, no me importaría entrar a esa misa. Es este libro el que me humilla, el que me obliga a arrastrarme hacia el ataúd de Nicanor. Envidio a Adán y Matías, a quienes ni se les ocurre venir. Veo en la otra puerta a la Pepi Viera-Gallo, una amiga escritora, negociando trabajosamente su entrada, y entonces decido renunciar e ir al almuerzo que tengo al otro lado de la ciudad. Me subo a la primera micro que encuentro y dejo bajo una enorme mancha de sol la plaza y su catedral.

COMEDIA FUNERARIA

El ambiente fue tenso en la iglesia, me confirma Patricio Fernández, que fue a la misa.

«El sacristán parece que se equivocó y le dijo que el cura no le daba permiso para poner canciones de la Violeta y la Colombina amenazó en voz alta con llevarse a su muerto a La Reina. A todo micrófono. El cura obedeció a las órdenes de la Colombina. Después, la Colombina se quejó de que el micrófono a ella se lo ponían más.»

Tengo derecho a perderme la misa, pienso, pero no el entierro. Este libro me lo pide. Para asegurarme viajo con la Morgana Rodríguez y Rodrigo Rojas una noche antes a Las Cruces donde se va a desarrollar el funeral.

Me desperté y me vestí a las siete, como un soldado en plena campaña. Hacía frío y estaba nublado. Subimos la cuesta hacia la iglesia, blanca y de hormigón, desproporcionadamente alta para un pueblo de playa. En la cima del cerro, nos topamos con un cordón policial. Me abracé a la Morgana, a quien nadie en su sano juicio podría echar de ninguna parte.

—Amigos del difunto —le lanzó la Morgana a una mujer de anteojos Ray-Ban y walkie-talkie y micrófonos colgando de un cinturón que intimidaba—. Rodrigo Rojas, Rafael Gumucio, Morgana Rodríguez. ¿Tú cómo te llamas?

—Violeta Parra —respondió la encargada de seguridad de la familia.

Nos dio la mano sin sonreír. No era policía ni nada, nos dijo, pero sabía organizar eventos y cantaba, como su tía la Violeta, pero no folclore sino baladas con Wildo, un cantante más o menos decadente de la Nueva Ola (una versión chilena del pop americano de comienzos de los sesenta). Por ayudar a los primos y el tío se había perdido mucho show, se lamentaba, pero la familia estaba primero. Nos acomodó en la iglesia aún casi vacía. Fui hacia el nieto Tololo, pálido, impecable en su traje, mascullando palabras que no terminaba de decir. Lo saludé. Me consolé pensando que había estado afectuoso. Saludé al resto de los familiares y caminé hacia el ataúd. Estuve frente a él dos segundos, nada más.

Traté, otra vez, de sentir algo más que miedo, que sorpresa. ¿Es Nicanor eso que está ahí? Volví hacia el fondo de la iglesia que se iba llenando de a poco. Muchos vecinos, algunos amigos, pocos escritores, poetas, artistas, la Colombina misteriosamente parada al fondo de la iglesia, lejos del resto de los familiares que estaban en primera fila. Vi a Pato Fernández y a Marcial Cortés-Monroy y pensé: «A estos sí que no les van a hacer echar». Pato era uno de los amigos más cercanos de Nicanor y también de la Colombina. Marcial es un pan de dios, que adoraba a Nicanor y siempre estaba dispuesto a trabajar por él gratis. Flanqueado por estos dos inimputables, esperé que la presidenta Bachelet y su séquito hicieran uso de las primeras bancas de la iglesia para que empezara la misa.

Justo antes, Pablo Ugarte, el exmarido de la Colombina y padre del Tololo, se acercó hasta donde estábamos.

—Perdona, no maten al mensajero, por favor, yo solo comunico lo que me dicen. Pato y Marcial no pueden ir al funeral.

—¿Cómo? —pregunté yo.

—Tú no, Rafa, no hay problema contigo. El problema es con Pato y Marcial, solamente. El Tololo anda con la mecha muy corta. Dice que si van al entierro puede hacer un escándalo. En la misa ningún problema, pero en la casa no.

—Pero ¿yo qué le hice a ese niño, perdona? —preguntó Pato, rojo de ira.

—Revísate, pus Pato. El *Clinic* no ha apoyado en nada la recuperación de los cuadernos. Te mandamos toda la información, pero no hiciste nada... Pero da lo mismo ahora, es la voluntad de la familia. Si quieren ir, nadie se los puede impedir, solo que puede que quede la cagada. Yo cumplo con avisar —dijo Pablo Ugarte, y volvió a su puesto en las primeras filas.

—¿Tú? —le pregunté a Marcial.

—Una discusión —me aclaró.

Querían los archivos de las exposiciones que Marcial había curado con Nicanor, y él se los mandó todas las veces que se los pidieron pero, aun así, sospechaban que había más.

—Ahí los mandé a la mierda. Después nos abuenamos con la Colombina, pero parece que no tanto.

El cura se acercó al micrófono para dar la bienvenida a los feligreses. La iglesia estaba nutrida, pero no repleta. Empezó la misa del día, sin más adorno que algunas canciones de la Violeta y unas palabras de buena crianza del cura hacia su vecino el antipoeta, del que confesó ignorar casi todo. Pato masticaba su impotencia asegurando que desobedecería las órdenes del Tololo» (cosa que hizo con el permiso expreso de la Colombina) mientras Marcial anunciaba que iría al restaurante Puesta de Sol, al final de la playa chica, a celebrar con un pisco sour.

—Da lo mismo, mejor, da lo mismo, no tengo ganas de ir a entierros. Yo a Nicanor lo quería. Lo que pase con su familia no es asunto mío.

«Hay una gran comedia funeraria», escribió Parra en su «Discurso fúnebre» de los *Versos de salón*:

> *Dícese que el cadáver es sagrado,*
> *pero todos se burlan de los muertos.*

TIERRA DESNUDA

El cielo seguía cubierto cuando salimos de la iglesia. Matías Rivas y Cristóbal Marín, vicerrector de la UDP, habían pasado sin problema todos los controles de vigilancia. Pato y Marcial recibían más condolencias que los familiares del muerto. Yo tendría que ir con ellos, pensaba, tendría que ser digno e irme con Marcial a brindar en el restaurante del frente. Pero el libro, pensé, el libro. Escondido detrás de la Teresa Undurraga, una vecina inimputable de Las Cruces, ostentando mi carnet invisible de inocencia completa ante los ojos de la familia, seguí el cortejo encabezado por la presidenta por las calles de Las Cruces.

Volvimos a subir hasta la calle Lincoln y nos topamos con otro cordón policial, que la Violeta Parra de la vigilancia nos ayudó a atravesar. Nos llevaron hacia las ruinas del Castillo Negro, la casa que le habían quemado a Nicanor los okupas (o la policía secreta de Pinochet, según el día y el auditorio al que le contaba la historia). Pasé delante del manzano del que había probado aquellas manzanas con Zurita y me robé una, antes de buscar algún sitio en las tres terrazas de polvo que formaban el anfiteatro donde se escenificaría su entierro.

Abajo, el agujero abierto en la tierra parda. Junto al agujero, el ataúd, rodeado por los hijos más jóvenes, algunos nietos, esposos y exesposas de los hijos y las hijas. Unos escalones más arriba, la presidenta Bachelet, Raúl Zurita, amigos, ministros, la Catalina Parra y su hija mayor, Isabel Soler, imperturbablemente silenciosas mientras el Tololo buscaba a cualquiera que estuviera fotografiando para señalarlo y gritarle:

—¡Tú, fuera! ¡Fotos no!

Durante unos largos segundos nadie supo qué decir o qué hacer. No había discursos previstos, ni turnos de palabra, ni música. De pronto, se escucharon los primeros acordes de una grabación de *La pasión según san Mateo*, de Bach, que alguien apagó bruscamente. Lina Paya, la nieta de Nicanor, recitó «El hombre imaginario». Catalina Rojas, la viuda de Roberto Parra, cantó «Gracias a la vida». Recién entonces el ataúd desnudo bajó lentamente, por un sistema de cuerdas, hacia el hoyo. Me esforcé en no escuchar el ruido de la madera contra la tierra cuando llegó al fondo. El Tololo fue a buscar una rama de pino, que arrancó sin piedad, y la lanzó sobre el ataúd. Lo mismo hicieron el abogado Luis Valentín Ferrada, José Ureta, el marido actual de la Colombina, y Pablo Ugarte, su exmarido. Después, todos echaron una palada de tierra en la tumba. La muerte como era antes. Sin ascensor, sin nicho, sin incineración. El mar gris, el cielo blanco, el miedo infinito a hacer algo de más o de menos. La presidenta, cansada de estar de pie, se sentó sobre una grada de cemento.

−Pucha que son locos en esta familia −se rio la Isabel Parra, la hija de la Violeta, mientras me contaba, muerta de risa, la escena de la catedral con el cura asustado ante la amenaza de la Colombina de llevarse el muerto−. Esta familia no puede irse sin escándalo.

Pero esto es otra cosa, pensaba yo. El entierro de un energúmeno donde todos se miran feo, se pelean, rivalizan, no saben qué hacer para que su pena no llegue a ser solemne como no se lo perdonará el muerto. Los encargados empezaron a palear más tierra, hasta formar un montículo sobre el que, al fin, colocaron la cortina de retazos hecha por la Clara Sandoval. Entonces los sobrinos empezaron a cantar cuecas, y hasta la presidenta terminó cantando y palmoteando sobre la sepultura del único de los Parra que no se dedicó a cantar.

PUESTA DE SOL

Matías, la Morgana, Rodrigo Rojas, Raúl Zurita y yo nos miramos y abandonamos, casi a escondidas, la tumba de Nicanor. Fuimos hasta el restaurante Puesta de Sol, donde Marcial brindaba solo. Más tarde llegaron otros, y terminó por unirse también la presidenta. Desde la terraza veíamos subir como hormigas a los peregrinos hacia la tumba de Nicanor. Esto es tan de él, pensé: obligarnos a contemplar su muerte como una batalla más de su infinita guerrilla. Y quise creer, aunque sabía que era mentira, que todo lo sabía, que todo lo había predicho. Que eran de él la última palabra y el último brindis.

«En resumidas cuentas», escribió en «Último brindis»:

> *Sólo nos va quedando el mañana:*
> *Yo levanto mi copa*
> *Por ese día que no llega nunca*
> *Pero que es lo único*
> *De lo que realmente disponemos.*

Triste consuelo, ese mañana donde el viejo nos espera rabiosamente vivo. Por eso brindamos en la terraza del restaurante Puesta de Sol, justo frente a la que era su casa y ahora es su tumba. El mar, las viejas casas de veraneo quemadas, carcomidas de termitas, el cerro, los árboles. Nada, todo. El mar, el mar, siempre volver a empezar.

Isla Negra, 5 de febrero de 2018